本书获教育部人文社会科学研究西部项目"秦巴山区公共信息扶贫联动机制研究"(项目批准号:16XJA870002)资助

秦巴山区公共信息扶贫联动机制研究

李 静 等著

A Study on Linkage Mechanism of Public Information
Poverty Alleviation in Qinba Mountain Area

中国社会科学出版社

图书在版编目（CIP）数据

秦巴山区公共信息扶贫联动机制研究/李静等著．
—北京：中国社会科学出版社，2023.7
　ISBN 978-7-5227-1963-4

Ⅰ.①秦⋯　Ⅱ.①李⋯　Ⅲ.①山区—扶贫—经验—中国　Ⅳ.①F126

中国国家版本馆 CIP 数据核字（2023）第 097328 号

出 版 人	赵剑英
责任编辑	金　燕
责任校对	石建国
责任印制	李寡寡

出　　版	中国社会科学出版社
社　　址	北京鼓楼西大街甲 158 号
邮　　编	100720
网　　址	http://www.csspw.cn
发 行 部	010-84083685
门 市 部	010-84029450
经　　销	新华书店及其他书店
印　　刷	北京明恒达印务有限公司
装　　订	廊坊市广阳区广增装订厂
版　　次	2023 年 7 月第 1 版
印　　次	2023 年 7 月第 1 次印刷
开　　本	710×1000　1/16
印　　张	27
插　　页	2
字　　数	376 千字
定　　价	148.00 元

凡购买中国社会科学出版社图书，如有质量问题请与本社营销中心联系调换
电话：010-84083683
版权所有　侵权必究

目 录 | contents

绪 论 ………………………………………………………… 1

第一章 信息贫困与信息扶贫 ………………………… 17
第一节 信息贫困 ………………………………………… 17
第二节 信息扶贫 ………………………………………… 36
第三节 相关理论阐释 …………………………………… 44

第二章 秦巴山区贫困人口信息需求及信息行为 …… 58
第一节 秦巴山区概况 …………………………………… 59
第二节 贫困人口信息需求研究 ………………………… 70
第三节 贫困人口信息行为研究 ………………………… 86
第四节 信息需求和信息行为影响因素研究 …………… 94

第三章 秦巴山区贫困人口信息素养研究 …………… 102
第一节 信息素养内涵的界定 …………………………… 102
第二节 秦巴山区贫困人口信息素养测评指标体系的建构 …… 113
第三节 秦巴山区贫困人口信息素养的测评 …………… 123
第四节 秦巴山区贫困人口信息素养的影响因素 ……… 201

第四章 秦巴山区公共信息服务体系发展现状 ……… 209
第一节 公共信息服务概述 ……………………………… 210

第二节　秦巴山区公共信息服务基础设施建设现状 …………… 213
第三节　秦巴山区图书馆服务现状 ………………………………… 224
第四节　农家书屋建设和服务基本情况 …………………………… 237
第五节　各级政府部门及其他组织的信息服务 …………………… 247

第五章　秦巴山区公共信息服务效果研究 ………………………… 268
第一节　农村信息服务效果概述 …………………………………… 268
第二节　秦巴山区的公共信息服务效果 …………………………… 280
第三节　减贫进程中秦巴山区公共信息服务效果的
　　　　影响因素 …………………………………………………… 292

第六章　秦巴山区公共信息扶贫机制构建 ………………………… 302
第一节　信息扶贫概述 ……………………………………………… 303
第二节　信息扶贫的质量标准 ……………………………………… 313
第三节　联动路径选择 ……………………………………………… 317
第四节　提升农民信息素养 ………………………………………… 369
第五节　加强农村信息服务人才队伍建设 ………………………… 382

第七章　公共信息扶贫的保障机制研究 …………………………… 388
第一节　领导决策机制 ……………………………………………… 388
第二节　经费投入机制 ……………………………………………… 401
第三节　信息服务人才保障机制 …………………………………… 406
第四节　激励机制 …………………………………………………… 414
第五节　评价和反馈机制 …………………………………………… 417

参考文献 ……………………………………………………………… 422

后　　记 ……………………………………………………………… 426

绪　　论

2020年11月23日，伴随着贵州省最后9个深度贫困县退出贫困县序列，我国现行标准下9899万农村贫困人口全部脱贫，832个贫困县全部摘帽，12.8万个贫困村全部出列，区域性整体贫困得到解决，完成了消除绝对贫困的艰巨任务，实现了全面建成小康社会的底线任务和标志性指标。[①] 这是世界脱贫史上的壮举，也为其他国家消除贫困、改善民生提供了非常宝贵的中国经验。然而在举国欢欣鼓舞的同时，我们也应该看到尽管已经全面完成脱贫攻坚任务，但中国长期处于社会主义初级阶段的基本国情没有变，还会有较多的低收入人口，他们的收入也只是略高于基本需求。一旦有波动，这部分群体容易再次陷入贫困。[②] 另外我国农村的收入差距不容忽视，2005年最高收入组与最低收入组平均收入比是7.2倍，2016年扩大到9.5倍，2019年其比率虽降至8.26倍，但是相对差距依然显著。因此巩固脱贫攻坚的成果，解决过大的收入差距和相对不平等就成为下一阶段解决相对贫困问题的一个重要任务，需要各界持续的努力和探索。

[①] 新华社：《习近平在全国脱贫攻坚总结表彰大会上的讲话》，新华网，2021年2月25日（链接日期），http://www.xinhuanet.com/2021-02/25/c_1127140240.htm，2021年2月27日（引用日期）。

[②] 国务院扶贫办政策法规司、国务院扶贫办全国扶贫教育宣教中心：《脱贫攻坚前沿问题研究》，研究出版社2018年版，第61页。

一 研究背景

(一) 对贫困的基本认识

作为影响人类社会发展的一种重要社会经济现象,贫困问题一直备受学术界、各国政府以及相关机构的关注。综观人们对贫困界定的演进,可以看出贫困的内涵经历了一个从物质层面扩大到能力、权利再到人类发展层面的过程。早期主要是基于经济意义上的认识,一般用收入指标来衡量,后来倾向于引入更多的指标,如教育、健康、生活环境等指标。主流观点主要有以下几种。第一,经济学视角的低收入论。这是最早也最普及的观点,认为贫困是福祉被剥夺,即个人或家庭没有足够的收入满足其基本需要。因而,收入支持政策是反贫困政策的主要工具。如英国经济学家朗特里认为贫困是指"家庭收入未能满足家庭成员最基本的生存要求"[1],中国政府公布的贫困线即是基于这样的定义制定出来的。第二,社会学视角的排斥论、冲突论以及功能论。与经济学强调收入的重要性不同,社会学家基于对社会整体的认识,从个体或家庭所处的社会环境和不利的社会因素出发,在对贫困本质的认知方面贡献了最多的观点。排斥论认为贫困是一种社会排斥现象,强调个体与社会整体的断裂。[2] 它是"个人或整体被全部或部分地排除在充分的社会参与之外的一个过程"[3],"特别是老弱病残等弱势群体,没有充足的公民权利参与经济和社会活动。[4]"例如,世界银行在《2000/2001 年世界发展报告》指出,"人类贫困包

---

[1] Seebohm Rowntree, *Poverty: A Study of Town Life*, London: Macmillan, 1901, pp. 169-172.

[2] 王小林、Sabina Alkire:《中国多维贫困测量:估计和政策含义》,《中国农村经济》2009 年第 12 期。

[3] European Foundation, *Public Ware Service and Social Exclusion: The Development of Consumer Oriented Initiatives in the European Union*, Dublin: The European Foundation for the Living and Working Conditions, 1995, p4. 转引自薛宝生《公共管理视域中的发展与贫困免除》,中国经济出版社 2006 年版,第 23 页。

[4] 王小林:《贫困测量:理论与方法》,社会科学文献出版社 2017 年版,第 4 页。

括三个特征：即缺少机会参与经济活动；在一些关系到自己命运的重要决策上没有发言权；容易受到经济以及其他冲击的影响，脆弱性高"①。大多数学者认为，是社会制度不合理导致社会排斥现象，主张从一国或一个地区的政治、经济、文化和社会制度的"顶层设计"方面来消除社会排斥。②冲突学派认为，"贫困和社会不平等是社会中各群体争夺利益分配的结果……争夺的结果必然会使部分群体处于相对贫困状态。即在经济领域缺少资本和技术等生产性要素；在政治领域缺少自己的组织、对政策的制定没有什么影响；在社会领域又缺乏教育机构、大众传播媒介和社区组织等"③。而功能主义理论者看待贫困的视角全然不同，他们主张贫困是社会功能的需要，为维持社会的良性运行，就需要有天赋的人从事更高报酬的职位，而那些资质一般的人则去那些报酬较低的职位。贫困在社会中的存在是具有正功能的，社会上的富有阶层与贫困阶层各自为社会的发展做出贡献。第三，发展学视角的能力不足论。诺贝尔经济学奖获得者阿玛蒂亚·森（Amartya Sen）在《以自由看待发展》中指出，"在分析社会正义时，有很强的理由用一个人所具有的可行能力，即一个人所拥有的、享受自己有理由珍视的那种生活的实质自由，来判断其个人的处境。根据这一视角，贫困必须被视为基本可行能力被剥夺，而不仅仅是收入低下"④，此视角认为贫困的原因是由于个体或家庭的基本可行能力不足。基本可行能力包括公平地获得就业、教育、健康、社会保障、安全饮用水、卫生设施等促进人类体面地生活的基本需要，甚至包括主观感受。基本能力被剥夺的表现是多维度的，如过早的死亡、营养不良、持续的疾病、普遍的文盲及其他能力不足，并在此基础上

---

① 世界银行：《2000/2001年世界发展报告》，中国财政经济出版社2001年版，第67页。
② 王小林：《贫困测量：理论与方法》，社会科学文献出版社2017年版，第13页。
③ 张敦福：《现代社会学教程》，高等教育出版社2014年版，第365—366页。
④ ［印］阿玛蒂亚·森：《以自由看待发展》，任赜、于真译，中国人民大学出版社2002年版，第85页。

对"多维贫困"概念进行了首次阐述。① 森还把提高个人素质的责任更多地赋予社会安排,强调医疗和教育的普及是个人获得行为能力的必要社会条件。②。第四,政治学视角的阶级理论与共同富裕理论。马克思的阶级理论认为,至今一切社会的历史都是阶级斗争的历史,"劳动为富人生产了奇迹般的东西,但是为工人生产了赤贫。劳动创造了宫殿,但是给工人创造了贫民窟"③。贫困是资产阶级对无产阶级的剥夺,消除贫困的核心是无产阶级革命。按照政治学的理论,消除贫困的根本途径在于创造更加包容的发展机会,让每一个弱势群体具有平等的就业,获得公共资源、公共服务和参与社会事务的权利。④

近年来,伴随着人们对贫困认识的进一步深入以及多维贫困理论的引入,学者们更关注收入视角以外的贫困现象和问题。如周常春认为,"贫困的内涵很丰富,是一种需求得不到满足的状态,它涉及经济、政治、文化、生态以及信息等各个方面"⑤。何隽等认为,"贫困是一种社会物质生活和精神生活贫乏的现象"⑥。2017年,王小林从"贫困"一词的概念提出,"贫"是指收入不足以满足基本需要,"困"是个体和家庭由于基本能力不足,陷入难以靠自身力量摆脱的自然、环境、社会等困境。中国传统文化弘扬"扶贫济困",中国全面建成小康社会的目标也应该是多维度的。⑦

不仅贫困的内涵有多种观点,贫困的类型也可以从不同角度予以

---

① [印] 阿马蒂亚·森:《贫困与饥荒:论权利与剥夺》,王宇、王文玉译,商务印书馆2009年版,第36—37页。
② 薛宝生:《公共管理视域中的发展与贫困免除》,中国经济出版社2006年版,第19页。
③ 《马克思恩格斯全集》第42卷,人民出版社1979年版,第93页。
④ 王小林:《贫困测量:理论与方法》第2版,社会科学文献出版社2017年版,第19—22页。
⑤ 周常春、刘剑锋:《国外贫困测度研究综述》,《安徽农业科学》2014年第21期。
⑥ 何隽、张津、吴卫兵:《贵州农村信息贫困调查研究与成因分析》,《贵州广播电视大学学报》2015年第6期。
⑦ 王小林:《贫困测量:理论与方法》,社会科学文献出版社2017年版,第1—2页。

划分。目前影响最广的有两种分法。一是根据贫困的内涵所划分的"狭义贫困"和"广义贫困",二是从贫困程度划分的"绝对贫困"与"相对贫困"。

狭义贫困是指在一定的社会生产方式下,不能满足最基本的生存需要,生命延续受到威胁,即缺乏维持生理需要的最低生活标准。① 广义贫困不仅指经济贫困,还包括政治、文化、社会、环境等非经济领域的贫困。联合国开发计划署(UNDP)在《1997年人类发展报告》中指出:"贫困不仅指物质需求无法满足,而且还缺乏使得人类进行基本发展的机会,从而无法选择具有创造性、长期、健康的生活,也不能得到他人基本尊重,达到体面生活的标准,并且缺乏获得其生活中重要东西的能力。"② 而世界银行认为:"贫困不仅指物质的匮乏(以适当的收入和消费概念来测算),而且还包括低水平的教育和健康,包括风险和面临风险时的脆弱性,以及不能表达自身的需求和影响力。"③ 中国发展研究会指出,贫困不仅仅是"吃不饱饭"的问题,而且涉及人们生活的各个层面,包括教育、医疗、社会交往等等。④ 广义贫困大大扩展了狭义贫困的内涵。

绝对贫困又称生存贫困,指个人或家庭衣食等基本生活条件没有保证,生命的延续受到威胁。相对贫困指收入虽能达到或超过维持生活基本需要的水平,但与其他人相比还是生活在一个较低的生活水平,反映的是社会中财富分配不均导致的相对剥夺感。⑤ 相对贫困所谓的"相对"有两层含义。一是相对于绝对贫困所指代的"赤贫",

---

① 刘小珉:《贫困的复杂图景与反贫困的多元路径》,社会科学文献出版社2017年版,第22页。
② Office UHDP, *Human Development Report 1997: Human Development to Eradicate Poverty*, New York: Oxford University Press, 1997, pp.205-206.
③ 世界银行《2000/2001世界发展报告》编写组:《2000/2001世界发展报告:与贫苦作斗争》,中国财政经济出版社2001年版,第16页。
④ 中国发展研究基金会:《在发展中消除贫困:中国发展报告2007》,中国发展出版社2007年版,第32页。
⑤ 张敦福主编:《现代社会学教程》,高等教育出版社2014年版,第366—367页。

尽管对经济资源的占有已进入"衣食无忧"的基本丰裕，但贫困者与其他社会成员的经济状况拉开了差距；二是相对于生存，"过像样的生活"，拒绝社会排斥、提高参与能力是衡量贫困状况的又一指标。① 因此相对贫困的测度是多维的，除了经济水平，对文化、教育、健康、政治制度、信息及生活等多方面资源的占有和利用限制都可以被纳入其中。如果说绝对贫困指代的是生物特征，那相对贫困指代的就是社会特征。②

在相对贫困的众多表现维度中，信息贫困是伴随信息革命和信息化浪潮出现的一种新的贫困类型。它不仅是经济问题，也是信息获取能力和传播问题，更是公民社会权利问题③。它的存在不仅会导致和加剧国家、区域之间社会发展不平衡，也会进一步扩大不同阶层与人群间的发展不平衡。这一点在我国城乡之间表现最为突出，如果不加以关注，信息贫困问题会成为制约农民享受现代化"红利"的重要障碍，也会在一定程度上影响乡村振兴战略的实施，还可能加剧其他类型的贫困，动摇来之不易的扶贫攻坚成果。

（二）我国的扶贫工作

缓解和消除贫困是中国政府的一贯主张和民心所向，伴随着农村改革进程演进，我国的农村扶贫战略也渐次采取了救济扶贫、开发扶贫这两种方式。同时，文化扶贫作为一种特殊扶贫方式近年也受到广泛关注。

1. 救济扶贫

救济扶贫是指运用补贴计划和社会安全保障体系，对丧失劳动能力以及由于不可抗拒的自然灾害或不利的宏观经济条件的冲击而缺乏劳动能力的个人和家庭进行救助的扶贫方式。1949—1978 年，农村普

---

① 薛宝生：《公共管理视域中的发展与贫困免除》，中国经济出版社 2006 年版，第 28 页。
② ［俄］弗·伊·多博林科夫、阿·伊·克拉夫琴科：《社会学》，张树华、冯育民、杜艳钧等译，社会科学文献出版社 2006 年版，第 331—332 页。
③ 谢会昌：《国内信息贫困研究述评》，《安徽农业科学》2018 年第 34 期。

遍实施的"五保"救济制度形成了在人民公社制度下以集体经济为依托的农村社会保障体系。1978年以后，随着计划经济向市场经济的转型，救济形式开始由以无偿救济为主转向部分地实行有偿救济。1984年9月中共中央、国务院在《关于帮助贫困地区尽快改变面貌的通知》中，首次明确提出扶贫的战略目标，开始在救济扶贫以外寻求更主动的扶贫方式。①

2. 开发扶贫

开发扶贫是指以鼓励贫困者自力更生、奋斗致富为宗旨，帮助贫困者了解市场信息，学习科技技能，合理开发利用资源的扶贫方式。它主要针对的是具备劳动能力和劳动愿望，却由于各种客观条件无法脱贫的贫困者。其主旨是帮助贫困人口形成自我发展的条件，并以此作为脱贫致富的基础。②

以1986年国务院贫困地区经济开发领导小组（后更名为国务院扶贫开发领导小组）的成立为起点，我国政府瞄准贫困地区，以项目为主要承载，主导实施了有组织、有计划、大规模的扶贫开发，经历了制度化和区域性开发扶贫（1986—2000年）、整村推进与"双轮驱动"（2001—2012年）以及精准扶贫和精准脱贫（2013—2020年）三个阶段，截至2020年11月，我国现行标准下农村贫困人口实现脱贫，贫困县全部摘帽，区域性整体贫困被消除。

3. 文化扶贫

文化扶贫是直接以贫困主体——"人"为对象，由"扶物"向"扶人"转变，即向贫困群体输入新的文化、知识和价值观念，传授适用科技，并开拓交通，输入各方信息，从整体上提高他们的素质。③ 这种扶贫模式最早是由著名社会学家、安徽省社会科学院文化扶贫与村民自治研究实验中心主任辛秋水教授提出。在观察到以往扶

---

① 《农村社会学》编写组：《农村社会学》，高等教育出版社2019年版，第343页。
② 康晓光：《中国贫困与反贫困理论》，广西人民出版社1995年版，第158页。
③ 《农村社会学》编写组：《农村社会学》，高等教育出版社2019年版，第345—346页。

贫方式暴露出来的种种弊端后,辛秋水提出"扶贫扶人,扶志扶文"的方针,并于1988年4月开始在安徽省岳西县莲云乡实施其文化扶贫方案,通过为农民开办科技文化阅览室、阅报栏以及举办实用技术培训班显著提升了当地文化扶贫事业。①1993年中宣部成立文化扶贫委员会,在全国范围内开展了"万村书库""手拉手""电视扶贫""报刊下乡""送戏工程"等若干个文化扶贫工程或项目。② 近年来,我国文化扶贫工作开始了由粗放救济向精准服务的转变。一是2017年3月正式实施的《中华人民共和国公共文化服务保障法》明确提出了对贫困地区基本公共文化服务的保障。二是精准扶贫的理念及实践嵌入文化扶贫过程。③ 2017年6月文化和旅游部发布的《"十三五"时期文化扶贫工作实施方案》,从推动贫困地区艺术创作生产和公共文化服务体系建设、提升贫困地区文化遗产保护利用水平、加快贫困地区文化产业发展、促进贫困地区文化市场健康发展、推动贫困地区文化交流互通、加大贫困地区人才队伍建设力度以及落实文化和旅游部定点扶贫工作八个方面夯实文化扶贫的任务,力求全面提升贫困地区文化建设水平,确保贫困地区与全国同步全面建成小康社会。④ 自此以后,文化扶贫活动如火如荼开展,参与机构日益广泛。

(三) 信息扶贫的提出

如前所述,信息贫困是信息时代的一种新型贫困现象,信息贫困会带来诸多不利影响,如信息贫困与经济贫困互为因果,信息贫困影

---

① 辛秋水:《走文化扶贫之路——论文化贫困与贫困文化》,《福建论坛》(人文社会科学版) 2001年第3期。
② 陈建:《文化精准扶贫视阈下的政府公共文化服务堕距问题》,《图书馆论坛》2017年第7期。
③ 王毅、柯平、孙慧云等:《国家级贫困县基本公共文化服务均等化发展策略研究——基于图书馆和文化馆评估结果的分析》,《国家图书馆学刊》2017年第5期。
④ 文化部:《"十三五"时期文化扶贫工作实施方案》,中国政府网,2017年6月9日(链接日期),http://www.gov.cn/xinwen/2017-06/09/content_ 5201138.htm,2020年3月23日(引用日期)。

响农民信息权力的表达和实现、固化和加剧贫困文化的代际传播等。早在1984年，就有国外学者提出要重视发挥信息通信技术应用在减贫中的作用。世纪之交"数字鸿沟"问题的凸显，"加快信息化建设、将通信技术用于减贫"成为国际热议的主题。2003年、2005年联合国两次召开的世界信息社会峰会（WSIS）明确指出，要通过赋予穷人获得信息和使用信息通信技术的能力，帮助其摆脱贫困。①

尽管截至目前，我国尚无直接冠以"信息扶贫"的官方政策文本，但通过在中国知网和读秀搜索，发现有关信息扶贫最早的报道是1987年记者姚曦发表在《中国建材》上的文章《以信息扶贫 让科技进山——湖北省建材工业总公司对山区建材实行"四个优先"》，该文介绍了湖北省建材工业总公司向山区县（市）发送《湖北建材信息》《建材文摘》等内部信息刊物，提供经济、技术和市场情报的信息扶贫方式。②此后鲜有报道，直到《北京年鉴1996》上的一条信息："1995年，北京市城乡经济信息中心联合市信息协会、市政府山区办，组织82家科研单位、大专院校、专利发明人，筛选2000多项适用成果项目到昌平、延庆、平谷等山区县开展'信息扶贫到山区'巡回发布活动。"③1995年，在邵建功主编的《工会法全书》中，出现了"信息扶贫"的词条解释："信息扶贫是扶持贫困户劳动致富的方法之一。国家、集体等扶贫部门以及群众通过及时向贫困户或贫困地区传递有关信息，提高劳动生产率，发展商品生产，使其生产适销对路，经营得法，产品畅销，从而增加收入，加速脱贫步伐。信息包括生产信息、市场信息、科技信息。要使信息及时转化为实际生产力，信息必须迅速、准确，提供者还要对贫困户进行具体指导和帮

---

① 赖纪瑶、蒋天骥、李思彤等：《农村信息扶贫的政策逻辑及实施问题分析：来自华北S县的田野调查》，《情报杂志》2020年第8期。
② 姚曦：《以信息扶贫 让科技进山——湖北省建材工业总公司对山区建材实行"四个优先"》，《中国建材》1987年第7期。
③ 段柄仁、张明义、王立行：《北京年鉴2016》，北京年鉴社2016年版，第362页。

助。"① 这是较早诠释信息扶贫的表述，同时也体现出当时人们将信息扶贫主要解读成为山区或贫困地区输入所需的信息资源。与此类似的观点还有："信息扶贫战略是以信息资源的输入为契机，改进人力资本和生产、生活条件，打破贫困的恶性循环，从而达到脱贫的可持续性。"②

1997年，在对广告中标企业山东金贵酒厂考察过程中，中央电视台了解到品质良好的金乡大蒜因为种植规模激增导致严重滞销后，决定与金贵酒厂合作，免费为金乡大蒜在中央台投放广告。广告播出后，金乡大蒜销路全面打开，不仅销售收入比预期增加了2亿多元，金乡大蒜的知名度与美誉度也得到大大提升，吸引了各方客商。此后中央电视台找来10家较大的广告公司，联手为10个省的农副产品免费做"扶贫广告"③。广告扶贫突破了以往主要为贫困地区输送信息资源的传统模式，将扶贫的着力点放在为农产品做宣传、找销路上，打通了农产品销售从山村到全国乃至全球的信息扩散路径，收效显著，意义深远。

世纪之交，伴随着信息通信技术的发展，作为信息基础设施搭建主力军的通信运营商开始在信息扶贫中崭露头角，他们扶贫的主要方式是为农民开展电话接入等服务。如不少地方性年鉴通常是在有关通信业务栏目下出现"信息扶贫"词条。如《榆林年鉴》将"信息扶贫"归入"移动通信"栏目之下，"为启动农村市场，分公司提出了'信息扶贫'政策，适时推出了面向农村的'丰收卡'，极大地调动了农村用户入网的积极性"④。陕西丹凤县在总结"信息扶贫工作"中也提道，"加快农村电信的建设和发展，开始了

---

① 邵建功主编：《工会法全书》，经济日报出版社1995年版，第545页。
② 汤爱民：《大整合：21世纪中国综合发展战略建言》，中国经济出版社2000年版，第438页。
③ 张景云：《论公关与农业产业化》，《公关世界》1998年第7期。
④ 榆林市地方志编纂委员会编：《榆林年鉴（2001）》，西安地图出版社2001年版，第131页。

农村电话成片开发、规模发展,帮助农民用信息致富,促使农村电话迅速赶上了市话发展规模。截至2000年年底,全县有86%的行政村通了电话,极大地方便了群众与外界的联系,对全县整体脱贫起到了积极的推动作用"①。进入21世纪后,由通信运营商开展的信息扶贫内容愈加丰富,比如2009年中国电信四川公司在四川全省启动"乡村广播"信息扶贫项目,它不仅传递农副产品交易、农技服务、农村生活等各项信息,还及时反映农民的意见和建议,力图实现政策发布的双向互动。② 2017年,中国移动钟山分公司采取"政府+企业"的合作方式,开展"信息扶贫同步小康"活动,不仅为建档立卡贫困户免费发放了价值320万元的4G移动智能手机,还减免其全年通信费用1600万余元。③

另外,更多的企业也参与信息扶贫事业。如2006年年初,民生银行出资1450万元,与中央电视台七频道合作,推出全国农产品应急销售、贫困地区旅游资源以及全国农民住宅义务设计广告三项面对农民及农村的公益广告。截至2009年,总计帮助全国17个省245个贫困县和全国农产品主产区推销500亿公斤滞销农产品,直接受益群众超过1000万,累计创造经济价值400多亿元。④ 国务院扶贫开发领导小组盛赞其不仅为贫困地区经济发展创造机会,而且促进了贫困地区的资源优势向商品优势和经济优势转化。

除了上述企事业单位的区域性信息扶贫之外,全国范围内的信息扶贫也在相关政府部门的主导下渐次展开。1996年5月,根据《国家八七扶贫攻坚计划》要求,国务院贫困地区经济开发办公室联合电子工业部、广播电影电视部和经济日报社共同组织实施"信息扶贫致富

---

① 贺云龙主编:《丹凤年鉴1991—2000》,丹凤县年鉴编纂委员会2004年版,第337页。
② 四川电信:《四川电信"乡村广播"信息扶贫活动启动》,《通信与信息技术》2009年第1期。
③ 中共六盘水市钟山区委史志办公室编:《钟山年鉴(2018)》,德宏民族出版社2019年版,第201页。
④ 于剑侠:《情系民生,勇担责任》,《现代企业文化(上旬)》2011年第12期。

工程",由经济日报社采编农业农村部、林业部以及国内贸易部的政策法规、市场分析和预测以及实用农业技术信息向基层农民发布;同时又将各地基层反馈的自然资源、招商引资以及农副产品的供求信息通过网络及时地传播出去,搭建起贫困地区与发达地区之间的双向沟通信息服务体系。① 该工程自 1995 年先期在河北张家口等地试点以来,截至 1997 年年底,全国已建有扶贫致富信息接收站 190 个。秦巴六省市均有站点,其中陕西全省 10 个地市和 80 个县市建站入网。② 改善了贫困地区信息闭塞现状、促进了贫困地区与经济发达地区的交流,也给贫困地区带来了一定的社会效益和经济效益。

2003 年 1 月,为配合国家西部大开发战略,科技部启动"缩小数字鸿沟——西部行动"。其总体目标是开发、利用经济适用的信息技术和产品,为西部地区信息化提供技术支撑;并以信息化带动工业化,促进西部地区改善产业结构和发展信息产业。③ 2006 年,科技部、商务部和联合国开发计划署(UNDP)又启动"中国信息通信技术扶贫能力建设",选择河南商城、安徽霍山、陕西榆林、重庆潼南和河北武安 5 个县(市)作为示范点,通过制定各县信息体系建设方案、建立县级—乡镇级信息中心、开展系统培训活动等加强贫困地区信息能力建设和科技信息服务,示范推广可行的科技信息扶贫模式以提高农民收入。④

2006 年,中国扶贫开发协会中国村络工程在全国范围内展开"信息扶贫",旨在通过为农村免费捐赠电脑、建立适农网络平台以解决农村信息服务的"最后一公里"。在信息输入端,村络工程广泛整合

---

① 《信息扶贫致富工程介绍》,《中国经济信息》1997 年第 1 期。
② 程刚:《推进信息扶贫致富工程的对策研究》,《中国信息导报》1998 年第 3 期。
③ 王世焕:《缩小数字鸿沟——西部行动正式启动》,东方网,2003 年 1 月 5 日(链接日期),http://news.eastday.com/epublish/gb/paper148/20030105/class014800014/hwz859754.htm,2021 年 4 月 15 日(引用日期)。
④ 科技部:《推进信息通讯技术扶贫能力建设》,中国政府网,2006 年 9 月 23 日(链接日期),http://www.gov.cn/ztzl/fupin/content_396678.htm,2021 年 4 月 18 日(引用日期)。

各种农业市场行情信息;在输出端,村络工程在行政村建立免费向农民开放的网络应用中心(如新农网络之家),为其提供远程教育、农资产品订购、技能培训、务工信息、社会捐赠、扶贫跟踪、小额贷款等30多项服务。山西阳高县兴苑村的网络之家还开设了"健康区""互动区""智慧区""文教区"等板块,配备电脑、数字电视、农用书籍、生活用品及文化体育设施等,形成了一个完善的"农村信息化会所"。①

2008年,国务院扶贫办确定分批次在全国9个省(市、自治区)选择1000个贫困村作为试点,组织实施信息化扶贫试点工程。国家对试点县的支持主要包括为试点村免费安装卫星接收设备,为当地农民提供"产品销售、远程培训、法律援助、专家咨询、爱心救助、文化娱乐"等信息服务。②

2015年9月,中国扶贫开发协会启动"农民办事不出村"信息化扶贫项目,通过"农民办事不出村"电子政务系统整合多种资源,方便村民实现"证件村里办、信息村里查、农资村里订、费用村里交、补贴村里领、矛盾村里调"③。近年来,国家在精准扶贫重要战略实施过程中,又先后出台了《十三五全国农业农村信息化发展规划》《"十三五"脱贫攻坚规划》和《网络扶贫行动计划》等政策,动员国内各方力量,从基础设施建设、网络教育、信息资源、公共服务等方面,积极发挥现代信息技术在西部地区、贫困地区脱贫攻坚中的重要作用。④

---

① 王蔺娟:《让信息高速路通向新农村——中国村络工程信息扶贫纪实》,《华夏星火》2007年第12期。
② 刘俊杰、李建成:《国务院扶贫办首批信息化扶贫工程试点在承启动》,搜狐新闻,2008年11月10日(链接日期),http://news.sohu.com/20081110/n260540520.shtml,2020年5月20日(引用日期)。
③ 《中国扶贫开发协会信息扶贫项目即日接受贫困县申报》,《老区建设》2015年第17期。
④ 钟华丽、李宁馨:《信息扶贫语境下少数民族贫困地区居民媒介接触调查——以凉山州喜德县为例》,《西昌学院学报》(社会科学版)2019年第4期。

二 研究问题

秦巴山区西起青藏高原东缘，东至华北平原西南部，跨河南、湖北、重庆、四川、陕西、甘肃六省市，集革命老区、大型水库库区和自然灾害易发多发区于一体，内部差异大、致贫因素复杂，是国家扶贫开发攻坚战主战场中涉及省份最多的片区。① 由于受大山阻隔，该区域相对封闭，农村特别是深山、高山区发展困难，农民生计脆弱，致贫返贫因素复杂，缺少信息服务即为其中之一。主要表现在：外界的信息服务采取"自上而下"模式，缺少针对性和适用性；农户较低的经济基础和文化水平阻碍了其对网络、智能手机的自如运用；对信息获取和发布渠道不熟悉，又使个体的信息诉求找不到表达和反映的途径。如何实现信息需求与信息服务的有效对接，是值得深入研究的问题②。本课题的目标就是在对当地农村居民全面信息需求和各类公共信息服务机构服务模式及效果进行双重调研的基础上，通过供求关联分析，构建公共信息服务体系建设与信息扶贫之间的联动模型，为探索贫困地区的信息扶贫找出一条切实有效的实现路径。同时，通过信息扶贫扶智作用，提升当地居民的信息意识和信息素质，充分发掘秦巴山区可持续发展的内生动力，形成外部多元扶贫与内部自我脱贫的互动机制。主要研究内容如下。

第一，信息贫困和信息扶贫概述。厘清信息贫困的定义、表现和成因，阐释信息扶贫的概念、作用和已有措施是本研究的基础。同时，本研究也离不开相关理论的指导，因此需要对信息学、社会学和传播学的相关理论进行简单阐释。

---

① 《国务院扶贫办 国家发展改革委关于印发秦巴山片区区域发展与扶贫攻坚规划（2011—2020年）的通知》，国家发展改革委门户网站，2013年4月25日（链接日期），https://www.ndrc.gov.cn/xxgk/zcfb/qt/201304/t20130425_967814.html?code=&state=123，2018年4月12日（引用日期）。

② 李静：《秦巴山区贫困人口信息需求与信息行为的调查与分析》，《陕西理工大学学报》（社会科学版）2020年第1期。

第二，秦巴山区贫困人口信息需求及信息行为研究。了解贫困人口的信息需求及信息行为是本课题研究的起点。将从两方面展开。一是贫困人口信息意识、信息需求类型研究。在信息需求类型上，关注扶贫对象包括生活、医疗卫生、健康、法律、社保等在内的全面信息需求。二是贫困人口信息行为及影响因素研究。主要考察贫困人口的信息获取手段、信息交流行为、信息吸收行为等，并从个体、社会、自然环境等方面分析信息行为影响因素。

第三，贫困人口信息素养研究。借鉴国内外相关信息素养测评指标体系，构建贫困地区人口信息素养测度指标，并在秦巴山区进行实测，分析不同资源禀赋农民信息素养的差异及其影响因素。

第四，秦巴山区公共信息服务体系发展现状研究。全面把握秦巴山区公共信息服务的参与主体及各主体开展信息服务工作的基本情况是本课题另一个研究基础。将分别考察图书馆、各级政府部门以及其他公益性信息服务机构开展信息服务工作的基本情况，如机构数量、人员配备与培训、信息设备配置、主要服务手段及方式等。

第五，秦巴山区公共信息服务体系信息服务效果研究。在综述国内外农村信息服务效果相关成果基础上，根据问卷调研结果，考察秦巴山区公共信息服务机构对农信息服务效果，分析影响因素，为措施的提出奠定科学基础。

第六，秦巴山区公共信息扶贫联动机制的路径选择。在深入探究图书馆界、政府部门以及其他公益性服务机构主要信息服务模式基础上，结合秦巴山区农民信息需求和信息行为特征、信息素养水平现状，运用整体思维，构建公共信息服务体系与信息扶贫联动模型，提出实施方案。包括培育农民信息意识、制定农民信息贫困综合性治理方案以及完善信息基础设施、营造良好信息环境等，同时媒体还要做好舆论引导。

第七，公共信息扶贫的保障机制研究。主要从制度建设、管理模式、考核评价等方面探讨保障机制的建构，保证公共信息联动扶贫的长效性。

三 研究意义

（一）理论价值

在国家加快公共文化服务体系建设的时代背景下，以图书馆为代表的公共信息服务体系在乡村的延伸和完善能否有效提升贫困地区居民的信息意识和信息能力？同时，图书馆界又该如何与各级政府、大众传媒及其他公益性信息服务机构在信息扶贫中实现联动？目前尚无系统、深入地研究。因此有必要采用图书馆学和信息经济学的相关理论，建立起公共信息服务体系建设与信息扶贫之间的关联分析，并用传播学中的传播效果理论考察公共信息服务对信息贫困的干预效果，以便提出有效的实施方案。该选题一方面有利于拓展公共信息反贫困研究的理论与方法，另一方面也有利于促进图书馆学、信息经济学与传播学三个领域的交叉研究。

（二）实际应用价值

秦巴山区公共信息服务底子薄、基础差，当地居民受制于主客观条件已陷入信息贫困的危机，而信息贫困会阻碍农业产业结构调整、制约农村经济发展，直接关系到扶贫事业的成效。因此通过信息扶贫提升贫困人口的信息获取和利用能力，是十分迫切和必要的。本课题研究成果在秦巴山区的应用，一方面将有助于改善秦巴山区居民信息贫困的现状，提高他们自我发展的能力；另一方面将为政府决策部门开展信息扶贫提供参考。通过探寻多元化主体开展信息扶贫的协同组织模式，能有效推动我国公共信息服务提供机制和方式的变革，为建立高效率、多中心的公共信息服务新模式提供实现方案。

第一章　信息贫困与信息扶贫

20世纪60年代以来，信息不平等问题已被视为信息社会的核心问题，引起人们关注。[①] 1970年斯坦福大学教授帕克提出"信息贫穷（Information Poor）"这个概念之后，由于信息缺乏而形成的贫困问题受到越来越多的关注。早期的研究重点主要围绕国家基础设施的平等和公平使用展开，近年来集中关注数字鸿沟、信息权利、信息自由等问题。经历了一个由美国至全球，由关注信息资源共享不公平到关注社会公平的过程。传播学、图书情报学、政治学、经济学、社会学和心理学的学者们分别从不同角度对信息贫困进行了考察，取得了系列研究成果和重要进展。与之相适应，旨在解决信息贫困的信息扶贫问题也引起了人们的广泛关注，尤其我国学者探讨最多，本章将对这两个问题予以梳理。

第一节　信息贫困

一　信息贫困的内涵及表现

科学定义信息贫困是相关研究的基础，但由于研究者们的学科背景不同，其对信息贫困的阐释也各有侧重，可将其归纳为可用信息资

[①] 于良芝、谢海先：《当代中国农民的信息获取机会——结构分析及其局限》，《中国图书馆学报》2013年第6期。

源不足、机会/能力缺失、信息行为不当、信息获取意愿缺失四个研究视角。

（一）可用信息资源不足

从广义来说，信息资源是信息内容及与信息内容相关的信息设备、信息人员、信息系统和网络的集合。因此课题组将信息占有少、信息基础设施缺乏、信息技术应用不足都归为此类。社会学家寇尔曼（Coleman）是该派观点的早期代表，他指出，信息技术以及信息存取方式的转变会直接影响人的认知和行为方式；同时，信息技术使学校教育从传递信息向培养批判性思维转变，这些变化加大了信息富有和信息贫困群体的差距，个人可用信息的缺失是信息贫困的主要表现。① Goulding 认为，可以获得丰富信息的那些人和不知道怎么或者去哪里找到信息的那些人之间的隔离导致了信息贫困。② 美国学者 Sweetland 将信息穷人在信息贫困的表现定义为缺少信息获取、信息超载及信息偏见，他认为缺乏获得信息的必要工具和服务平台，缺乏获取信息的检索研究技能以及精确引导是造成信息贫困的主要因素。③ 国内学者在这一维度的研究主要聚焦于农民和农村可用信息资源的不足。如王建等将西部农村存在着的信息闭塞、信息不灵、信息滞后、信息失真的落后状况称为"信息贫困"④。王胜等认为信息贫困是指特定区域群体由于缺乏充足的信息资源、有效的信息传播媒介和足够的信息处理能力而导致的信息匮乏状态。具体表现为信息资源少、信息传播媒介单一、信息传递速度慢以及信息获取成本高等四个

---

① 乔欢：《信息行为学》，北京师范大学出版社 2010 年版，第 68 页。
② Goulding, "Information Poverty or Overload?", *Journal of Librarianship and Information Science*, No. 3, 2001, pp. 109–111.
③ James H. Sweetland, "Information Poverty-let Me Count the Way", *Database Magazine*, No. 4, 1993, pp. 8–10.
④ 王建、赵静、王玉平：《西部农村的信息贫困及农民信息权利维护》，《图书情报工作》2007 年第 10 期。

方面。① 而乔海程将农村信息贫困定义为："在信息化时代，由于受客观环境条件或者主观发展落后的制约，导致当地在信息基础设施建设、信息资源开发运用、信息技术推广和更新能力上显著低于所处历史时期的一般发展水平而形成的新的社会贫困现象。"②

(二) 机会/能力缺失

基于诺贝尔经济学奖获得者阿玛蒂亚·森（Amartya Sen）对贫困的重新定义，我国学者胡鞍钢认为，信息贫困是指在特定情况下，人们缺乏获取、交流、应用和创造信息的能力，或者缺乏权利、机会与途径获得这一能力。③ 持类似观点的还有南非学者 Karla J. Strand 和 Johannes Britz。④ 而于良芝将信息贫困定义为行为主体因缺乏足够的机会和自由将社会中丰富的信息资源为自身所用，致使信息实践受阻，信息资本缺失，信息需求无法得到满足。⑤ 乔欢认为信息贫困者的能力局限表现在三个方面。第一，信息处理能力。信息贫困者大多文化水平低、语言能力差、社会交流困难，因此缺少必要的社会政治。第二，子文化的局限。由于信息贫困而无法进行较大范围的社会活动，使人处于相对封闭的子系统中，只能在特定范围内依赖有限的知识储备和错误信息进行交流。神话、谣言、民间传说构成他们信息的主要来源，其行为特征表现为信息的单向流动。第三，处于不利的社会地位。因社会地位而产生无助感。信息处理能力、子文化、个人态度

---

① 王胜、丁忠兵、吕指臣：《我国集中连片特困地区信息贫困的机理与路径》，《开发研究》2017 年第 6 期。

② 乔海程：《农村贫困地区信息扶贫问题研究》，硕士学位论文，北京邮电大学，2017年，第 6—7 页。

③ 胡鞍钢、童旭光、诸丹丹：《四类贫困的测量：以青海省减贫为例（1978—2007）》，《湖南社会科学》2009 年第 5 期。

④ Strand K. J., J. Britz, "The Evolving Role of Public Libraries in South Africa in Addressing Information Poverty: A historical Context", *Library Management*, No. 6, 2018, pp. 364-374.

⑤ Yu L. Z., "How Poor Informationally are the Information Poor? Evidence from an Empirical Study of Daily and Regular Information Practices of Individuals", *Journal of Documentation*, No. 6, 2010, pp. 906-933.

等因素是信息素养的主要表现形式,其中的关键因素是信息处理能力。①

(三) 信息行为不当

Thomas Childers 率先从信息行为角度探讨信息贫困,将其定义为群体信息行为不当(特别是这些人的自我保护行为)导致的一种贫困情境。② 此后,艾尔夫瑞德·查特曼(Elfreda A. Chatman)成为这一角度的代表性学者,她在考察信息穷人的信息搜寻行为、低技能工人和退休妇女的信息世界的基础上,尝试用小世界理论、局内人局外人和圆周理论来解释这些群体信息贫困的形成原因。③ 其信息贫困理论包括以下几点。第一,被定义为信息贫困的人们认为自己没有任何可能帮助到自己的资源。第二,应对社会规范的自我保护行为决定了信息贫困。第三,隐瞒和欺骗都是自我保护的机制,出于对提供有用信息的他人的能力或意愿的不信任感。第四,出于存在负面影响大于益处的意识,往往不会采纳暴露自己真正问题的风险性决策。第五,新知识将会被选择性地引入贫困人口的信息世界,影响这个过程的条件之一是这些信息与日常问题和关注事件解决的相关性。④ 查特曼理论深刻影响着后来的诸多学者,如我国学者朱明发现信息主体受资源、机会等因素限制构建出的个人信息世界导致了他们的信息贫困。⑤ 郑素侠引入小世界固化圈,提出正是由于对外界不信任,生活情境单一、拒绝冒险,造成信息贫困人口信息消费水平低、脆弱性强;信息

---

① 乔欢:《信息行为学》,北京师范大学出版社2010年版,第69页。

② Childers T., Joyce A. Past, *The Information-Poor in America* Scarecrow Press Inc. 1975. 转引自张小倩、张月琴、杨峰《国内外信息贫困研究进展:内涵阐释、研究设计及内容综述》,《图书馆论坛》2018年第8期。

③ 张小倩、张月琴、杨峰:《国内外信息贫困研究进展:内涵阐释、研究设计及内容综述》,《图书馆论坛》2018年第8期。

④ Elfreda A. Chatman, "The Impoverished Life-World of Outsiders", *Journal of the American Society for Information Science*, Vol. 47, No. 3, 1996, pp. 193-206.

⑤ 朱明:《国外少数族裔信息贫困成因及对策研究述评》,《图书馆学研究》2017年第10期。

需求呈现"虚假性满足"、信息获取和使用能力较低。①

(四) 信息意识淡漠、信息获取意愿缺失

信息意识是指人们对于信息敏锐的感受力、持久的注意力和对信息价值的判断力、洞察力，它是催生信息需求、引发信息行为的重要因素之一。但是截至目前，从该视角去研究信息贫困的文献数量较少。王俊文认为，信息贫困的表现之一在于贫困地区人们对于信息价值观念、信息开发利用观念、信息交流观念等方面的淡薄。② 冯玲指出，信息贫困一方面表现为"信息获取意愿的贫困"，另一方面则表现为个体对信息获取缺乏（积极的或消极的）体验。对现有社会公共信息资源和服务利用不足是导致信息贫困的重要原因之一。③ 孙红蕾等通过信息生态学视角，在考察中国新市民基础上，提出新市民自身能动性和自主性较弱，文化主体意识淡薄，缺乏文化权益的主动权，加之能力有限或参与意识淡薄，导致"自边缘化"和"自愿隔离"，即出现信息"自贫困"的情况。④ 这是一个较好的视角，它有助于解释当下信息基础设施的提升、信息服务体系的完善为何并没有从根本上消除信息贫困。

除过上述主流观点外，祁晨露还将信息贫困分为客观的环境贫困和主观的自身贫困，前者包括信息内容上的储量不足、时效性差、可信性低和再传播动力不足；信息传播过程中的信息难以到达或信息获取成本过高；以及信息解码过程中，部分人无法享受到与经济发达地区同样的获知信息和利用信息的机会等情况。而主观的

---

① 郑素侠、张天娇：《"小世界"中的信息贫困与信息扶贫策略——基于国家级贫困县民权县的田野调查》，《当代传播》2019 年第 4 期。

② 王俊文：《反贫困必然选择：农村贫困地区"信息扶贫"的关键解读》，《江西社会科学》2010 年第 1 期。

③ 冯玲、周文杰、黄文锦：《社会性公共文化联动对于信息贫富分化的干预效果研究——来自东莞社会阅读调查的证据》，《图书馆》2015 年第 1 期。

④ 孙红蕾、钱鹏、郑建明：《信息生态视域下新市民信息贫困成因及应对策略》，《图书与情报》2016 年第 1 期。

自身贫困包括了信息判断贫困、信息技能贫困、信息再传播贫困和信息消费贫困。①

二 信息贫困的成因

梳理学者们的观点发现，造成信息贫困的原因，既有经济发展水平、自然地理区位、信息基础设施建设、信息传播手段等外部因素的影响，也受到农民文化水平、思想意识等内部因素的影响。

（一）经济因素影响

与人们早期对贫困概念的认识一致，不少学者认为信息贫困与经济状况密切相关。如李峰认为，"信息贫困是信息社会发展过程中由于经济发展水平上的差距，导致在信息技术设施普及、信息技术开发和应用以及信息获取、处理能力上产生差距而形成的一种新的社会贫困现象，它的存在会导致和加剧国家之间、区域之间社会发展不平衡"②。杨学农③和孙贵珍④则发现，经济发展状况与信息贫富具有一定关联，经济发达地区通常都是"信息富区"，而经济不发达地区往往是"信息贫区"。魏刚⑤、胡鞍钢⑥等认为，农村信息贫困是我国长期实行农村城乡二元管理体制导致农村发展长期处于缓慢的结果，信息贫困既是收入贫困、物质贫困的重要原因，也是其结果，制约着我国农业产业化的发展。

---

① 祁晨露：《县级融媒体：迈向信息共同繁荣的最后一公里》，《西部广播电视》2019年第4期。
② 李峰、周信君：《武陵山片区的信息贫困与信息扶贫》，载游俊、冷志明、丁建军《中国连片特困区发展报告》，社会科学文献出版社2013年版，第149页。
③ 杨学农：《反贫困的战略措施：信息扶贫》，《中国信息导报》1998年第7期。
④ 孙贵珍：《河北省农村信息贫困问题研究——基于信息生产、传播、利用》，博士学位论文，河北农业大学，2010年，第14页。
⑤ 魏钢、郭勤、周卫红：《弥合数字鸿沟 构建和谐社会》，《甘肃社会科学》2006年第1期。
⑥ 胡鞍钢、周绍杰：《中国如何应对日益扩大的"数字鸿沟"》，《中国工业经济》2002年第3期。

从农民个体而言，经济收入也是造成其是否陷入信息贫困的主要因素。孙贵珍认为，农民的信息消费水平及信息购买力是衡量其信息拥有水平的重要因素，在既定家庭预算约束下，有信息购买力的农民其信息拥有程度就表现为相对富有；反之则陷入信息匮乏的困境。信息购买力不足是造成信息贫困的重要原因。① 毕洪文在黑龙江的调研发现，不同经济收入地区农户获取信息的程度和媒介利用率与经济收入显著相关：低收入、中等收入以及相对富裕地区农户的平均信息需求率由低至高依次为 33.62%、44.03% 及 59.71%，经济收入越高的农户获取信息的意愿越强烈且媒介利用手段越多样化。② 刘云九发现，经济状况及生活现状不如意，又很少直观感受到获取信息带来的实惠，使得低收入人群没有足够的精力和兴趣投入学习获取信息能力的过程。③ 王胜也指出，在我国集中连片特困地区，由于收入水平低，使得多数群众不愿意使用包括较多流量套餐、资费较高的电话卡，舍不得花钱拉网线和交上网费，也舍不得掏钱找中介获取有价值的信息，当地经济社会在很大程度上处于按传统经验做事的自发发展状态。④

近年来，微博、QQ、微信等社会化媒体已经成为人们获取信息的重要途径之一，并在农村得到了一定程度的应用。张焱等在湖北巴东县水布垭镇的调研数据表明，农民的年收入水平显著影响着他们对社会化媒体的应用程度，那些年收入越高的农民，使用社交媒体的可能性越大——年收入在 50000 元以上的人群会 100% 使用社交媒体，而年收入在 5000 元以下的被调查者中只有 62.5% 的人会使用社交媒

---

① 孙贵珍、王栓军、李亚青：《基于农村信息贫困的农民信息购买力研究》，《中国农学通报》2010 年第 6 期。
② 毕洪文：《媒介传播形式对黑龙江农户获取信息的效果分析》，《北方园艺》2012 年第 24 期。
③ 刘云九：《文化信息资源共享工程视域下的农民信息素养教育——以楚雄市为例》，《楚雄师范学院学报》2015 年第 3 期。
④ 王胜、丁忠兵、吕指臣：《我国集中连片特困地区信息贫困的机理与路径》，《开发研究》2017 年第 6 期。

体,那些不使用社交媒体的农民主要是因为"费用太高"及"没有设备",但他们中有60%以上仍然希望学习使用。① 刘亚也发现,家庭年收入在3万元以上的农民比低收入农民的社会网络更为丰富,与他人交流各种信息的频率也更为频繁——农民收入水平的差别经由社会网络转化成信息交流的差别与分化。②

(二) 信息基础设施建设薄弱

早期信息贫困的概念主要是从信息基础设施建设、信息设施配备以及信息技术应用等硬件差距方面提出,因此将信息贫困归因于信息基础设施建设薄弱也是一个重要的维度,尤其在讨论国家与地区之间信息贫困成因时使用最多。胡鞍钢认为,信息基础设施落后成为农村地区从传统农业社会向现代社会转变的根本障碍,信息基础设施和收入水平的差距是城乡间"数字鸿沟"的基本原因。③ 陈响坤发现贫困农村缺少收集信息、处理信息、传播信息的软硬件设备。电视、广播和报纸等传统媒体的单向传播方式所造成的信息量小、信息沟通不畅是造成农民信息贫困的原因之一。④ 持此观点还有刘雁⑤、丁建军等⑥。

除此之外,王爱云还指出,农业产业化程度不高、农业信息化基础工作水平低以及不重视农业信息网络人才的培养和引进也是造成农

---

① 张焱、王立斌、张磊等:《农村"信息扶贫"过程中社交媒体的影响与趋势》,《山西大同大学学报》(社会科学版) 2018 年第 5 期。
② 刘亚:《农民社会网络及其对信息交流的影响》,《图书情报工作》2012 年第 8 期。
③ 胡鞍钢、周绍杰:《新的全球贫富差距:日益扩大的"数字鸿沟"》,《中国社会科学》2002 年第 3 期。
④ 陈响坤、曾强、周雪华:《贫困农村信息贫困的原因及对策——以清新县石潭镇格水村为例》,《农业图书情报学刊》2010 年第 7 期。
⑤ 刘雁、张春玲:《基于河北省视角的京津冀区域信息资源共建共享机制构建》,《产业与科技论坛》2016 年第 8 期。
⑥ 丁建军、赵奇钊:《农村信息贫困的成因与减贫对策——以武陵山片区为例》,《图书情报工作》2014 年第 2 期。

村信息贫困的原因。①

（三）信息传播主体责任

传播学的研究者主要从传媒角度探讨了信息贫困的影响因素。闵阳指出，大众传媒的分众化导致被分化出去的农村受众不同程度地陷入"传媒缺失"的真空中，大量的农村人口被排斥在信息化进程之外，成为大众媒介的边缘化人群。② 罗阳富发现，传媒在农村地区的失语或缺位导致农民拥有媒介资源极少，接触媒介种类和信息内容单一，适于农民的信息严重偏少。③ 胡岳指出，尽管农村人口在我国比重大，且六成上网村民热衷"追剧"，然而目前以农村生活为题材、反映农村现实状况的影视作品数量少、质量参差不齐引人担忧，网络"电视剧"等文化产品在农村的"舆论阵地"作用未被重视。④ 张译发现农村信息产品质量差，信息服务市场建设不足，农民接触信息内容单一，"三农"相关节目较少，且节目制作水平有待提高。⑤ 王胜也发现在集中连片特困地区，由于缺少深入山区农村采集信息的工作人员，广播电视上极少有与当地生产生活密切相关的节目，农村信息资源匮乏问题更为突出。⑥ 而对于媒体为何会在农村地区缺位，闵阳认为这是出于媒介价值选择的差距，"为获取广告投入，吸引消费能力强的人群，媒介无论是在信息价值的衡量标准上，还是报道方式上都大幅度地向高消费群体倾斜，以迎合其兴趣和口味。而社会地位低、消费能力不足的人群却在被忽视和遗忘，这种倾向特别明显地表

---

① 王爱云：《解除农村信息贫困》，光明网，2005 年 1 月 25 日（链接日期），https：// www.gmw.cn/01gmrb/2005-01/25/content_ 171061.htm，2018 年 2 月 4 日（引用日期）。
② 闵阳：《陕南农村的信息化差距与信息贫困》，《西安邮电学院学报》2006 年第 6 期。
③ 罗阳富、崔庆鹤：《农村信息贫困成因及对策研究》，《人民论坛》2013 年第 32 期。
④ 胡岳：《当前中国农村题材电视剧创作现状、问题及发展思路》，《东南传播》2017 年第 7 期。
⑤ 张译：《基于供需视角的农村信息贫困现状与对策研究》，硕士学位论文，四川农业大学，2014 年，第 11 页。
⑥ 王胜、丁忠兵、吕指臣：《我国集中连片特困地区信息贫困的机理与路径》，《开发研究》2017 年第 6 期。

现在关于农民群体的报道上"①。史安斌对美国社会信息贫困现象的分析则进一步印证了闵阳的观点。他认为，主流媒体是否关注一个社区的公共事务，取决于当地居民是否生活在该媒体广告或订阅收益的覆盖半径内，且社区基础设施建设程度的差异同样会影响媒体资源投入的选择。如此一来，那些居住在基础设施较差的贫困社区的低收入人群自然就会远离主流媒体的报道视野。②

（四）自然地理区位因素

自然地理区位是人类生存的场所，其在任何历史时期都是制约社会发展和需求的因素，也会对社会活动中的信息需求与传播产生影响。王建等指出，我国西部农村地广人稀、居住分散的特殊居住环境，加大了信息传播的难度。另外农业技术服务站、信息工作站、农技培训等大都设置在县城或镇政府周边，距离乡村农户的距离比较远，较偏远的山区就更远。农民要查询信息，来回一趟费用很高，导致他们不愿意去查。③ 赵珊等通过实证分析得出，四川甘孜州由高山峡谷地貌带来的地形阻隔和分散特点阻碍了信息基础设施的建设，信息设备的安装、通信和维护，成为禁锢甘孜州居民信息水平发展的因素之一。④ 张月琴等在四川凉山州布拖县的调研也表明，起伏悬殊的地形和黏重贫瘠的土壤条件，使得村民居住分散，阻碍了村落内部的信息交流。⑤ 王胜等认为，我国集中连片特困地区，受大山阻隔、交通不便、通信落后等多种因素影响，当地的信息贫困问题比较突

---

① 闵阳：《陕南农村的信息化差距与信息贫困》，《西安邮电学院学报》2006年第6期。
② 史安斌、胡宇：《消除"信息贫困"：挑战与应对》，《青年记者》2018年第31期。
③ 王建、赵静、王玉平：《西部农村的信息贫困及农民信息权利维护》，《图书情报工作》2007年第10期。
④ 赵珊、张永辰、杨峰：《我国藏区信息化发展水平测度——以四川甘孜藏族自治州为例》，《图书馆论坛》2018年第8期。
⑤ 张月琴、张小倩、杨峰：《民族村落信息贫困形成机理研究——以四川凉山州彝族村落为例》，《图书馆论坛》2018年第8期。

出。① 郑素侠根据国家信息中心对 31 个省份（含省、自治区、直辖市）、336 个地市级以上城市的信息社会发展测评数据，描绘了信息贫困的地理空间分布后发现，我国绝对贫困主要分布在西部的青海、云南、甘肃、贵州、四川以及中部的湖南，这些省份自然环境恶劣，多为地质灾害频发区，且资源匮乏、基础设施薄弱，土地荒漠化程度较高。②

（五）农民文化水平

王爱云认为，由于农民整体文化素质的低下，直接导致信息意识薄弱和利用信息能力低下。③ 刘云九指出，作为一种高层次的文化产品，利用信息需要较高的分析理解能力，但较低的文化知识限制了农民的这种能力。④ 刘亚通过问卷调查河北、湖南、辽宁及山西四地660 位农民的社会网络及其对不同涉农信息的传播发现，受教育程度高（高中）的农民的社会网络交流信息的种类比低学历（小学、初中）农民的网络更为丰富，后者的信息交流被封闭在与其同等文化程度的人群中，无法进入信息交流较为丰富活跃的高中学历人群中。⑤ 相丽玲认为，农户作为主要的农业信息消费者，其积存信息或自身素质将会对信息的使用效果产生重要影响，而农户的积存信息或自身素质又与农户受教育程度密切相关。⑥ 刘和发以"个人信息世界"概念架构和量表为调查工具，采用回归分析发现，尽管教育、收入、年龄和

---

① 王胜、丁忠兵、吕指臣：《我国集中连片特困地区信息贫困的机理与路径》，《开发研究》2017 年第 6 期。

② 郑素侠、宋杨：《空间视野下我国信息贫困的分布特征与政策启示》，《现代传播》2019 年第 7 期。

③ 王爱云：《解除农村信息贫困》，光明网，2005 年 1 月 25 日（链接日期），https://www.gmw.cn/01gmrb/2005-01/25/content_ 171061.htm，2018 年 2 月 4 日（引用日期）。

④ 刘云九：《文化信息资源共享工程视域下的农民信息素养教育——以楚雄市为例》，《楚雄师范学院学报》2015 年第 3 期。

⑤ 刘亚：《农民社会网络及其对信息交流的影响》，《图书情报工作》2012 年第 8 期。

⑥ 相丽玲、牛丽慧：《基于阿马蒂亚·森权利方法的信息贫困成因分析》，《情报科学》2016 年第 8 期。

职业都会影响农民的信息分化，但教育水平相对于其他因素具有绝对的影响力，务工和经商等非农活动并没有改善农民的信息富有程度。①

（六）贫困文化影响

贫困文化理论是美国学者刘易斯在 20 世纪 60 年代研究墨西哥贫困的过程中提出的理论。刘易斯等人认为，所谓"贫困文化"就是贫困阶层所具有的"一种独特生活方式，是长期生活在贫困之中的一群人的行为方式、习惯、风俗、心理定式、生活态度和价值观等非物质形式"②。之后在世界范围内被诸多研究贫困问题的学者所关注，并被引入信息贫困成因的考察。比如闵阳在探讨陕南的信息化差距和信息贫困时指出，受"贫困文化"影响，贫困化人群已经内化了与大社会格格不入的一整套价值观念，根本不能依靠自身的力量去利用机会改善生活而使得自身的生活水平低于社会的可接受程度。③ 陈响坤也认为，几千年来的传统家庭农业耕作模式所造成的小富即安、求稳不变、不思变迁的小农思想和习惯势力制约着农民信息需求的产生。④

（七）社交网络影响

除以上因素外，农民的社交圈子以及近年来对微博、微信、QQ 群等社会化媒体的使用情况也会导致不同群体间的信息分化。刘亚认为，农民高趋同性、强连带的社会网络交往特征局限了农民与外界的信息交流。⑤ 而张焱发现，在社交媒体已超越搜索引擎成为互联网第一大流量来源的时代背景下，尽管社交媒体在农村的发展面临一些障

---

① 刘和发、王俊丽：《农民个人信息世界的分化及其影响因素》，《图书馆论坛》2017 年第 10 期。
② 周怡：《贫困研究：结构解释与文化解释的对垒》，《社会学研究》2002 年第 3 期。
③ 闵阳：《陕南农村的信息化差距与信息贫困》，《西安邮电学院学报》2006 年第 6 期。
④ 陈响坤、曾强、周雪华：《贫困农村信息贫困的原因及对策——以清新县石潭镇格水村为例》，《农业图书情报学刊》2010 年第 7 期。
⑤ 刘亚：《农民社会网络及其对信息交流的影响》，《图书情报工作》2012 年第 8 期。

碍，但由于农民对其巨大的需求量使其并不迟缓——社交媒体正在重构农村基层民主政治生态；QQ群、微信群等正成为农村社会生活中一个不可或缺的公共参与渠道，那些不使用社交媒体的村民对村里的会议、政策等很少知道，他们在客观上正在被新型"虚拟社群"边缘化①。樊振佳也指出，由于返乡创业精英与提供返乡创业信息资源的政府存在于彼此的社交网络中，因此那些被相关政府部门率先了解到的信息，会通过这种社会关系网络，以非正式方式由上至下传递给精英②。

（八）制度政策因素影响

相丽玲等从制度经济学机理角度，认为制度的不合理安排、制度的缺失以及不完善等因素，导致资源配置达不到帕累托最优，是造成个人或群体信息贫困的真正原因③。迪莉娅认为，在我国信息扶贫政策方面，存在着以下问题：一是信息扶贫主体单一，仅依靠政府治理数字鸿沟财政能力有限；二是忽视信息资源建设和农民信息能力的提高；三是信息扶贫政策评估制度不完善，评估主体单一而且评估内容并不完整——只关注信息基础设施的建设与使用数量，严重影响了信息扶贫的资金投入、政策的调整与完善④。

除过以上诸因素以外，农业生产规模也不容忽视，贫困农村自给自足经济的生产方式使一家一户小生产者在市场经济主体中显得相当弱小，导致其参与市场竞争积极性和主动性差，从而阻碍了农

---

① 张焱、王立斌、张磊等：《农村"信息扶贫"过程中社交媒体的影响与趋势》，《山西大同大学学报》（社会科学版）2018年第5期。
② 樊振佳、李纯：《我国返乡创业信息资源的"精英俘获"现象》，《图书馆论坛》2020年第6期。
③ 相丽玲、牛丽慧：《基于阿马蒂亚·森权利方法的信息贫困成因分析》，《情报科学》2016年第8期。
④ 迪莉娅：《我国信息扶贫政策问题及对策研究》，《兰台世界》2010年第10期。

民有效信息获取。①

三 信息贫困测评

通过构建信息贫困测评指标体系量化信息贫困程度，对于提升扶贫的针对性和有效性、实现信息脱贫有着重要意义。目前学界用于测量信息贫困的指标主要有两类。

一是测度区域信息贫困程度，如胡鞍钢②、李峰③、孙贵珍④以及李纲⑤采用不同的指标体系分别测量了青海省、武陵山区、河北省6个不同地形区域以及河南两个国家级贫困县的区域信息贫困程度。2018年国家信息中心信息社会研究课题组发布了全国31个省（自治区、直辖市）的"信息社会指数"（ISI），并将ISI值低于0.3认定为信息贫困。⑥ 表1-1显示了学界对区域信息贫困测度的主要指标，通过各指标出现的时间轴可以发现，与人们对信息贫困概念的认识类似，早期学者们主要关注电视、广播普及率等传统信息接入条件，后来逐渐扩展至互联网、电话普及率等现代信息设施，而近年来人们更将研究视野从单纯考虑信息接入条件，延展至关注信息化环境、信息接受主体的文化程度及收入、信息化服务、信息应用、信息消费等，体现了研究视野的扩大以及对信息贫困表现更全面的认知。

---

① 陈响坤、曾强、周雪华：《贫困农村信息贫困的原因及对策——以清新县石潭镇格水村为例》，《农业图书情报学刊》2010年第7期。
② 胡鞍钢、童旭光、诸丹丹：《四类贫困的测量：以青海省减贫为例（1978—2007）》，《湖南社会科学》2009年第5期。
③ 李峰、周信君：《武陵山片区的信息贫困与信息扶贫》，载游俊、冷志明、丁建军《中国连片特困区发展报告》，社会科学文献出版社2013年版。
④ 孙贵珍、王栓军、李亚青：《用AHP和FCE方法评价河北省农村信息贫困》，《农机化研究》2010年第8期。
⑤ 李钢、乔海程：《扶贫背景下农村贫困地区信息贫困度测评指标体系研究》，《农业技术经济》2017年第5期。
⑥ 《2017全球、中国信息社会发展报告》，国家信息中心，2017年12月26日（链接日期），http://www.sic.gov.cn/News/566/8728.htm，2018年9月12日（引用日期）。

表 1-1　　　　　　　　　　区域信息贫困的测度指标

一级指标	二级指标	文献来源
农村信息化主体环境	农民人均纯收入	孙贵珍《用 AHP 和 FCE 方法评价河北省农村信息贫困》①
	农村劳动力高中以上学历比重	孙贵珍（2010）
	常住千人高中毕业生数	李纲《扶贫背景下农村贫困地区信息贫困度测评指标体系研究》②
农村信息环境	电话（未）普及率	李峰《武陵山片区的信息贫困与信息扶贫》③，胡鞍钢《四类贫困的测量：以青海省减贫为例（1978—2007）》④，孙贵珍（2010）
	电视（未）覆盖率	李峰（2013），胡鞍钢，孙贵珍（2010），李纲（2017）
	广播（未）覆盖率	李峰（2013），胡鞍钢（2009）
	互联网入户率	李峰（2013），李纲（2017）
	每百户拥有计算机数	孙贵珍（2010）
	乡镇村服务站普及率	孙贵珍（2010），李纲（2017）
	中小学多媒体教学普及率	李纲（2017）

---

① 孙贵珍、王栓军、李亚青：《用 AHP 和 FCE 方法评价河北省农村信息贫困》，《农机化研究》2010 年第 8 期。

② 李钢、乔海程：《扶贫背景下农村贫困地区信息贫困度测评指标体系研究》，《农业技术经济》2017 年第 5 期。

③ 李峰、周信君：《武陵山片区的信息贫困与信息扶贫》，载游俊、冷志明、丁建军《中国连片特困区发展报告》，社会科学文献出版社 2013 年版。

④ 胡鞍钢、童旭光、诸丹丹：《四类贫困的测量：以青海省减贫为例（1978—2007）》，《湖南社会科学》2009 年第 5 期。

续 表

一级指标	二级指标	文献来源
信息化服务	农村互联网用户比例	孙贵珍（2010）
	农民从"三网"获取信息的比例	孙贵珍（2010）
	常住人口信息服务比例	李纲（2017）
	县、乡、村公共服务（政务）平台比例	李纲（2017）
	在线政务用户比例	李纲（2017）
信息化应用	人均邮电业务量	李峰（2013）
	一般性网上支付比	李纲（2017）
	农产品网上交易额占农业总产值比重	李纲（2017）
	常住人均宽带日在线时长	李纲（2017）
	常住人均移动终端月流量	李纲（2017）
信息消费	县级及以下常住人口人均信息投入等	李纲《扶贫背景下农村贫困地区信息贫困度测评指标体系研究》①
	信息通讯消费比	李纲（2017）
信息经济	经济发展指数	国家信息中心《2017 全球、中国信息社会发展报告》②
	人力资源指数	国家信息中心（2018）
	产业结构指数	国家信息中心（2018）
	发展方式指数	国家信息中心（2018）

---

① 李钢、乔海程：《扶贫背景下农村贫困地区信息贫困度测评指标体系研究》，《农业技术经济》2017 年第 5 期。

② 《2017 全球、中国信息社会发展报告》，国家信息中心，2017 年 12 月 26 日（链接日期），http://www.sic.gov.cn/News/566/8728.htm，2018 年 9 月 12 日（引用日期）。

续 表

一级指标	二级指标	文献来源
网络社会	支付能力指数	国家信息中心（2018）
	社会发展指数	国家信息中心（2018）
在线政府	—	国家信息中心（2018）
数字生活	移动电话指数	国家信息中心（2018）
	电脑指数	国家信息中心（2018）
	互联网指数	国家信息中心（2018）

二是个体信息贫困测度。在个体信息测评方面，目前尚未发现完整的分级指标体系。但 2006 年，闵阳从农民家庭人均纯收入、农民家庭媒介设备拥有状况、农民接触媒体频度以及大众传媒对农业经济活动的影响四方面考察了陕南农民的信息贫困程度。① 于良芝在梳理 20 世纪 70 年代以来国内外有关信息不平等研究中出现的主要测度指标、概念及理论模型之后，按被测度概念的性质，将个人信息贫困测度指标归纳为以下类别——信息源和信息获取渠道的接入或利用测度、信息接受或吸收测度、信息素养测度、信息通信技术（以下简称 ICT）接入测度、ICT 利用测度、ICT 技能测度、ICT 综合指数等。②

通过对信息贫困测度指标已有成果的梳理，发现用于测评的一级指标主要涉及农村信息化基础层、服务层和应用层三个层面。而在二级指标设定上，理论界提出相似的指标主要有广播、电视覆盖率、互联网入户率、电话普及率等信息基础建设情况，不同的指标则主要体现在服务和应用层。同时，课题组通过调研发现，农村信息化基础层

---

① 闵阳：《陕南农村的信息化差距与信息贫困》，《西安邮电学院学报》2006 年第 6 期。
② 于良芝、周文杰：《信息穷人与信息富人：个人层次的信息不平等测度述评》，《图书与情报》2015 年第 1 期。

和服务层虽然重要，但是信息贫困更多的是受农民自身信息素养高低的影响以及经济文化水平的限制。因次有必要重新审视信息贫困考察的视角，并在扶贫策略上有所转向。

四 信息贫困的不利影响

由于很多学者主张信息贫困与经济贫困互为因果，因此对信息贫困的不利影响主要倾向于经济方面。如杨学农认为，经济发展状况与信息贫富具有一定关联，经济发达地区通常是都是"信息富区"，而经济不发达地区往往是"信息贫区"。若忽视信息扶贫，即便是已经脱贫的贫困者还会返贫。① 王胜认为，信息贫困导致地区经济社会发展被锁定于低水平状态——突出表现在特色产业发展低水平循环、教育医疗等公共服务水平低、基础设施建设滞后及基层治理低效。② 丁京通过在皖南 Y 县 D 村的调研，进一步印证了上述影响。一是由于部分贫困户不能熟练利用智能手机、电脑等设备来获取当地特色产业发展所需的信息，从而导致特色产业技术水平较低，规模化、集约化、智能化经营受限。二是信息贫困导致教育、医疗等公共服务供给水平低。体现在部分年龄稍大的教师不善利用多媒体，导致教学方式传统、教学内容欠丰富。医疗需求难以通过网络实现精准对接导致当地医疗卫生资源配置错位。此外，信息贫困还导致政府所提供的培训项目和公共文化产品往往不是群众所需要的，因此难以发挥其增强贫困群众就业、创业能力的作用。③

另外，陈莹从媒介传播效用角度探讨了信息贫困对农民个人的不利影响，"在现代农村，农民即使拥有获取信息的相关设备和媒介，但仍然不能对接收到的信息内容和大众媒介传播方式等问题做出自己

---

① 杨学农：《反贫困的战略措施：信息扶贫》，《中国信息导报》1998 年第 7 期。
② 王胜、丁忠兵、吕指臣：《我国集中连片特困地区信息贫困的机理与路径》，《开发研究》2017 年第 6 期。
③ 丁京：《分异与重组：后脱贫时代相对贫困治理的空间转向研究——基于皖南 Y 县 D 村的考察》，《中共乐山市委党校学报》2020 年第 6 期。

的合理判断，也无法将对信息的需求同大众媒介的供给有效地结合起来。除此之外，娱乐功能在农村媒介环境中的放大与强化，更使农村受众难以在接收到的大量信息中区分出有价值的内容"[1]。

五 信息贫困的概念界定

通过对已有成果梳理，发现学者们在发展中国家信息贫困、个体信息贫困以及农村信息贫困研究等方面均取得了一定成果。传播学、图书情报学、政治学、经济学、社会学和心理学的学者都针对这一问题展开了研究，并各有侧重。传播学将信息贫困理解为缺少信息交流工具，图书情报学将信息贫困理解为信息系统缺失，社会学家则认为经济贫困不是信息贫困形成的唯一原因，解决信息贫困问题的更重要途径是改变人的心理状态，激发人们改变现状的动机。

综合学者们的观点，课题组认为农村信息贫困可以从个体和区域两个维度来定义。个体信息贫困是指行为主体因缺乏足够的信息意识和信息能力，而无法将社会中丰富的信息资源为自身所用，致使信息实践受阻，信息资本缺失[2]，成了信息社会的"落伍者"或"边缘化"人群。具体表现为两方面。一是由于"信息获取意愿的贫困"及个体对信息获取缺乏（积极的或消极的）体验，导致信息意识不强、信息需求认知不足。二是由于文化程度及个人信息能力的限制，导致纵然信息资源可以有效供给，行为主体也难以发挥信息资源的实际价值。而区域信息贫困主要指囿于经济发展水平、地理环境以及文化教育等因素影响，某地区的信息基础设施建设、信息人才队伍、信息化应用水平以及居民的信息素养落后于社会平均水平的状况。在考察农村信息贫困现象以及开展信息扶贫工作时，农民个体以及所处区域这

---

[1] 陈莹：《农村受众对大众媒介的接触与使用行为研究》，《东北师大学报》（哲学社会科学版）2013年第6期。

[2] 孙红蕾、钱鹏、郑建明：《信息生态视域下新市民信息贫困成因及应对策略》，《图书与情报》2016年第1期。

两方面都不应忽视。

第二节 信息扶贫

从 20 世纪 80 年代开始，我国就开始了有计划的系统扶贫工作，学界也进行了广泛的研究。信息扶贫研究即是其中的一个分支，相关研究主要涉及以下方面。

一 信息扶贫的概念

国内对"信息扶贫"较早的描述性定义始见于 1995 年邵建功主编的《工会法全书》，"信息扶贫是扶持贫困户劳动致富的方法之一。国家、集体等扶贫部门以及群众通过及时向贫困户或贫困地区传递有关信息，提高劳动生产率，发展商品生产，使其生产适销对路，经营得法，产品畅销，从而增加收入，加速脱贫步伐"。在此定义中，信息包括生产信息、市场信息及科技信息。同时，该文还指出，要使信息及时转化为实际生产力，信息必须迅速、准确，提供者还要对贫困户进行具体指导和帮助。① 2000 年，有学者基于贫困恶性循环理论，指出"信息扶贫战略是以信息资源的输入为契机，改进人力资本和生产、生活条件，打破贫困的恶性循环，从而达到脱贫的可持续性"②。

2001 年，谢阳群突破信息资源输入的视角，提出"信息扶贫是以传递信息技能为主体，通过提高贫困人口的信息能力来缩小数字鸿沟，减少信息差距，从而消除社会贫困"③。此后，学者们的视野更加宽广，比如 2003 年谢俊贵增加了"信息活动的开展"，他认为：

---

① 邵建功主编：《工会法全书》，经济日报出版社 1995 年版，第 545 页。
② 汤爱民：《大整合：21 世纪中国综合发展战略建言》，中国经济出版社 2000 年版，第 438 页。
③ 谢阳群、汪传雷：《数字鸿沟与信息扶贫》，《情报理论与实践》2001 年第 6 期。

"信息扶贫是指政府和社会借助于信息技术的推广和信息活动的开展来解决信息贫困者的信息贫困以及由此而形成的经济贫困问题的一种特殊的扶贫方式。"[1] 2007 年，乔海程进一步指出，"信息扶贫是全社会各方参与的（包括政府、社会组织和农民）通过完善信息基础设施建设，信息资源开发，提升信息技术和信息资源的应用水平等来消除信息贫困现象，推动信息贫困地区经济社会发展的一种相对于传统的扶贫方式"[2]。在此定义中，增加了信息基础设施建设、信息资源开发，并指出信息扶贫应该由包括政府、社会组织和农民在内的全社会共同参与。

还有一些学者从促进社会公平的视角来审视信息扶贫。如迪莉娅认为，信息扶贫是为了解决信息贫困造成的信息不公平现象所采取的相应措施[3]。蒋永福，刘鑫建议"给予信息贫困者更多的信息权利，使其摆脱信息贫困状态"[4]。

除了以上观点，郭琴等从传播学入手，基于经典传播模式，认为信息扶贫是指科技、教育及致富等信息通过现代化渠道，针对特定人群，最终达到脱贫目的的传播过程，其核心在于信息流动；开展传播活动时要考虑的关键问题是保证受传者接收到的"信息"的意义与传播者编码时的意义一致，从而实现有效传播。[5] 张宏邦也呼应了这个观点，认为信息扶贫本质上是各类信息通过传播渠道作用于贫困人口来实现的。通过信息传播改变贫困人口的知识、情感、态度和行为，促进他们主体性的获取和现代性的提升，寻求个体新的突破，从而直

---

[1] 谢俊贵：《社会信息化过程中的信息分化与信息扶贫》，《情报科学》2003 年第 11 期。
[2] 乔海程：《农村贫困地区信息扶贫问题研究》，硕士学位论文，北京邮电大学，2017 年，第 7 页。
[3] 迪莉娅：《我国信息扶贫政策问题及对策研究》，《兰台世界》2010 年第 10 期。
[4] 蒋永福、刘鑫：《论信息公平》，《图书与情报》2005 年第 6 期。
[5] 郭琴、刘震、陈炫瑛等：《发展传播视角下的信息扶贫策略研究——基于对广西壮族自治区 T 县的实地调研》，《西部学刊》2018 年第 8 期。

接或间接地消除贫困。①

二 信息扶贫的作用研究

在信息扶贫的作用方面，学者们主要关注信息贫富与地方经济发展状况的关联性。较早讨论信息扶贫作用的文章见于1996年知羽的《进网络吧，信息可扶贫》，该文通过列举湖北省兴山县南阳镇通过发布信息快速找到合资兴修电站的合伙人，以及峡口镇洒湘溪村利用信息快销柑橘两个案例说明了信息扶贫的巨大效用。② 2005年，王爱云从多个方面论述信息扶贫的作用，指出："农业技术信息的开发可减轻农业对自然环境的依赖，建立起人与自然的和谐关系；信息技术的应用不仅能地推动农业经营管理方式与农业企业组织方式的变革，还能在推进农村村务管理，维护农村稳定方面发挥巨大作用；信息和知识在农村地区的运用既能缩短农业科研的周期，还能增强农民的信息科技意识和自身素质等。"③ 之后，更多的学者肯定了信息在促进经济发展中的作用，比如"信息扶贫是使贫困地区增强市场竞争能力，脱贫致富的关键"④，"信息扶贫能有效促进农村经济和目标群体的发展、社区文化和新型生活方式的形成以及科技扶贫能力的建设"⑤。张宏邦除了肯定信息扶贫的经济作用，还重点讨论了其对贫困人口个体的意义——认为信息扶贫不仅能够有效改善贫困人口信息边缘化状态，还可能通过新媒介应用给予农村地区群众平等受教育的机会，从根源上阻断贫困的代际传递。另外信息扶贫还有助于促进社

---

① 张宏邦、李天龙：《信息扶贫及其实现路径》，《甘肃社会科学》2020年第4期。
② 知羽：《进网络吧，信息可扶贫》，《中国民族》1996年第10期。
③ 王爱云：《解除农村信息贫困》，光明新闻，2005年1月25日（链接日期），https://www.gmw.cn/01gmrb/2005-01/25/content_171061.htm，2018年2月4日（引用日期）。
④ 宫辉、刘治国、徐渝：《信息经济社会中的信息贫富分化及其应对》，《当代经济科学》2006年第5期。
⑤ 王喆、蒋爱群、白启云：《信息扶贫绩效分析》，《中国科技论坛》2005年第11期。

会公平正义，是扩大社会关系网络的重要路径。①

三 信息扶贫对策研究

早期的对策关注农民信息意识和信息能力的提升、农村信息网络建设以及实用信息资源的搜集发布。2006 年，有学者提出，竞争情报是信息扶贫的重要手段。建议从政府加强对企业竞争情报工作的引导、增强农业信息化投入、科技信息机构开展有针对性的服务以及重视信息人才的培训和引进这四方面开展信息扶贫。② 此后，随着信息技术的进一步发展，汪向东、王昕天提出需要高度重视和大力促进电子商务在我国农村扶贫中的应用。③ 此外，卢燕艳从信息化推动农村信息贫困治理的视角出发，提出信息扶贫需要加强政府、企业、社会和农民间的多元联动治理。④ 郑素侠基于空间贫困理论的视角，建议信息化部门与扶贫部门通力合作，绘制信息贫困地图，呈现信息贫困与地理环境、社会环境各要素之间的关系，为信息贫困的精准识别和分类施策提供决策依据。⑤ 迪莉娅则从树立以人为本的信息扶贫政策目标，建立以政府为主、市场为辅的以农民为本的信息扶贫政策模式以及建立多元化的信息扶贫政策评估体系等三方面提出信息扶贫政策建议。⑥ 斯丽娟还围绕数字经济的演变和特点，运用信息生态系统理论，构建了农村信息扶贫生态系统并指出了优化路径。⑦

---

① 张宏邦、李天龙：《信息扶贫及其实现路径》，《甘肃社会科学》2020 年第 4 期。
② 张继泽主编：《贵州信息年鉴 2006》，贵州科技出版社 2006 年版，第 235—236 页。
③ 汪向东、王昕天：《电子商务与信息扶贫：互联网时代扶贫工作的新特点》，《西北农林科技大学学报》（社会科学版）2015 年第 4 期。
④ 卢燕艳：《信息化发展视角下农村信息贫困的治理策略研究——基于永吉县农村的个案》，硕士学位论文，东北财经大学，2013 年，第 48 页。
⑤ 郑素侠、宋杨：《空间视野下我国信息贫困的分布特征与政策启示》，《现代传播》2019 年第 7 期。
⑥ 迪莉娅：《我国信息扶贫政策问题及对策研究》，《兰台世界》2010 年第 10 期。
⑦ 斯丽娟：《数字经济时代农村信息扶贫生态系统的构建与路径优化》，《图书与情报》2019 年第 2 期。

四 图书馆信息扶贫研究

图书馆维护信息公平正义的观点由来已久,图情学者特别强调图书馆在缩小信息鸿沟、实现信息共享中的作用。主要成果包括以下几方面。

第一,公共图书馆制度是实现信息公平的保障。蒋永福、李京认为,公共图书馆制度从关心平民的信息需求、促进民主政治和消除数字鸿沟角度,维护了社会的信息公平。① 王素芳在回顾 19 世纪末以来公共图书馆史后指出,对弱势群体的知识援助贯穿了整个公共图书馆发展历史。倡导和实践图书馆服务的平等获取和包容性,争取为社会底层人群或弱势群体提供服务是欧美公共图书馆发展历程中的一贯遵循。② 刘兹恒认为,图书馆的使命之一就是启发缺乏知识的人,因此在经济、地缘及知识结构上处于弱势、占人口大多数的农民尤其值得图书馆关注。③ 他还论述了全国文化信息资源共享工程(以下简称"共享工程")和农村图书馆在信息扶贫中的作用,指出共享工程的实施可以改善和丰富经济欠发达地区群众的精神文化生活,保障他们的基本文化权益,缩小东西部之间、城乡之间文化发展的差距。④ 农村图书馆可以弥补农村文化教育基础设施的不足,为农民提供所需的知识信息,给予他们学习知识的机会。⑤

---

① 蒋永福、李京:《信息公平与公共图书馆制度》,《国家图书馆学刊》2006 年第 2 期。
② 王素芳:《国外公共图书馆弱势群体服务研究述评》,《中国图书馆学报》2010 年第 3 期。
③ 刘兹恒、余训培:《"新图书馆运动"的精神实质——对图书馆"民众"概念的回顾和反思》,《图书馆》2005 年第 6 期。
④ 刘兹恒、张丽:《试析全国文化信息资源共享工程的特点》,《图书馆建设》2008 年第 2 期。
⑤ 刘兹恒、朱荀:《我国农村图书馆持续发展的可行措施——图书馆基金会》,《图书馆论坛》2009 年第 12 期。

王子舟、肖雪则探讨了图书馆对残疾人、老年人、农民工、网瘾青少年等弱势群体进行知识援助的理论、思想、有效方法，并展开了实践调查。① 杨海亚通过对杭州图书馆的考察发现，除了切实保障各类弱势群体便于利用图书馆的资源和服务，该馆还充分发挥基金会的作用，将善款优先用于加强杭州市欠发达地域的城镇、乡村、社区基础设施建设，向贫困学校等弱势群体捐献图书和电脑等。另外，他还建议通过完善公共图书馆制度、创造社会资本、倡导社会包容和完善内部治理等途径，促使"个人信息世界"的内容、边界和动力得到提升，以消除信息不平等。②

第二，公共信息服务减贫机理研究。不仅有理论探索，周文杰等还采用于良芝教授团队研制的《个人信息世界量表》，通过实证的方法考察了公共图书馆对信息贫富分化的干预效果。在先后调查广东省东莞市2789位成年人、东莞754名城市居民和甘肃990名农村居民的信息贫富状况后，周文杰等发现，以个人信息世界的贫富状况来衡量，中国的城市成年群体中以及城乡群体中都存在信息贫富现象。在城市成年人中，图书馆用户中的信息富裕者在信息资产、信息实践的类型和频率及个人信息世界的智识和时间方面都明显优于一般人群中的同层次群体。图书馆用户中的相对信息贫困者在基础信息源、信息资产、智识水平和用于信息活动的时间方面也显著高于一般人群中的信息贫困者。因此相关学者认为，公共图书馆作为一种优质信息源，具有直接影响信息贫富分化的潜力。③ 而在对城乡居民的对比考察后发现，公共图书馆的物理存在和实际使用对城乡人群的信息资产均具有显著的正向效应，在二元结构下，

---

① 王子舟、肖雪：《弱势群体知识援助的图书馆新制度建设》，国家图书馆出版社2010年版，第20—24页。
② 杨海亚：《嵌入"个人信息世界"——公共图书馆消除信息不平等的一个分析框架》，《图书馆建设》2013年第7期。
③ 周文杰：《公益性信息服务能够促进信息公平吗？——公共图书馆对信息贫富分化的干预效果考察》，《中国图书馆学报》2015年第7期。

建设公共图书馆有益于城乡居民的信息富裕。① 刘陆军则指出，从对图书馆服务新农村的调研情况以及新农村文化发展的客观表现来看，文明乡风的传播、新型农民的培育以及农民科技需求的提升等，都与图书馆的服务密切相关。②

第三，图书馆助力信息扶贫的措施。王晓芳指出，地方政府、高校及市县级图书馆等部门应建立联合"救助体系信息网络系统"扶贫工程，凭借政府财力，高校图书馆人力、物力和信息资源优势，在深入分析贫困地区信息资源贫困的现状、信息需求基础上进行扶贫。③ 王子舟认为，图书馆在对农民实施知识服务时，要秉持普遍均等、实效持续两项原则，通过构建以县馆为中心的三级服务网络，固定点与流动点并举的空间布局，提供以生产需求为主的信息知识以及开发多种信息服务方式等四项措施来实现。④ 金明生、金璐认为，图书馆界信息扶贫可以采取面上覆盖、点上突破的方式推进。在面上，可以通过县域图书馆总分馆制，建立覆盖城乡、惠及全民的新型公共图书馆服务体系，以形成半小时信息服务圈。在具体服务方式上，要做到信息资源对路、服务形式多样，并通过举办培训班提高农村用户的信息素养。⑤

王诗华、王海基于将区域内图书馆按照规模组建为一、二级图书馆联盟的思维，提出一、二级图书馆应各司其职、互相配合。即由省内最高级别图书馆（通常以高水平大学图书馆为主力军）担当的一级图书馆，既对上级政府信息服务，也要对二级图书馆进行信息帮扶。

---

① 周文杰、白钰：《信息减贫语境中的公共图书馆：职能与定位》，《中国图书馆学报》2017年第1期。
② 刘陆军：《图书馆服务新农村建设的回顾与展望》，《图书情报工作》2010年第9期。
③ 王晓芳：《苏北信息贫困地区高校图书馆信息扶贫工程建设》，《图书馆学研究》2008年第2期。
④ 王子舟：《图书馆如何对基层农民实施知识援助》，《图书与情报》2008年第6期。
⑤ 金明生、金璐：《图书馆信息扶贫的驱动因素、路径选择及其引申》，《中国图书馆学报》2009年第11期。

二级图书馆的主要职责也包括上传下达两方面，对上要收集整理过滤该区域的贫困信息并向一级图书馆汇总；对下要向该地区贫困区域解读政策，指导脱贫。①

通过文献梳理可以看出，学者们在信息贫困及信息扶贫对策上已经取得了比较丰富的成果，这些成果为相关研究的不断深入指明了方向，但还有几点不足。第一，系统地阐述信息扶贫作用机理的研究较少。中国知网、百链云图书馆、读秀等检索结果显示，目前尚无研究信息扶贫问题的专著，相关研究主要散见于论文中，有关信息扶贫的基本理论、驱动因素和实现途径等缺乏系统研究。第二，基于农民信息素养测量的信息扶贫对策研究薄弱。农民的信息意识、信息能力是影响信息扶贫效果的重要因素，但是现有研究主要聚焦于信息输入端的考量，在测评信息贫困时，指标主要采用信息化指标，缺乏从农民信息意识、信息素养角度的考察。另外，现有成果大多从宏观层面研究信息扶贫对策，缺少对扶贫对象全面信息需求的调研分析；且策略中主要关注了对农民信息输入的研究，较少考虑到农民自身信息诉求的表达，研究扶贫对象"自下而上"信息诉求表达的成果匮乏。第三，将公共信息服务整体建设与信息扶贫进行关联研究较少。已有的研究者主要从单一学科角度来研究信息扶贫问题，如农业经济学者关注农技信息服务、传播学者关注大众传媒信息传播，图情学者关注图书馆信息服务、公共管理学者关注政府信息服务等。但是在打赢脱贫攻坚战中，必须依靠政府、企业、图书馆及其他社会信息组织的多方参与、协同服务，才能建立起信息扶贫联动的长效机制。而对此还很少有人提及。第四，从研究区域看，学者们主要探讨了我国西部地区、武陵山片区以及贵州等地，对秦巴山区的研究不足。因此本课题以秦巴山区为例，拟通过对该片区各类公共信息服务机构参与信息扶贫主要模式的考察来总结经验、发现不足并提出解决对策，具有一定

---

① 王诗华、王海：《精准扶贫视域下图书馆信息扶贫机制的建设》，《济宁学院学报》2017 年第 5 期。

的理论价值和现实意义。

第三节　相关理论阐释

公共信息扶贫涉及多个学科及领域，信息学、社会学、传播学以及经济学的已有理论为本课题的顺利开展奠定了良好的基础，本节将对此予以梳理和简单阐释。

一　信息生态理论

信息生态是生态学与信息管理学交叉衍生的新概念，用来表达生态观念和日益变得重要和复杂的信息环境之间的关联。[①] 信息生态系统是信息人与信息生态环境相互联系、相互作用而形成的具有信息流转和信息共享等功能的有机整体，其发展的根本动力是人的本质需求，其运行受到人的能动性和社会机制的深刻影响，其核心价值体现为促进社会进步。信息人包括信息生产者、信息传递者、信息消费者和信息监管者。种内或种间信息人通过信息资源流转相互作用，竞争和合作是相互作用的两种主要方式。信息生态环境包括信息本体、信息技术、信息时空、信息制度等环境因子。信息生态环境的相互作用包括同类环境因子之间的作用和异类环境因子之间的作用；各环境因子之间的作用以信息人为纽带。信息人与信息生态环境相互依存、相互作用。一方面，信息人作为信息生态系统中具有能动性的要素可以改造信息生态环境因子；另一方面，信息生态环境因子可以影响信息人的生存、生活和发展。信息人适应信息生态环境的主要方式是学习，对某一信息生态因子的耐性是长期生态适应和进化的结果。信息人改进信息生态环境主要是改造信息本体，对各信息生态因子的改造

[①] 孙红蕾、钱鹏、郑建明：《信息生态视域下新市民信息贫困成因及应对策略》，《图书与情报》2016年第1期。

必须连锁进行。①

国内对信息生态学的研究大约开始于20世纪90年代，张新时院士于1990年在我国首次提出了信息生态的概念，但其研究主要局限于生态信息，强调利用现代信息技术对自然生态系统进行处理和建模分析。陈曙是国内较为系统地研究信息生态问题的学者，其论文《信息生态的失调与平衡》《信息生态失调的剖析》及《信息生态研究》分别探讨了信息生态系统失调问题以及信息生态研究的定义、性质、研究对象和研究内容等。此后更多的学者开始关注信息生态研究，在信息生态学的学科理论、信息生态系统的概念与构成、信息生态位、信息生态链、信息生态平衡、不同领域信息生态的应用方面都取得了一定进展。2014年，娄策群出版的《信息生态系统理论及其应用研究》是一部较为系统探讨信息生态理论的著作，他指出应拓展信息生态系统理论的应用领域，更充分发挥信息生态系统理论对信息活动的指导作用。② 研究农村信息贫困和信息扶贫问题离不开对农村信息生态环境和信息人的考量，本书将运用该理论探究如何实现农村居民与农村信息环境的有效互动，促进农村信息生态的良性发展。

二 传播学视角的理论

（一）知识沟理论

知识沟理论是关于大众传播与信息社会中的阶层分化理论，反映的是获得更多信息和获得更少信息的人群之间的系统性差异。针对信息在社会各阶层之间的不均衡分布，人们希望日益成熟的大众传播媒介体系能够跨越地区、国家、社会阶层的界限，给信息匮乏者提供更

---

① 娄策群：《信息生态系统理论及其应用研究》，中国社会科学出版社2014年版，第263—264页。

② 娄策群：《信息生态系统理论及其应用研究》，中国社会科学出版社2014年版，第263—264页。

为充分的获取信息的机会,从而逐渐消除信息流在社合各阶层之间的差异。20 世起 60 年代末,美国推出学前儿童启蒙教育电视系列片《艺麻街》,旨在通过电视媒介的高普及率帮助贫国家庭里的学龄前儿童接受教育,以缩小不同家庭经济状况下儿重所受教育的差距。但 1970 年,美国明尼苏达州立大学纳蒂奇诺(Philnp J. Tichenor)、多诺霍(George A. Donoohue)、奥里恩(Clarice N. Olien)等人就该节目的传播效果进行研究后发现事实并非如此,他们在《大众传播流动和知识差距增长》一文中提出了知识沟假说,即"随着大众传媒向社会传播的信息日益增多,社会经济状况较好的人将比社会经济状况较差的人以更快的速度获取这类信息。因此,这两类人之间的知识沟将呈扩大而非缩小之势"①。也就是说,大众传播媒介在消除贫富群体之间的信息差距方面并没有积极的作用,反而是拉大了这些阶层之间的知识差距。美国学者沃纳·赛佛林和小詹姆斯·坦卡德将此现象归因为五个方面,即传播技能的差异、已有的信息量的差异、社交范围的差异、选择性接触、接受和记忆的机制所发挥的作用以及大众媒介的差异。② 同时也指出了缩小知识沟的三个重要条件,即社会对议题越关切、问题对人的影响程度越大以及个人寻求信息的动机越强烈,则知识沟就会缩小。③

1974 年,那坦·卡茨曼(Natan Katzman)从传播技术发展的角度着眼,提出了"信息沟"理论,试图回答如何防止和解决信息社会中的信息贫富两极分化,以及由此带来的新的社会矛盾。其主要观点包括:"(1)新传播技术的应用增大了整个社会的信息流量和信息接触量,现有的信息富裕阶层因为信息水准较高、获取信息能力较强且活跃地参加传播活动,他们比其他人更有信息优势;(2)受

---

① 李红艳:《乡村传播学》,北京大学出版社 2014 年版,第 226—228 页。
② [美] 沃纳·赛佛林、[美] 小詹姆斯·坦卡德:《传播学理论:起源、方法与应用》,郭镇之主译,华夏出版社 2000 年版,第 274 页。
③ [美] 沃纳·赛佛林、[美] 小詹姆斯·坦卡德:《传播学理论:起源、方法与应用》,郭镇之主译,华夏出版社 2000 年版,第 281 页。

众现有信息水准的程度与他们采用新媒介技术的积极性成正比，这一主观因素也决定了社会经济地位高者处于有利地位。（3）新媒介技术的不断出现及加速更新可能会导致'旧的'信息沟还未填平，而'新的'信息沟又出现了。"① 罗杰斯在1976年指出，信息不仅导致知识沟的扩大，而且还导致受众在行为和态度上产生沟壑。目前，"知识沟"理论和"信息沟"理论都被用来研究人们在新媒介的普及过程中，是否能够获得均等的机会，出现不平等的原因是什么，以及信息社会的规划和建设能否和怎样给不同阶层带来较为平等的传播机会。②

（二）"使用—满足"理论

"使用—满足"理论是研究受众如何对待和利用媒介信息的理论，它以受众个人接触媒介信息的动机和目的是否得到满足，来确定效果之有无和效果之大小。"使用与满足"这一概念最早是由美籍以色列社会学家伊莱休·卡茨（E. Katz）于1959年提出。③ 1974年他发表《个人对大众传播使用》一文，将媒介接触行为概括为一个"社会因素+心理因素""媒介期待—媒介接触—需求满足"的因果连锁过程，提出了"使用与满足"过程的基本模式。④ 1977年，日本学者竹内郁郎对这个模式做了若干补充，他提出以下几点。第一，人们接触传媒的目的是满足他们的特定需求，这些需求具有一定的社会和个人心理起源；第二，实际接触行为的发生需要两个条件，即媒介接触的可能性和媒介印象；第三，根据媒介印象，人们选择特定的媒介或内容开始具体的接触行为；第四，接触行为的结果可能有两种，即需

---

① Natan Kutzrman: "The Impact of Communication Technology Promises and Prospects", *Journal of Communication*, Vol. 24, No. 4, 1974, pp. 47-58.
② 董璐:《传播学核心理论与概念》，北京大学出版社2016年版，第319—322页。
③ 吕杰、张波、袁浩川:《传播学导论》，科学出版社2007年版，第206—208页。
④ 衣学勇、李文杰:《传播学"使用与满足"理论对网络游戏成瘾原因的探究》，《中国特殊教育》2006年第11期。

求得到满足或没有得到满足。第五,无论满足与否,这一结果将影响到以后的媒介接触行为,人们会根据满足的结果修正既有的媒介印象,在不同程度上改变对媒介的期待①。根据"使用—满足"理论,媒介欲使传播有效或者提升传播效果,一方面需要生产符合目标受众需求和认知水平的信息;另一方面要使媒介对受众是可及的,且能够满足他们的需求。媒介所传播信息契合受众需求的程度越高,受众越会强化对该媒介的使用并可能形成依赖。

(三) 二级传播理论

二级传播理论的含义是,来自媒介的消息首先抵达意见领袖,接着,意见领袖将其所见所闻传递给同事或接收其影响的追随者,这一过程又被称作两极流动传播。两极传播模式使人们认识到大众媒介渠道和人际传播渠道在人们信息获取和决策中的不同角色和作用,即大众传播在人们的知识阶段具有重要作用,而在说服和决策阶段人际传播的影响力则凸显。②

20世纪40年代,美国传播学者保罗·拉扎斯菲尔德(Paul Lazarsfeld)等人在写作《人民的选择》一书时,以1940年的美国总统大选为分析案例,发现在公民投票过程中,相比大众传媒,小部分经常接触大众传媒的比较活跃的受众(即"意见领袖")在接受大众传播后,通过其人际传播扩散信息,能够影响更多的受众。这一理论表明,受众受到的传播影响具有多层次性和复杂性,常常混合了大众传播与人际传播,而且这两类传播能够进一步整合信息,利于信息有针对性的及时传播。同时该理论还让传播者认识到,受众的社会交往会对传播效果产生影响。③

如今二级传播理论逐渐发展成为一个多级传播模式。如对于一项

---

① 郭庆光:《传播学教程》,中国人民大学出版社2011年版,第167—168页。
② 谭英、王德海、谢咏才:《贫困地区农户信息获取渠道与倾向性研究——中西部地区不同类型农户媒介接触行为调查报告》,《农业技术经济》2004年第2期。
③ 王文科主编:《传媒导论》,浙江大学出版社2006年版,第356—366页。

新技术，有的人可能是直接从媒介信源中获得，而有的人则经过多级传播才可获得。该理论在农村，特别是贫困地区信息和创新扩散中具有重要的重义。①

（四）文化规范理论

文化规范理论也是一种旨在描述大众传播的接收过程——受众接收行为过程的模式，即从受众的角度论述传播和传播媒介对受众的影响。

1966 年，美国著名传播学家，纽约锡拉丘兹大学教授梅尔文·德弗勒（Melven L. Defleur）在《大众传播理论》一书中指出，大众传播媒介之所以能间接地影响人们的行为，是因为它发出的信息能形成一种道德的文化的规范力量；人们不知不觉地依据大众传播媒介逐步提供的"参考架构"来解释社会现象与事实，表明自己的观点和主张。②

文化规范论的基本模式如下：个体观察到传播媒介内容中的人物所展现的某种行为方式；个体判定这种行为方式的吸引力，对应付已经或可能遇到的某些个人情况有无潜在的有效性；个体置身于相关的个人情境中，重复上述传播媒介传授的行为；这种重复行为的有效性，在应付情境的过程中被证实，而且个体据此获得某种报偿；通过反复使用这种规范化的行为，变成个体应付同类情境的习惯方式，除非将来出现这种方式失效的情况。正如人们常说："榜样的力量是无穷的。"③

（五）个人差异论

随着研究的深入，人们发现受众作为个体在面对大众传媒时的态度及行为各不相同。"个人差异理论"由此产生，这一理论首先由卡

---

① 谭英：《中国乡村传播实证研究》，社会科学文献出版社 2007 年版，第 34 页。
② 曾耀农、潘晶：《论艺术传播的效果》，《运城学院学报》2005 年第 6 期。
③ 吕杰、张波、袁浩川：《传播学导论》，科学出版社 2007 年版，第 209 页。

尔·霍夫兰提出,后由德弗勒做了归纳和修改并最终形成。该理论的主要观点是,当大众传媒发出同一刺激和讯息时,不同的受众会因为个性特征、以往经验以及传播内容对其吸引力的差异而呈现出不同的反应。比如,不够自信的人容易相信大众传播的内容及说法,而固执的人非但不容易接受大众传播中与其固有观念不一致的信息,还可能强化其固有的观念,并且对大众传媒或传播者产生反感。再比如,那些能够帮助受众"瞭望"环境、获得决策帮助、促进人际交流、为已有决定寻求"认可"、提供娱乐的传播内容总是更能吸引受众①,并促使他们强化对相关媒介的持续关注。

另外,还有学者认为受众心理对媒介接触也有显著影响。其特点包括个性化心理(即强调个性)、务实心理(时空距离和心理距离上同受众接近的信息内容,更易被关注和共鸣)、获益心理(功利性目的)、新奇心理及求真心理。②

本研究将利用以上传播学理论去探究在传统大众媒介体系日渐式微和新媒体技术不断更新的时代背景下,新闻出版部门如何帮助农村居民跨越知识沟和信息沟,提升有益信息的传播效果。

三 经济学视角的理论

(一) 信息不对称理论

信息不对称理论是指在市场经济活动中,各类人员对有关信息的了解是有差异的:掌握信息比较充分的人员,往往处于比较有利的地位,使其在交易中获得更高受益;而信息贫乏的人员,则处于比较不利的地位,其在交易中付出的成本或遭受的损失会更多。市场主体因获得信息渠道的不同、信息量的多寡而承受不同的风险和损益,市场信号显示在一定程度上可以弥补信息不对称的问题。该理论揭示了信

---

① 王文科主编:《传媒导论》,浙江大学出版社2006年版,第356—366页。
② 吕杰、张波、袁浩川:《传播学导论》,科学出版社2007年版,第216页。

息在市场经济中的重要影响。①

　　早在20世纪70年代，美国经济学家乔治·阿克尔洛夫（George A. Kerlof）、约瑟夫·斯蒂格利茨（Joseph E. Stiglitz）和迈克尔·斯彭斯（A. Miehael Spence）就开始关注信息不对称现象。1970年，阿克尔洛夫在哈佛大学经济学期刊上发表《次品问题》一文，首次提出了"信息市场"概念。他从二手车市场入手，指出信息不对称现象的存在使得交易中获取信息不完整的一方对交易缺乏信心，这对于商品交易成本的影响是昂贵的。之后，斯蒂格利茨研究了在保险和信贷市场由于信息不对称导致的道德风险问题，同时探讨了信息弱势方获取准确信息的方法，而经济学家斯彭斯则在其博士论文《劳动市场的信号》中，深入研究了人才市场存在招聘单位与求职者之间信息不对称的根源，进而提出了信号传递理论。②

　　信息不对称理论是对传统经济学的重大突破，它既揭示了信息不对称背后隐藏着道德风险；也促进了人们重新来认识信息——即信息具有商品属性，在信息不对称的情况下，信息成为一种可进行经济核算的生产要素。③因为交易中存在信息不完整和信息不对称，所以为有效发挥自由市场机制的作用，防止市场失灵，就需要通过市场信息的便捷高效传递来平衡交易双方的信息不对称。本研究使用信息不对称理论是为了说明充分掌握信息对农民进行产品交易具有重要作用。信息劣势会使农民处于市场交易中的不利地位，这种不利的地位将导致农民在市场交易中损失本应获得的利益。④而掌握信息的前提就是

---

　　① 蔡文英：《公司治理与独立审计的互动性研究》，暨南大学出版社2017年版，第18页。
　　② 汪路：《征信的概念、本质及其主要特征》，中国金融出版社2017年版，第12—14页。
　　③ 蔡文英：《公司治理与独立审计的互动性研究》，暨南大学出版社2017年版，第19页。
　　④ 张译：《基于供需视角的农村信息贫困现状与对策研究》，硕士学位论文，四川农业大学，2014年，第14页。

农民需要具有敏锐的信息意识、必备的信息检索技能，同时要注意防范信息泄漏风险，而要改变这一现状，比较可行的方法就是提升农民的信息素质，使其成为信息富有者。

（二）人力资本理论

风靡于20世纪30年代的平民教育运动把农村贫穷归结为农民的综合素质问题，提出治理"愚贫弱私"方案。与此相类似，美国经济学家西奥多·舒尔茨（T. W. Schultz）在《教育经济价值》[1]和《改造传统农业》[2]中指出，在进行农村扶贫工作中，应该把人力资本理论融入对传统农业的改造。[3]

人力资本理论认为，对于现代经济来说，人的知识、能力、健康等人力资本的提高，对于经济增长的贡献远比物质资本、劳动力数量的增加更为重要。贫困产生的根本原因不在于物质的匮乏，而在于人力资本的匮乏和自身对人力投入资本的轻视，人的能力没有与物质资本保持齐头并进，因而变成经济增长的限制因素。[4]而对人力资本投资的形式主要包括教育、在职培训以及提高健康水平，其中教育更加重要[5]，如农闲期间的短期训练班、传授新耕作法和家庭技术的示范，以及不定期地对农民进行教育的会议，出版物和报纸以及建立各级学校都能起到重要的作用[6]。

---

[1] [美]西奥多·W.舒尔茨：《教育的经济价值》，曹延亭译，吉林人民出版社1982年版，第129页。

[2] [美]西奥多·W.舒尔茨：《改造传统农业》，梁小民译，商务印书馆2017年版，第175页。

[3] 唐永木：《人力资本对农村家庭贫困的影响研究》，硕士学位论文，华中农业大学，2010年，第14页。

[4] 谭崇台：《发展经济学的新发展》，武汉大学出版社2002年版，第414—416页。

[5] [美]西奥多·W.舒尔茨：《改造传统农业》，梁小民译，商务印书馆2017年版，第8页。

[6] [美]西奥多·W.舒尔茨：《改造传统农业》，梁小民译，商务印书馆2017年版，第170—171页。

四 社会学视角的理论

（一）农村公共物品理论

农村公共物品是农村范围内为乡村社会居民所消费的带有公共物品性质的社会产品，是农民共同消费使用的区域性公共设施、公共服务的总称。① 公共物品的首要属性是消费的公共性，即公共物品是面向公众的，其目的在于满足公共利益，实现公共价值。从供给主体角度，农村公共物品可以分为政府供给、市场供给和个人与单位自愿供给三类。以村社为边界，又分为主要依靠政府和部分市场力量进行供给的外生性供给和依靠村社内部社会性力量进行自我供给的内生性供给方式。②

新中国成立以来，农村公共物品的供给可以分为三个阶段。③ 第一，人民公社时期：供给渠道上既有财政渠道，又有集体经济组织渠道；采用自上而下的供给方式，农民负担是隐形和间接的。第二，20世纪80年代初到2003年农村税费改革前的家庭联产承包责任制时期，农村公共物品供给严重依赖于农民出资出劳，国家责任过少；自上而下的决策使得农民对公共物品需求的偏好难以有效表达。第三，农村税费改革以来，采取"项目制供给"方式。这一阶段农村公共物品供给主体的结构与前两个阶段完全不同，即供给的资源以政府提供为主，农村社区内生型供给为辅。这扭转了税费改革前农村公共物品供给资源严重匮乏的窘境，但是供给效果依然不十分理想，最突出的问题就是供给效率低下。究其根本，在于虽然公共物品外部供给的资源有了极大的改观，但是乡村行政组织体系的动员整合能力已经远不如前两个阶段，村社共同体趋于解体，村社内部承接外来公共物品的能力，以及提供内生型公共物品的能力大大下降。因此农村社会学家

---

① 狄金华：《求解"一事一议"的实践困境》，《学习时报》2015年8月13日第5版。
② Daniel P. Moynihan, On Understanding Poverty: Perspective from the Social Science, New York: Basic books, Inc. 1969, pp. 196-198.
③ 《农村社会学》编写组：《农村社会学》，高等教育出版社2019年版，第236页。

认为，农村公共物品供需均衡的实现，不仅需要相关政策制度的完善来增加国家和市场等外在的资源供给总量，还需要撬动农村社会各个领域的资源进行公共物品的内生供给，并提升村社承接外来公共物品的能力。① 在此背景下，有效建设乡村社会内部的行政组织体系、村社自组织体系和社会文化体系就显得尤其重要。农村公共物品理论可以用来解释为什么在公共信息扶贫中要充分发挥镇村基层组织的作用。

（二）贫困文化论

早在 20 世纪 50 年代，已经有学者从道德或伦理困境来理解一个地区的贫困问题。1959 年，美国人类学家奥斯卡·刘易斯（Oscar Lewis）首次提出了"贫困文化"的概念。此后 E.C. 班费尔德（E. C. Banfield）、莫伊尼汉等（D. P. Moynihan）也发表了一批贫困文化论著，共同构筑起了贫困文化的概念架构。刘易斯认为，"贫困者之所以贫困是和其所拥有的一套'病态'的价值信仰系统——即'贫困文化'有关。贫困文化是一种与主流文化不兼容而处于边缘状态的亚文化，处于贫困文化中的人们有一种强烈的宿命感、无助感和自卑感，他们只为现在生活，只懂得邻居们和自己的生活方式，抵制诱惑或规划未来的能力很小。同时贫困文化具有代际传承性，一旦形成贫困文化，穷人就会通过耳提面授的方式将病态的信仰快速传递给未成年人，使贫困得以维持和繁衍"②。

在刘易斯的"贫困文化"理论的基础上，莫伊尼汉在《认识贫困》（On Understanding Poverty）一书中提出贫困和贫困文化恶性循环的理论，在他看来，生活在贫困环境中的人，由于从小就受到贫困文化的感染和熏陶，缺少力争上游的成就动机，加之经济贫困，受教育

---

① 董磊明：《农村公共品供给中的内生性机制分析》，《中国农业大学学报》（社会科学版）2015 年第 5 期。
② 李丰春：《农村文化扶贫的若干问题研究》，《安徽农业科学》2008 年第 25 期。

机会少，必然导致他们的低社会流动，只能从事低收入职业，处于较低的社会地位，他们经济贫困状况因此也就注定难以改变，于是形成一种"物质贫困—精神贫困（低成就动机—低社会地位—低发展平台）—物质贫困"周而复始的循环模式，落后和不发达成为一种心理状态。① 班菲尔德认为贫困文化的实质就是现实倾向，他指出："下层阶级的人生活只说眼下目前，……他不能控制自己为了将来的生活而牺牲目前的享乐……，他非常没有远见，现在不能立即享有的东西他就认为是没有价值的。"②

尽管学者们论述贫困文化时有不同的侧重，有的关注贫困者个人的人生态度，有的关注历史文化传统、传统社会习俗，还有的学者关注思想文化教育方面，但把贫困归因于贫困地区的文化习俗或个人的人生态度，则是他们的共同之处。贫困文化确实在一些地方和部分人的身上有所反映，引入该理论对于我们理解农民信息贫困具有一定积极意义，比如以此为理论依据的扶贫观认为，扶贫的关键在于改造贫困文化，只有使穷人抛弃贫困文化的束缚，才能帮助他们真正参与主流社会，分享主流社会发展的利益。③ 不过研究者也要避免把这种影响夸大化，以免落入"责备受害者"（Victim Blaming）的窠臼。

（三）内源发展理论

"内源发展"，即"以人为中心的内源发展"，是在联合国教科文组织的第一个中期计划（1977—1982）中开始提出，并在第二个中期计划（1984—1989）中被列为向发展中国家推行的发展模式。④ 它

---

① Daniel P. Moynihan, On Understanding Poverty: Perspective form the Social Science, New York: Basic books, Inc., 1969, pp. 196-198.

② Edward C. Banfield, The Unheavenly City Revisited", Little, Brown and Company, 1974, p. 61. 转引自王金虎、霍军《当代美国社会的贫困结构及其成因》，《河南大学学报》（社会科学版）2001年第5期。

③ 刘豪兴：《农村社会学》，中国人民大学出版社2014年版，第334页。

④ 唐宗焜：《一种对发展中国家有影响的发展选择——内源发展》，《经济学动态》1986年第3期。

强调发展的内源性和以人为中心的目的性,即发展是为了满足社会成员经济、政治、社会、文化、道德及精神等方面的实际需要,且在此发展进程及其有关决策中人民群众必须参与。① 尽管内源发展理论最初是为了促进拉美等发展中国家提出,强调要尊崇各国发展的差异性等,但后来这种理论逐渐被运用于社会经济文化的诸多领域。钱宁较早地探讨了如何在内源发展思想的指导下,通过人民广泛参与、开展特色化的文化建设来消减西部少数民族贫困地区的贫困文化现象。② 此后,内源发展更多地被引入农村公共文化和图书馆发展过程,不过相关文献总体数量并不多,比较有代表性的如《村公共文化建设的内源式发展模式分析——以广西牛哥戏为个案》③、《农村图书馆的内源发展思考》④、《从行政推动到内源发展——公共图书馆发展动力机制的演变》⑤、《基层图书馆内源发展动力系统及其运行机理研究》⑥等,以上文章基本都认为,无论是在推动农村公共文化服务体系建设还是在发展农村图书馆过程中,都不能仅凭政府"自上而下"的"送文化"行动逻辑,必须充分发挥农村居民的内生力量,将送文化、种文化与挖文化结合起来。

与物质商品产生效益的方式不同,信息服务和产品具有间接性、滞后性、不确定性及模糊性。同样的信息产品与服务,由于接受者的主观能动性、文化程度、信息意识和信息能力、所处环境及条件的不同,其效益会产生巨大的差别。因为公共信息服务机构提供的信息产

---

① 赵永泰等编著:《发展经济学》,陕西人民教育出版社 1992 年版,第 483—484 页。
② 钱宁:《文化建设与西部民族地区的内源发展》,《云南大学学报》(社会科学版) 2004 年第 1 期。
③ 王易萍:《农村公共文化建设的内源式发展模式分析——以广西牛哥戏为个案》,《广西社会科学》2010 年第 10 期。
④ 黄体杨:《农村图书馆的内源发展思考》,《图书馆杂志》2012 年第 6 期。
⑤ 王旭明、张勇:《从行政推动到内源发展——公共图书馆发展动力机制的演变》,《图书馆论坛》2017 年第 1 期。
⑥ 廖雯玲、王兰伟、芦婷婷:《基层图书馆内源发展动力系统及其运行机理研究》,《图书馆》2020 年第 10 期。

品和服务必须经过用户消化、吸收并转化为用户的意志和决策规划后，才能在用户的生产生活中发挥作用，因此在公共信息扶贫中，必须使用内源理论，充分发挥农民的内生动力，使他们从信息服务的旁观者、被动接受者转变为参与者、积极响应者，甚至是乡村信息产品的主动生产者。

综上，人力资本理论构成本研究的起点，信息扶贫是对农民进行人力投资的新的方式，既可以提升农民的信息素养，也能够贡献于农村农业的经济增长。知沟理论和信息不对称理论用来解释本课题的研究意义，因为存在知识沟和信息不对称，这就要求我们要想方设法通过外界的主动干预改变农民在信息中的弱势地位。贫困文化理论用来解释为何要提升贫困人口的信息素养，帮助他们改变贫困文化思维。信息生态理论为提出解决对策提供理论指导，在开展秦巴扶贫工作中也必须从人、信息资源和信息环境入手。农村公共物品理论和内生发展理论说明为什么会有供需失衡，并说明为何公共物品不受农民重视，需要激发农民的内生视角。

第二章　秦巴山区贫困人口信息需求及信息行为[①]

　　了解贫困人口的信息需求及信息行为是开展信息扶贫的基础，十三五时期是我国全面建成小康社会最后冲刺的五年，而全面小康最大"短板"在贫困地区、贫困人口。秦巴山片区西起青藏高原东缘，东至华北平原西南部，跨河南、湖北、重庆、四川、陕西、甘肃六省市，是国家新一轮扶贫开发主战场中涉及省份最多的片区。由于受大山阻隔，该区域相对封闭，农村特别是深山、高山区发展困难，陇南、巴中等地存在大范围深度贫困。《秦巴山片区区域发展与扶贫攻坚规划（2011—2020）》显示，国家和省级扶贫开发工作重点县占该区域总县数的90%，2010年，秦巴山区1274元扶贫标准以下农村人口有302.5万人，贫困发生率为9.9%，比全国平均水平高7.1个百分点，比西部地区平均水平高3.8个百分点；农民人均纯收入仅相当于全国平均水平的67.2%。[②] 以陕西商洛市和四川巴中市为例，商洛市2015年年底有建档立卡贫困人口49.02万人，占陕西省贫困人口的15.5%；有建档立卡贫困村701个，其中深度贫困村175个，占到

[①] 本章部分内容已先期发表，参见李静《秦巴山区贫困人口信息需求与信息行为的调查与分析》，《陕西理工大学学报》（社会科学版）2020年第1期。

[②] 《国务院扶贫办　国家发展改革委关于印发秦巴山片区区域发展与扶贫攻坚规划（2011—2020年）的通知》，国家发展改革委门户网站，2013年4月25日（链接日期），https://www.ndrc.gov.cn/xxgk/zcfb/qt/201304/t20130425_967814.html?code=&state=123，2016年12月15日（引用日期）。

陕西省总量的36.3%①，所属7个县区均为国家扶贫开发重点县，是陕西脱贫任务最艰巨的市；巴中市2014年年底贫困人口为43.0156万人，贫困发生率14.2%，高于四川省平均水平6.5个百分点。2014年年底，巴中市人均GDP为13756元，分别仅达到全国、四川省的29.6%、39.2%。秦巴山区贫困农户生计脆弱，致贫因素复杂。② 而在八大致贫因素中，缺少信息服务即为其中之一。主要表现为，外界的信息服务采取"自上而下"模式，缺少针对性和适用性；农户较低的经济基础和文化水平阻碍了其对网络、智能手机的自如运用；对信息获取和发布渠道不熟悉，又使个体的信息诉求找不到表达和反映的途径。如何实现信息需求与信息服务的有效对接，是值得深入研究的问题。因此自2016年8月以来，课题组即通过问卷调查、实地走访、文献调研等多种方式，获取了秦巴山区贫困人口信息需求类型与信息行为特征的第一手数据，并对数据进行了全面的整理分析，力求对当地信息服务工作有所裨益并助力信息扶贫工作。

第一节　秦巴山区概况

一　自然条件与行政区划

秦巴山区包括秦岭山脉和大巴山山脉两部分，行政区划包括河南、湖北、重庆、四川、陕西、甘肃六省市的80个县（市、区），见表2-1，国土总面积为22.5万平方千米。秦岭山脉西起甘肃省北部的白石山，东至豫西伏牛山，全长约1600千米，平均海拔在1000米以上，是黄河支流渭河与长江支流嘉陵江的分水岭。秦岭北坡短而陡峭，高山耸立；南坡长而和缓，盆地和丘陵众多。大巴山山脉东与湖

---

① 王水兴、崔福红：《商洛市今年21万人脱贫》，《陕西农村报》2018年10月26日第2版。
② 吴园、王妍、雷洋：《重庆秦巴山区农户农业科技信息需求及其影响因素》，《贵州农业科学》2015年第10期。

北神农架相连；西与四川摩天岭相接；北以汉江为界，全长约1000千米。2010年年末，秦巴山片区总人口3765万人，其中乡村人口3051.5万人，少数民族人口56.3万人。

表2-1　　　　　　　　秦巴山片区行政区域范围

省(直辖市)	市	县(市、区)
河南省	洛阳市	嵩县、汝阳县、洛宁县、栾川县
	平顶山市	鲁山县
	三门峡市	卢氏县
	南阳市	南召县、内乡县、镇平县、淅川县、西峡县
湖北省	十堰市	丹江口市、郧阳区、郧西县、房县、竹山县、竹溪县、张湾区、茅箭区
	襄阳市	保康县
重庆市	重庆市	城口县、云阳县、奉节县、巫山县、巫溪县
四川省	绵阳市	北川羌族自治县、平武县
	广元市	朝天区、元坝区、剑阁县、旺苍县、青川县、苍溪县、利州区
	南充市	仪陇县
	达州市	宣汉县、万源市
	巴中市	巴州区、通江县、平昌县、南江县
陕西省	西安市	周至县
	宝鸡市	太白县
	汉中市	南郑区、城固县、洋县、西乡县、勉县、宁强县、略阳县、镇巴县、留坝县、佛坪县、汉台区
	安康市	汉滨区、汉阴县、石泉县、宁陕县、紫阳县、岚皋县、平利县、镇坪县、旬阳县、白河县
	商洛市	商州区、洛南县、丹凤县、商南县、山阳县、镇安县、柞水县
甘肃省	陇南市	武都区、文县、康县、宕昌县、礼县、西和县、成县、徽县、两当县

根据全国第三次农业普查数据①，秦巴六地（甘肃数据缺失）②除河南省外，四川、湖北、陕西及重庆四省市村委会到最远自然村或居民定居点的距离5千米以内的村占比都低于全国平均水平，尤其重庆的比例还低于西部平均水平6.6个百分点，见表2-2。重庆东北部的大巴山是深度贫困乡镇的主要分布点之一，如城口县沿河乡的房屋主要集中在高山之间的谷地，形成"九山半水半分田""三山两谷"的特点；巫山县双龙镇四周群山环抱，地势东高西低，形似一口倾斜的铁锅，隘口镇为"三岔两沟一平坝"的地形。山高谷深、沟壑纵横，交通的不便极大地限制了贫困乡镇与外部人员、资金、信息和产品的交流与交换，从而阻碍了重庆秦巴山区的发展。比如巫溪县天元乡的村庄由于西溪河的阻碍一直交通不畅，当遇上河流涨水，村民就难以出行。③ 再以甘肃为例，甘肃省整体上地处西部内陆地区，远离国家经济、政治、文化等中心，周边省市也都是欠发达地区，所受到的辐射带动作用小，不仅如此，由于受地理位置、大气环流等因素影响，甘肃也是自然灾害集中高发地区之一。

表2-2　　　　　　　秦巴山区村委会到居民定居点距离　　　　　　　（%）

村委会到最远自然村或居民定居点的距离	全国	东部	中部	西部	陕西	四川	重庆	甘肃	湖北	河南
5千米以内	90.8	97.1	93	80.7	87.8	90.7	74.1	—	89.1	98
6~10千米	6.6	2.3	5.5	13	10.1	7.1	22	—	8.5	1.5
11~20千米	2	0.5	1.3	4.6	1.9	1.7	3.5	—	2.3	0.4
20千米以上	0.6	0.1	0.2	1.7	0.2	0.5	0.4	—	0.2	0.1

---

① 国家统计局：《第三次全国农业普查主要数据公报》，国家统计局官网，2017年12月14日（链接日期），http://www.stats.gov.cn/tjsj/tjgb/nypcgb/，2018年12月8日（引用日期）。
② 因数据获取上的困难，同时为了保证数据的权威性，此处采用陕西、四川、重庆、甘肃、湖北及湖南六省市农村的相关数据替代秦巴六地的数据。
③ 张琳、杨毅：《深度贫困地区脱贫攻坚的理论与实践——以重庆为例》，知识产权出版社2020年版，第77—78页。

二 农户生活

随着扶贫工作的进一步深入,秦巴山区农村居民的生产生活条件逐年提高,基础设施与基层公共服务也有了较大改善。叶拯通过分析2014—2016年的相关数据发现,2016年,秦巴山区所在自然村上幼儿园和上小学便利的农户比重依次为76.0%和82.2%,分别提高24.7%和29.1%。秦巴山区交通条件有所改善,所在自然村进村主干道路硬化的农户比重为97.0%,比上年提高22.9%;所在自然村能便利乘坐公共汽车的农户比重为63.3%,提高14.3%。在信息基础设施建设方面,2016年所在自然村通宽带农户比重为80.2%,提高24.8%;通电话农户比重和所在自然村能接收有线电视信号农户比重分别为100%和97.4%,分别提高1.2%和1.0%。同时,耐用品消费品拥有量也有较大提高。2016年,秦巴山区农村每百户拥有汽车8.4辆,比上年增加2.9辆;每百户拥有洗衣机86.4台,增加5台;每百户拥有电冰箱72.7台,增加8.4台;每百户拥有移动电话220.3部,增加14.8部;每百户拥有计算机16.1台,增加2.9台。[①] 另外,课题组也根据第三次全国农业普查数据,对比了秦巴山区六省市与全国及西部地区的情况,见表2-3。

表2-3　秦巴六省市农业普查数据与全国、西部数据对比

项目	指标	全国	西部	秦巴	陕西	四川	重庆	甘肃	湖北	河南
乡镇村教育设施	有幼儿园、托儿所的乡镇比重(%)	96.5	94	—	98.1	93.6	97.4	97.4	99.6	99.9
	有小学的乡镇比重(%)	98	97.3	—	98.4	98.8	99.6	98.6	99.7	100
	有幼儿园、托儿所的村比重(%)	32.3	33	—	22.9	26.2	33.2	35.7	20.4	43.1

---

① 叶拯:《秦巴山区农户多维贫困测度与影响因素研究》,硕士学位论文,西北农林科技大学,2018年,第16—17页。

续表

项目	指标	全国	西部	秦巴	陕西	四川	重庆	甘肃	湖北	河南
乡镇村能源	通电的村比重（%）	99.7	99.2	—	100	—	100	100	100	100
	通天然气的村比重（%）	11.9	18.3	—	6.4	45.9	38.9	2.3	8.7	10.2
耐用消费品拥有量	小汽车（辆/百户）	24.8	18.8	8.4	23.97	20	16.23	16.2	20.2	24.8
	摩托车电瓶车（辆/百户）	101.9	72.9	—	83.25	58.9	35.89	78.4	92.8	130.6
	电脑（台/百户）	32.2	15.9	16.1	25.33	17.9	18.91	13.6	31.9	37.5
	手机（部/百户）	244.3	243.1	220.3	254.9	246.7	242.98	251.2	257.4	242.7
信息基础设施	通电话的村比重（%）	99.5	98.7	—	100	98.7	100	100	100	100
	安装有线电视的村比重（%）	82.8	65.5	—	71.9	84	82.2	52.9	90	86.9
	通宽带互联网的村比重（%）	89.9	77.3	80.2	74.4	84.4	93.8	77.9	95.5	96.6
	每百户手机上网比重（%）	47.8	46.2	—	51					
	有电子商务配送点的村比重（%）	25.1	21.9	—	20.8	15	38.1	30.4	26.7	20.9
公共文化建设情况	有图书馆、文化站的乡镇比重（%）	96.8	96.6	—	96.4	96.6	99.8	99.2	98.8	98.6
	有剧场、影剧院的乡镇比重（%）	11.9	7.9	—	7.1	7.7	5.2	13.8	25.2	14.7
	有农民业余文化组织的村比重（%）	41.3	36.7	—	38	32.6	34.9	38.1	48.4	41.3

数据显示,秦巴六省市的农村教育设施与全国及西部比还算不错。除四川外,河南、湖北、陕西、重庆、四川五地有幼儿园、托儿所的乡镇比重均高于全国和西部;在小学设置方面,秦巴六省市也高于全国和西部水平。但在村级幼儿园、托儿所设置比重上,四川、陕西及湖北占比低于全国和西部水平,尤其湖北低于全国11.9个百分点。

在乡镇村能源方面,秦巴六地的农村都通上了电。但在天然气方面,各地差别比较大,四川、重庆远高于全国和西部平均水平,而甘肃通天然气的村占比最低,仅为2.3%。

在耐用消费品方面,秦巴山区与全国及西部相比还存在一定差距,除河南能与全国及西部持平或略有赶超外,其余五地均较低。具体来看,就小汽车拥有量而言,河南农村与全国一致(24.8%),高于西部平均水平(18.8%),而陕西、四川和湖北高于西部却低于全国水平,重庆和甘肃则低于西部平均水平。在摩托车电瓶车拥有量上,四川和重庆两地远远低于西部平均水平。当然交通工具的差距并不必然代表生活水平的差距,比如重庆素有"山城"之称,以丘陵、山地为主(山地占76%)的地形地貌显然制约了农民对汽车等交通工具的购买。而河南主要以平原和盆地站为主(占55.7%),所以交通工具的拥有量占比更高。

在电脑拥有量上,河南和湖北占比较高,这应该与两地当年的农民人均可支配收入较高有关。2016年,秦巴六省市农民人均可支配收入数据中,湖北名列第一(12725元),河南第二(11697元)。其余依次是重庆(11549元)、四川(11203元)、陕西(9396元)以及甘肃(7456.9元)。不过,令人疑惑的是,重庆农民人均可支配收入排名第三,但农民电脑拥有率却在六省市中排最后,究其原因可能与农业经营人口的学历有关。数据显示,全国和西部小学文化程度以下的农业经营户占比分别为43.4%和53.4%,而重庆占比达到59.1%,分别高于全国15.7个百分点、西部5.7个百分点。当然文化水平不是村民不愿意购买电脑的唯一原因，课题组 2018 年 2 月在重庆云阳县和奉节县调研时发现，当地农村信息服务体系比较健全，农民获取信息比较方便，因此村民对是否拥有电脑并不十分在意，他们认为日常的信息需求借助现有的渠道及已有的经验是可以满足的。

以云阳县水口镇夜合社区为例，该社区与镇政府相邻，距离云阳县城 12 千米，辖区面积 4 平方千米，有耕地面积 431 亩，森林面积 380 亩。有 3 个居民小组，户籍人口 815 户，劳动力 966 人（外出务工 360 人）。2018 年建档立卡贫困人口 18 户 62 人，低保 38 户 59 人，五保 31 户 31 人，义务教育阶段适龄学生 98 人，建有便民服务中心 145 平方米。

在该社区便民中心，劳动监查、劳务就业、养老保险、医疗保险等服务窗口一字排开，一应俱全。调研时，我们看到有两位老人前来办理养老保险事宜，工作人员很耐心，群众满意度较高。在便民服务中心柜台边的资料架里，有很多服务老百姓的小册子、单页等。比如由重庆市社会保险局编印的《重庆市城乡居民基本养老保险手册政策解读》、云阳县人力社保局编印的《拒不支付劳动报酬案件问答》以及云阳县就业局编印的《云阳县创业担保贷款申请宣传单》等。而重庆市人力资源和社会保障局与重庆市农民工工作领导小组办公室编印的《2017 版农民工手册》，罗列了公租房、户籍改革、公共服务等惠民政策，也附上了重庆市内信息产业各大代工企业、各地劳动就业、监察投诉、劳务中介的联系电话，甚至还有城市融入常识，帮助农民工更好地工作与生活。不仅如此，云阳县就业局还专门编印《就业服务事项办事指南》，对《重庆市城镇失业人员失业证》发放对象和程序、《就业援助卡》发放对象和程序、灵活就业社会保险补贴办理对象和程序、就业补贴办理对象和程序、小额担保贷款及贴息办理对象和程序等进行了详细解读。另外，为了方便当地居民就业，该便民服务中心还印发了《重庆市云阳县就业服务联系卡》，公布了求职、就业政策、创业培训以及失业保险等四类咨询的联系电话。同时说明，

"如果您有就业需求，请与我们联系，我们将为你提供免费就业服务"。在这其中，最吸引我们的是一个单页——"手机微信找工作"，方便老百姓通过微信关注找工作，上面清楚地说明了查看云阳县域招聘信息、求职登记以及招聘登记的方法。同时也用醒目的字体提醒，"玩不来手机、上不来网的人，可以到乡镇（街道）社保所或县人力资源市场进行求职登记、招聘登记，也可参加每周四在县人力资源市场举办的招聘会"。同时公布了重庆市就业网网址、云阳县人力资源电话。这充分说明基层政府在服务老百姓方面不管实际效果如何，能想到的措施都在努力尝试。

夜合社区便民中心隔壁是水口镇公共服务中心，以窗口的形式提供群众接访咨询、计划生育、民政救助、城乡低保、宣传文化、广播电视等服务。另外我们还看到了云阳县图书馆云阳县文化馆水口分馆电子阅览室，按照门口公示牌上的时间安排，我们调研时段应该是该电子阅览室的开放时间，但事实上却房门紧闭。公共服务中心的一位工作人员说平时开放也没人去，因为大家都用手机，图书馆没有吸引力。同时我们在水口镇服务中心的柜台上，又看到摆放了十余种小册子供村民随意取阅，包括《云阳居民安全知识手册》《云阳县水口镇便民手册》《市民居家安全手册》《识破邪教"门徒会"》《云阳居民安全知识手册》《重庆市保护工贸企业职工权益七条规定》等。另外在该中心的一角还有一间布置比较温馨的房间，上书两块标牌"夜合社区留守家园""梦想课堂"，墙上还悬挂了大幅面的"留守家园管理制度"。除了全面提供与居民生产生活息息相关的各类信息，该便民服务中心对工作人员的服务也有明确要求，公共服务中心的柱子上醒目地贴着"文明忌语"以监督工作人员的言行。通过对以上信息服务场所的考察可以发现，重庆市对农信息服务做得较好，和农民利益息息相关的信息一概上墙公示，并且图文并茂。如《征地农转非安置办事流程》《征地农转非安置办事流程》《水口工业新区征地拆迁安置补偿政策宣传》《云阳县征收集体土地房屋拆迁补偿标准》《云阳县征收土地构（附）着物补偿标准》等。农民不明白的还可以进一步咨询，能让人充分感受到基层政府的服务无微不至。

在手机拥有量上，秦巴六地基本与全国和西部持平，其中湖北、陕西和甘肃占比较高。

在有电子商务配送点的村比重方面，重庆和甘肃两地势头强劲，重庆以38.1%的比例（超过全国13个百分点，超过西部平均水平16.2个百分点）领跑秦巴六地，湖北也略高于全国平均水平。但河南、陕西和四川均低于全国平均水平，尤其四川仅为15%。

因为倾斜支持贫困地区信息进村入户示范工程建设，重庆市在2017年完成了750个益农信息社建设，并实现重点贫困区益农信息全覆盖。同时，该市加强村级电商服务站点、信息基础设施建设，开展了电商企业对口帮扶、电商人才培训、电商促进就业创业等活动，积极探索"专业电商+贫困农户""网络销售+定制生产""线下体验+网上预订""网上村庄+邮政网点"等模式，实现1919个贫困村电子商务服务全覆盖。①

课题组在重庆调研时就深深体会到重庆农村电商的巨大作用。重庆市云阳县枣子村位于水口镇的西北部，距水口镇政府0.5千米，距离云阳县城12千米，幅面面积8平方千米。有耕地面积4213亩、森林面积5195亩，覆盖率达43%。有10个村民小组，户籍人口1091户3768人（其中农转非213户649人），劳动力2436人（外出务工1551人）。全村有党员85人，建档立卡贫困人口134户457人，低保122户223人，五保户36人，残疾83人。义务教育阶段适龄学生489人。整修便民服务中心836平方米，村卫生室50平方米，有农家书屋50平方米。全村栽植枳壳1300亩，菊花300亩，柑橘400亩，发展牛羊养殖大户12户，牛羊养殖400头，主导产业覆盖农户78%，

---

① 张琳、杨毅：《深度贫困地区脱贫攻坚的理论与实践——以重庆为例》，知识产权出版社2020年版，第110页。

贫困户76%。成立农业合作社2个，实施到户产业91户。

水口镇电商综合服务站是依托枣子村便民服务中心而建设的。在这个电商服务站里，村民不仅可以办理自助拍照、充值缴费、收发快递、网上购票等业务，还可以借助该站的农产品加工点，对自家出产的农产品进行清洗、烘干、脱水、包装。2018年2月，课题组专程来到枣子村，在路边标牌"农特产品集配站"的指引下，我们顺利地在村委会院子里看到该电商服务站。走进服务站，看到工作人员正忙着把农产品装箱，好一派繁忙景象，墙上醒目位置悬挂的《快件收发货业务操作规范》详细介绍了操作流程。据村主任王志诚介绍，他们电商服务站整体分为"上行"和"下行"，"上行"是把农民的土特产放到网上如淘宝上去卖，"下行"是他们代收寄给农民的东西，方便农民网上购物。作为重庆开始较早且有一定影响力的电商服务站，该服务站功能比较齐全。第一，宣传推广。向村民宣传农村电子商务服务站的各项服务功能、电子商务相关行业资讯，引导村民网上购物、网上销售、网上购买服务等。第二，网上代销。将当地适销对路的农特产品、旅游产品，通过电子商务平台，组织村民销售。第三，网上代购。为村民提供网上购物，协助村民解决有关购物中的纠纷。第四，便民服务。为村民提供小额取款存款，代缴费用，代发代收快递，代订火车、汽车、轮船、飞机票，预定餐饮、住宿，酒店，提供本地资讯服务。第五，创业就业。组织当地村民参加网上创业就业学习培训、交流分享，营造氛围，培育人才，推动当地电子商务发展。第六，各种咨询服务，为村民提供政务信息、政策宣传、政务咨询。第七，业务指导。指导村综合服务点。尽管该服务站规模不算大，但由于它建成了快递自动分拨、全智能电商仓储、冷链冷库仓储和商贸物流四大功能区，分拨中心集聚了中通、顺丰、百世、德邦、永德等快递物流企业16户，入驻了掌上云阳、老虎电商、淘宝云阳馆等电商72户，形成了一定的电商网络体系，因此其对当地经济的带动作用还是比较显著的。① 它培育孵化了24家电商网店，注册了"大山人"农产品商标，推出了"水口荷叶茶""水口红薯粉"等口碑较好产品。村主任王志成介绍，"现在村里做电商的户数占到15%左右，平均一户可以增收1500元。在家门口就能将农特产品变现，村民特别高兴"。这不禁让我们想起了路两边随处可见的标语"累死累活闯四方，不如回家搞电商"。

在奉节县，我们也同样感受到农村电商发展得如火如荼。如位于奉节县东部，以"能源""脐橙""畜牧""劳务""旅游""商贸"六大支柱产业为主的白帝镇，虽然面积不大（189平方千米），人口不多（2017年有人口27652人），但因为当地盛产脐橙，同时又与白帝城景区相接，所以电商网络十分发达，"淘实惠"等农村电商服务站随处可见。各家在脐橙成熟后，都及时通过中国邮政、申通、圆通等物流平台及时将产品运出。另外，还有不少家庭主要依靠在外地打工的年轻人承担脐橙的在线销售任务，父母只需要负责脐橙装箱和发货。这样即便上了岁数的农民在线操作有困难，只要家中有年轻人可以胜任网络销售，也实现了电商式脐橙销售。

从秦巴六地的信息基础设施看，六地除四川省通电话的比例低于全国0.8个百分点外（与西部持平，均为98.7），其余五省市都达到了100%。但在安装有线电视的村比重方面，秦巴六地差别较大，占比从高到低依次是湖北（90%）、河南（86.9）、四川（84%）、重庆（82.2%）、陕西（74.4）及甘肃（52.9），甘肃低于全国29.9个百分点，低于西部12.6个百分点。在通宽带的村比例中，甘肃和陕西都比较低，分别为77.9%和74.4%，与全国89.9%的平均水平相比，四川也未达标（为84.4%），仅高于西部平均水平77.3%。

在公共文化建设方面，秦巴六地有图书馆、文化站的乡镇比重除

---

① 林逸飞：《"山货"变"网货" 村民生活变了样》，重庆时报网，2017年9月4日（链接日期），http://www.cqtimes.cn/News/article/id/2292654/nowCat/，2018年5月10日（引用日期）。

陕西省低于西部平均水平外，其余五地基本与全国或西部持平或有赶超。在剧场、影剧院建设方面，湖北、河南、重庆都发展较好，高于全国平均水平，而四川、陕西及重庆三地建设较落后，均低于西部平均水平。而在是否有农民业余文化组织方面，湖北、河南表现较好，均在全国平均水平或略高。而其余四地中，重庆和四川农民业余文化组织较少，均低于西部平均水平。

第二节 贫困人口信息需求研究[①]

人存在于社会中总是有一定的需求的，既有生存、交往和安全的需求，也有发展和自我实现的需求。要满足这些需求就得从事各种活动，在这些活动中人们又必须获取各种信息。但是，在实际工作中用户对客观信息需求并不一定会全面而准确地认识，由于主观因素和意识作用，用户认识到的可能仅仅是其中的一部分，或者全然没有认识到，甚至有可能对客观信息需求产生错误的认识。[②] 本节将通过问卷调查和实地访谈，从信息意识、信息需求类型、信息质量和信息效用四个方面考察秦巴山区贫困人口的信息需求现状。

一 调查问卷的设计和样本选择

为了设计科学合理、适合贫困人口理解的调查问卷，课题组首先在甘肃陇南、四川绵阳以及陕西汉中等地农村进行了小规模预调研。预调研由调查员按问卷提出问题，被访者根据实际情况作答并围绕问卷进一步深入交谈，旨在了解被访者对于问卷题目是否存在异议或有填读理解的困难，然后根据调研情况对问卷进行多次修改完善，最终于 2016 年 12 月形成问卷定稿。其主要内容如下。第一，村庄概况：

---

① 本章部分内容已先期发表，参见李静《秦巴山区贫困人口信息需求与信息行为的调查与分析》，《陕西理工大学学报》（社会科学版）2020 年第 1 期。

② 胡昌平、胡潜、邓胜利：《信息服务与用户》，武汉大学出版社 2015 年版，第 117 页。

包括全村人口基本结构，贫困户户数、人数，全村年人均纯收入及主要收入来源，全村手机、有线电视、电脑、报纸等拥有情况，信息发布主要方式以及村信息服务机构设置情况。第二，贫困人口信息需求和信息行为问卷：包括被访者基本信息、信息认知能力和信息意识、信息需求类型、信息行为、评价和有效利用信息的能力以及对信息服务机构的利用和期待六部分。

问卷设计完成后，课题组于 2017 年 1—2 月对秦巴山区的农村居民展开了问卷调查，陕西理工大学的 130 名在校学生经过培训担任了本次调查员的工作。鉴于在前期预调研中发现，不少建档立卡贫困户信息意识淡薄，家中缺乏必要的信息设备（个别家庭中甚至没有电视机），且处于狭窄和局部的"小世界生活"① 中，他们对非所在社会世界的信息不感兴趣，很少从生活圈子之外的来源获取信息，且不愿配合外界调查。因此为了保证本研究项目的顺利实施，课题组以 2015 年全国农村居民人均纯收入 10772 元为参考标准，将秦巴山区六省市中年人均纯收入低于该平均值（实际取值为10000 元）的人口界定为贫困人口。并以此为标准在秦巴山区 152 个村庄发放了 2000 份问卷，最终收回有效问卷 1530 份，有效回收率为 76.5%，调查样本基本情况见表 2-4。数据显示，受访村民中，男性比例略高于女性，主要原因是当男女主人都在家时，通常会由男性接受访谈。年龄分布主要以青壮年农民为主，近六成受访者家庭收入是以务农为主，且多是从事初级农产品生产；产出主要自给自足，且八成以上的农户都还是采取传统经营模式，没有加入合作社。受访农户的文化程度远远高于秦巴农村的实际情况，主要是因为很多文化程度较低的农户不愿意接受访谈，或者对他们的采访无法完整、顺利地进行。为尽量减少偏差，课题组在分析阶段会对相关数据进行说明，力求客观地反映秦巴农民信息需求与信息行

---

① Pendleton V., Chatman E. A.: "Small World Lives: Implication for the Public Library", *Library Trends*, No. 4, 1998, pp. 732–751.

为的现状。

在问卷调查基础上，课题组又于2018年1—2月赴重庆市云阳县和奉节县6个典型村庄调研，面对面访谈农户32户。问卷调查和实地走访数据共同构成了分析贫困人口信息需求和信息行为的依据。

表2-4　　　　　　调查样本的人口统计学特征

项目	选项	人数	比例(%)	项目	选项	人数	比例(%)
性别	男	909	59.41	文化程度	文盲	128	8.37
	女	621	40.59		小学	432	28.24
年龄	18岁以下	77	5.03		中学	632	41.31
	18—25	356	23.27		大专及以上	338	22.09
	26—45	514	33.59	职业	种植户	598	39.08
	46—60	478	31.24		养殖户	156	10.20
	60岁以上	105	6.86		打工	652	42.61
收入来源	务农为主	878	57.39		经商	71	4.64
	非务农收入	652	42.61		其他	53	3.46
自产农产品	供自家食用	616	40.26	是否加入合作社	否	1274	83.27
	自用兼出售	914	59.74		是	256	16.73

二　贫困人口信息意识

信息意识和信息认知能力是影响用户信息行为的基本条件，只有意识到信息有用并具有简单信息认知能力的人才可能对信息敏感，并引发产生信息行为的可能。调研数据表明，一半以上的被访者（52.6%）会写较长书信或书面材料，八成左右的被访者会简单记账（79.3%）和使用手机收发短信（82.1%），且有68%的被访者会使用电脑或手机上网,这表明随着国家基础教育的普及,农村贫困人口的信息认知能力相比以前有所提高。① 陕西安康市紫阳县双安镇白马村因为地方较为偏僻,没办法拉宽带和网线,因此村中仅有3户有电脑,其中1户为笔记本电脑,能够正常上网,另外2户是台式电脑,但没上网。当地村民大多数家庭收入不高,人均年收入为3587元。贫困户有147人,占全村总人口1529的9.6%。村子无特色产业,农民收入主要来自种养殖业、做生意和外出打工,但由于本村村民基本都有手机,45岁以下村民几乎都会使用电脑、手机上网。同时尽管地处秦巴深度贫困区,但是当地信息传播并不如人们想象般落后,除了村大喇叭、黑板报、宣传栏、标语横幅、发放宣传资料以及入户宣传这些传统信息传播手段之外,还开通了微信平台。该村的信息服务机构也基本健全,有全国文化信息资源共享工程基层服务站、农村信息服务站以及电商服务平台等。不过考虑本次受访户文化程度高于秦巴山区实际水平,且18—45岁之间受访者占比56.86%,60岁以上人口仅占到6.86%,秦巴山区贫困人口的实际信息认知能力应该要低于以上分析数据。

在信息意识方面,只有36.7%的农民认为获取信息对自己的日常生产生活非常有帮助,47.4%的被访者认为有一些帮助,而其余15.9%的被访者认为没有帮助或说不清楚。② 相比施静对2003—2012十年间我国农民信息意识的总结③,发现农民的信息意识依然不高。与本次结果相呼应的还有2017年熊敏等在四川省达州市通川区安云乡的调查,尽管该地不属于秦巴山区,但农民的信息意识水平相似——有33.4%和54.8%的受访者认为信息对自己的生产生活"非常有帮助"

---

① 李静:《秦巴山区贫困人口信息需求与信息行为的调查与分析》,《陕西理工大学学报》(社会科学版)2020年第1期。

② 李静:《秦巴山区贫困人口信息需求与信息行为的调查与分析》,《陕西理工大学学报》(社会科学版)2020年第1期。

③ 施静、肖友国、魏太亮:《10年来我国农民信息需求特征及其影响因素研究:回顾与反思》,《安徽农业科学》2013年第7期。

和"有一些帮助",但同时有 10.4% 的农民选择了"没有帮助"和"说不清"。① 另外,对比杨雨琪对武陵山区 1350 位农村居民的调研,发现农民信息意识不强实为共性。该调查结果显示,尽管 95% 的被调查者都认为信息技术对农业生产生活重要,但一半以上的人口都表示不会主动关注相关理论和技术——他们缺乏对信息素养教学和数字资源的需求和兴趣,信息意识总体水平属于中等偏下。②

不过课题组在网络调研时,发现了一个新现象,即个别贫困人口善于通过贴吧或网站发布诉求,表 2-5 列出了课题组于 2017 年 1—10 月在陕西省汉中市政府网站互动交流栏目查询到的相关公开帖子。这些诉求的共同特点是均与生活补贴补助等物质利益挂钩,显示出部分贫困人口在与自己生活条件改善密切相关问题上的信息敏感度极高。且 6 项诉求中有 3 项都是外出务工者为家人咨询,表明受周围环境影响,外出务工者的信息意识高于农村常住人口。③

表 2-5　　　　陕西省汉中市贫困户网上互动诉求示例

日期	咨询人身份	诉求
2017-10-20	南郑新集镇十亩村村民	希望评定为贫困户
2017-10-17	勉县同沟寺镇谷家沟村村民	赔偿水稻田损失,疏通排水管
2017-09-04	外出打工的学生家长	高台镇初级中学孩子吃饭和住宿的问题
2017-08-13	南郑区梁山镇梁山村村民	扶贫先"扶路"
2017-08-02	外出务工者	子女高考一本"211"重点高校申请助学补助金
2017-01-04	外出务工者	农村土坯房改造,申请危房改造补助

---

① 熊敏、孙艳玲、谢宇等:《农村信息贫困现状及对策研究——基于达州市通川区安云乡的调查》,《农业图书情报学刊》2018 年第 12 期。
② 杨雨琪:《信息化建设环境下农村居民信息素养现状及建议——以武陵山片区为例》,《农业图书情报学报》2020 年第 4 期。
③ 李静:《秦巴山区贫困人口信息需求与信息行为的调查与分析》,《陕西理工大学学报》(社会科学版)2020 年第 1 期。

三 农民信息需求类型

按照学界的公认说法，农民的身份属性及所处经济、社会环境在某种程度上决定了农民的信息需求特征。于良芝①、何其义②及杨玲玲③等认为，农民最需要的四类信息依次是农业技术信息、市场信息、技能培训信息和政策信息等。黄水清等研究发现④，由于多从事现代工业、旅游业、服务业、建筑业及个体户等职业，排在发达地区农村居民信息需求类型前5位的依次为国内外新闻、休闲娱乐信息、气象信息、政策信息以及农业技术信息，表现出与传统农民信息需求类型的差异。而谭英发现贫困地区不同经济收入农户的信息需求差异明显⑤，即绝对贫困户喜欢娱乐影视类信息；低收入型农户对种养殖新技术、新品种、政策法规以及科学知识类信息表现出浓厚的兴趣；相对中等型开始关注市场类信息；而相对富裕型主要关注市场类和政策法规信息。本次调研将贫困人口信息需求分为农技、致富、生活和科学文化四大类。表2-6数据显示，秦巴贫困人口最需要医疗健康、生活保健（50.6%）以及劳动保护、维权（46.7%）等生活信息。其余比较需要的是子女教育信息（45.4%）、防骗信息（44.5%）、食品安全信息（42.2%）以及社保养老信息（41.8%），且对生活消费品价格信息的需求（37.7%）超过了农产品市场供求信息（35.5%）。⑥这说明他们的信息认知和敏感度主要局限在保障其基本生存相关的范

---

① 于良芝、罗润东、郎永清等：《建立面向新农民的农村信息服务体系：天津农村信息服务现状及对策研究》，《中国图书馆学报》2007年第6期。
② 何其义、徐德明：《当前农民需求信息调查》，《安徽农学通报》2007年第6期。
③ 杨玲玲：《需求品位提升实用要求更高——我国农民信息需求现状及趋势调查报告》，《人民邮电》2006年3月17日第7版。
④ 黄水清、沈洁洁、茆意宏：《发达地区农村社区信息化现状》，《中国图书馆学报》2011年第1期。
⑤ 谭英、王德海、谢永才等：《贫困地区不同类型农户科技信息需求分析》，《中国农业大学学报》2003年第3期。
⑥ 李静：《秦巴山区贫困人口信息需求与信息行为的调查与分析》，《陕西理工大学学报》（社会科学版）2020年第1期。

围内,这符合赵媛的分析,即农民的弱势处境以及长期以来形成的一些传统社会意识,限制了他们的信息意识,使他们只意识到满足其生存信息的重要性。① 2020年邹勇对武陵山区3县4个深度贫困村的176户农户和25名村干部、扶贫工作者的入户访问和问卷调查同样印证这一点——农户最需要的政策信息是惠农补贴和产业扶持与奖补信息,最需要的生产信息是气象信息和农技信息、最关注的市场信息是社会价格信息,最关注的文化生活信息是社会新闻信息。②

在"从不需要"的信息中,网上销售农副产品的技术方法(10.9%)、投资理财信息(10.8%)和娱乐消遣信息(10.4%)占比最高。一方面反映出九成贫困人口还不具有现代网络销售意识,另一方面也反映出较差的经济基础使他们无暇或无力去进行娱乐消遣。③

表2-6　　　　　　　秦巴山区贫困人口信息需求类型

信息类型		非常需要(%)	比较需要(%)	一般需要(%)	不大需要(%)	从不需要(%)
农技和培训类信息	农产品市场供求信息	35.5	24.7	19.1	16.9	3.8
	农产品市场预测信息	30.9	26.8	20.1	18.6	3.6
	实用种养殖技术信息	32.6	23.1	21.8	18.1	4.3
	病虫害及旱涝灾害防治信息	34.7	25.8	19.9	15.4	4.2
	农产品加工信息	26.6	23.9	20.8	21.8	6.8
	农业增产增收信息	34.9	24.7	19.6	17	3.7
	非农技知识培训信息	23.6	22.8	25.6	22	6.1

---

① 赵媛、淳姣、王远均:《我国农民/农民工信息意识现状及提升对策》,《四川大学学报》(哲学社会科学版)2014年第6期。

② 邹勇、周勇娟:《湖南武陵山片区农村信息服务现状与对策分析——基于4个深度贫困村的调查》,《图书馆》2020年第11期。

③ 李静:《秦巴山区贫困人口信息需求与信息行为的调查与分析》,《陕西理工大学学报》(社会科学版)2020年第1期。

续 表

信息类型		非常需要(%)	比较需要(%)	一般需要(%)	不大需要(%)	从不需要(%)
致富信息	依靠农业生产致富的信息	34.1	25.1	22.2	13.8	4.8
	依靠发展农家乐、乡村旅游致富的信息	25.2	22.8	21.8	22.2	7.9
	依靠发展其他非农产业致富的信息	29.4	23.9	24.7	15.4	6.6
	投资理财信息	23.9	24.4	20.7	20.1	10.8
	外出务工信息	31.3	23.4	23	15.8	6.6
生活信息	社保养老信息	41.8	29.3	18.2	8.3	2.4
	医疗健康、生活保健	50.6	25.1	14.6	7.6	2.1
	防骗信息	44.5	28.7	17.1	6.3	3.3
	劳动保护、维权信息	46.7	27.8	16.3	6.3	3
	食品安全信息	42.2	30.3	16.4	7.8	3.3
	生活消费品的价格信息	37.7	30.8	20.3	8.4	2.7
	娱乐消遣信息	25.7	22.1	23.1	18.7	10.4
科学文化知识	子女教育信息	45.4	25.6	15.4	10.7	3
	电脑知识	32.8	26.8	19.5	13.8	7.2
	提升个人文化程度的信息	32.4	24.8	25.3	11.9	5.6
	信息查询技术	28.9	28.3	23	14	5.8
	网上销售农副产品的技术方法	28.3	20.5	21.3	19	10.9

细分农技、致富、生活和科学文化四类信息中的各二级类发现，在农技类信息中，农民最需要农产品供求信息（35.5%），其余依次是农业增产增收信息（34.9%）、病虫害及旱涝灾害防治信息

（34.7%）以及实用种养殖技术信息（32.6%），而对农产品市场预测信息和农产品加工信息需求都不高，分别为30.9%和26.6%。这一方面反映出在秦巴山区，农村居民的农业生产主要还是传统种植业为主，且收益主要来自原始农产品在市场中进行交换，所以他们对农产品供求价格及农业增产增收信息最感兴趣。同时为了使农产品有更好的品质和收成，他们也比较关注病虫害和旱涝灾害防治信息及种养殖技术信息。邹勇2020年对武陵山区的调研也显示农民最需要的生产信息是气象和农技信息，最关注的市场信息是价格信息。① 他们对农产品预测信息需求不高主要是因为预测信息的准确性低，难以满足其需求。另外由于贫困人口基本从事传统农业生产，他们产出的农产品数量有限，一般都用于自家消费或者以初级产品的形式卖到集市，因此对农产品加工信息需求较低。② 这一点也呼应了吴园等于2014年8月底至11月初对重庆秦巴山片区8个区（县）1520个农户的实地调研，该调研发现，农户尤其关注传统的种植、养殖等技术。究其原因主要在于重庆秦巴山片区属于国家重点扶贫开发地区，当地农户家庭的主要收入来源于种植、养殖等产业，非农收入占比较小，因而对种植、养殖类技术信息较为关注。③

另外，在本次调研中，课题组还发现一个奇怪的现象，即贫困人口对非农技知识培训信息的需求最低——选择"非常需要"非农技知识培训信息的受访者仅占23.6%，而表示不大需要或从不需要的占到了28.1%。一般观点认为，培训是贫困人口快速提升生存技能、改善生活窘境的最有效手段之一，也是激发贫困人口内生发展动力的要求，但为何贫困人口对此并不热衷呢？或许班菲尔德有关贫困文化的

---

① 邹勇、周勇娟：《湖南武陵山片区农村信息服务现状与对策分析——基于4个深度贫困村的调查》，《图书馆》2020年第11期。

② 李静：《秦巴山区贫困人口信息需求与信息行为的调查与分析》，《陕西理工大学学报》（社会科学版）2020年第1期。

③ 吴园、王妍、雷洋：《重庆秦巴山区农户农业科技信息需求及其影响因素》，《贵州农业科学》2015年第10期。

理论可以为之做一定注解。他认为贫困文化的实质就是"现实倾向","下层阶级的人生活只说眼下目前,如果他们有点未来意识,那也是他控制不了的已经确定了的命运注定的东西……,他不能控制自己为了将来的生活而牺牲目前的享乐,或者是他没有未来意识。所以说他非常没有远见,现在不能立即享有的东西他就认为是没有价值的……他工作只是因为他必须生活,他从一种体力活换成另一种体力活,但对哪一种工作都没有兴趣"①。同时,赵媛的调研也发现,农民/农民工对职业技能培训和招聘用工信息的需求程度一般,他们甚至不相信参加职业技能培训、提高自身文化素质能使他们获得更好的职业,得到更高的经济收益。赵媛还提及其在贵州某地实地采访时,受访的 8 个村主任均反映,当有政府部门组织的职业技能培训时,村镇一般都会逐户通知,但报名者寥寥无几。即使实行"免费+补贴"的培训模式,许多参与者也是领了补贴即走人,主要原因在于"农民要的是看得见的实惠"②。除此之外,彭光芒分析认为,农民之所以缺乏对农业科技的热情,对通过媒介学习和使用农业科技显得相当被动、淡漠,原因在于许多农民的务农积极性不高,尤其是青年农民,强烈的职业流动愿望使得他们很难把心思放在农业与农村。③

进一步通过皮尔逊相关系数进行贫困人口个体特征与农技信息需求之间的关联度分析发现,见表 2-7,贫困人口对农技信息的需求比较显著地受到了年龄、文化程度、职业、是否加入合作社、收入来源以及生产农产品目的的影响,而人均收入水平对其影响不显著。这一点也部分印证了王国晖对杨凌示范区的实证研究,即性别、文化程度、收入来源对农民的农业科技知识需求意愿有显著影响,而年龄与

---

① Edward C. Banfield, *The Unheavenly City Revisited*, Little, Brown and Company, 1974, p. 61. 转引自王金虎、霍军《当代美国社会的贫困结构及其成因》,《河南大学学报》(社会科学版) 2001 年第 5 期。

② 赵媛、淳姣、王远均:《我国农民/农民工信息意识现状及提升对策》,《四川大学学报》(哲学社会科学版) 2014 年第 6 期。

③ 彭光芒:《大众媒介在农业科技传播中的作用》,《科技进步与对策》2008 年第 8 期。

家庭人均年收入则对此没有显著影响。① 徐世艳等对 13 个粮食主产省份 411 个县市 973 个行政村万户农民调查结果也表明,户主的年龄对不同的农业技术需求有不同的影响。② 吴园对重庆秦巴山区的调研发现,农户的种植技术信息需求受个人文化水平、家庭规模、务农收入的影响,而农户对优良品种信息的需求受到信息交流、技术共享、总收入、生产规模等的影响;二者均受到农户个人文化水平、农产品价格、政策优惠和政府务农补贴的影响。③ 细究问卷发现,从事种养殖业的农户对种养殖技术和病虫害信息最为关注,充分体现了职业是影响信息需求最重要的因素之一。

表 2-7　　　　贫困人口个体特征与农技信息需求关联度分析

因素	农产品市场供求	农产品市场预测	种养殖技术	病虫害及旱涝防治	农产品加工信息	农业增产增收	非农技知识培训
性别	-0.094**	-0.114**	-0.066	-0.054	-0.051	-0.044	0.041
年龄	0.172**	0.166**	0.152**	0.208**	0.129**	0.159**	0.021
文化程度	-0.120**	-0.119**	-0.109**	-0.145**	-0.087*	-0.073*	0.038
职业	-0.176**	-0.181**	-0.215**	-0.166**	-0.155**	-0.145**	-0.013
是否加入合作社	0.129**	0.089*	0.094**	0.099**	0.123**	0.054	0.082*
收入来源	-0.152**	-0.173**	-0.201**	-0.202**	-0.148**	-0.177**	-0.041
人均收入水平	-0.043	-0.05	-0.076*	-0.085*	-0.025	-0.112**	0.033
生产农产品目的	0.218**	0.251**	0.171**	0.161**	0.187**	0.202**	0.066

注：右上角带星号的表明存在相关性,**. 在 0.01 水平（双侧）上显著相关,*. 在 0.05 水平（双侧）上显著相关。

---

① 王国晖:《杨凌示范区农民科技知识需求的实证研究》,硕士学位论文,西北农林科技大学,2010 年,第 37 页。

② 徐世艳、李仕宝:《现阶段我国农民的农业技术需求影响因素分析》,《农业技术经济》2009 年第 4 期。

③ 吴园、王妍、雷洋:《重庆秦巴山区农户农业科技信息需求及其影响因素》,《贵州农业科学》2015 年第 10 期。

在致富信息中，贫困人口最需要依靠农业生产致富的信息（占比34.1%）和外出务工信息（31.3%），最不需要的是投资理财信息。反映出农民的思想观念还是比较保守，他们期待的致富方式主要从自己熟悉的领域着手，对于其他依靠非农致富的信息需求不旺。2018年2—4月间"农村文化信息资源共享的路径选择与实现策略"课题组对我国21个省（区、市）的685名农村居民的抽样调研数据显示，尽管各地农民对一些专门的农村文化信息资源的需求不尽相同，但"农业种植"和"致富经验"却是他们最为需要的资源，占比均为39.27%，这说明了农民既关心自己赖以养家糊口的农业种植资源，也渴望了解涉农经济发展过程中涌现出的致富明星、致富经验和创新做法；他们希望通过一些经验技巧发家致富，获得更优越的生活条件。[①] 贫困人口个体特征与致富信息需求关联度分析，见表2-8。

表2-8　　　贫困人口个体特征与致富信息需求关联度分析

因素	依靠农业生产致富信息	依靠农家乐及乡村旅游致富信息	依靠其他非农产业致富的信息	投资理财信息	外出务工信息
性别	−0.036	0.008	0.014	0.015	0.053
年龄	0.131**	0.055	0.036	−0.041	−0.011
文化程度	−0.027	0.015	0.066	0.126**	0.040
职业	−0.073*	−0.035	0.023	0.067	−0.033
是否加入合作社	0.061	0.076*	−0.012	0.040	0.000
收入来源	−0.153**	−0.046	0.027	0.064	0.057
人均收入水平	−0.100**	0.006	−0.012	0.042	−0.025
生产农产品目的	0.133**	0.097**	0.033	0.105**	−0.041

---

① 王丽华、朱艺青：《农民视角下的文化信息资源共享工程建设现状调研》，《图书馆学研究》2019年第6期。

通过表 2-8 的关联度分析发现，年龄、职业、收入来源和农产品生产目的显著影响农户对依靠农业生产致富信息的需求；是否加入合作社和生产农产品的目的影响农户对依靠农家乐及乡村旅游致富信息的需求。另外，农民普遍对投资理财信息的需求不高，仅有部分文化程度较高的受访者有此需求；外出务工信息需求与个人特征差异没有体现出显著相关性。

如前所述，生活信息是秦巴贫困人口最需要的信息类型。他们同城市人口一样，关注医疗保健、食品安全、社保养老以及生活消费品价格信息，不能简单为其信息需求打上"农"字标签。另外作为相对弱势的群体，他们对劳动保护、维权以及防骗信息的需求比城市人口更高，因此在信息扶贫中，应加强相关信息的推送。通过农户个体特征与生活信息需求的关联度分析发现，见表 2-9，年龄、文化程度、职业显著影响生活信息需求类型，而性别、是否加入合作社、收入来源、生产农产品的目的对此影响不显著。

表 2-9 贫困人口个体特征与生活信息需求关联度分析

因素	社保养老信息	医疗健康生活保健	防骗信息	劳动保护维权信息	食品安全信息	生活消费品价格	娱乐消遣信息
性别	-0.065	-0.008	0.022	-0.016	0.029	0.031	-0.015
年龄	0.292**	0.151**	0.102**	0.079*	0.017	0.031	-0.078*
文化程度	-0.084*	0.036	0.009	0.063	0.159**	0.125**	0.162**
职业	-0.092**	-0.012	0.038	0.048	0.075*	0.094**	0.070*
是否加入合作社	0.072*	0.016	0.029	0.003	-0.047	-0.034	0.006
收入来源	-0.065	-0.028	-0.060	0.017	-0.006	0.019	0.068
人均收入水平	0.018	0.035	-0.005	0.065	0.066	0.084*	0.084*
生产农产品目的	0.099**	0.045	0.045	0.044	0.054	0.048	0.047

对于科学文化知识信息，贫困人口最需要子女教育信息（占比45.4%），其次是电脑知识（32.8%）和提升个人文化程度的信息（32.4%），体现出他们对子女教育的重视，对自身知识提升也有一定需求。表2-10的关联度分析表明，贫困人口的年龄、文化程度、职业以及人均收入水平显著影响科学文化知识需求，而其他因素影响不明显。

表2-10　贫困人口个体特征与科学文化知识信息需求关联度分析

因素	子女教育信息	电脑知识	提升个人文化程度的信息	信息查询技术	网上销售农富产品的技术方法
性别	-0.005	0.009	0.016	0.022	-0.014
年龄	0.077*	-0.137**	-0.105**	-0.084*	0.015
文化程度	0.068	0.261**	0.245**	0.260**	0.142**
职业	-0.026	0.161**	0.178**	0.133**	-0.018
是否加入合作社	0.032	-0.029	-0.040	-0.048	-0.019
收入来源	0.033	0.057	0.021	0.047	-0.039
人均收入水平	0.086*	0.074*	0.029	0.081*	0.028
生产农产品目的	0.027	-0.029	-0.013	0.058	0.113**

四　贫困人口对信息质量的要求

一般而言，信息消费者在获取信息时总是有一定要求的，在质的方面要求信息准确、适用，即信息内容既能针对自身的工作性质与工作任务，又能符合自己的认知能力和知识结构；在量的方面要求适量，避免冗余信息对自身的干扰。① 同时，信息的吸收利用率与信息传递的时机和方式有着密切的关系，用户希望信息能在对自己最有价

---

①　李静：《秦巴山区贫困人口信息需求与信息行为的调查与分析》，《陕西理工大学学报》（社会科学版）2020年第1期。

值、最能发挥效益的时候为己所用；同时用户还要求信息传递方式能够符合自己的获取习惯，并且省力、方便、易用。尊重用户的信息获取习惯、选取最佳的信息提供时机，是信息服务机构提高用户信息利用率的关键。①

结合贫困人口特点，问卷从信息的准确性、及时性、实用性、可获得性以及是否免费等五方面考查了贫困人口对信息质量的要求。数据显示，对于所获取的信息，64%的被访者看重信息"是否准确可靠"，59.1%的被访者关注其"是否通俗实用"，42.1%的被访者在意"是否获取方便"，而对于"是否新颖及时"与"是否花钱"这两点并不特别看重，比例分别为32.1%和22.%。② 由此可见，在提供信息时，信息服务方首先要保证信息准确可靠，其次要采用贫困人口易于理解的表达方式，避免晦涩书面化的语言，以适合他们的文化水平及生活语境，比如采用图文并茂、音视频结合的信息传递方式。在传递手段上，要注意传统和多媒体手段并用，既要使用大喇叭、宣传栏、村组会议等传统方式，也要继续加强农村信息服务基础设施的建设，保证信息服务的可及、可达、可用。而对于贫困人口对于"是否花钱"不敏感这一点要客观看待，事实上，不是他们不在意获取信息是否花钱，而是因为贫困人口本身信息需求有限，且几乎不会利用收费的信息，所以他们才会做出如此选择，且不可因为这个调研数据而随意加大收费信息服务的范围或者擅自加价各类信息服务——农村信息服务更需要以免费为主。

五 贫困人口对信息效用的要求

信息效用是吸收和利用信息后对用户产生的实际效益，它表现为动机和结果的一致性以及满足率。信息经济学理论认为，信息商品效

---

① 雷晓庆：《信息服务中用户的信息选择及服务对策》，《生产力研究》2002年第4期。
② 李静：《秦巴山区贫困人口信息需求与信息行为的调查与分析》，《陕西理工大学学报》（社会科学版）2020年第1期。

用的取得除了与信息商品固有的使用价值有关外,还取决于消费者本身的物质条件、技术条件和智力条件,尤其是消费者本身的创造性劳动对信息商品效用的实现往往起着决定性作用。因此,同一信息商品虽有不变的总效用,但对于不同的用户来说,从中获得的实际效用往往不同。①

由于信息产品和信息服务的效益具有模糊性、滞后性和不确定性,调查问卷主要从被访者获取信息的动机和对现有信息服务的满意度两方面来进行考察。表 2-11 数据显示,被访者获取信息的最主要动机是了解市场行情(54.8%)、提高生活质量(46.7%)以及了解政策法规(45.3%)。另有 33% 的被访者希望获取子女教育方面的信息,还有 14 人(占 0.9%)明确提出获取信息是为了学习。反映出贫困人口的信息动机尽管仍以改善生活条件为主,但也有三成左右的农户开始关注子女教育问题,希望通过良好的教育使子孙辈不再沿袭贫困。②

表 2-11   秦巴山区贫困人口获取信息动机

获取信息动机	比例(%)	获取信息动机	比例(%)
了解市场行情	54.8	寻找致富捷径	36.1
提高生活质量	46.7	辅助子女教育	33
了解政策法规	45.3	指导外出打工	23.1
学习农业知识	43.7	其他	1.5

在信息服务满意度调研中,仅有四成左右的贫困人口对本地区的信息服务持肯定态度③——选择"非常满意"和"比较满意"的分别

---

① 袁俊彦:《试论情报商品的价格》,《贵州社会科学》1992 年第 6 期。
② 李静:《秦巴山区贫困人口信息需求与信息行为的调查与分析》,《陕西理工大学学报》(社会科学版)2020 年第 1 期。
③ 李静:《秦巴山区贫困人口信息需求与信息行为的调查与分析》,《陕西理工大学学报》(社会科学版)2020 年第 1 期。

占 9.1% 和 33.1%。选择"基本满意"的人数比例为 37.7%，选择"不满意""无所谓"以及"非常不满意"的比例分别为 13%、4% 和 3.1%。表明现有信息服务在对接农户信息需求方面还不如人意，信息效益未明显显现。主要原因可以从两方面分析。一是在信息服务方，目前农村覆盖率最高的公共信息服务机构是农家书屋，它以提供书刊阅读为主，目的在于满足人们的农业生产技术和文化生活信息需求，但由于其针对性、适用性不足，尤其是技术类信息不宜用纸质媒介表达，所以真正被贫困户用来指导生产实践的微乎其微，农家书屋无力承担起帮助贫困人口了解市场行情、学习农业知识的重任。而对媒体上大肆宣扬的农村专业合作社，不少贫困户也并不认同其作用，他们认为加入合作社约束众多，更宁愿自己售卖农产品。二是在信息用户方面，由于山区贫困人口经济条件差、文化程度低，大多没有阅读习惯且信息意识较弱，所以即使外界给他们可用的信息资源，他们也难以通过自己的创造性劳动将信息产品或服务的效益充分发挥出来。

第三节　贫困人口信息行为研究[①]

信息行为是主体为了满足某一特定的信息需求，在外部作用刺激下表现出的获取、查询、交流、传播、吸收、加工和利用信息的行为。[②] 科学地分析贫困人口的信息行为，找出其中的规律和影响因素，可以为信息服务决策提供重要参考。

一　信息获取渠道及查询行为分析

信息渠道是信息传授过程发生的必备条件。调研数据显示，

[①] 本节部分内容已先期发表，参见李静《秦巴山区贫困人口信息需求与信息行为的调查与分析》，《陕西理工大学学报》（社会科学版）2020 年第 1 期。

[②] 胡昌平、胡潜、邓胜利：《信息服务与用户》，武汉大学出版社 2015 年版，第 223 页。

被访者家庭各类信息获取设备的拥有率由高到低分别是电视（87.6%）、手机（86.4%）、收音机（24.2%）、电脑（21.3%）以及报刊（12.5%），电视和手机占有绝对主导地位。① 2017年郭小良、刘强在山西吕梁山贫困地区的调研也发现，电视和手机覆盖样本数量的80%以上，是贫困地区农民主要的媒介接触类型，相对于广播、报纸和网络占有绝对的优势。②

尽管电脑普及率不高，但80%的被访者认为目前自家信息设备能够满足信息需求，且在没有电脑的人群中，有61.9%的村民表示近五年并没有购买信息设备的打算。这一点与崔永鹏2013年依托华中师范大学中国农村研究院"百村考察"调研队对258个村种田农民的调研相似，"尽管现代种田人拥有电脑人数比例仅为23.6%，但未来准备买电脑的农民仅为9.0%"。③ 不过，对电脑的购买意愿低并不意味着秦巴山区村民不能利用现代手段获取最新资讯——毕竟电脑比较昂贵，且查询信息可以通过手机上网实现。

在回答"能否根据自身的生产生活目标主动搜集信息"时，73.4%的被访者给予了肯定回答，他们搜集信息的主要方式依次是看电视（62.5%）、询问邻居亲友（44.2%）、网络浏览及发帖（40.3%）等，表明大众传播与人际传播依然处于主导地位，而由政府组织的农技人员的指导、板报宣传栏、科技示范户的示范、讲座培训等方式在信息传递中的作用不明显，见表2-12。造成贫困人口对电视依赖较高的主要原因是，电视媒体的直观性和生动性更适合文化水平较低受众的接受习惯。而在亲友邻里的依赖上，主要原因是贫困

---

① 本段内容已先期发表，参见李静《秦巴山区贫困人口信息需求与信息行为的调查与分析》，《陕西理工大学学报》（社会科学版）2020年第1期。
② 郭小良、刘强：《贫困地区农村居民媒介接触调查》，中国社会科学杂志社，2018年6月7日（链接日期），http://sscp.cssn.cn/xkpd/xwcbx_20157/201806/t20180607_4351310.html，2020年3月4日（引用日期）。
③ 崔永鹏：《现代种田人信息素养现状调查与提升策略研究》，硕士学位论文，华中师范大学，2013年，第28页。

地区农村居民社会交往范围普遍狭小，他们热衷于亲属、邻里及宗族间的内部交往，且相互信任度高；而对基层政府、镇村干部普遍持怀疑态度。遇到困难首先求助于亲友、宗族、组织，确实无法解决时才求助于政府。求助政府也首先考虑找关系，走"后门"，对基层政府的信任程度比较低。①

表 2-12　　　　　　　秦巴山区贫困人口信息搜集方式

信息搜集方式	比例(%)	信息搜集方式	比例(%)
看电视	62.5	板报宣传栏	12.2
询问邻居亲朋	44.2	科技示范户的示范	9.3
网络浏览及发帖	40.3	讲座培训	7.4
阅读书报光盘	34.7	拨打农村服务热线	3.7
农技人员的指导	17.4	其他	1.0

不过，课题组通过文献调研及近两年对陕西秦巴山区贫困人口的随机访谈又发现，随着精准扶贫战略的全面推行，农民对源自村干部和扶贫工作者的信息依赖增强，尤其是在农技信息和政策信息传播中，基层组织的作用日益显现。2018 年郭琴等对广西壮族自治区 T 县农民的调研显示，当需要新扶贫技术时，高达 64.7% 的受访者最希望从"亲戚、朋友等熟人"处获取，但也有近四成的被访者希望从"政府部门/村委会"（39.9%）或"农村能人、有经验的村民"（36.1%）处获得信息。② 2020 年邹勇团队在湖南武陵山区 4 个贫困村的调研时发现，尽管当地农户获取信息的渠道多样，但他们最经常使用的渠道还是以传统方式为主，依次为村干部和扶贫工作者

---

① 杨智：《全面小康目标下甘肃农村反贫困研究》，中国社会科学出版社 2017 年版，第 227 页。
② 郭琴、刘震、陈炫瑛：《发展传播视角下的信息扶贫策略研究——基于对广西壮族自治区 T 县的实地调研》，《西部学刊》2018 年第 8 期。

（72.16%）、广播电视（53.98%）、科技人员（36.93%）以及亲朋邻居（30.11%）。而据两个已创建了本村微信公众号的村干部反映，尽管他们会通过该公众号发布新闻、宣传政策，但关注的村民数量少，所推送信息的阅读量低。① 另外，课题组2018年11月、2019年8月在陕西南郑区（2017年9月，"南郑县"撤县设区，更名为南郑区）二门村、岳岭村以及云峰村与贫困户进行非结构化访谈时发现，他们对扶贫干部的认可度非常高，纷纷表示自从有了扶贫干部的点对点帮扶，他们信息获取十分方便，也不用担心信息理解问题，因为扶贫干部会不厌其烦给他们解释，甚至帮助他们完成相关事项。由此可见，面对面的人际传播渠道和看电视仍是贫困地区农户获取信息的首选。究其原因，主要有这三方面。第一，近年以来，精准扶贫的各项优惠政策信息、农技信息主要掌握在县、乡、村各级政府工作人员以及扶贫工作者的手中，他们的信息来源准确可靠，且善于对信息进行比较精准的解读与转读，所以农民对他们的依赖性和信任度日益增强。以湖南辰溪县玉溪村茶油种植为例，由于茶油行情日益看涨，该村村民发展油茶产业意愿强烈，但由于对政策了解不多，所以多年都只是处于观望状态，没有任何实际行动。后来扶贫工作者专程到县林业局咨询政策，及时告知村民油茶属该县重点扶持产业，连片种植奖补政策很优厚。村民全面掌握这一信息后快速行动，一年就连片发展了230余亩油茶种植。②。第二，以熟人、能人以及高威望意见领袖为主的人际传播通过传播者本身的权威性和生产实践，赋予了新技术更直观的可感知性、可操作性以及可模仿性，且能让贫困人口从身边传播人的经历中"预见"新技术带来的收益，因此更易促使贫困人口采纳新技术，并将其运用到生产实践中。第三，微信公众号这种新媒

---

① 邹勇、周勇娟：《湖南武陵山片区农村信息服务现状与对策分析——基于4个深度贫困村的调查》，《图书馆》2020年第11期。

② 邹勇、周勇娟：《湖南武陵山片区农村信息服务现状与对策分析——基于4个深度贫困村的调查》，《图书馆》2020年第11期。

体传播方式虽然具有随时随地获取信息的优势，但是由于文字对文化程度较低人群的吸引力极为有限，且公众号未必采用了易于他们理解的话语体系，因此其传播效果不如人意。

而对于那些不能主动收集信息的被访者来说，不知道到哪里找信息（43.7%）、害怕假信息（34.7%）、缺乏适合自己的信息（30.4%）、信息不及时（29.5%）、个人文化素质不高（22.1%）是主要制约因素，还有17.2%的被访者认为获取信息费用太高。表明这部分被访者信息素养较低，不具备基本的信息查询和辨识能力，同时也反映出现有对农信息服务在针对性、及时性以及传播语体选择上还有待提升。为了更好地分析贫困人口搜集信息的障碍，我们还找来了两组对比数据。2017年熊敏对四川省达州市通川区安云乡566位农民的调研数据显示，在不能主动搜集信息的原因中，44.6%的受访者"怕上当受骗"，26%的受访者"不知道在哪里寻找信息"。[1] 尽管达州市不属于秦巴山区，且两个选项的占比与秦巴山区排序相反，但也能看出不知道在哪里找信息以及怕上当受骗是农民搜集信息的最主要障碍。杨宇琪对同属国家集中连片特困区的武陵山片区1217位农户的调研也呈现出类似的结果——较多农民不知道在哪里获取信息，他们利用信息媒体设备的水平较低。[2]

二 信息交流和传播行为分析

问卷通过调查被访者手机用途、对网络服务的了解和应用以及对生产生活中遇到问题的处理行为来了解其信息交流和传播的能力。表2-13显示出被访者使用手机和网络的主要目的还是以娱乐消遣、沟通人际关系为主，网络应用程度还比较低，网络交易和定制有用信息

---

[1] 熊敏、孙艳玲、谢宇等：《农村信息贫困现状及对策研究——基于达州市通川区安云乡的调查》，《农业图书情报学刊》2018年第12期。

[2] 杨雨琪：《信息化建设环境下农村居民信息素养现状及建议——以武陵山片区为例》，《农业图书情报学报》2020年第4期。

使用得最少。不过相比崔永鹏 2013 年对现代种田人的调研，即"完全不了解电子商务的种田人比例为 74.2%，听说过且会使用的仅为 2.2%"①，秦巴山区贫困人口的电子商务运用情况还是有很大提升。在出售农产品时，当地村民还是以中间商（66.7%）和赶集（28.4%）等传统销售方式为主，但也有 13.4% 和 9.1% 的被访者会分别通过合作社和网络进行销售。

表 2-13　　秦巴山区贫困人口对手机和网络服务的使用情况

你的手机主要用来干什么	比例(%)	你用过的网络服务类型	比例(%)
打电话	85.5	查询信息	61.5
玩微信	55	玩游戏、看视频	54.5
发短信	43.3	网络购物	41.7
聊 QQ	31.3	子女学习用	30.3
看新闻	29.8	农产品网络交易	24.9
看电影电视、下载音乐	21.2	浏览农业网站	13.2
查找有用信息	20.3	论坛发帖询问	9.8
玩游戏	17.6	其他	0.7
网络支付或交易	15.4		
定制有用信息	12.8		
其他	0.2		

课题组在重庆市奉节县草堂镇浣花村调研时，有一户贫困户表示他们会通过微信朋友圈销售当地特色农产品——脐橙。而且在结束访

---

①　崔永鹏：《现代种田人信息素养现状调查与提升策略研究》，硕士学位论文，华中师范大学，2013 年，第 31 页。

谈时，女主人还主动和调研人员添加微信好友，并希望调研员能帮助他们在陕西进行脐橙宣传，拓宽产品销路，显示出极强的信息交流能力和敏感的信息意识。另外，当地脐橙合作社的负责人也告诉课题组，尽管很多贫困户自己不会使用智能手机，但是他们的子女会利用微信朋友圈帮助家里销售农产品。当农作物出现病害或遭遇旱涝影响可能导致减产绝收时，尽管四成以上的被访者还是采取"购买药品并按说明书使用（56.7%）""凭借自身经验处理（51.2%）"以及"请教亲朋好友（43.2%）"等惯常方式处理，但是也有28.5%的村民会联系农技人员，14.9%的村民会拨打农技服务热线，而采取上网发帖、发朋友圈以及联系新闻媒体求助等新型方式的比例分别为7.6%、4.7%和1.4%。这都凸显出网络对秦巴山区贫困人口的深刻影响——随着国家对农村信息化的大力推进，山大沟深的秦巴山区并没有被现代文明远远抛弃，未来发展电子商务的潜力巨大。①

三 信息吸收和利用行为分析

用户对信息的吸收和利用取决于用户对信息的关心程度、理解程度、对信息效益的期望程度以及实际工作对信息的需求程度等。调研发现，由于贫困人口总体信息意识薄弱、对信息可能产生的效益缺乏认知，因此25.9%的被访者对外界的信息表现为"零吸收"或"低级吸收"，即"不知信息有什么用，也不会主动查找信息，很少看书报，看电视只为娱乐消遣"；49.1%的被访者"对信息的具体作用说不清，但每天看书看报后看电视的时间在3小时以上"，表现出对信息的"中级吸收"，即他们积极对待信息，外观上呈极其关心的状态；其余25%的被访者"遇到生产生活中的困难，会主动寻找信息力求解决"，表现为对信息的"高级吸收"。他们能充分认识到信息的作用，并在行动中高度依赖信息，这部分村民通常具有中学及以上文

---

① 本段内容已先期发表，参见李静《秦巴山区贫困人口信息需求与信息行为的调查与分析》，《陕西理工大学学报》（社会科学版）2020年第1期。

化程度，并且依靠自身努力实现脱贫的愿望比较强烈。在信息利用能力方面，71.7%的被访者在获取信息后能判断信息的真假好坏，54.3%的被访者能有效地将信息与他人进行交流或沟通；45.7%的村民能把所需要的信息和自己的生产经营活动进行结合；还有三成以上的被访者能对收集的信息进行归类、记忆、表达和分析综合（35.5%）。但也有21.7%的贫困人口对听到看到的信息大多不能理解，也记不住。这就需要信息服务者对贫困户的信息能力进行精准识别，然后因人施策，努力达成信息扶贫的目的。①

综上，秦巴山区贫困人口在信息需求和信息行为上呈现出以下特点。② 第一，六成人口信息意识不强，对信息作用认识不到位，但也有个别贫困户在关乎自己物质利益的事件上表现出敏感的信息意识，会借助网络手段表达自身诉求。第二，18—45岁的贫困人口具有基本的信息认知能力，他们会写较长书信或书面材料，会简单记账和使用手机收发短信，这为今后提升其信息素养奠定了良好基础。第三，信息需求以医疗健康、劳动维权、社保养老等生活信息为主，对农技信息需求不旺；在信息质量上，他们最关注信息是否准确实用且便于获取；在获取信息的动机方面，他们仍以改善现有生活条件为目的，但也有三成左右的农户开始关注子女教育问题，希望通过良好的教育使子孙辈不再沿袭贫困。而目前以农家书屋和农村专业合作社为主体的信息服务方式难以有效满足农户需求。第四，七成以上的被访者能够主动搜集信息，看电视、询问邻居亲友以及网络浏览及发帖是他们获取信息最主要的三种方式，村委板报、宣传栏、农技人员指导及科技示范户的示范尽管也有利用，但比例不高。文化水平低和不具备基本的信息查询和辨识能力是导致其余人口不能有效搜集信息的主要原

---

① 本段内容已先期发表，参见李静《秦巴山区贫困人口信息需求与信息行为的调查与分析》，《陕西理工大学学报》（社会科学版）2020年第1期。

② 本段内容已先期发表，参见李静《秦巴山区贫困人口信息需求与信息行为的调查与分析》，《陕西理工大学学报》（社会科学版）2020年第1期。

因。第五，尽管被访者使用手机和网络的主要目的还是娱乐消遣以及沟通人际关系为主，网络应用程度还比较低，但是也有一成左右的村民开始将微信、媒体互动等方式用于生产活动中。秦巴山区发展电子商务潜力巨大。第六，四分之一的被访者能充分认识到信息的作用，并积极采取行动；三成以上的被访者能对进行归类、识记和分析综合；四成以上村民能将所需信息运用到生产经营活动中去；五成的被访者能有效地将信息与他人进行交流或沟通；七成以上的被访者能判断信息的真假好坏；但也有二成贫困人口不能识记所听到看到的信息。

第四节　信息需求和信息行为影响因素研究

农民信息意识的养成、信息需求的类型以及信息行为表现是个体资源禀赋、社会环境以及自然环境综合影响的结果，它既受到农民文化水平、经济收入、信息素质、社交范围等个人因素影响，也受当地信息基础设施建设水平、地理环境等外部因素影响，本节将主要从这两个方面具体分析影响贫困人口信息需求与行为的因素。

一　贫困人口个体因素

（一）文化程度

信息具有知识性和需要解读性，信息服务是一种知识密集性服务，与物质商品不同，其使用及效用发挥具有一定条件，它不仅要求用户对信息要有感知度，同时也要求用户具有相应的知识储备，只有在用户知识与信息匹配时才能有效地利用信息。而秦巴山区贫困人口文化水平的局限性在很大程度上影响了他们的信息需求、获取信息的方式以及利用信息的能力。除了问卷数据支撑，我们在陕西汉中市和安康市、湖北十堰市、重庆奉节县和云阳县的实地走访都发现，不少农民只会用手机接打电话，短信、上网等功能完全不会。问及原因，很多人都表示不大识字或者是不会打字。杨雨琪对武陵山区的调研也同样证实了文化程度对农民信息需求与行为的影响，"被调查者普遍偏低的文化程度在一定程度上制约了他们对信息的接受力度。学历不仅影响农民的信息检索和甄别意识，也影响着农民的信息需求"[①]。

文化水平低会带来诸多不利影响。既有显性的，也有隐性的。以农技培训为例，较低的文化程度限制了农户的理解和学习能力，就使得农民即使参加培训也不能很好地掌握新作物的种植技术或者新产业发展所需要的劳动技能。张琳等在重庆调研发现，面对镇上组织的去外面学习相关种养技术的培训，起初一两次还有农户愿意前往，可是由于学习效果不明显或者在短期内无法实现，很多贫困户就不愿意再去了。现在即使是逐个打电话或是上门拉人都很少有人去学习。不少农户觉得浪费几天去学习还不如在家里多照看一下庄稼或孩子。农技信息遭遇"有传播、无利用"的境界。[②]

与上述显性不利影响相比，更值得关注的是文化程度低导致的隐性影响。一个最直接的追问就是，从1986年《中华人民共和国义务教育法》颁布至今已逾三十多年，为何农民文化程度偏低还是没有得到根本改善？除了农村经济欠发达、教育水平相对落后等客观原因，由祖辈父辈文化程度低导致的见识不足或者对子女教育认知的偏差或许是一个非常重要的阻碍因素。美国学者奥卡斯·刘易斯的贫困文化理论认为，贫困现象的持续加强和循环发展，是因为孩子从父母那里学到了引起贫困的行为方式、价值观和态度，如冷漠屈从和宿命论、对学校教育的不重视、倾向于即刻的满足等。[③] 中国学者们也发现，贫困地区的各种观念和现实条件是限制人口受教育水平提高的障碍。比如"养儿防老""重男轻女"等观念导致贫困家庭出现多子、超生

---

① 杨雨琪：《信息化建设环境下农村居民信息素养现状及建议——以武陵山片区为例》，《农业图书情报学报》2020年第4期。
② 张琳、杨毅：《深度贫困地区脱贫攻坚的理论与实践——以重庆为例》，知识产权出版社2020年版，第89—91页。
③ 李晓明：《贫困代际传递理论述评》，《广西青年干部学院学报》2006年第2期。

现象，加之读书确实是一项历时长、见效慢且具有极大不确定的投资，因此"读书无用论"在部分地区还比较有市场，贫困地区家庭更希望家中适龄的青年人能够外出打工为家里增加收入，减少负担。这就使贫困地区义务教育的适龄人口辍学率高。① 同时，市场经济体制的"自利性"特征也使得农村中的实惠主义、拜金主义、享乐主义等思想观念和生活方式泛起。"自利性"价值倾向加上家庭经济贫困，导致不少偏远贫困地区农村居民往往以眼前实惠评判教育的效益，不少农村群众认为学生学会识字、算账就够了，多受教育"不划算"。② 黄帝荣还发现，由于生产力低下，小规模的简单再生产无法升级换代，人们常用非常狭隘实用的态度对待文化和教育，进而演化为一种短视的实惠观，这就导致贫困地区尽管小学入学率较高，但辍学率也会随着年级的升高逐渐增加。③

（二）经济收入水平

苏联情报学家帕尔凯维奇认为："人们的情报需求的增长，大约与一个国家国民收入的平方成正比。"④ 经济水平的高低不仅会决定人们恩格尔系数的变化、影响人们闲暇时间的多少，还会深刻地影响着人们利用信息的手段。学者们普遍认为，经济收入水平会显著影响信息贫困程度。因为信息工具的占有、信息需求的类型以及信息消费的多少都与用户的经济收入水平相关。表2-7至表2-10已清晰显示了农民经济收入水平对各类不同信息的需求状况，通过关联分析和对问卷的进一步剖析，我们发现收入水平越低的村民越关注与个人生存相关的信息，比如致富信息、基本生活必需品价格、社保养老、医疗

---

① 张琳、杨毅：《深度贫困地区脱贫攻坚的理论与实践——以重庆为例》，知识产权出版社2020年版，第83—84页。
② 杨智：《全面小康目标下甘肃农村反贫困研究》，中国社会科学出版社2017年版，第242页。
③ 黄帝荣：《农村贫困群体文化扶持的社会学思考》，《湖南商学院学报》2009年第3期。
④ 谭英：《网络环境下的潜在情报需求分析》，《图书情报工作》2003年第12期。

保障等信息，而收入越高的村民会更多关注涉及个人发展的信息，比如子女教育信息、提升个人文化程度的信息。王丽华课题组2018年2—4月对21省（自治区、直辖市）685位农村居民的调研也发现，收入水平会显著影响农民的信息需求类型。该文通过"月收入"与"想获得的农村文化信息资源"的交叉分析得出，月收入3000元以下的低收入人群首先需要满足自己的生理需求，因此他们最需要"农业种植资源"以帮助他们更好地种植农作物、获得食物及经济收入，从而满足日常生活需求；而月收入3000元以上的农民在满足生理需求的基础上，会更进一步有安全上的需要，因此他们会更多关注"卫生保健"及"法律法规资源"，以保障其健康、财产、工作职位以及各方面安全的需求。①

（三）农业生产规模和职业

刘云九曾指出，大部分农民群众长期从事简单的生产劳动，产品和市场竞争意识不强，对信息的需求意识就不那么强烈。② 李小丽在考察湘鄂渝黔边区农民后也认为，传统农民信息意识弱且信息需求动机不明显；那些从事非农职业和农村管理的农民能够清晰地表达自己的信息需求并且具有较高的信息技能。③ 而刘和发以个人信息世界作为概念框架和测度工具，在天津、江西、河北、福建、甘肃、河南、山西等地调研1837个农民后发现，本地经商和从事其他非农职业的农民处于信息富裕的顶端，种养殖农民处于信息贫困的底端。④ 本次调研也发现，不同的生活来源及生产目的使得这些人在信息行为上表

---

① 王丽华、朱艺青：《农民视角下的文化信息资源共享工程建设现状调研》，《图书馆学研究》2019年第6期。
② 刘云九：《文化信息资源共享工程视域下的农民信息素养教育——以楚雄市为例》，《楚雄师范学院学报》2015年第3期。
③ 李小丽：《欠发达地区不同职业农民信息需求分析——以湘鄂渝黔边区为例》，《农业图书情报学刊》2012年第12期。
④ 刘和发：《我国农民信息分化影响因素研究》，硕士学位论文，南开大学，2014年，第63页。

现出一定的差异。以非务农为主或生产规模较大的农村人口，大都会使用手机或电脑上网，关注的信息大多是农技信息、致富信息和科学文化知识，他们获取信息的目的主要集中在了解市场行情、提高生活质量、寻找致富捷径和指导外出务工方面，并且为了获取信息，他们愿意购买电脑或支付一定的上网费用。而以务农为主或生产规模比较小的贫困人口的信息需求主要集中在了解生活消费品的价格信息和娱乐消遣信息，邻里闲聊、看看电视是他们主要的信息活动，且看电视以电视剧、娱乐节目为主，男性会更多地关注新闻时事。并且信息花费总是控制在最小范围内，在实际经济生活中，他们更相信自己的经验，从而对信息的需求意识不那么强烈。

（四）农户的社会人际网络

人是社会活动的主体，人们之间的交往不仅会连通社会关系网络，也会影响彼此信息需求的内容和获取方式，而交往的范围和模式又与社会人口的基本素质、智能、阶层以及职业等密切相关。周围人群的职业类型、教育水平、问题解决能力与信息能力的强弱等会对用户信息需求的产生、认识、表达、满足等起到刺激作用。徐绍珍指出，农民在吸收信息时会表现出对左邻右舍、地理距离近的人、亲戚朋友已经利用过的，尤其是在生产实践上能取得经济效益的信息更感兴趣。① 张敦福则进一步解释了邻里对人们的影响："在传统农业社区中，邻里扮演着十分重要的功能，如生产生活上的互助、社会安全和社会控制功能、社会化以及感情满足和娱乐功能。在现代教育制度和大众传媒进入农村社区之前，社区知识精英，或者是一些德高望重的老人对儿童成长的影响是很大的。并且儿童的很多生产与生活技能也是在邻里之间的互动过程中学到的……由于邻里之间地缘优势，农

---

① 徐绍珍：《当代农民的信息心理特征、影响因素与对策》，《产业与科技论坛》2011年第7期。

村居民在长期的互动中形成了一种非常重要的信任机制。"①

二　农村外部环境

（一）自然地理因素

秦巴山区包括秦岭山脉和大巴山山脉两部分，境内山大沟深，道路崎岖险阻，地理条件复杂，发展基础薄弱，是全国有名的集中连片特困区，也是国家扶贫开发工作的重点区域。人们获取信息相对其他地区难度较大，付出的代价较多，导致多数人不愿意花钱去获取信息，从而信息意识比较淡薄，多数人都无目标或依靠亲友之间提供的信息外出务工，留守在家的多是老人、儿童和妇女，他们既不关心科学技术方面的信息，也缺乏对信息的敏感性和判断力；另外，秦巴山区贫困人口居住分散，没有固定的学习时间及场所，即使设有农家书屋或者农村合作社，但是由于人们交通不便，空闲时间无规律，导致这些组织形同虚设，在调查过程中，不少居民对这些组织也很迷茫，根本不了解这些组织的作用。即使近年通过加快山区信息化进程对信息传播环境有些许改善，但是农民对外交往不便、通信信号不好的情况依然广泛存在。乡村是社会大系统中的一个个子系统，按照系统论的观点，保持子系统活力的重要条件之一就是它要不断与外界进行物质、能量和信息的交换，但是秦巴山区的自然地理条件在一定程度上阻碍了这种交换的顺利进行，就容易造成当地居民思想保守、信息意识薄弱、信息需求不强烈甚至表现出无所谓。尤其对那些居住在边远山区的贫困人口而言，由于他们本身已远离村委会等信息集散地，如果再加上网络通信设施架设的高成本和高难度，就会使他们因为居住偏远而成为被信息化抛弃的人群。另外自然地理条件的不同，也会显著影响人们信息需求的类型，比如重庆奉节的自然条件适合生长脐橙，所以当地村民就关注脐橙种植技术及销售行情信息。而陕西安

---

① 张敦福：《现代社会学教程》，高等教育出版社2014年版，第143—144页。

康紫阳县适合茶叶生长，当地村民的信息需求就主要与茶叶的种植、包装及销售等有关。

（二）信息环境

信息环境通常指受众所处地域的信息基础设施建设情况，主要包括广播电视覆盖率以及有线、无线网络覆盖率等。周边信息硬件设备是否完备、信息获取是否可靠和便利、能有效接入的信息资源数量和质量都会影响贫困人口的信息需求和信息行为。在本研究中，课题组将图书馆、文化站、剧场以及影剧院等属于公共文化服务建设情况的指标也纳入信息环境的考察视野。通过对调查问卷的相关性分析以及实地考察的体会，我们发现，与全国大多数农村一样，尽管秦巴山区的农家书屋也不少，但是由于不能按时开放以及农民自身缺少阅读习惯，经常去阅读和学习的人并不多。虽然调查中大多数人认为阅读是重要的，但是真正落实到行动上的人是少之又少。加之电视和手机的普及，接触"纸质"书籍的人越来越少，几乎只剩退休教师、干部和在校学生会偶尔借阅。但是一个可喜的现象是，近年蓬勃发展的农村电子商务对贫困人口信息行为影响很大，最直观的感受就是在重庆奉节县几个村镇调研时，因为重庆市有电子商务配送点的村比重高达38.1%，远高于全国平均值13个百分点，所以当地村民信息意识很强，在访谈结束后，不少访谈对象都请我们帮忙在陕西宣传他们的特产脐橙。

（三）信息服务人才队伍建设

信息服务人员是对接用户信息需求和信息源的中介，对于信息意识和信息能力相对薄弱的贫困人口尤其重要。在面向信息服务人员的问卷中，62.8%的受访者都非常赞同或比较赞同"农村信息人才不足，不能为农民提供有效的信息帮助"，是占比最高的一个选项。另外在征求农民对信息服务机构的意见时，在受访者填写的33条意见中，有10余条都和信息服务人才队伍建设有关，比如"希望政府能够提供农技人员""希望政府能让人指导对信息的获取""希望政府能够提供分类更明确的信息""希望政府提供的信息更具有针对性""希望政府大力扫除文盲人数,提供设备的使用技能""政府应带头组织村民们加快学习使用网络产品、学会上网,同时农家书屋应向农民开放,普及农家书屋的使用方法""对农民的种植进行实地指导,让农民能够因地制宜""多为农民办实事,提供有效的农技指导培训""希望信息服务能够更全面,提供信息渠道能够全面、信息种类更加多元化",等等。由此可见,信息服务人才的不足一方面会导致农村现有信息服务设施不能有效利用;另一方面也会挫伤那些有强烈再学习愿望村民的积极性,最终可能会消减他们宝贵的信息意识,导致其陷入信息贫困。

因此在今后的信息扶贫中,要充分考虑上述影响因素,制定出合理的政策并督促落实。

第三章　秦巴山区贫困人口信息素养研究

贫困人口的信息需求和信息行为在一定程度上反映出他们的信息素养，而信息素养的高低最终决定着贫困人口对信息作用的看法、对信息捕捉的敏感性、对信息的理解和运用能力以及是否能够在道德和法律的约束下规范自己的信息行为。本章将在界定信息素养内涵的基础上，构建贫困人口信息素养测评指标体系，并根据秦巴地区的问卷调研结果完成实证测评、影响因素分析，以便为构建公共信息扶贫联动机制提供参考依据。

第一节　信息素养内涵的界定

自从信息素养概念提出后，一直呈现动态的发展趋势，在不同的发展阶段有着不同的内涵。随着我国打响脱贫攻坚战直至实现全面胜利，越来越多的学者和机构开始关注信息素养对贫困人口的影响，关于信息素养的概念和内涵也出现了新的看法和观点。

一　信息素养的提出

20世纪70年代"信息素养"一词出现以来，成了理论界的研究热点，与此同时，各个国家和组织也开始重视和关注公众的信息素养，大力发展素质教育。相对而言，我国信息素养理论研究和教育的发展远远落后于发达国家。1993 年，国家出台了素质教育的相关法规，从而使素质教育成了政府行为，也使素质教育从理论探讨阶段进入了实践探索阶段，极大地促进了教育界和理论界对素质教育的关注和研究。教育部于 20 世纪 80 年代先后三次发布关于提升全国大学生信息素养的相关文件，分别提出学生信息素养和师生信息素养提升的目标，建议构建我国公众信息素养培养体系。近年来，对于高中小学信息素养的教育问题也提上了日程。2018 年 4 月，教育部发布了《教育信息化 2.0 行动计划》，其中提出了信息素养全面提升行动，具体包括制定学生信息素养评价指标体系、提升教师信息素养和加强学生信息素养培养三个方面，将信息技术纳入初、高中学业水平考试。紧接着又于 2019 年 3 月发布了《2019 年教育信息化和网络安全工作要点》，该文件中核心目标第九条是"全面提升师生信息素养"，要"完成义务教育阶段学生信息素养评价指标体系和评估模型设计，开展对 2 万名中小学生信息素养测评，启动互联网+教师教育创新行动，印发《关于实施全国中小学教师信息技术应用能力提升工程 2.0 的意见》，完成教育厅局长教育信息化专题培训 900 人"①。除此之外，国家也开始关注社会公众信息素养的培养。2016 年，我国《"十三五"国家信息化规划》提出了"提升国民信息素养"的目标，明确要求"支持普通高等学校、军队院校、行业协会、培训机构等开展信息素养培养，加大重点行业工人职业信息技能培训力度，完善失业人员再就业技能培训机制，开展农村信息素养知识宣讲和信息化人才下乡活动"②。中国图书馆学会为促进我国社会公众信息素养的提高做出了突出贡献。他们连续多年开设了信息素养教育专场，开展了多项

---

① 教育部：《教育部办公厅关于印发 2019 年教育信息化和网络安全工作要点的通知》，教育部官网，2019 年 3 月 12 日（链接日期），http：//www.moe.gov.cn/srcsite/A16/s3342/201903/t20190312_373147.html，2021 年 9 月 15 日（引用日期）。

② 国务院：《国务院关于印发"十三五"国家信息化规划的通知》，中国政府网，2006 年 12 月 27 日（链接日期），http：//www.gov.cn/gongbao/content/2017/content_5160221.htm，2021 年 9 月 15 日（引用日期）。

活动,通过各种形式向其分支机构以及全国各级图书馆组织发布行动倡议,2019 年 11 月海南成功举办了"首届图书馆对公众开展信息素养教育研讨班"。可见,信息素养已经成为一个社会化的问题,也将成为未来很长时间探讨和研究的热点问题。

二 信息素养研究现状

"信息素养"一词自从首次在国外被提出,至今已有了将近 50 年的研究历史,积累了大量的研究文献和丰富的参考资料,人们对该问题也有了较深程度的认识。

(一) 国外信息素养研究现状

1974 年,美国信息产业协会主席保尔·泽考斯基在给美国图书馆与信息科学委员会的报告中首次提出"信息素养"(Information literacy)的概念———一种利用大量信息工具及信息源解决问题的技术和技能,这被公认为信息素养问题研究的开始。1989 年,美国图书馆协会(ALA)发表的信息素质研究报告指出,凡是具备信息素养的人,应该能够察觉信息需求,会进行信息检索、评估和有效利用,且具有终生学习的能力。2001 年,联合国教科文组织(UNESCO)启动了"全民信息计划(The Information for All Programme, IFAP)",将信息素养作为优先发展的六大领域之一,提出信息素养是一种人们有效查找、评价、使用、创造信息从而实现其个人、社会、职业与教育目标的能力,从而推动了信息素养教育走向社会大众。2013 年,UNESCO 又一次明确提出,信息素养是一组能力,即公民使用一系列工具,以批判性的、符合伦理并且有效的方式获取、检索、理解、评估和使用、创造、分享各种格式的信息和媒体内容,以参与和从事个性化、专业化和社会化的活动。①

---

① 代金晶:《后真相时代高校图书馆信息素养教育研究》,《山东图书馆学刊》2018 年第 1 期。

与此同时，各个国家和组织开始关注信息素养标准的制定，并将其扩展到高等教育领域。美国在 1998 年最先制定了信息素养九大标准，英国、澳大利亚紧随其后。2000 年，美国大学与研究图书馆协会标准委员会审议并通过了包含 5 项标准和 22 项具体执行指标在内的《高等教育信息素养能力标准》(Information Literacy Competency Standards for Higher Education)，较全面地反映了信息素养的内涵要求。到了 2015 年，美国大学与研究图书馆协会 ACRL 又发布了替代《高等教育信息素养标准（2000）》的《高等教育信息素养框架》，其中指出，信息素养是发现理解信息、评价利用信息以创造新知识，从而参与学习社区的一组综合能力。此后，又出现了一系列围绕信息素养的其他研究成果。如美国学者 MCClure 将信息素养细分为传统素养、媒体素养、计算机素养和网络素养四个方面。[1]

（二）国内信息素养研究现状

国内关于信息素养的研究是从 20 世纪 90 年代初国家大力提倡素质教育开始的，其后相继出现大量研究信息素养的学者，如金国庆[2]、马海群[3]、钱佳平[4]等，从此拉开了国内信息素养研究及其教育的序幕。1995 年首次在相关研究文献中出现了"信息素质"和"信息素养"的概念，但相关文章数量有限，直至 2001 年才突增至 55 篇，此后一直呈直线上升趋势，到 2016 年对信息素养专题的研究达到了顶点，相关文章已达 139 篇。通过统计 1994—2007 年间相关论文情况发现，有 20.78% 的论文主要围绕信息素质的概念和内涵、信息素质的评价及其指标、信息素质教育理论等问题展开研究；76.97% 的文

---

[1] 张晓阳、焦海霞、左健民：《研究生学术信息素养结构的调查分析与协调性评价》，《情报杂志》2013 年第 5 期。
[2] 金国庆：《信息素养一词的概念分析及历史概述》，《国外情报科学》1996 年第 2 期。
[3] 马海群、蒲攀：《信息素质链：信息素质内涵的多维度延伸与工具介入》，《情报资料工作》2019 年第 5 期。
[4] 钱佳平：《知识经济时代的图书馆教育职能——信息素养教育》，《图书馆杂志》1999 年第 1 期。

章则围绕各信息机构或群体的信息素质教育或文献检索等教育研究展开；其余与信息素质相关的研究则占了 2.25%。之后，关于信息素养内涵的研究逐渐减少，且观点也基本类似。如黄如花等认为，具备信息素养的人能够获取有关自身健康、环境、教育、工作的信息，并做出生活的关键性决定。①

通过上述分析可以发现，关于信息素养的概念，最初都是从功能的角度出发，将信息素养定义为获取、评价、使用信息解决实际问题的能力。而随着社会经济的发展，信息素养的概念呈现出动态的发展趋势，在不同阶段出现了不同的内涵。随着信息扶贫热点的出现，理论界对信息素养的研究也逐渐向农民这个群体转移。

三 农民信息素养研究现状

长久以来，理论界对于"信息素养"的研究主要集中于学生、教师和企业员工等群体，对农民信息素养的研究则比较少，而且起步也比较晚。近几年随着国家对农民问题越来越重视，农民信息素养的研究开始受到专家和学者们的关注。

（一）农民信息素养的内涵

关于农民信息素养的内涵，学者们仍然是从信息素养功能的视角出发，大多数将其界定为一种能力。卢秀茹是国内最早对农民信息素养进行研究的学者，她认为"具有信息素质的农民不仅仅是看看电视、翻翻报纸、听听广播，还应当知道何时需要信息（When）、需要什么样的信息（What）、到哪去找（Where）、怎样评价（How）、知道有效利用（Know）以及能够发布（Release）信息的能力"②。赵慧清（2006）认为，农民的信息素养应包括信息意识、信息知识、信息能

---

① 黄如花、李白杨：《数据素养教育：大数据时代信息素养教育的拓展》，《图书情报知识》2016 年第 1 期。
② 卢秀茹、王健、高贺梅：《提高我国农民信息素质教育水平的对策研究》，《高等农业教育》2004 年第 12 期。

力以及信息道德，这充分体现了信息素养是一个全方位、多层次的概念。① 朱天慧则认为，农民信息素养具体指具有信息意识、能比较熟练的运用计算机等信息工具找到与农业生产实践相关的信息、能够及时发布信息等能力。②。李建国在《农民信息素质测度实证研究》中将农民信息素质定义为三种能力，即确定需要信息的时机、信息类型、信息查找渠道的能力；识别信息真假的能力；存储、应用及评价信息的能力。③ 刘超群认为，农民信息素养指在农业生产生活中，运用信息工具和信息资源解决实际问题的能力。④ 杨秀平提出了7个农民信息素养方面的要求——能有效地获取信息；能成功地批判和评价信息；能够创造性地使用信息；能探索与个人兴趣有关的信息；能够对其信息需求做准确的表达；能积极创建和利用原始的信息资源等，她认为信息素养应该包括个人、社会、时间和空间四个维度。⑤

在信息素养内容的规定方面，刘勇、员立亭等学者进行了探讨。刘勇认为，信息意识是人们在信息活动中所产生的对信息认识、理解及需求的总和。新生代农民工的信息意识主要体现在对信息价值重要性的评价，对信息风险的敏感性判断，对信息是否有积极的需求，能否主动获取信息解决自身问题。⑥ 员立亭认为，信息能力是新生代农民工通过信息设备有效获取和利用信息来解决自身工作、学习、生活实际问题的能力，具体包括信息表达、搜集、获取、筛选、利用、交

---

① 赵慧清、杨新成、薛增召：《论中国农民信息素养教育与社会主义新农村建设》，《中国农学通报》2006年第8期。
② 朱天慧：《农民信息素养教育之管见》，《农业图书情报学刊》2007年第10期。
③ 李建国：《农民信息素质测度实证研究》，硕士学位论文，北京邮电大学，2012年，第16页。
④ 刘超群、陈晓慧：《吉林省农民信息素养的基本状况研究》，《黑龙江农业科学》2015年第3期。
⑤ 杨秀平：《农村公共信息服务与农民信息素养培育问题研究——以西北农村调查为例》，《农业图书情报学刊》2016年第28期。
⑥ 刘勇、王学勤：《新生代农民工信息素养现状及提升策略研究——以浙江省为例》，《图书馆工作与研究》2014年第7期。

流等能力；在这个过程中应遵循的法律法规和道德规范的总和叫信息道德，具体包括信息法规认知度、信息安全认知度、盗版产品容忍度以及不良信息免疫力四方面。①

综上发现，学者们探讨了农民信息素养的定义及其主要内容，他们对信息素养内容的界定主要有以下趋势。第一，因循传统的四分法，包括信息意识、信息知识、信息能力和信息道德。第二，保留信息意识和信息能力，然后增加其他项，主要表现为减去信息道德或者信息知识，保留信息意识和信息能力。余姣萍等将信息获取手段作为农民信息素养的主要内容之一。② 而刘若熙等则提出农民信息素养应包括信息创新能力，但笔者理解信息创新能力实则是信息运用能力。③ 杨秀平则提出了媒介利用能力，即能够使用各种媒介获取信息以及终生学习的能力。④ 第三，强化和细分信息能力，比如只重信息运用能力的。刘超群等强调在农业生产生活中运用信息工具和信息资源解决实际问题的能力。⑤ 变为五要素或七要素学说的，比如李建国认为信息能力主要包括七方面，具体为信息搜求意识、学习意识、信息价值评估、信息储备水平、信息传播能力、理解能力和识别能力等⑥。总体来看，能力说占了主流，主要包括农民的信息获取、筛选、理解、运用以及发布能力。

---

① 员立亭：《禀赋特征差异视角下新生代农民工信息素养实证研究——以陕西省为例》，《图书馆》2016 年第 4 期。

② 余姣萍、许杨奎、段尧清：《我国中部地区农民信息素质调查分析及对策研究——基于湖北省部分地区调查数据的分析》，《图书情报知识》2007 年第 5 期。

③ 刘若熙、齐丹：《基于灰色关联理想解法的农民信息素养评价模型》，《情报探索》2016 年第 10 期。

④ 杨秀平：《农村公共信息服务与农民信息素养培育问题研究——以西北农村调查为例》，《农业图书情报学刊》2016 年第 28 期。

⑤ 刘超群、陈晓慧：《吉林省农民信息素养的基本状况研究》，《黑龙江农业科学》2015 年第 3 期。

⑥ 李建国：《农民信息素质测度实证研究》，硕士学位论文，北京邮电大学，2012 年，第 16 页。

(二) 农民信息素养测度指标

学者们在研究农民信息素养内涵的基础上，提出了一系列农民信息素养测度的评价指标。崔永鹏提出，从信息敏感性、信息价值评估、农民基本文化素质、信息技术知识、政策知识、信息法律、信息获取能力、处理能力、理解与表达能力、使用能力以及信息需求和信息获取手段等多方面来测度农民的信息素养水平。[①] 李建国则主要侧重于农民的信息机制评估、信息搜求意识、信息学习意识、信息处理能力、信息使用能力和信息储备水平方面。杨秀平则认为，应该从信息敏感性、信息价值评估、信息获取、处理、理解、使用能力以及媒介利用能力、计算机素养、终身学习等方面进行测度；员立亭提出了对知识产权的态度、对信息安全的认知度和对盗版产品的容忍度等测度指标。吴优丽等提出信息价值认知、信息获取识别、信息理解利用、信息共享交流和信息安全意识等相关评价指标。[②] 其他学者提出的测度指标基本大同小异。

通过总结可以发现，信息敏感性、信息价值评估、信息搜求意识、信息学习意识、信息储备水平以及终身学习、信息价值认知均属于信息意识的范畴；而农民基本文化素质、信息技术知识、信息法律、政策知识等可以概括为信息知识；信息处理能力、信息理解与表达能力、信息使用能力、媒介利用能力、信息获取识别、信息共享交流则属于信息能力方面的内容；而对知识产权的态度、对信息安全的认知度和对盗版产品的容忍度等可以认为是信息道德方面的范畴。因此，学者们关于农民信息素养的测度可以概况为信息意识、信息知识、信息能力和信息道德四个方面。

[①] 崔永鹏：《现代种田人信息素养现状调查与提升策略研究》，硕士学位论文，华中师范大学，2013年，第36页。
[②] 吴优丽、钟涨宝、王薇薇：《禀赋差异与农民信息素质的实证分析——基于323份调查样本》，《农业技术经济》2014年第3期。

(三) 农民信息素养影响因素

员立亭通过对陕西新生代农民工的信息素养进行问卷调查发现，新生代农民工的信息素养出现了明显的内部分化，禀赋特征差异对其信息素养具有不同方向或程度的影响，除过性别、年龄等先天因素，文化程度、收入水平、媒体环境、社交范围都在影响着新生代农民工的信息素养、心理认同与发展意向。① 吴优丽、钟涨宝、王薇等通过分析 323 份调查样本，认为农村教育水平和信息工具普及率是制约农民信息素质的主要因素，因此应该通过提高农村教育水平、增加差异化信息供给、完善政府职能来提高农民整体信息素质。② 彭国莉调查了新农村建设背景下四川农民信息素养的现状发现，电视和固定电话在农村的普及率较高，皆达到了 96% 以上，但是计算机网络的占比仅为 0.1%，且懂得操作计算机的人员更是寥寥无几。朱天慧指出，我国农村劳动力主要以体力型和经验型为主，农村劳动力的平均受教育年限只有 7.3 年，受过专业技能培训的仅占 9.1%，接受过农业职业教育的低于 5%，因此，农村教育体制弊端是制约农民信息素养教育的一大瓶颈。③

(四) 农民信息素养提升对策

对于农民信息素养的提升对策研究，学者们或从农民信息素养的内涵出发，或从目前信息素养培训过程中存在的问题出发，提出了不同的观点。卢秀茹、王健、高贺梅等从"农民信息素质教育"的概念出发，认为其应该包含信息知识和信息能力教育，所以，应该采取以下对策。第一，充分利用高等农业院校的优势；第二，协助创办农业信息中介组织；第三，制定科学的制度政策，加大信息的供给；第

---

① 员立亭：《禀赋特征差异视角下新生代农民工信息素养实证研究——以陕西省为例》，《图书馆》2016 年第 4 期。
② 吴优丽、钟涨宝、王薇：《禀赋差异与农民信息素质的实证分析——基于 323 份调查样本》，《农业技术经济》2014 年第 3 期。
③ 朱天慧：《农民信息素养教育之管见》，《农业图书情报学刊》2007 年第 10 期。

四,向农村教育机构及时发布科技与市场信息;第五,进行农民信息素质教育要符合其特点。他们认为提高农民信息素质主要依赖于信息技术教育这一媒介。① 赵慧清等则提出了"基于问题"的信息素养教育模式,即可以通过定义任务、确定信息搜索策略、搜索信息、运用信息、整合信息和评价信息来解决问题。② 李静、王建军针对目前农民信息素养培训存在的以短训面授为主,培训模式单一,农民积极性不高,培训内容缺乏针对性,培训效果不理想,缺乏连续性、长期性等缺陷,提出微信支持下的农民信息素养混合式培训模式,即在培训实施过程中,依据培训实际需求与受训者特点,采取线上与线下混合模式,既发挥传统面对面培训的优势,也融合网络化培训个性化学习的特征,使培训内容与方式更为广泛,以期促进学习者进行工作总结、经验分享及实践创新等。③

四 信息素养的内涵

综合以上观点发现,信息素养是一个发展的概念,不同时期有不同的内容,针对不同人群也有不同的测评标准,根据课题研究对象,课题组认为贫困人口的信息素养是对社会的适应能力,应该包含四个方面的含义。

第一,信息意识。意识是人类客观活动在头脑中的能动反映,意识活动根源于人们的主观需求。因此,信息意识是形成信息动机的根源,是产生搜集信息、利用信息、形成信息等一系列行为的动力和源泉。课题组通过走访调查发现,即使处于信息发达的社会环境,但是由于缺乏对信息敏锐的感受力、判断力和洞察力,往往会使人们和机

---

① 卢秀茹、王健、高贺梅:《提高我国农民信息素质教育水平的对策研究》,《高等农业教育》2004年第12期。

② 赵慧清、杨新成、薛增召:《论中国农民信息素养教育与社会主义新农村建设》,《中国农学通报》2006年第8期。

③ 李静、王建军:《微信支持下的农民信息素养混合式培训研究》,《软件导刊(教育技术)》2018年第17期。

会擦肩而过，无法抓住好的机遇，改善自身条件。因此，信息意识是形成和提高信息素养的前提和先导。具体包括人们对信息（作用）的认识和看法、对于信息敏锐的感受力、信息设备占有量、信息需求（信息获取动机）以及终身学习的意识等。

第二，信息知识。信息知识指搜集、处理、运用信息的相关理论、知识和技能。信息知识的多少和人的文化素质息息相关，因此，它包括人们基本的文化素质和信息技术知识。基本的文化素养包括阅读、书写和计算的能力。现在是信息爆炸的时代，人们阅读、书写和计算方式产生了巨大的变化，使用的工具也与过去截然不同，但是传统的阅读、书写和计算能力仍然是人们文化素养的基础。① 无论是过去、现在还是将来，具备快速的阅读能力才能帮助人们有效的收集、筛选和运用信息。信息技术知识包括对手机和电脑的应用，现代社会手机和电脑已经广泛普及，能够熟练地操作手机和电脑上网是人们获取信息的重要途径。因此，信息知识是信息素养形成和提高的基础。

第三，信息能力。信息能力指人们理解、获取、利用信息知识创造信息的能力，具体包括信息获取能力、信息理解能力、信息交流能力、信息处理能力和信息运用能力。其中信息获取能力是人们通过各种途径和方法搜集、提取、记录和储存信息的能力；信息理解能力是对信息进行分析、评价和决策的能力；信息交流能力指能够清晰、明确地表达信息内容并且流畅地共享和传递；信息处理能力指能够对杂乱无章的信息进行抽丝剥茧，加工整理，使其条理化、清晰化的能力；信息运用能力指运用所搜集的信息解决实际问题的能力。信息能力是信息素养的核心，培养和提高信息素养其实就是提高人口的信息能力。

第四，信息道德。信息道德指正确处理信息创造者、服务者和使用者之间关系的行为规范和准则。它与信息政策、信息法律有着非常

---

① 徐晓东：《信息技术教育的理论与方法》，高等教育出版社2004年版，第14页。

密切的关系，是信息管理的一种手段，通过社会舆论和传统习俗等，使人们形成一定的价值观，督促人们自觉通过自己的判断规范自己的信息行为，是信息政策和信息法律建立和发挥作用的基础。现代社会是信息社会，如果只为获取信息，谋取利益而罔顾信息安全，同样达不到应有的目的。因此，要求人们首先要有信息法规认知度，即了解信息安全方面的法律法规和相关政策；其次要有信息安全认知度，即能够判定信息安全与否，同时能规范自己的行为，不去获取不安全信息；最后，要有不良信息免疫力，即面对不良信息要能够果断摒弃。

综上所述，信息素养应体现意识、知识、能力、道德四个层面的内容，因此，信息素养的内涵也应由四个方面构成。首先应该是信息意识，其次是信息知识，再次是信息能力，最后为信息道德。其中，信息意识是前提，信息知识是基础，信息能力是核心，信息道德是保证，这四个方面相互作用、相互影响，构成了一个系统、完整的整体。

第二节 秦巴山区贫困人口信息素养测评指标体系的建构

通过前面分析可知，影响秦巴山区贫困人口信息素养的因素多种多样，既有经济水平的制约，也有地理位置的影响；既受农民自身素质的约束，也受外部信息环境的限制。而秦巴山区地域跨度大，贫困人口多，虽然呈现出集中连片贫困的特点，但是受经济收入水平、文化程度、信息基础建设等因素的影响，贫困人口在信息意识、信息知识、信息能力和信息道德方面仍然存在一定的差异，从而使不同群体贫困人口的信息素养表现出不同的水平，因此，要结合秦巴山区贫困人口实际情况，构建测评指标体系，以客观真实的认识贫困人口的信息素养水平，分析存在的问题，探讨切实可行的对策，提高农村居民自我脱贫能力，从而为各级组织和部门脱贫攻坚提供有用的借鉴。

一 测评方法

在现实社会生活中,对一个事物的评价通常要考虑多方面因素,运用多个指标,经过科学分析和严密论证之后才能进行综合判断。由于影响因素的多样性及评价对象的日趋复杂性,若仅从某一方面或仅采用单一指标进行评价是不尽合理的,因此,要汇集反映评价对象的多项指标信息,以形成综合指标,从而全面、系统地反映评价对象的整体情况,即综合评价法。

(一) 综合评价方法概述

综合评价法是通过选取能够说明评价对象不同方面的多个指标,对其进行综合,从而得到一个总指标,用以说明评价对象的一般水平,以达到对评价对象进行整体性评判、从而选出最优或最劣对象的目的,它为人们正确认识客观事物,进行科学决策提供了有效的手段。[①] 主要包括以下要素。

1. 评价目的

综合评价是为一定的评价目标服务的,只有确定评价目的,才能确定评价的指标和方法。评价目的就是要明确为什么评价,评价什么以及要到达什么样的目标等问题。

2. 评价客体

评价客体即评价的对象,它可以是人,也可以是事,还可以是物,或者是它们的组合。科学地界定评价客体有利于评价指标的选取、评价方式及方法的选择。

3. 评价主体

评价主体是在评价活动中起主导作用的评价者,其可以是某个团体,也可以是某个专家小组或某类人。评价主体对于评价目的、评

---

① 杜栋、庞庆华、吴炎主编:《现代综合评价方法与案例精选》,清华大学出版社2008年版,第2页。

价对象、评价指标、评价模型以及权重的确定有着非常重要的影响作用。

4. 评价指标

要客观地进行综合评价，必须根据研究对象和目的，选取能反映评价对象不同特征的各种评价指标，这些指标各不相同但又相互联系，从而构成了能反映评价对象整体情况的指标体系，而选取的指标体系不仅受评价对象和评价目标的制约，也受评价主体价值观念的影响。

5. 指标权重

由于评价对象拥有多种不同的属性特征，从而表现为各种各样的指标，对其而言，这些指标的重要性各不相同。为了体现各个评价指标在指标体系中的重要程度，在确定指标体系之后，必须确定各指标的权重，以某种数量形式来权衡各指标对总目标的贡献程度。因此，指标权重是否合理，会直接影响综合评价的结果是否可信。

6. 评价方法

评价方法是实现评价目的的技术手段，20世纪60年代以来，产生了多种应用广泛的评价方法，例如模糊综合评价法、层次分析法（AHP）、灰色关联度分析法等。这些方法各有利弊，只是适用对象、出发点和解决问题的思路不同，因此，为保证综合评价的科学性，选择评价方法时要注意其和评价目的的匹配性，即选取的评价方法要为特定的评价目的服务，这个方法必须能够正确客观地反映评价对象和评价目的。

7. 评价结果

评价结果是根据合适的评价方法，运用科学的数学模型计算出来的综合评价值。它是评价主体从自身需要出发，选用适当的指标和模型，运用一定的评价方法做出的，具有一定的主观性。但由于评价客体是客观存在的人和事物，因此，评价结果又具有一定的客观性；同时,在进行综合评价时用来判断评价客体价值高低和水平优劣的评价标准,也具有客观的属性。因此,评价结果是主客观的结合,在评价工作中必须以客观性为基础,提高评价方法的科学性,降低评价过程的主观性,以保证最终评价结果的有效性。

(二) 秦巴山区贫困人口信息素养测评要素解析

结合前面分析,要科学、客观地测评秦巴山区贫困人口信息素养水平,首先要明确本次测评的目的、评价对象、评价指标以及评价的方法等,这样才可以保证后面的工作顺利展开。

1. 评价目的

秦巴山区贫困人口信息素养测评的主要目的是评价不同收入水平、不同文化程度、不同职业的贫困人口在信息素养水平方面的差异,从而为分析贫困地区人口信息素养水平的影响因素、探索有效的信息扶贫对策提供可靠的参考。

十四五以来,我国在秦巴山区的脱贫攻坚战取得了决定性进展,但是由于贫困面大、人口多、程度深,且大多处于集中连片特困地区,因此脱贫攻坚的任务依然艰巨。目前,在许多地理位置偏僻地区,信息基础设施较为落后,农民信息意识不强,信息利用能力不足导致仍然存在信息资源少、传递速度慢、传播媒介单一、获取成本高等信息贫困问题,因此信息扶贫与技术扶贫、产业扶贫等同等重要。但是,大量实践证明,贫困地区的信息贫困并非信息资源的贫困,而是信息素养的贫困,因为信息素养影响着个人的社会参与能力,因此,通过对秦巴山区贫困人口信息素养水平的评价,影响因素及对策分析,有助于改善秦巴山区贫困人口信息素养的现状,提高贫困人口自我脱贫的能力。

2. 评价对象

信息素养受各种因素的影响,涉及贫困人口的信息意识、收入水平、受教育程度、信息化环境、社交范围等,这些既有客观的因素,也有主观的因素；既有内因的影响，也有外因的制约，因此它的测评是一个综合的复杂的过程，它以秦巴山区贫困人口为评价对象，调查每个贫困人口的信息素养现状，结合不同特征的贫困人口群体进行综合测评。

3. 评价者

毫无疑问，秦巴山区农村居民是贫困人口信息素养测评的评价主体。秦巴山区公共信息服务底子薄、基础差，当地居民受主客观条件限制，信息贫困程度较深，阻碍了农业产业结构调整和农村经济发展，影响了扶贫事业的成效。因此，只有把当地贫困人口纳入信息素养测评的过程，才能进行客观的评价，寻找信息扶贫的有效对策。本课题研究成果在秦巴山区的应用，将有助于改善秦巴山区居民信息贫困的现状，提高他们的自我脱贫能力，也将为政府决策部门开展多主体联动信息扶贫提供参考，助推我国公共信息服务供给机制和方式的变革。

4. 评价指标

要进行秦巴山区贫困人口信息素养测评，选取评价指标、形成指标体系是基础。为了使选取的指标能满足研究目的的需要，我们采取了文献梳理法和专家调研法进行指标的选取。首先，通过搜集已有的研究文献，对其进行整理和提炼，反复比较，将公认度比较高的指标梳理出来，列在调查表中；其次，采用问卷调查方式，邀请种植户、经商户、村干部、打工者等不同身份的受访者对调查表所列每一指标的重要程度进行打分；再次，进行量表统计处理，经过筛选以后，确定出具体的评价指标。

5. 指标权重

指标权重的大小反映了其对信息素养的影响程度。影响信息素养水平的因素复杂多样，既有定量的因素，也有定性的因素，且信息素养水平这个最终目标可以划分为不同层次，这就为测评提出了一定的挑战。层次分析法为此类问题的解决提供了方向。"这一方法的特点，是在对复杂决策问题的本质、影响因素以及内在关系等进行深入分析之后，构建一个层次结构模型，然后利用较少的定量信息，把决策的思维过程数学化，从而为求解多目标、多准则的复杂决策问题，提供一种简便的决策方法。"① 本课题采用层次分析法确定指标权重。

6. 评价方法

在信息素养测评过程中，存在大量的模糊概念即模糊现象。这种模糊性是事物的一种客观属性，是由于事件本身的概念不明确所引起的，如信息意识的强弱、信息道德的高低等。显而易见，这类指标难以直接量化，在评判过程中，因为易受经验、人际关系等因素的影响，主观性较强，因此对贫困地区人口信息素养的综合测评带有一定的模糊性和经验性。基于此，本课题采用模糊评价模型进行综合评价，以使秦巴山区贫困人口信息素养的测评过程更为科学和合理。

7. 评价结果

依据选取的指标，运用适当的评价方法，得到不同收入、不同文化程度、不同职业等群体特征的贫困人口信息素养水平测评结果，分析测评结果的涵义，并对不同群体的信息素养水平进行比较，分析产生差异的原因，为探寻秦巴山区公共信息扶贫联动机制和有效路径提供可靠依据。

二 秦巴山区贫困人口信息素养评价指标体系的构建

(一) 指标体系的构建原则

评价指标体系是多个相互联系、相互作用的评价指标，按照一定

---

① 杜栋、庞庆华、吴炎主编：《现代综合评价方法与案例精选》，清华大学出版社2008年版，第11页。

层次结构组成的有机整体。① 构建科学合理的评价指标体系，必须具体问题具体分析。

1. 代表性原则

指标体系是为评价目的服务的。信息素养的影响因素多且繁杂，构建的指标体系应该涵盖评价目的所需的基本内容，能反映对象的全部信息，但这并不意味着评价指标越多越好，关键在于所选取的指标在评价过程中所起作用的大小，而且指标过多，会使评价时间和成本增加、评价活动不易开展。因此，应该选取具有代表性的指标，使其能很好地反映贫困人口信息素养某方面的特性。

2. 系统性原则

信息素养的测评是一个复杂的问题，它需要将评价对象从上而下划分为多个层次，每个层次的指标之间既相互独立，又相互制约，上一层次的指标对下一层次的指标起着统驭和控制作用，下一层次的指标则对上一层次的指标起着补充和说明作用。本课题将秦巴山区贫困人口信息素这个评价目标分为三个层次，每个层次又下辖若干指标，从而构成了一个相互联系、相互作用的有机整体。

3. 针对性原则

信息素养水平的测评是为测评目的服务的，本课题主要着眼于信息贫困高发的秦巴山区贫困人口的信息素养，研究信息素养与信息贫困之间的关系，分析影响信息素养水平高低的具体因素，从而使数据收集更有针对性，符合精准扶贫的扶贫思想。

4. 可操作性原则

构建信息素养评价指标体系时，既要考虑理论上的指导性，又要考虑实践上的可行性，即所选取的每个指标都要有稳定的数据来源，还要便于计算和评价，以避免研究的不确定性，保证其顺利进行。

---

① 杜栋、庞庆华、吴炎主编：《现代综合评价方法与案例精选》，清华大学出版社 2008 年版，第 4 页。

5. 动态性原则

构建指标体系时，所选取的指标结合了当时的社会经济发展实际，因此，评价的结果也仅反映当时的人口信息素养水平。随着我国社会经济和电子商务的进一步发展，尤其是 5G 时代的来临，导致人们所处的信息环境瞬息万变，无论是信息传播速度还是信息传播媒介，与过去相比都不可同日而语，因此，选取的指标不仅要反映当前实际，还要能反映未来的发展趋势，使得能够对贫困人口的信息素养进行动态追踪，分析其信息素养水平的变化，因此选取的指标应该具有动态性。

（二）指标的选取

通过前面对信息素养内涵的界定及信息素养测度指标已有成果的梳理，发现用于测评的一级指标主要涉及信息意识、信息知识、信息能力、信息道德、信息需求、信息获取手段、媒介利用能力、计算机素养、终身学习等若干层面。而在二级指标设定上，理论界提出的指标更多，主要有信息敏感性、信息设施占有率、农民基本文化素质、信息获取能力、使用能力、计算机运用能力、对知识产权的态度等。尽管指标数量繁多，但是基本大同小异，不同之处在于，指标所属层次不同。因此，本课题结合问卷调查及已有研究成果，选取了信息意识、信息知识、信息能力和信息道德四个一级指标。

同时选取了 15 个二级指标，具体如下。

第一，信息敏感性，指经常关注信息并且善于捕捉信息。如每天关注信息，看书看报、看电视或浏览信息的时间在 3 小时以上，生产生活中遇到困难，会主动利用信息寻找解决方法。课题组在调研中发现，喜欢看书上网、关注各类信息的农民自我脱贫的意识比较强，积极参与社会活动的能力也较强。

第二，对信息作用的认识，指能够客观认识信息的价值，意识到获取信息对生产生活是否产生确切的影响。只有能认识到信息的价值，才会去关注信息、获取信息，从而为改变自身的现状利用信息，因此，贫困人口是否对信息有客观的、正面的认识，对于促进贫困人口信息素养水平的提高有着非常重要的作用。

第三，信息设备占有量，指个人或家庭拥有信息接收设备如报纸、期刊、收音机、电视机、智能手机、计算机等的数量状况。该指标以个人或家庭拥有信息设备的数量作为划分标准，计算各组所占比重。一般而言，信息设备拥有量越大，获取和利用信息的频率越高，信息能力也越强。

第四，信息需求，指获取信息的动机。包括了解国家政策法规、学习农业知识、提高生活质量、寻找致富捷径或子女教育等，对信息的需求越多，搜集、利用信息的意愿就越强，从而信息能力也越强，它会促使农民主动获取信息解决自身问题，是引发农民信息行为的原动力。

第五，终身学习能力，指有再学习的意愿和能力，具体表现为有意识、有计划地进行终身学习，主动参与技能培训。学习和培训是提高个人信息素养的有效途径，随着社会经济的快速发展，新媒体层出不穷，人们利用信息脱贫致富的手段也多种多样，因此，为了紧跟社会发展脚步，不断提高人口信息素养，需要终身学习。

第六，基本的文化素质，指贫困人口的基本文化知识和知识运用能力，具体包括农民的文化程度和基本的书写计算能力。加强文化素质培养是提高农民信息素养的重要途径。课题组在调研中发现，文化程度高的农民知识积累比文化程度低的人要丰富得多，他们的阅读书写计算能力也较强，对自己的信息需求更为明确。同时，他们的信息意识，信息能力等也较文化程度低的农民要强。

第七，信息技术知识，指手机和电脑的应用能力。例如是否会使用智能手机，是否会用手机、电脑及信息终端实现信息的存储、管理、检索、发布和利用等。贫困人口掌握的信息技术知识越多，搜集、处理和利用信息的能力就越强。

第八,信息获取能力,指能采用多种方式获取信息,包括报纸、电视等传统方式和互联网等新型渠道,且能及时获取自己所需的信息。

第九,信息理解能力,指能够准确地领会信息内涵,有效地与人进行信息交流,对信息进行归类和记忆的能力。

第十,信息交流能力,指与他人共享信息且准确表达信息观点,使用多种手段将信息传递给他人的能力。如利用QQ、微信等通信软件进行信息传递或通过网络论坛发布及反馈信息。

第十一,信息处理能力。指能够鉴别信息的真假和好坏的能力。如能从大量信息中提炼出其中心思想,能较好地甄别所获取信息的真实性。

第十二,信息运用能力。指信息重组与创造,并运用于生产生活的能力。如能够对多种信息渠道获得的信息进行整合和利用,以解决实际问题。

第十三,信息法规认知度。指对信息相关法律法规的了解程度,如对知识产权保护制度的了解。

第十四,信息安全认知度。指懂得保护个人信息安全,不会轻易泄露个人信息;知道泄露和贩卖他人信息属于违法行为。

第十五,不良信息免疫力。指能够识别不良信息,并及时拒绝。如使用网络时能够识别不良信息并及时予以屏蔽,不传播、利用不良信息进行谋利。

(三) 指标体系的构建

根据上述选取的指标,借鉴已有成果,结合秦巴山区社会经济发展实际和贫困人口信息素养现状,课题组构建了秦巴山区贫困人口信息素养评价指标体系,见表3-1。

表 3-1　　秦巴山区贫困人口信息素养评价指标体系

一级指标	二级指标	指标说明
信息意识	信息敏感性	善于捕捉信息
	对信息作用的认识	能认识到信息的价值
	信息设备占有量	个人或家庭对信息接收设备占有情况
	信息需求	获取信息的动机
	终身学习能力	有再学习的意愿和能力
信息知识	基本的文化素质	基本文化知识和书写计算能力
	信息技术知识	对手机和电脑的应用能力
信息能力	信息获取能力	能采用多种方式获取信息
	信息理解能力	能领会信息内涵
	信息交流能力	能分享、传递信息
	信息处理能力	能鉴别、筛选信息
	信息运用能力	信息重组与创造，并运用于生产生活的能力
信息道德	信息法规认知度	对信息相关法律有所了解
	信息安全认知度	懂得保护个人信息安全
	不良信息免疫力	能够识别不良信息，并及时拒绝

第三节　秦巴山区贫困人口信息素养的测评

信息素养的测度是一个比较复杂的问题，它涉及各个方面的因素，如贫困人口的信息意识、信息知识、信息能力及信息道德等，这四个方面又分别受若干因素的影响。这些因素中有些是定性的，有些是定量的，在这种情况下，单纯地运用定性或定量的方法无法进行科学的评价，因此需要把定性与定量方法结合起来对秦巴山区贫困人口的信息素养进行测评，从而使评价结果更为科学和合理。

一 信息素养测评指标的权重

（一） AHP 法的模型和步骤

层次分析法（The Analytic Hierarchy Process），又称层级分析法，一般简称为 AHP 法。它是美国运筹学家 T. L. Saaty 于 20 世纪 70 年代中期提出的一种层次权重决策方法。其主要特点在于对复杂决策问题的本质、影响因素以及内在关系等进行深入分析后，构建一个层次结构模型，然后利用较少的定量信息，把决策的思维过程数学化，从而为求解多目标、多准则或无结构特性的复杂决策问题，提供一种简便的决策方法。[①] 具体来说，就是将决策问题作为一个系统，将其目标分解为多准则、多指标的若干层次，通过一定标度对定性指标进行量化，从而计算出层次单排序和总排序（权数）的一种定性和定量相结合的决策分析方法。

1. 建立层次分析结构

层次分析法的首要步骤是建立问题的层次结构模型。该模型把复杂的问题由上到下分解为若干层次，分别为目标层、准则层和指标层，每个层次又包含若干个元素，这些元素既隶属于上层次元素，受其控制，又支配着下一层次的相关元素，由此形成了由最高层、中间层和指标层构成的层次分析结构。其中，最高层是决策者所要达到的目标，因此只有一个元素；中间层一般用来表示是否达到目标的判断标准，因此称为准则层；最低一层是决策者提出的解决问题的措施、方案或指标，因此一般称为方案层或指标层。层次结构的层次数并不是越多越好，一般与研究目的和问题的复杂程度息息相关。为避免同

---

① 杜栋、庞庆华、吴炎主编：《现代综合评价方法与案例精选》，清华大学出版社 2008 年版，第 11 页。

一层次里元素数过多给判断矩阵的构造带来困难，一般要求每一层次中的元素数目不超过9个。本课题所构建的指标体系中目标层用 A 表示，中间层（准则层）用 B 表示，指标层用 C 表示，如图 3-1 所示。

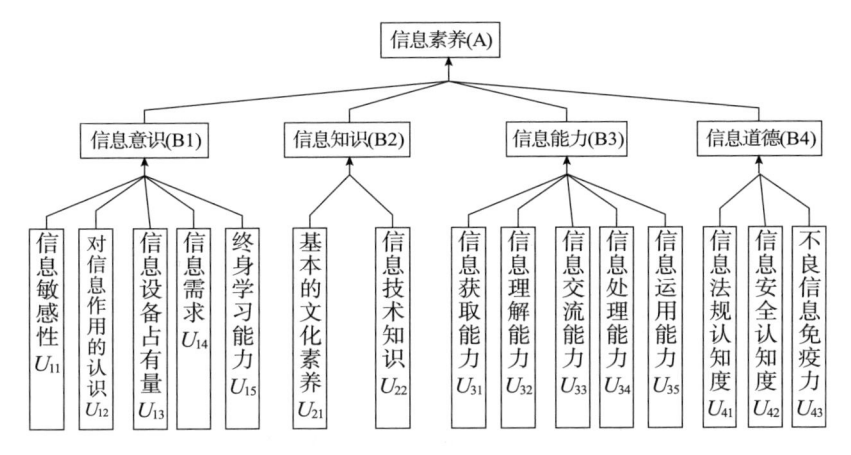

```
                              信息素养(A)
         ┌─────────────┬──────────┴──────┬──────────────┐
    信息意识(B1)    信息知识(B2)    信息能力(B3)      信息道德(B4)
    ┌──┬──┬──┬──┐   ┌──┬──┐    ┌──┬──┬──┬──┬──┐   ┌──┬──┬──┐
    信 对 信 信 终  基 信    信 信 信 信 信   信 信 不
    息 信 息 息 身  本 息    息 息 息 息 息   息 息 良
    敏 息 设 需 学  的 技    获 理 交 处 运   法 安 信
    感 作 备 求 习  文 术    取 解 流 理 用   规 全 息
    性 用 占 U14 能  化 知    能 能 能 能 能   认 认 免
    U11 的 有  力  素 识    力 力 力 力 力   知 知 疫
       认 量 U15  养 U22   U31 U32 U33 U34 U35  度 度 力
       识 U13      U21                         U41 U42 U43
       U12
```

图 3-1　秦巴山区贫困人口信息素养测评层次结构模型

2. 构造比较判断矩阵

构造了层次结构模型之后，层次分析法需要人们通过经验法或专家打分法来确定各准则相对于目标的重要程度。为了使这些要素的重要性能够量化，在此引入判断标度，从指标体系的第二层开始将各层次所属要素进行两两比较，并用数值表示出来，从而形成成对比较判断矩阵，直到最下层，以反映子目标因素在目标衡量中的比重。成对比较判断矩阵是层次分析法的信息基础，也是层次分析工作的关键和出发点。

假设 B_k 为准则层，它支配着下一层元素 C_1，$C_2 \cdots$，C_n，现在要确定 C_1，$C_2 \cdots$，C_n 相对于准则 B_k 的权重大小，则需要比较第 i 个元素与第 j 个元素相对于目标 B_k 的重要性，用 C_{ij} 来表示。如果有 n 个元素进行了两两比较，则 $C = (C_{ij})_{n \times n}$ 称为比较判断矩阵。比较判断矩阵具有以下特点. $C_{ij} > 0$，$C_{ij} = 1$，$C_{ij} = 1/C_{ji}$（备注：当 $i = j$ 时候，$C_{ij} = 1$）。

比较判断矩阵中 C_{ij} 的取值可参考 T. L. Satty 的提议，按下述标度进行赋值。C_{ij} 在 1-9 及其倒数中间取值，见表 3-2。

表 3-2　　　　　　　　判断矩阵标度及其含义

序号	重要性等级	C_{ij} 赋值
1	表示两个元素相比，重要性相同	1
2	表示两个元素相比，前者比后者稍重要	3
3	表示两个元素相比，前者比后者明显重要	5
4	表示两个元素相比，前者比后者强烈重要	7
5	表示两个元素相比，前者比后者极端重要	9
6	表示两个元素相比，前者比后者稍不重要	1/3
7	表示两个元素相比，前者比后者明显不重要	1/5
8	表示两个元素相比，前者比后者强烈不重要	1/7
9	表示两个元素相比，前者比后者极端不重要	1/9

比较判断矩阵的赋值，可以由决策者直接给出，也可以采用德尔菲法获得，本课题采用德尔菲法，利用专家丰富的经验和渊博的知识为比较判断矩阵赋值。

3. 进行一致性检验

在构建比较判断矩阵时，要考虑客观事物的复杂性和人们认识上的片面性，由于比较判断矩阵是对矩阵中同一目标的重要性进行的因素比较，同时这些因素之间具有传递性，因而要求决策者要保持判断思维的一致性，做出的各判断之间要协调一致，不能出现互相矛盾的结果。因此，为了应用层次分析法得到科学合理的研究结论，必须进行一致性检验。

在层次分析法中，一般用随机一致性比率 CR 来度量判断矩阵是否具有满意的一致性。$CR=CI/RI$，其中 CI 表示判断矩阵的一致性指标，它反映了判断矩阵特征根的变化；RI 表示判断矩阵的同阶平均随机一致性指标，一般使用 T. L. Satty 给出的九阶 RI 值，见表3-3。当 $CR<0.10$ 时，可以认为判断矩阵有满意的一致性，否则，就需要对判断矩阵进行调整以使其通过一致性检验。

表 3-3　　　　　　　　　平均随机一致性指标

1	2	3	4	5	6	7	8	9
0.00	0.00	0.58	0.90	1.12	1.24	1.32	1.41	1.45

4. 层次单排序

层次单排序就是根据判断矩阵将计算出来的某层次因素相对于上层次与之相关因素的重要程度数值按大小进行优先排序的过程。

从理论上讲，层次单排序的实质是计算比较判断矩阵的最大特征根及其特征向量，如果判断矩阵的最大特征根 $\lambda_{max}=n$，则对其所对应的唯一一个非负特征向量经过归一化处理后，就得到了各个指标的权重向量，对上述权重向量在各个层次进行大小排序，即完成了层次单排序。[①]

5. 层次总排序

相较于层次单排序，层次总排序指的是最高层次的总排序。它需要在层次单排序的基础上，根据层次结构模型自上而下逐层进行计算，得到最低层因素相对于总目标的重要程度排序值，以确定层次结构中最底层各元素在总目标中的重要程度，从而帮助决策者准确甄别影响总目标的主要因素和次要因素。

（二）测评指标权重的计算

按照秦巴山区贫困人口信息素养测评指标体系框架，将层次分析

---

① 闵阳、岳琳、黄丹等：《西部地区对农信息传播有效性研究》，中国社会科学出版社2017年版，第144页。

模型分为三个层次。最高层次即信息素养水平（A 层）；第二个层次为准则层（B 层），包括信息意识、信息知识、信息能力和信息道德四个一级指标，用 B_i 表示；最后一层为指标层（C 层），由 15 个二级指标构成，其元素用 C_{ij} 表示。准则层 B 所属元素对总目标 A 的权重称为一级权重，则 C 层各元素相对 B 层指标的权重称为二级权重。

1. 一级权重计算

信息素养水平是要测评的总目标（A 层），其下属的 4 个一级指标分别是 B_1—信息意识、B_2—信息知识、B_3—信息能力、B_4—信息道德。B 层指标相对于总目标的重要程度用权重向量 W_i 表示，其所构成的判断矩阵及权重见表 3-4。

表 3-4　　　　　　　　一级指标判断矩阵与权重

A	B_1	B_2	B_3	B_4	W_i
B_1	1	2	1/2	2	0.2491
B_2	1/2	1	1/4	2	0.1481
B_3	2	4	1	4	0.4981
B_4	1/2	1/2	1/4	1	0.1047

经计算求得：λ_{max} = 4.0604，CI = 0.0201，RI = 0.9，CR = 0.0224，因为 CR < 0.1，所以该判断矩阵通过一致性检验。

2. 二级权重计算

计算二级权重时，不仅要计算各二级指标相对于其所属一级指标的层次单排序权重值，还要计算二级指标相对于总目标的权重值，即组合权重。

（1）信息意识指标权重向量分配

信息意识包括 C_{11}—信息敏感性、C_{12}—对信息作用的认识、C_{13}—信息设备占有量、C_{14}—信息需求、C_{15}—终身学习能力。它们相对于信息意识这个一级指标所构建的判断矩阵及权重计算见表 3-5。

表 3-5　　　　　　　　信息意识的二级指标判断矩阵与权重

B_1	C_{11}	C_{12}	C_{13}	C_{14}	C_{15}	W_{1i}
C_{11}	1	1	2	1	1	0.2207
C_{12}	1	1	1/3	1/2	1	0.1342
C_{13}	1/2	3	1	1/2	2	0.2083
C_{14}	1	2	2	1	2	0.2912
C_{15}	1	1	1/2	1/2	1	0.1456

经计算求得：λ_{max} = 5.3259，CI = 0.0815，RI = 1.12，CR = 0.0727，因为 $CR < 0.1$，所以该判断矩阵通过一致性检验。

除了计算信息敏感性、对信息作用的认识、信息设备占有量、信息需求、终身学习能力等五个二级指标对信息意识一级指标的重要程度之外，还要计算它们对总目标的相对权重，见表3-6。

表 3-6　　　　　　　　信息意识二级指标的组合权重

W_1	W_{11}	W_{12}	W_{13}	W_{14}	W_{15}
0.2491	0.0550	0.0334	0.0519	0.0725	0.0363

（2）信息知识指标权重向量分配

信息知识包括 C_{21}—基本的文化素质、C_{22}—信息技术知识两个二级指标，它们相对于信息知识这个一级指标的权重计算见表3-7。

表 3-7　　　　　　　　信息知识的二级指标判断矩阵与权重

B_2	C_{21}	C_{22}	W_{2i}
C_{21}	1	2	0.6667
C_{22}	1/2	1	0.3333

所有的不超过二阶的正互反矩阵都是一致矩阵，所以二阶及其以下的矩阵不用检验一致性。① $\lambda_{max} = 2$，$CI = 0$，$RI = 1E^{-6}$，$CR = 0$。

同样，除了计算这两个二级指标对信息知识一级指标的重要程度之外，还要计算它们对总目标的重要程度，见表3-8。

表3-8　　　　　　信息知识二级指标的组合权重

W_2	W_{21}	W_{22}
0.1481	0.0987	0.0494

（3）信息能力指标权重向量分配

信息能力包括C_{31}—信息获取能力、C_{32}—信息理解能力、C_{33}—信息交流能力、C_{34}—信息处理能力、C_{35}—信息运用能力五个二级指标，它们相对于信息能力这个一级指标的重要程度计算见表3-9。

表3-9　　　　　　信息能力的二级指标判断矩阵与权重

B_3	C_{31}	C_{32}	C_{33}	C_{34}	C_{35}	W_{3i}
C_{31}	1	3	2	1/2	1/2	0.2081
C_{32}	1/3	1	2	1	1/2	0.1540
C_{33}	1/2	1/2	1	1	1/2	0.1266
C_{34}	2	1	1	1	1	0.2204
C_{35}	2	2	2	1	1	0.2908

经计算求得：$\lambda_{max} = 5.4109$，$CI = 0.1027$，$RI = 1.12$，$CR = 0.0917$，因为$CR < 0.1$，所以该判断矩阵通过一致性检验。

上述五个二级指标对总目标的重要程度，见表3-10。

---

① 叶义成、柯丽华、黄德育主编：《系统综合评价技术及其应用》，冶金工业出版社2006年版，第113页。

表 3-10　　　　　　　信息能力二级指标的组合权重

W_3	W_{31}	W_{32}	W_{33}	W_{34}	W_{35}
0.4981	0.1037	0.0767	0.0631	0.1098	0.1449

（4）信息道德指标权重向量分配

信息道德包括 C_{41}——信息法规认知度、C_{42}——信息安全认知度、C_{43}——不良信息免疫力三个二级指标，它们对信息道德这个一级指标的相对权重见表 3-11。

表 3-11　　　　　　信息道德的二级指标判断矩阵与权重

B_4	C_{41}	C_{42}	C_{43}	W_{4i}
C_{41}	1	2	2	0.4934
C_{42}	1/2	1	2	0.3108
C_{43}	1/2	1/2	1	0.1958

经计算求得：$\lambda_{max} = 3.0536$，$CI = 0.0268$，$RI = 0.58$，$CR = 0.0462$，因为 $CR < 0.1$，所以该判断矩阵通过一致性检验。

上述三个二级指标相对于总目标的重要程度见表 3-12。

表 3-12　　　　　　　信息道德二级指标的组合权重

W_5	W_{51}	W_{52}	W_{53}
0.1047	0.0517	0.0325	0.0205

3. 层次总排序的一致性检验

上述步骤完成以后，还需要对层次总排序进行一致性检验。

总排序一致性比率如下。

$$CR = \frac{w_1 Ci_1 + w_1 CI_1 + \cdots + w_m CI_m}{w_1 RI_1 + w_2 RI_2 + \cdots + w_m RI_m}$$

$$= \frac{0.2491 \times 0.0815 + 0.1481 \times 0 + 0.4981 \times 0.1027 + 0.1047 \times 0.02680}{0.2491 \times 1.12 + 0.1481 \times 1E^{-6} + 0.4981 \times 1.12 + 0.1047 \times 0.58}$$

$$= 0.0827$$

由于 $CR < 0.1$，所以层次总排序通过一致性检验。

（三）秦巴山区贫困人口信息素养测评指标排序权重表

通过前面的一系列计算，分别得到了 4 个一级指标和 15 个二级指标对总目标的相对权重，以及 15 个二级指标分别对 4 个一级指标的相对权重，即进行了层次的单排序和总排序，并通过了一致性检验，由此得到了秦巴山区贫困人口信息素养测评指标排序权重，见表 3-13。

表 3-13　秦巴山区贫困人口信息素养测评指标排序权重表

目标层	准则层		指标层			
	指标名称	单排序权重	指标名称	单排序权重	总排序权重	排序
秦巴山区贫困人口信息素养测评指标体系	信息意识	0.2491	信息敏感性	0.2207	0.0550	8
			对信息作用的认识	0.1342	0.0334	13
			信息设备占有量	0.2083	0.0519	9
			信息需求	0.2912	0.0725	6
			终身学习能力	0.1456	0.0363	12
	信息知识	0.1481	基本的文化素质	0.6667	0.0987	4
			信息技术知识	0.3333	0.0494	11
	信息能力	0.4981	信息获取能力	0.2081	0.1037	3
			信息理解能力	0.1540	0.0767	5
			信息交流能力	0.1266	0.0631	7
			信息处理能力	0.2204	0.1098	2
			信息运用能力	0.2908	0.1449	1
	信息道德	0.1047	信息法规认知度	0.4934	0.0517	10
			信息安全认知度	0.3108	0.0325	14
			不良信息免疫力	0.1958	0.0205	15

(四) 对排序结果的分析

通过层次分析法的步骤最终得出了秦巴山区贫困人口信息素养测评指标排序权重表,可以非常清晰地看出指标体系中各层次指标相对于总目标的重要性,对于我们从信息素养出发提高精准扶贫效果,解决主要矛盾和主要问题提供了理论依据。

从准则层来看,对于贫困人口信息素养水平影响最大的因素是信息能力,重要性达到了 49.81%,远远超过了其他影响因素;其次是信息意识,占比 24.91%;再次是信息知识,占比 14.81%;影响最小的是信息道德,仅占 10.47%。可见,要提高秦巴山区贫困人口的信息素养,应把重点放在信息能力建设方面,但其他方面也不能忽视。

从指标层来看,按照 15 个指标相对于总目标的重要性依次排序,排在前 10 位的分别是信息运用能力—信息处理能力—信息获取能力—基本的文化素质—信息理解能力—信息需求—信息交流能力—信息敏感性—信息设备占有量—信息法规认知度。在这些指标中属于信息能力方面的有 5 项,占比 50%;属于信息意识的有 3 项,占比 30%;而属于信息知识和信息道德的各有 1 项,共占 20%。可见,加强信息能力建设应该是提高信息素养的重中之重,信息能力的大小会直接影响人们掌握知识、技能的水平,进而影响其信息素养水平的高低。在实际的走访调查中,课题组发现,信息理解能力和信息知识有着明显的相关关系,信息知识包括个人的文化素质和掌握的信息技术知识,如对手机、电脑的应用能力;个人文化素质和学历越高,越容易掌握信息技术知识,对信息的表达能力就越强,对信息的理解也越精确。而信息获取能力不仅与信息知识相关,还与信息设备的占有量有着密切的关系,具体表现为掌握的媒体工具越多,信息的来源渠道就越广,通过书籍、报刊、广播电视、手机、电脑等多种信息工具搜集和获取的信息内容就越丰富;也因此,人们的信息交流能力就越强。信息的有效处理和利用是推动贫困人口摆脱目前处境的重要因素，这不仅需要客观条件方面的改善，还需要贫困人口主观上有强烈的信息意识。人们对信息的认识和理解越深刻，对信息的需求越迫切，信息意识就越强烈，信息行为就越积极，从而信息能力就越强。调查发现，那些对目前经济条件不满意，改变意愿非常强烈的受访对象对信息的利用效果好，他们往往也是最早在国家精准扶贫政策指导下实现了脱贫目标的一批人。与此同时，信息的处理和运用离不开信息道德的约束。信息道德对人们搜集、处理和利用信息的行为起着调节、教育、评价和平衡的作用，它可以指导和纠正人们的信息行为，约束人们的信息活动，引导人们发挥主观能动性，促进健康、安全信息环境的形成，从而使信息活动发挥事半功倍的作用。

上述分析表明，贫困人口信息素养水平的高低既和信息意识有关，也和信息知识有关；既受信息能力的影响，又受信息道德的制约，它们相互影响、相互制约，共同决定了秦巴山区贫困人口的信息素养水平。因此，结合上述分析，应该从以下几个方面采取措施以提高贫困人口的信息素养。首先，应提高贫困人口的受教育程度，加强各类培训。信息素养水平的培养要求贫困人口具备基本的阅读、书写和计算能力，这就对他们的文化程度提出了一定要求，但是，课题组在调查中发现，秦巴山区的农村居民文化程度普遍较低，甚至还有一些是文盲，他们连基本的阅读能力都不具备，更不用说理解专业性的书面信息以及掌握现代信息技术了。因此，应该分门别类地开设各种培训班，帮助当地居民提高文化水平，进行有针对性的文化培训和信息技术培训，以提高他们的信息意识和信息技能。其次，应该创造良好的信息环境，重视贫困人口的信息需求。调查发现，农村居民对于农技信息、致富信息、生活信息和科学文化知识有着强烈的需求，但是缺乏良好的信息来源和渠道，因此可以依托电视、广播、图书报纸等传统媒体工具以及电脑、手机等新媒体工具，结合网络，为贫困地区的人口创造良好畅通的信息环境。再次，搭建交流平台，扩展信息交流渠道。秦巴山区由于地理位置的因素，人们容易受周围邻居和亲朋好友的影响，这些信息联系虽然对信息交流有一定的促进作用，但同时也使得人们掌握的信息由于地域、血缘方面的影响而同质化严重，从而使他们丧失了更有价值的信息资源，错失了发展机会。所以应该通过网络搭建信息交流平台，使贫困人口克服地域限制、血缘限制和职业限制，开阔他们的视野，提高他们的信息交流效率和质量。

本课题考虑了影响信息素养的若干因素，构建了由15个指标构成的信息素养评价指标体系，它囊括了信息素养水平的绝大部分影响因素，并以此为基础，对秦巴山区贫困人口的信息素养进行了具体的调查和判定。

二 模糊综合评判法

由于受众的多样性、复杂性和不同信息需求等诸多因素，使信息素养的测定复杂而艰难，很难完全用量化的数据去测定，这是因为信息素养及其评价都是不确定的概念，具有一定的模糊性，因此可以采用模糊数学的方法来解决这个问题。现代统计技术和模糊系统方法的发展，为信息素养的测定提供了理论和技术支持，使得比较精确的信息素养定量分析成为可能，有助于更深入地了解和认识秦巴山区贫困人口的信息素养。

1965年，美国学者查德（L. A. Zadeh）首次在他的论文《模糊集合》中提出了"模糊"的概念，并成功地运用精确的数学方法进行了描述，从而宣告了模糊数学的诞生。它的产生扩展了数学的应用范围，使其研究对象从精确现象扩大到了模糊现象，为人们解决那些既复杂而又难以用精确的数学描述的问题提供了一种简单可行的方法。而模糊综合评价就是以模糊数学为基础，应用模糊关系合成的原理，将一些边界不清、不易定量的因素定量化，从多个因素的角度对被评价事物隶属等级状况进行综合性评价的一种方法。它具有结果清晰、系统性强的特点，能较好地解决模糊的、难以量化的问题，适合各种非确定性问题的解决。①。

秦巴山区贫困人口信息素养评价指标既有定性的，也有定量的，对于定性指标人们一般用"好""差"等表示程度的评语来表示，即使是可以量化的定量指标，由于其应用对象及信息类型的不同，也存在难以直接对比的问题。正是由于信息素养水平的判定没有明确的标准和界限，具有一定的模糊性，因此应用模糊数学的方法可以很好地解决这个问题，取得较好的效果。

（一）确定评价因素和评价等级

1. 确定评价因素（即评价指标）

评价因素即评价指标，对其进行评价时，设评价指标的数量为 m 个，分别用 U_1，U_2，$\cdots$，U_m 来表示，则这 m 个与评价对象相关的因素构成的集合，用 U 表示：

$$U = \{U_1, U_2, \cdots, U_m\}$$

U_1，U_2，$\cdots$，U_m 称为该集合的子集，根据需要可以对 m 个子集继续进行细分，从而形成由多级集合因素构成的分析对象：

$$U_j = \{U_{j1}, U_{j2}, \cdots, U_{jt}\}$$

秦巴山区贫困人口信息素养水平综合评价需要进行二级评判，由此，需划分总目标集合 1 个，准则子集 4 个，以方便对指标层进行单级模糊综合评价。

由 4 个准则子集构成总目标集合：

$U = \{U_1, U_2, U_3, U_4\}$ = {信息意识，信息知识，信息能力，信息道德}

由 15 个指标层因素构成 4 个准则层子集：

$U_1 = (U_{11}, U_{12}, U_{13}, U_{14}, U_{15})$ = （信息敏感性，对信息作用的认识，信息设备占有量，信息需求，终身学习能力）

$U_2 = (U_{21}, U_{22})$ = （基本的文化素质，信息技术知识）

---

① 肖辉：《供电企业绩效评价体系实施效果分析》，《民营科技》2012 年第 9 期。

$U_3 = (U_{31}, U_{32}, U_{33}, U_{34}, U_{35}) = $（信息获取能力，信息理解能力，信息交流能力，信息处理能力，信息运用能力）

$U_4 = (U_{41}, U_{42}, U_{43}) = $（信息法规认知度，信息安全认知度，不良信息免疫力）

2. 确定评价等级

根据实际需要将评价结果划分为 n 个等级，分别记为 $V_1, V_2 \cdots, V_n$，则构成评价结果的有限集合 $V = \{V_1, V_2, \cdots, V_n\}$，每一个集合对应一个模糊子集，一般建议取 [3，7] 的整数。① 本课题只选三个评价结果建立评价集 V = {高，一般，低}。

(二) 构造评判矩阵和确定权重

1. 构造评判矩阵

单独从一个因素 U_i（$i = 1, 2, \cdots, m$）出发对评价对象进行评价，以确定其对评级等级 V_j（$j = 1, 2, \cdots, n$）的隶属程度，称为单因素模糊评价。对评价对象按因素集 U 中的第 i 个因素 U_i 进行评价，设评价集合 V 中第 j 个元素的隶属度为 r_{ij}，则可得到第 i 个元素 U_i 的模糊集合：

$$r_i = (r_{i1}, r_{i2}, \cdots, r_{in})$$

这样对 m 个元素分别进行评价后，即可得到总的评价矩阵 R：

$$R = (r_{ij})_{m \times n} = \begin{bmatrix} r_{11} & r_{12} & \cdots & r_{1n} \\ r_{21} & r_{22} & \cdots & r_{2n} \\ \vdots & \vdots & \vdots & \vdots \\ r_{m1} & r_{m2} & \cdots & r_{mn} \end{bmatrix}$$

隶属度 r_{ij} 实质上是第 i 个因素 U_i 在第 j 个评语 V_j 上的频率分布，一般而言，为使 $\Sigma r_{ij} = 1$，会对其进行归一化处理，从而使 R 矩阵不

---

① 杨彩虹：《基于模糊层次分析法的汉中旅游资源评价研究》，《吉林省教育学院学报（上旬）》2015 年第 11 期。

带量纲，不需作专门处理。否则，要进行归一化处理。

某因素的隶属度=判断该指标属于某等级 V_j 的受访对象人数/受访对象总数，$j=1,2,3$；V_j 就是评语集的 3 个等级。

2. 确定权重

为了反映各因素的相对重要性，应对各因素 U 分配一个相应的权数 W_i，$i=1,2\cdots,n$。一般要求 $W_i \geq 0$，$\sum W_i = 1$，由各权重 W_i 组成因素 U 上的模糊集合 W，称为权重集，用 $W=\{W_1, W_2\cdots, W_n\}$ 表示。前面已经利用层次分析法确定了各层次指标的权重，在此不再赘述。

（三）进行模糊合成，做出决策

1. 进行模糊合成

为了进行模糊合成，在此引入决策集 B，又称模糊子集，$B=(b_1, b_2\cdots, b_n)$。令 $B=W*R$，$*$ 为算子符号，运用不同的模糊算子，可以出现不同的评价模型。为了使评价模型中的每个因素都对综合评价有所贡献，从而使评价结果较为科学和客观，本课题选择加权平均法进行模糊运算。

$$B = W * R = (W_1, W_2, \cdots, W_n) \begin{bmatrix} r_{11} & r_{12} & \cdots & r_{1n} \\ r_{21} & r_{22} & \cdots & r_{2n} \\ \vdots & \vdots & \vdots & \vdots \\ r_{m1} & r_{m2} & \cdots & r_{mn} \end{bmatrix}$$

$$= (b_1, b_2, \cdots, b_n)$$

若评判结果 $\sum b_j \neq 1$，应将它归一化。

b_j 表示评价对象所属的评语等级。

2. 计算综合评价参数，做出决策

模糊综合评价的结果实质上是评价对象对各等级模糊子集的隶属度，它不能直接用于对评价对象进行综合评价，而应该进行深入的分析处理。常用的方法是利用最大隶属度原则来确定最终评判结果。为了充分利用决策集所带来的信息，可用多级模糊子集 B 与各级评语对应的分值等级向量 C 相乘，得到最终综合评价参数 T，以帮助我们做出决策。

$$T = B \times C = (B_1, B_2, \cdots, B_n) \begin{bmatrix} C_1 \\ C_2 \\ \vdots \\ C_n \end{bmatrix}$$

C 为不同等级 Vj 规定的参数向量，即评价分值；T 是一个实数。

三 模糊综合评价模型的应用

课题所用资料来源于对秦巴山贫困地区农村人口所做的问卷及实际调查，下面表格中的相关数据是通过对调查表的整理、统计得到的结果。

（一）秦巴山区贫困人口信息素养整体评价

1. 评价指标体系的建立

前面已构建了秦巴山区贫困人口信息素养评价指标体系，此处直接来进行运算。该评价指标集分为两个层次。第一层，总目标因素集 $U = \{U_1, U_2, U_3, U_4\}$；第二层，准则层子集 $U_1 = (U_{11}, U_{12}, U_{13}, U_{14}, U_{15})$，$U_2 = (U_{21}, U_{22})$，$U_3 = (U_{31}, U_{32}, U_{33}, U_{34}, U_{35})$，$U_4 = (U_{41}, U_{42}, U_{43})$。具体结构如图 3-2 所示。

2. 评价集的确定

本模型选取了三个等级的评语构成评价集：

$$V = \{V_1, V_2, V_3\} = \{高，一般，低\}$$

3. 权重的确定

本模型采用前面利用层次分析法计算出来的权重，具体结果如下。

$W = (0.2491, 0.1481, 0.4981, 0.1047)$

$W_1 = (0.2207, 0.1342, 0.2083, 0.2912, 0.1456)$

$W_2 = (0.6667, 0.3333)$

$W_3 = (0.2081, 0.1540, 0.1266, 0.2204, 0.2908)$

$W_4 = (0.4934, 0.3108, 0.1958)$

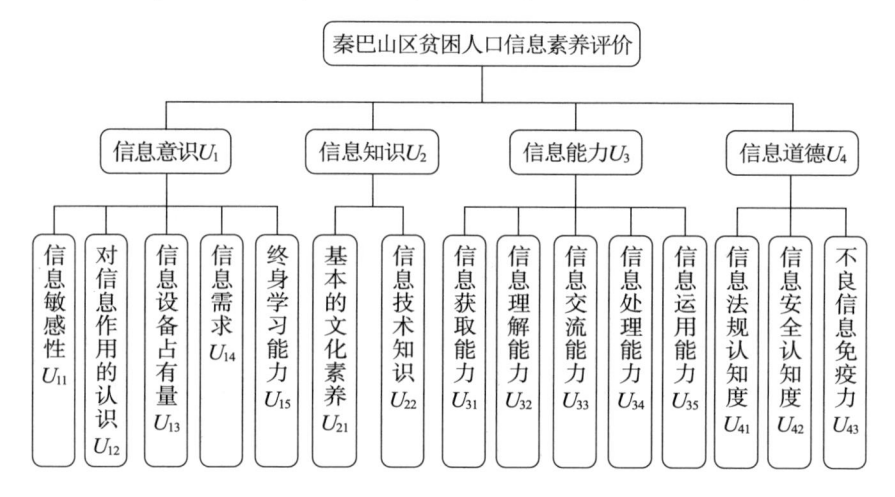

图 3-2 秦巴山区贫困人口信息素养评价指标体系结构

4. 模糊判断矩阵的确定

根据问卷调查表整理统计得到的信息素养评价的相关数据见表 3-14。

表 3-14　秦巴山区贫困人口信息素养评价的调查结果统计　　（%）

指标	评价		
	高	一般	低
R01 信息敏感性	50.40	32.50	17.1
R02 对信息作用的认识	36.70	47.40	15.90
R03 信息设备占有量	23.10	67.70	9.20
R04 信息需求	28.70	52.20	19.10

续 表

指标	评 价		
	高	一般	低
R05 终身学习能力	28.20	44.30	27.50
R06 基本文化素质	65.20	27.20	7.60
R07 信息技术知识	60.90	14.10	25.00
R08 信息获取能力	16.10	57.10	26.80
R09 信息理解能力	29.00	57.20	13.80
R10 信息交流能力	48.40	27.10	24.50
R11 信息处理能力	31.50	40.20	28.30
R12 信息运用能力	6.20	30.80	63.00
R13 信息法规认知度	12.40	38.10	49.50
R14 信息安全认知度	14.50	47.60	37.90
R15 不良信息免疫力	10.70	56.60	32.70

根据上表，可以构造的模糊评判矩阵为：

$$R_1 = \begin{bmatrix} 0.5040 & 0.3250 & 0.1710 \\ 0.3670 & 0.4740 & 0.1590 \\ 0.2310 & 0.6770 & 0.0920 \\ 0.2870 & 0.5220 & 0.1910 \\ 0.2820 & 0.4430 & 0.2750 \end{bmatrix} \quad R_2 = \begin{bmatrix} 0.6520 & 0.2720 & 0.0760 \\ 0.6090 & 0.1410 & 0.2500 \end{bmatrix}$$

$$R_3 = \begin{bmatrix} 0.1610 & 0.5710 & 0.2680 \\ 0.2900 & 0.5720 & 0.1380 \\ 0.4840 & 0.2710 & 0.2450 \\ 0.3150 & 0.4020 & 0.2830 \\ 0.0620 & 0.3080 & 0.6300 \end{bmatrix} \quad R_4 = \begin{bmatrix} 0.1240 & 0.3810 & 0.4950 \\ 0.1450 & 0.4760 & 0.3790 \\ 0.1070 & 0.5660 & 0.3270 \end{bmatrix}$$

5. 进行模糊合成

由 $W_1 = (0.2207, 0.1342, 0.2083, 0.2912, 0.1456)$ 可以得到"信息意识"的评价向量：

$$B_1 = W_1 R_1 = (0.3332, 0.4929, 0.1739)$$

由 $W_2 = (0.6667, 0.3333)$ 可以得到"信息知识"的评价向量：

$$B_2 = W_2 R_2 = (0.6377, 0.2283, 0.1340)$$

由 $W_3 = (0.2081, 0.1540, 0.1266, 0.2204, 0.2908)$ 可以得到"信息能力"的评价向量：

$$B_3 = W_3 R_3 = (0.2269, 0.4194, 0.3537)$$

由 $W_4 = (0.4934, 0.3108, 0.1958)$ 可以得到"信息道德"的评价向量：

$$B_4 = W_4 R_4 = (0.1272, 0.4467, 0.4261)$$

由 $W = (0.2491, 0.1481, 0.4981, 0.1047)$，便得到了"秦巴山区贫困人口信息素养水平"的综合评价向量：

$$B = WR = (W_1, W_2, W_3, W_4) \begin{bmatrix} B_1 \\ B_2 \\ B_3 \\ B_4 \end{bmatrix}$$

$$= (0.2491, 0.1481, 0.4981, 0.1047) \begin{bmatrix} 0.3332 & 0.4929 & 0.1739 \\ 0.6377 & 0.2283 & 0.1340 \\ 0.2269 & 0.4194 & 0.3537 \\ 0.1272 & 0.4467 & 0.4261 \end{bmatrix}$$

$$= (0.3038, 0.4123, 0.2839)$$

根据最大隶属度原则，信息素养水平高的隶属度是 0.3038，说明有 30.38% 的把握认为秦巴山区贫困人口信息素养水平较高；信息素养水平一般的隶属度是 0.4123，说明有 41.23% 的把握认为秦巴山区贫困人口信息素养水平一般；而信息素养水平低的隶属度是 0.2839，说明有28.39%的把握认为秦巴山区贫困人口信息素养水平较低。由于信息素养水平一般的隶属度大于信息素养较高和较低的隶属度，因此，可以认为秦巴山区贫困人口整体信息素养水平一般。

(二) 秦巴山区不同年龄贫困人口信息素养评价

不同年龄贫困人口信息素养评价同样适用于前面所构建的"秦巴山区贫困人口信息素养评价指标体系"，因此前面三步包括评价指标体系的建立、评价集和指标权重的确定在此省略，不再赘述。

1. 18岁以下贫困人口信息素养评价

根据问卷调查表整理得到18岁以下贫困人口信息素养测评的相关数据见表3-15。

表3-15 秦巴山区18岁以下贫困人口信息素养评价的调查结果统计 （%）

指标	评价		
	高	一般	低
R01 信息敏感性	62.80	21.00	16.10
R02 对信息作用的认识	55.00	32.50	12.50
R03 信息设备占有量	15.00	70.00	15.00
R04 信息需求	15.00	22.50	62.50
R05 终身学习能力	28.00	46.40	25.60
R06 基本文化素质	70.00	17.50	12.50
R07 信息技术知识	72.50	10.00	17.50
R08 信息获取能力	0.000	47.50	52.50
R09 信息理解能力	14.80	73.70	11.50
R10 信息交流能力	45.70	25.70	28.60
R11 信息处理能力	60.00	10.00	30.00

续　表

指标	评价		
	高	一般	低
R12 信息运用能力	2.20	23.90	73.90
R13 信息法规认知度	30.90	45.10	24.00
R14 信息安全认知度	20.20	57.10	22.70
R15 不良信息免疫力	31.80	23.20	45.00

（1）根据表3-15构造模糊评判矩阵

$$R_1 = \begin{bmatrix} 0.6280 & 0.2100 & 0.1610 \\ 0.5500 & 0.3250 & 0.1250 \\ 0.1500 & 0.7000 & 0.1500 \\ 0.1500 & 0.2250 & 0.6250 \\ 0.2800 & 0.4640 & 0.2560 \end{bmatrix} \quad R_2 = \begin{bmatrix} 0.7000 & 0.1750 & 0.1250 \\ 0.7250 & 0.1000 & 0.1750 \end{bmatrix}$$

$$R_3 = \begin{bmatrix} 0.0000 & 0.4750 & 0.5250 \\ 0.1480 & 0.7370 & 0.1150 \\ 0.4570 & 0.2570 & 0.2860 \\ 0.6000 & 0.1000 & 0.3000 \\ 0.0220 & 0.2390 & 0.7390 \end{bmatrix} \quad R_4 = \begin{bmatrix} 0.3090 & 0.4510 & 0.2400 \\ 0.2020 & 0.5710 & 0.2270 \\ 0.3180 & 0.2320 & 0.4500 \end{bmatrix}$$

（2）进行模糊合成

由 $W_1 = (0.2207, 0.1342, 0.2083, 0.2912, 0.1456)$ 可以得到"信息意识"的评价向量：

$$B_1 = W_1 R_1 = (0.3282, 0.3689, 0.3029)$$

由 $W_2 = (0.6667, 0.3333)$ 可以得到"信息知识"的评价向量：

$$B_2 = W_2 R_2 = (0.7083, 0.1500, 0.1417)$$

由 $W_3 = (0.2081, 0.1540, 0.1266, 0.2204, 0.2908)$ 可以得到

"信息能力"的评价向量：
$$B_3 = W_3 R_3 = (0.2193, 0.3365, 0.4442)$$
由 $W_4 = (0.4934, 0.3108, 0.1958)$ 可以得到"信息道德"的评价向量：
$$B_4 = W_4 R_4 = (0.2778, 0.4442, 0.2780)$$
由 $W = (0.2491, 0.1481, 0.4981, 0.1047)$，便得到了"秦巴山区18岁以下贫困人口信息素养水平"的综合评价向量：

$$B = WR = (W_1, W_2, W_3, W_4) \begin{bmatrix} B_1 \\ B_2 \\ B_3 \\ B_4 \end{bmatrix}$$

$$= (0.2491, 0.1481, 0.4981, 0.1047) \begin{bmatrix} 0.3282 & 0.3689 & 0.3029 \\ 0.7083 & 0.1500 & 0.1417 \\ 0.2193 & 0.3365 & 0.4442 \\ 0.2778 & 0.4442 & 0.2780 \end{bmatrix}$$

$$= (0.3250, 0.3282, 0.3468)$$

根据最大隶属度原则，信息素养水平高的隶属度是0.3250，说明有32.50%的把握认为秦巴山区18岁以下贫困贫困人口信息素养水平较高；信息素养水平一般的隶属度是0.3282，说明有32.82%的把握认为秦巴山区18岁以下贫困人口信息素养水平一般；而信息素养水平低的隶属度是0.3468，说明有34.68%的把握认为秦巴山区18岁以下贫困人口信息素养水平较低。由于信息素养水平低的隶属度大于信息素养水平一般和较高的隶属度，因此，可以认为秦巴山区18岁以下贫困人口信息素养水平较低。

2. 18—25岁贫困人口信息素养评价

根据问卷调查表整理得到18—25岁贫困人口信息素养测评的相关数据见表3-16。

表 3-16　秦巴山区 18—25 岁贫困人口信息素养评价的调查结果统计　　（%）

指标	评价		
	高	一般	低
R01 信息敏感性	56.00	31.10	12.90
R02 对信息作用的认识	47.80	40.90	11.30
R03 信息设备占有量	27.20	62.00	10.80
R04 信息需求	23.70	56.20	20.20
R05 终身学习能力	28.30	41.70	30.00
R06 基本文化素质	90.60	7.40	2.00
R07 信息技术知识	87.20	4.40	8.40
R08 信息获取能力	16.30	60.60	23.10
R09 信息理解能力	31.00	61.00	8.00
R10 信息交流能力	53.30	26.00	20.70
R11 信息处理能力	72.50	7.30	20.20
R12 信息运用能力	10.60	25.30	64.10
R13 信息法规认知度	36.90	41.10	22.00
R14 信息安全认知度	27.30	32.60	40.10
R15 不良信息免疫力	23.80	32.10	44.10

（1）根据表 3-16 构造模糊评判矩阵

$$R_1 = \begin{bmatrix} 0.5600 & 0.3110 & 0.1290 \\ 0.4780 & 0.4090 & 0.1130 \\ 0.2720 & 0.6200 & 0.1080 \\ 0.2370 & 0.5620 & 0.2020 \\ 0.2830 & 0.4170 & 0.3000 \end{bmatrix} \quad R_2 = \begin{bmatrix} 0.9060 & 0.0740 & 0.0200 \\ 0.8720 & 0.0440 & 0.0840 \end{bmatrix}$$

$$R_3 = \begin{bmatrix} 0.1630 & 0.6060 & 0.2310 \\ 0.3100 & 0.6100 & 0.0800 \\ 0.5330 & 0.2600 & 0.2070 \\ 0.7250 & 0.0730 & 0.2020 \\ 0.1060 & 0.2530 & 0.6410 \end{bmatrix} \quad R_4 = \begin{bmatrix} 0.3690 & 0.4110 & 0.2200 \\ 0.2730 & 0.3260 & 0.4010 \\ 0.2380 & 0.3210 & 0.4410 \end{bmatrix}$$

（2）进行模糊合成

由 $W_1 = (0.2207, 0.1342, 0.2083, 0.2912, 0.1456)$ 可以得到"信息意识"的评价向量：

$$B_1 = W_1 R_1 = (0.3545, 0.4769, 0.1686)$$

由 $W_2 = (0.6667, 0.3333)$ 可以得到"信息知识"的评价向量：

$$B_2 = W_2 R_2 = (0.8947, 0.0640, 0.0413)$$

由 $W_3 = (0.2081, 0.1540, 0.1266, 0.2204, 0.2908)$ 可以得到"信息能力"的评价向量：

$$B_3 = W_3 R_3 = (0.3398, 0.3427, 0.3175)$$

由 $W_4 = (0.4934, 0.3108, 0.1958)$ 可以得到"信息道德"的评价向量：

$$B_4 = W_4 R_4 = (0.3135, 0.3675, 0.3190)$$

由 $W = (0.2491, 0.1481, 0.4981, 0.1047)$，便得到了"秦巴山区 18—25 岁贫困人口信息素养水平"的综合评价向量：

$$B = WR = (W_1, W_2, W_3, W_4) \begin{bmatrix} B_1 \\ B_2 \\ B_3 \\ B_4 \end{bmatrix}$$

$$= (0.2491, 0.1481, 0.4981, 0.1047) \begin{bmatrix} 0.3545 & 0.4769 & 0.1686 \\ 0.8947 & 0.0640 & 0.0413 \\ 0.3398 & 0.3427 & 0.3175 \\ 0.3135 & 0.3675 & 0.3190 \end{bmatrix}$$

$$= (0.4229, 0.3774, 0.2397)$$

根据最大隶属度原则，信息素养水平高的隶属度是 0.4229，说明有 42.29% 的把握认为秦巴山区 18—25 岁贫困人口信息素养水平较高；信息素养水平一般的隶属度是 0.3774，说明有 37.74% 的把握认为秦巴山区 18—25 岁贫困人口信息素养水平一般；而信息素养水平低的隶属度是 0.2397，说明有 23.97% 的把握认为秦巴山区 18—25 岁贫困人口信息素养水平较低。由于信息素养水平高的隶属度大于信息素养水平一般和较低的隶属度，因此，可以认为秦巴山区 18—25 岁贫困人口信息素养水平较高。

3. 26—45 岁贫困人口信息素养评价

根据问卷调查表整理得到 26—45 岁贫困人口信息素养测评的相关数据见表 3-17。

表 3-17　秦巴山区 26—45 岁贫困人口信息素养评价的调查结果统计　　　　　（%）

指标	评价		
	高	一般	低
R01 信息敏感性	47.70	34.50	17.80
R02 对信息作用的认识	34.10	51.20	14.70
R03 信息设备占有量	23.00	70.30	6.70
R04 信息需求	33.00	51.60	15.40
R05 终身学习能力	27.80	45.90	26.30
R06 基本文化素质	63.70	31.00	5.30
R07 信息技术知识	77.70	10.50	11.80
R08 信息获取能力	19.20	59.20	21.60
R09 信息理解能力	29.80	56.20	14.00
R10 信息交流能力	46.90	28.20	24.90

续 表

指标	评 价		
	高	一般	低
R11 信息处理能力	67.20	9.80	23.00
R12 信息运用能力	5.10	31.30	63.60
R13 信息法规认知度	52.10	24.90	23.00
R14 信息安全认知度	38.70	26.20	35.10
R15 不良信息免疫力	22.30	31.70	46.00

（1）根据表3-17构造模糊评判矩阵：

$$R_1 = \begin{bmatrix} 0.4770 & 0.3450 & 0.1780 \\ 0.3410 & 0.5120 & 0.1470 \\ 0.2300 & 0.7030 & 0.0670 \\ 0.3300 & 0.5160 & 0.1540 \\ 0.2780 & 0.4590 & 0.2630 \end{bmatrix} \quad R_2 = \begin{bmatrix} 0.6370 & 0.3100 & 0.0530 \\ 0.7770 & 0.1050 & 0.1180 \end{bmatrix}$$

$$R_3 = \begin{bmatrix} 0.1920 & 0.5920 & 0.2160 \\ 0.2980 & 0.5620 & 0.1400 \\ 0.4690 & 0.2820 & 0.2490 \\ 0.6720 & 0.0980 & 0.2300 \\ 0.0510 & 0.3130 & 0.6360 \end{bmatrix} \quad R_4 = \begin{bmatrix} 0.5210 & 0.2490 & 0.2300 \\ 0.3870 & 0.2620 & 0.3510 \\ 0.2230 & 0.3170 & 0.4600 \end{bmatrix}$$

（2）进行模糊合成

由 $W_1 = (0.2207, 0.1342, 0.2083, 0.2912, 0.1456)$ 可以得到"信息意识"的评价向量：

$$B_1 = W_1 R_1 = (0.3356, 0.5085, 0.1559)$$

由 $W_2 = (0.6667, 0.3333)$ 可以得到"信息知识"的评价向量：

$$B_2 = W_2 R_2 = (0.6837, 0.2417, 0.0746)$$

由 $W_3 = (0.2081, 0.1540, 0.1266, 0.2204, 0.2908)$ 可以得到

"信息能力"的评价向量：

$$B_3 = W_3 R_3 = （0.3082, 0.3581, 0.3337）$$

由 $W_4 =$（0.4934, 0.3108, 0.1958）可以得到"信息道德"的评价向量：

$$B_4 = W_4 R_4 = （0.4209, 0.2668, 0.3123）$$

由 $W =$（0.2491, 0.1481, 0.4981, 0.1047），便得到了"秦巴山区26—45岁贫困人口信息素养水平"的综合评价向量：

$$B = WR = (W_1, W_2, W_3, W_4) \begin{bmatrix} B_1 \\ B_2 \\ B_3 \\ B_4 \end{bmatrix}$$

$$= (0.2491, 0.1481, 0.4981, 0.1047) \begin{bmatrix} 0.3356 & 0.5085 & 0.1559 \\ 0.6837 & 0.2417 & 0.0746 \\ 0.3082 & 0.3581 & 0.3337 \\ 0.4209 & 0.2668 & 0.3123 \end{bmatrix}$$

$$= （0.3824, 0.3688, 0.2488）$$

根据最大隶属度原则，信息素养水平高的隶属度是0.3824，说明有38.24%的把握认为秦巴山区26—45岁贫困人口信息素养水平较高；信息素养水平一般的隶属度是0.3688，说明有36.88%的把握认为秦巴山区26—45岁贫困人口信息素养水平一般；而信息素养水平低的隶属度是0.2488，说明有24.88%的把握认为秦巴山区26—45岁贫困人口信息素养水平较低。由于信息素养水平高的隶属度大于信息素养水平一般和较低的隶属度，因此，可以认为秦巴山区26—45岁贫困人口信息素养水平较高。

4. 46—60岁贫困人口信息素养评价

根据问卷调查表整理得到46—60岁贫困人口信息素养测评的相关数据见表3-18。

表 3-18 秦巴山区 46—60 岁贫困人口信息素养评价的调查结果统计 （%）

指标	评价		
	高	一般	低
R01 信息敏感性	45.50	37.00	17.50
R02 对信息作用的认识	34.00	50.70	15.30
R03 信息设备占有量	23.40	67.40	9.20
R04 信息需求	31.10	54.50	14.40
R05 终身学习能力	29.70	43.10	27.20
R06 基本文化素质	53.60	37.80	8.60
R07 信息技术知识	53.10	26.80	20.10
R08 信息获取能力	18.70	54.00	27.30
R09 信息理解能力	30.60	52.30	17.10
R10 信息交流能力	46.40	27.30	26.30
R11 信息处理能力	41.70	24.30	34.00
R12 信息运用能力	4.20	28.50	67.30
R13 信息法规认知度	32.80	30.20	37.00
R14 信息安全认知度	24.20	34.70	41.10
R15 不良信息免疫力	28.30	33.70	38.00

（1）根据表 3-18 构造模糊评判矩阵

$$R_1 = \begin{bmatrix} 0.4550 & 0.3700 & 0.1750 \\ 0.3400 & 0.5070 & 0.1530 \\ 0.2340 & 0.6740 & 0.0920 \\ 0.3110 & 0.5450 & 0.1440 \\ 0.2970 & 0.4310 & 0.2720 \end{bmatrix} \quad R_2 = \begin{bmatrix} 0.5360 & 0.3780 & 0.0860 \\ 0.5310 & 0.2680 & 0.2010 \end{bmatrix}$$

$$R_3 = \begin{bmatrix} 0.1870 & 0.5400 & 0.2730 \\ 0.3060 & 0.5230 & 0.1710 \\ 0.4640 & 0.2730 & 0.2630 \\ 0.4170 & 0.2430 & 0.3400 \\ 0.0420 & 0.2850 & 0.6730 \end{bmatrix} \quad R_4 = \begin{bmatrix} 0.3280 & 0.3020 & 0.3700 \\ 0.2420 & 0.3470 & 0.4110 \\ 0.2830 & 0.3370 & 0.3800 \end{bmatrix}$$

（2）进行模糊合成

由 $W_1 = (0.2207, 0.1342, 0.2083, 0.2912, 0.1456)$ 可以得到"信息意识"的评价向量：

$$B_1 = W_1 R_1 = (0.3286, 0.5116, 0.1598)$$

由 $W_2 = (0.6667, 0.3333)$ 可以得到"信息知识"的评价向量：

$$B_2 = W_2 R_2 = (0.5343, 0.3413, 0.1244)$$

由 $W_3 = (0.2081, 0.1540, 0.1266, 0.2204, 0.2908)$ 可以得到"信息能力"的评价向量：

$$B_3 = W_3 R_3 = (0.2489, 0.3639, 0.3872)$$

由 $W_4 = (0.4934, 0.3108, 0.1958)$ 可以得到"信息道德"的评价向量：

$$B_4 = W_4 R_4 = (0.2922, 0.3234, 0.3844)$$

由 $W = (0.2491, 0.1481, 0.4981, 0.1047)$，便得到了"秦巴山区46—60岁贫困人口信息素养水平"的综合评价向量：

$$B = WR = (W_1, W_2, W_3, W_4) \begin{bmatrix} B_1 \\ B_2 \\ B_3 \\ B_4 \end{bmatrix}$$

$$= (0.2491, 0.1481, 0.4981, 0.1047) \begin{bmatrix} 0.3286 & 0.5116 & 0.1598 \\ 0.5343 & 0.3413 & 0.1244 \\ 0.2489 & 0.3639 & 0.3872 \\ 0.2922 & 0.3234 & 0.3844 \end{bmatrix}$$

$$= (0.3156, 0.3931, 0.2913)$$

根据最大隶属度原则，信息素养水平高的隶属度是 0.3156，说明有 31.56% 的把握认为秦巴山区 46—60 岁贫困人口信息素养水平较高；信息素养水平一般的隶属度是 0.3931，说明有 39.31% 的把握认为秦巴山区 46—60 岁贫困人口信息素养水平一般；而信息素养水平低的隶属度是 0.2913，说明有 29.13% 的把握认为秦巴山区 46—60 岁贫困人口信息素养水平较低。由于信息素养水平一般的隶属度大于信息素养水平较高和较低的隶属度，因此，可以认为秦巴山区 46—60 岁贫困人口信息素养水平一般。

5. 60 岁以上贫困人口信息素养评价

根据问卷调查表整理得到 60 岁以上贫困人口信息素养测评的相关数据见表 3-19。

表 3-19　　秦巴山区 60 岁以上贫困人口信息素养评价的调查结果统计　　（%）

指标	评价		
	高	一般	低
R01 信息敏感性	51.70	19.50	28.80
R02 对信息作用的认识	11.90	49.30	38.80
R03 信息设备占有量	16.40	73.10	10.50
R04 信息需求	26.90	52.20	20.90
R05 终身学习能力	26.60	46.40	27.00
R06 基本文化素质	28.40	43.30	28.30
R07 信息技术知识	11.90	22.40	65.70
R08 信息获取能力	4.50	52.20	43.30
R09 信息理解能力	22.30	52.10	25.60

续表

指标	评价		
	高	一般	低
R10 信息交流能力	46.70	25.90	27.40
R11 信息处理能力	23.30	20.00	56.70
R12 信息运用能力	6.60	28.60	64.80
R13 信息法规认知度	23.30	37.60	39.10
R14 信息安全认知度	18.40	34.60	47.00
R15 不良信息免疫力	26.90	33.00	40.10

（1）根据表 3-19 构造模糊评判矩阵。

$$R_1 = \begin{bmatrix} 0.5170 & 0.1950 & 0.2880 \\ 0.1190 & 0.4930 & 0.3880 \\ 0.1640 & 0.7310 & 0.1050 \\ 0.2690 & 0.5220 & 0.2090 \\ 0.2660 & 0.4640 & 0.2700 \end{bmatrix} \quad R_2 = \begin{bmatrix} 0.2840 & 0.4330 & 0.2830 \\ 0.1190 & 0.2240 & 0.6570 \end{bmatrix}$$

$$R_3 = \begin{bmatrix} 0.0450 & 0.5220 & 0.4330 \\ 0.2230 & 0.5210 & 0.2560 \\ 0.4670 & 0.2590 & 0.2740 \\ 0.2330 & 0.2000 & 0.5670 \\ 0.0660 & 0.2860 & 0.6480 \end{bmatrix} \quad R_4 = \begin{bmatrix} 0.2330 & 0.3760 & 0.3910 \\ 0.1840 & 0.3460 & 0.4700 \\ 0.2690 & 0.3300 & 0.4010 \end{bmatrix}$$

（2）进行模糊合成

由 $W_1 = (0.2207, 0.1342, 0.2083, 0.2912, 0.1456)$ 可以得到"信息意识"的评价向量：

$$B_1 = W_1 R_1 = (0.2813, 0.4810, 0.2377)$$

由 $W_2 = (0.6667, 0.3333)$ 可以得到"信息知识"的评价向量：

$$B_2 = W_2 R_2 = (0.2290, 0.3633, 0.4077)$$

由 $W_3 = (0.2081, 0.1540, 0.1266, 0.2204, 0.2908)$ 可以得到"信息能力"的评价向量：

$$B_3 = W_3 R_3 = (0.1734, 0.3489, 0.4777)$$

由 $W_4 = (0.4934, 0.3108, 0.1958)$ 可以得到"信息道德"的评价向量：

$$B_4 = W_4 R_4 = (0.2223, 0.3609, 0.4168)$$

由 $W = (0.2491, 0.1481, 0.4981, 0.1047)$，便得到了"秦巴山区60岁以上贫困人口信息素养水平"的综合评价向量：

$$B = WR = (W_1, W_2, W_3, W_4) \begin{bmatrix} B_1 \\ B_2 \\ B_3 \\ B_4 \end{bmatrix}$$

$$= (0.2491, 0.1481, 0.4981, 0.1047) \begin{bmatrix} 0.2813 & 0.4810 & 0.2377 \\ 0.2290 & 0.3633 & 0.4077 \\ 0.1734 & 0.3489 & 0.4777 \\ 0.2223 & 0.3609 & 0.4168 \end{bmatrix}$$

$$= (0.2136, 0.3852, 0.4012)$$

根据最大隶属度原则，信息素养水平高的隶属度是0.2136，说明有21.36%的把握认为秦巴山区60岁以上贫困人口信息素养水平较高；信息素养水平一般的隶属度是0.3852，说明有38.52%的把握认为秦巴山区60岁以上贫困人口信息素养水平一般；而信息素养水平低的隶属度是0.4012，说明有40.12%的把握认为秦巴山区60岁以上贫困人口信息素养水平较低。由于信息素养水平较低的隶属度大于信息素养较高和一般的隶属度，因此，可以认为秦巴山区60岁以上贫困人口信息素养水平较低。

6. 不同年龄贫困人口信息素养水平比较

通过上述计算，将秦巴山区不同年龄阶段贫困人口信息素养水平进行比较，见表3-20。

表 3-20　　秦巴山区不同年龄贫困人口信息素养评价结果

年龄段	评价结果	年龄段	评价结果
18 岁以下	低	46—60 岁	一般
18—25 岁	高	60 岁以上	低
26—45 岁	高		

根据最大隶属度原则，18 岁以下和 60 岁以上贫困人口的信息素养水平较低，18—25 岁和 26—45 岁两个年龄段贫困人口的信息素养水平较高，46—60 岁贫困人口信息素养水平一般。根据模糊分布原则，各年龄段贫困人口信息素养水平高的隶属度排序为 0.4229＞0.3824＞0.3250＞0.3156＞0.2136，即 18—25 岁贫困人口信息素养水平最高，其次是 26—45 岁，再次是 18 岁以下，从次是 46—60 岁，最后是 60 岁以上贫困人口。可见，年龄是影响贫困人口信息素养水平的重要因素。

（三）秦巴山区不同文化程度贫困人口信息素养评价

1. 没上过学的贫困人口信息素养评价

根据问卷调查表整理得到没上过学的贫困人口信息素养测评相关数据见表 3-21。

表 3-21　秦巴山区没上过学的贫困人口信息素养评价调查结果统计　　　　（%）

指标	评 价		
	高	一般	低
R01 信息敏感性	41.00	28.90	30.10
R02 对信息作用的认识	23.00	39.30	37.70
R03 信息设备占有量	13.10	70.50	16.40

续 表

指标	评价		
	高	一般	低
R04 信息需求	16.40	55.80	27.80
R05 终身学习能力	24.60	46.10	29.30
R06 基本文化素质	27.90	18.00	54.10
R07 信息技术知识	34.40	3.30	62.30
R08 信息获取能力	8.20	47.60	44.20
R09 信息理解能力	23.60	48.30	28.10
R10 信息交流能力	42.80	26.60	30.60
R11 信息处理能力	20.60	30.20	49.20
R12 信息运用能力	1.30	34.60	64.10
R13 信息法规认知度	8.10	19.90	72.00
R14 信息安全认知度	16.70	33.20	50.10
R15 不良信息免疫力	14.30	29.50	56.20

（1）根据表 3-21 构造模糊评判矩阵

$$R_1 = \begin{bmatrix} 0.4100 & 0.2890 & 0.3010 \\ 0.2300 & 0.3930 & 0.3770 \\ 0.1310 & 0.7050 & 0.1640 \\ 0.1640 & 0.5580 & 0.2780 \\ 0.2460 & 0.4610 & 0.2930 \end{bmatrix} \quad R_2 = \begin{bmatrix} 0.2790 & 0.1800 & 0.5410 \\ 0.3440 & 0.0330 & 0.6230 \end{bmatrix}$$

$$R_3 = \begin{bmatrix} 0.0820 & 0.4760 & 0.4420 \\ 0.2360 & 0.4830 & 0.2810 \\ 0.4280 & 0.2660 & 0.3060 \\ 0.2060 & 0.3020 & 0.4920 \\ 0.0130 & 0.3460 & 0.6410 \end{bmatrix} \quad R_4 = \begin{bmatrix} 0.0810 & 0.1990 & 0.7200 \\ 0.1670 & 0.3320 & 0.5010 \\ 0.1430 & 0.2950 & 0.5620 \end{bmatrix}$$

（2）进行模糊合成

由 $W_1 = (0.2207, 0.1342, 0.2083, 0.2912, 0.1456)$ 可以得到"信息意识"的评价向量：

$$B_1 = W_1 R_1 = (0.2322, 0.4930, 0.2748)$$

由 $W_2 = (0.6667, 0.3333)$ 可以得到"信息知识"的评价向量：

$$B_2 = W_2 R_2 = (0.3007, 0.1310, 0.5683)$$

由 $W_3 = (0.2081, 0.1540, 0.1266, 0.2204, 0.2908)$ 可以得到"信息能力"的评价向量：

$$B_3 = W_3 R_3 = (0.1568, 0.3743, 0.4689)$$

由 $W_4 = (0.4934, 0.3108, 0.1958)$ 可以得到"信息道德"的评价向量：

$$B_4 = W_4 R_4 = (0.1197, 0.2600, 0.6203)$$

由 $W = (0.2491, 0.1481, 0.4981, 0.1047)$，便得到了"秦巴山区没上过学的贫困人口信息素养水平"的综合评价向量：

$$B = WR = (W_1, W_2, W_3, W_4) \begin{bmatrix} B_1 \\ B_2 \\ B_3 \\ B_4 \end{bmatrix}$$

$$= (0.2491, 0.1481, 0.4981, 0.1047) \begin{bmatrix} 0.2322 & 0.4930 & 0.2748 \\ 0.3007 & 0.1310 & 0.5683 \\ 0.1568 & 0.3743 & 0.4689 \\ 0.1197 & 0.2600 & 0.6203 \end{bmatrix}$$

$$= (0.1930, 0.3559, 0.4511)$$

根据最大隶属度原则,信息素养水平高的隶属度是 0.1930,说明有 19.30% 的把握认为秦巴山区没上过学的贫困人口信息素养水平较高;信息素养水平一般的隶属度是 0.3559,说明有 35.59% 的把握认为秦巴山区没上过学的贫困人口信息素养水平一般;而信息素养水平低的隶属度是 0.4511,说明有 45.11% 的把握认为秦巴山区没上过学的贫困人口信息素养水平较低。由于信息素养水平较低的隶属度大于信息素养较高和一般的隶属度,因此,可以认为秦巴山区没上过学的贫困人口信息素养水平较低。

2. 小学文化程度贫困人口信息素养评价

根据问卷调查表整理得到小学文化程度贫困人口信息素养测评的相关数据见表 3-22。

表 3-22 秦巴山区小学文化程度贫困人口信息素养评价调查结果统计 (%)

指标	评价		
	高	一般	低
R01 信息敏感性	44.40	33.40	22.20
R02 对信息作用的认识	24.20	56.20	19.60
R03 信息设备占有量	17.80	71.70	10.50
R04 信息需求	27.00	52.90	20.10
R05 终身学习能力	26.10	45.00	28.90
R06 基本文化素质	35.60	38.80	25.60
R07 信息技术知识	43.80	29.70	26.50
R08 信息获取能力	15.10	56.60	28.30
R09 信息理解能力	27.90	54.30	17.80
R10 信息交流能力	42.70	28.20	29.10

续表

指标	评价		
	高	一般	低
R11 信息处理能力	30.60	35.20	34.20
R12 信息运用能力	3.70	30.80	65.50
R13 信息法规认知度	11.80	31.10	57.10
R14 信息安全认知度	21.20	34.00	44.80
R15 不良信息免疫力	17.30	35.50	47.20

（1）根据表 3-22 构造模糊评判矩阵

$$R_1 = \begin{bmatrix} 0.4440 & 0.3340 & 0.2220 \\ 0.2420 & 0.5620 & 0.1960 \\ 0.1780 & 0.7170 & 0.1050 \\ 0.2700 & 0.5290 & 0.2010 \\ 0.2610 & 0.4500 & 0.2890 \end{bmatrix} \quad R_2 = \begin{bmatrix} 0.3560 & 0.3880 & 0.2560 \\ 0.4380 & 0.2970 & 0.2650 \end{bmatrix}$$

$$R_3 = \begin{bmatrix} 0.1510 & 0.5660 & 0.2830 \\ 0.2790 & 0.5430 & 0.1780 \\ 0.4270 & 0.2820 & 0.2910 \\ 0.3060 & 0.3520 & 0.3420 \\ 0.0370 & 0.3080 & 0.6550 \end{bmatrix} \quad R_4 = \begin{bmatrix} 0.1180 & 0.3110 & 0.5710 \\ 0.2120 & 0.3400 & 0.4480 \\ 0.1730 & 0.3550 & 0.4720 \end{bmatrix}$$

（2）进行模糊合成

由 $W_1 = (0.2207, 0.1342, 0.2083, 0.2912, 0.1456)$ 可以得到"信息意识"的评价向量：

$$B_1 = W_1 R_1 = (0.2842, 0.5180, 0.1978)$$

由 $W_2 = (0.6667, 0.3333)$ 可以得到"信息知识"的评价向量：

$$B_2 = W_2 R_2 = (0.3833, 0.3577, 0.2590)$$

由 $W_3 = (0.2081, 0.1540, 0.1266, 0.2204, 0.2908)$ 可以得到

"信息能力"的评价向量：

$$B_3 = W_3 R_3 = (0.2067, 0.4043, 0.3890)$$

由 $W_4 = (0.4934, 0.3108, 0.1958)$ 可以得到"信息道德"的评价向量：

$$B_4 = W_4 R_4 = (0.1578, 0.3291, 0.5131)$$

由 $W = (0.2491, 0.1481, 0.4981, 0.1047)$，便得到了"秦巴山区小学文化程度贫困人口信息素养水平"的综合评价向量：

$$B = WR = (W_1, W_2, W_3, W_4) \begin{bmatrix} B_1 \\ B_2 \\ B_3 \\ B_4 \end{bmatrix}$$

$$= (0.2491, 0.1481, 0.4981, 0.1047) \begin{bmatrix} 0.2842 & 0.5180 & 0.1978 \\ 0.3833 & 0.3577 & 0.2590 \\ 0.2067 & 0.4043 & 0.3890 \\ 0.1578 & 0.3291 & 0.5131 \end{bmatrix}$$

$$= (0.2470, 0.4179, 0.3351)$$

根据最大隶属度原则，信息素养水平高的隶属度是0.2470，说明有24.70%的把握认为秦巴山区小学文化程度贫困人口信息素养水平较高；信息素养水平一般的隶属度是0.4179，说明有41.79%的把握认为秦巴山区小学文化程度贫困人口信息素养水平一般；而信息素养水平低的隶属度是0.3351，说明有33.51%的把握认为秦巴山区小学文化程度贫困人口信息素养水平较低。由于信息素养水平一般的隶属度大于信息素养较高和较低的隶属度，因此，可以认为秦巴山区小学文化程度贫困人口信息素养水平一般。

3. 中学文化程度贫困人口信息素养评价

根据问卷调查表整理得到中学文化程度贫困人口信息素养测评的相关数据见表3-23。

表 3-23　秦巴山区中学文化程度贫困人口信息素养评价调查结果统计　　（%）

指标	评价		
	高	一般	低
R01 信息敏感性	52.50	33.80	13.70
R02 对信息作用的认识	37.50	48.00	14.50
R03 信息设备占有量	24.10	67.20	8.70
R04 信息需求	30.50	49.40	20.10
R05 终身学习能力	29.80	42.50	27.70
R06 基本文化素质	57.00	24.70	18.30
R07 信息技术知识	78.20	11.30	10.50
R08 信息获取能力	17.20	56.10	26.70
R09 信息理解能力	30.50	58.00	11.50
R10 信息交流能力	49.20	27.90	22.90
R11 信息处理能力	64.10	10.00	25.90
R12 信息运用能力	8.40	25.80	65.80
R13 信息法规认知度	22.70	34.30	43.00
R14 信息安全认知度	25.90	35.00	39.10
R15 不良信息免疫力	27.80	38.20	34.00

（1）根据表 3-23 构造模糊评判矩阵

$$R_1 = \begin{bmatrix} 0.5250 & 0.3380 & 0.1370 \\ 0.3750 & 0.4800 & 0.1450 \\ 0.2410 & 0.6720 & 0.0870 \\ 0.3050 & 0.4940 & 0.2010 \\ 0.2980 & 0.4250 & 0.2770 \end{bmatrix} \quad R_2 = \begin{bmatrix} 0.5700 & 0.2470 & 0.1830 \\ 0.7820 & 0.1130 & 0.1050 \end{bmatrix}$$

$$R_3 = \begin{bmatrix} 0.1720 & 0.5610 & 0.2670 \\ 0.3050 & 0.5800 & 0.1150 \\ 0.4920 & 0.2790 & 0.2290 \\ 0.6410 & 0.1000 & 0.2590 \\ 0.0840 & 0.2580 & 0.6580 \end{bmatrix} \quad R_4 = \begin{bmatrix} 0.2270 & 0.3430 & 0.4300 \\ 0.2590 & 0.3500 & 0.3910 \\ 0.2780 & 0.3820 & 0.3400 \end{bmatrix}$$

（2）进行模糊合成

由 $W_1 = (0.2207, 0.1342, 0.2083, 0.2912, 0.1456)$ 可以得到"信息意识"的评价向量：

$$B_1 = W_1 R_1 = (0.3486, 0.4847, 0.1667)$$

由 $W_2 = (0.6667, 0.3333)$ 可以得到"信息知识"的评价向量：

$$B_2 = W_2 R_2 = (0.6407, 0.2023, 0.1570)$$

由 $W_3 = (0.2081, 0.1540, 0.1266, 0.2204, 0.2908)$ 可以得到"信息能力"的评价向量：

$$B_3 = W_3 R_3 = (0.3108, 0.3385, 0.3507)$$

由 $W_4 = (0.4934, 0.3108, 0.1958)$ 可以得到"信息道德"的评价向量：

$$B_4 = W_4 R_4 = (0.2491, 0.3509, 0.4000)$$

由 $W = (0.2491, 0.1481, 0.4981, 0.1047)$，便得到了"秦巴山区中学文化程度贫困人口信息素养水平"的综合评价向量：

$$B = WR = (W_1, W_2, W_3, W_4) \begin{bmatrix} B_1 \\ B_2 \\ B_3 \\ B_4 \end{bmatrix}$$

$$= (0.2491, 0.1481, 0.4981, 0.1047) \begin{bmatrix} 0.3486 & 0.4847 & 0.1667 \\ 0.6407 & 0.2023 & 0.1570 \\ 0.3108 & 0.3385 & 0.3507 \\ 0.2491 & 0.3509 & 0.4000 \end{bmatrix}$$

$$= (0.3626, 0.3561, 0.2813)$$

根据最大隶属度原则，信息素养水平高的隶属度是 0.3626，说明有 36.26% 的把握认为秦巴山区中学文化程度贫困人口信息素养水平较高；信息素养水平一般的隶属度是 0.3561，说明有 35.61% 的把握认为秦巴山区中学文化程度贫困人口信息素养水平一般；而信息素养水平低的隶属度是 0.2813，说明有 28.13% 的把握认为秦巴山区中学文化程度贫困人口信息素养水平较低。由于信息素养水平较高的隶属度大于信息素养一般和较低的隶属度，因此，可以认为秦巴山区中学文化程度贫困人口信息素养水平较高。

4. 大专（大学）以上文化程度贫困人口信息素养评价

根据问卷调查表整理得到大专以上文化程度贫困人口信息素养测评的相关数据见表 3-24。

表 3-24　秦巴山区大专（大学）以上文化程度贫困人口信息素养评价调查结果统计　　　　　　　　　　（%）

指标	评价		
	高	一般	低
R01 信息敏感性	55.60	30.20	14.20
R02 对信息作用的认识	54.90	38.50	6.60
R03 信息设备占有量	31.30	63.20	5.50
R04 信息需求	31.90	54.90	13.20
R05 终身学习能力	29.30	46.00	24.70
R06 基本文化素质	73.10	18.70	8.20
R07 信息技术知识	89.00	4.40	6.60
R08 信息获取能力	18.10	62.70	19.20
R09 信息理解能力	29.20	60.90	9.90

续 表

指标	评价		
	高	一般	低
R10 信息交流能力	54.70	24.90	20.40
R11 信息处理能力	79.10	2.20	18.70
R12 信息运用能力	10.50	29.70	59.80
R13 信息法规认知度	48.10	30.30	21.60
R14 信息安全认知度	36.80	36.10	27.10
R15 不良信息免疫力	41.70	33.10	25.20

（1）根据表3-24构造模糊评判矩阵

$$R_1 = \begin{bmatrix} 0.5560 & 0.3020 & 0.1420 \\ 0.5490 & 0.3850 & 0.0660 \\ 0.3130 & 0.6320 & 0.0550 \\ 0.3190 & 0.5490 & 0.1320 \\ 0.2930 & 0.4600 & 0.2470 \end{bmatrix} \quad R_2 = \begin{bmatrix} 0.7310 & 0.1870 & 0.0820 \\ 0.8900 & 0.0440 & 0.0660 \end{bmatrix}$$

$$R_3 = \begin{bmatrix} 0.1810 & 0.6270 & 0.1920 \\ 0.2920 & 0.6090 & 0.0990 \\ 0.5470 & 0.2490 & 0.2040 \\ 0.7910 & 0.0220 & 0.1870 \\ 0.1050 & 0.2970 & 0.5980 \end{bmatrix} \quad R_4 = \begin{bmatrix} 0.4810 & 0.3030 & 0.2160 \\ 0.3680 & 0.3610 & 0.2710 \\ 0.4170 & 0.3310 & 0.2520 \end{bmatrix}$$

（2）进行模糊合成

由 $W_1 = (0.2207, 0.1342, 0.2083, 0.2912, 0.1456)$ 可以得到"信息意识"的评价向量：

$$B_1 = W_1 R_1 = (0.3971, 0.4768, 0.1261)$$

由 $W_2 = (0.6667, 0.3333)$ 可以得到"信息知识"的评价向量：

$$B_2 = W_2 R_2 = (0.7840, 0.1393, 0.0767)$$

由 $W_3 = (0.2081, 0.1540, 0.1266, 0.2204, 0.2908)$ 可以得到"信息能力"的评价向量：

$$B_3 = W_3 R_3 = (0.3568, 0.3470, 0.2962)$$

由 $W_4 = (0.4934, 0.3108, 0.1958)$ 可以得到"信息道德"的评价向量：

$$B_4 = W_4 R_4 = (0.4341, 0.3245, 0.2414)$$

由 $W = (0.2491, 0.1481, 0.4981, 0.1047)$，便得到了"秦巴山区大专（大学）以上文化程度贫困人口信息素养水平"的综合评价向量：

$$B = WR = (W_1, W_2, W_3, W_4) \begin{bmatrix} B_1 \\ B_2 \\ B_3 \\ B_4 \end{bmatrix}$$

$$= (0.2491, 0.1481, 0.4981, 0.1047) \begin{bmatrix} 0.3971 & 0.4768 & 0.1261 \\ 0.7840 & 0.1393 & 0.0767 \\ 0.3568 & 0.3470 & 0.2962 \\ 0.4341 & 0.3245 & 0.2414 \end{bmatrix}$$

$$= (0.4382, 0.3462, 0.2156)$$

根据最大隶属度原则，信息素养水平高的隶属度是0.4382，说明有43.82%的把握认为秦巴山区大专（大学）以上文化程度贫困人口信息素养水平较高；信息素养水平一般的隶属度是0.3462，说明有34.62%的把握认为秦巴山区大专（大学）以上文化程度贫困人口信息素养水平一般；而信息素养水平低的隶属度是0.2156，说明有21.56%的把握认为秦巴山区大专（大学）以上文化程度贫困人口信息素养水平较低。由于信息素养水平较高的隶属度大于信息素养一般和较低的隶属度，因此，可以认为秦巴山区大专（大学）以上文化程度贫困人口信息素养水平较高。

5. 不同文化程度贫困人口信息素养水平比较

通过上述计算，将秦巴山区不同文化程度贫困人口信息素养水平进行比较，见表 3-25。

表 3-25　秦巴山区不同文化程度贫困人口信息素养评价结果

文化程度	评价结果	文化程度	评价结果
没上过学	低	中学	高
小学	一般	大专（大学）及以上	高

根据最大隶属度原则，秦巴山区没上过学的贫困人口信息素养水平较低，小学文化程度的贫困人口信息素养水平一般，而中学、大专及以上文化程度的贫困人口信息素养水平较高。根据模糊分布原则，不同文化程度贫困人口信息素养水平高的隶属度排序为 0.4382>0.3626>0.2470>0.1930，即大专（大学）以上文化程度的贫困人口信息素养水平最高，其次是中学，再次是小学，最后是没上过学的贫困人口。可见，文化程度明显影响着贫困人口信息素养水平的高低，而且呈现出文化水平越高，则信息素养水平越高的规律。

（四）按是否加入农业合作社为标准进行贫困人口信息素养评价

1. 没有加入合作社的贫困人口信息素养评价

根据问卷调查表整理得到没有加入合作社的贫困人口信息素养测评的相关数据见表 3-26。

表 3-26　秦巴山区没有加入农业合作社的贫困人口信息
素养评价调查结果统计　　　　　　　　　　　　（%）

指标	评　价		
	高	一般	低
R01 信息敏感性	50.00	32.80	17.20
R02 对信息作用的认识	84.30	7.60	8.10

续表

指标	评价		
	高	一般	低
R03 信息设备占有量	22.50	68.80	8.70
R04 信息需求	29.20	52.40	18.40
R05 终身学习能力	28.80	44.30	26.90
R06 基本文化素质	54.60	24.90	20.50
R07 信息技术知识	70.20	12.80	17.00
R08 信息获取能力	13.40	58.00	28.60
R09 信息理解能力	28.50	57.30	14.20
R10 信息交流能力	48.30	27.20	24.50
R11 信息处理能力	50.50	21.00	28.50
R12 信息运用能力	6.80	27.40	65.80
R13 信息法规认知度	25.10	30.30	44.60
R14 信息安全认知度	23.20	40.10	36.70
R15 不良信息免疫力	26.30	34.20	39.50

（1）根据表3-26构造模糊评判矩阵

$$R_1 = \begin{bmatrix} 0.5000 & 0.3280 & 0.1720 \\ 0.8430 & 0.0760 & 0.0810 \\ 0.2250 & 0.6880 & 0.0870 \\ 0.2920 & 0.5240 & 0.1840 \\ 0.2880 & 0.4430 & 0.2690 \end{bmatrix} \quad R_2 = \begin{bmatrix} 0.5460 & 0.2490 & 0.2050 \\ 0.7020 & 0.1280 & 0.1700 \end{bmatrix}$$

$$R_3 = \begin{bmatrix} 0.1340 & 0.5800 & 0.2860 \\ 0.2850 & 0.5730 & 0.1420 \\ 0.4830 & 0.2720 & 0.2450 \\ 0.5050 & 0.2100 & 0.2850 \\ 0.0680 & 0.2740 & 0.6580 \end{bmatrix} \quad R_4 = \begin{bmatrix} 0.2510 & 0.3030 & 0.4460 \\ 0.2320 & 0.4010 & 0.3670 \\ 0.2630 & 0.3420 & 0.3950 \end{bmatrix}$$

（2）进行模糊合成

由 $W_1 = (0.2207, 0.1342, 0.2083, 0.2912, 0.1456)$ 可以得到"信息意识"的评价向量：

$$B_1 = W_1 R_1 = (0.3973, 0.4430, 0.1597)$$

由 $W_2 = (0.6667, 0.3333)$ 可以得到"信息知识"的评价向量：

$$B_2 = W_2 R_2 = (0.5980, 0.2087, 0.1933)$$

由 $W_3 = (0.2081, 0.1540, 0.1266, 0.2204, 0.2908)$ 可以得到"信息能力"的评价向量：

$$B_3 = W_3 R_3 = (0.2640, 0.3694, 0.3666)$$

由 $W_4 = (0.4934, 0.3108, 0.1958)$ 可以得到"信息道德"的评价向量：

$$B_4 = W_4 R_4 = (0.2457, 0.3389, 0.4154)$$

由 $W = (0.2491, 0.1481, 0.4981, 0.1047)$，便得到了"秦巴山区没有加入合作社的贫困人口信息素养水平"的综合评价向量：

$$B = WR = (W_1, W_2, W_3, W_4) \begin{bmatrix} B_1 \\ B_2 \\ B_3 \\ B_4 \end{bmatrix}$$

$$= (0.2491, 0.1481, 0.4981, 0.1047) \begin{bmatrix} 0.3973 & 0.4430 & 0.1597 \\ 0.5980 & 0.2087 & 0.1933 \\ 0.2640 & 0.3694 & 0.3666 \\ 0.2457 & 0.3389 & 0.4154 \end{bmatrix}$$

$$= (0.3448, 0.3607, 0.2945)$$

根据最大隶属度原则，信息素养水平高的隶属度是 0.3448，说明有 34.48% 的把握认为秦巴山区没有加入合作社的贫困人口信息素养水平较高；信息素养水平一般的隶属度是 0.3607，说明有 36.07% 的把握认为秦巴山区没有加入合作社的贫困人口信息素养水平一般；而信息素养水平低的隶属度是 0.2945，说明有 29.45% 的把握认为秦巴山区没有加入合作社的贫困人口信息素养水平较低。由于信息素养水平一般的隶属度大于信息素养较高和较低的隶属度，因此，可以认为秦巴山区没有加入农业合作社的贫困人口信息素养水平一般。

2. 加入合作社的贫困人口信息素养评价

根据问卷调查表整理得到加入农业合作社的贫困人口信息素养测评的相关数据见表 3-27。

表 3-27　　秦巴山区加入农业合作社的贫困人口信息素养评价调查结果统计　　（%）

指标	评价		
	高	一般	低
R01 信息敏感性	52.30	31.00	16.70
R02 对信息作用的认识	39.60	43.60	16.80
R03 信息设备占有量	26.10	63.10	10.80
R04 信息需求	26.80	51.00	22.20
R05 终身学习能力	26.70	43.80	29.50
R06 基本文化素质	43.60	34.90	21.50
R07 信息技术知识	58.40	20.10	21.50
R08 信息获取能力	28.20	53.00	18.80
R09 信息理解能力	31.40	56.20	12.40
R10 信息交流能力	48.60	26.70	24.70

续表

指标	评价		
	高	一般	低
R11 信息处理能力	61.10	11.40	27.50
R12 信息运用能力	6.00	33.10	60.90
R13 信息法规认知度	34.10	37.30	28.60
R14 信息安全认知度	29.80	33.10	37.10
R15 不良信息免疫力	27.50	35.30	37.20

（1）根据表3-27构造模糊评判矩阵

$$R_1 = \begin{bmatrix} 0.5230 & 0.3100 & 0.1670 \\ 0.3960 & 0.4360 & 0.1680 \\ 0.2610 & 0.6310 & 0.1080 \\ 0.2680 & 0.5100 & 0.2220 \\ 0.2670 & 0.4380 & 0.2950 \end{bmatrix} \quad R_2 = \begin{bmatrix} 0.4360 & 0.3490 & 0.2150 \\ 0.5840 & 0.2010 & 0.2150 \end{bmatrix}$$

$$R_3 = \begin{bmatrix} 0.2820 & 0.5300 & 0.1880 \\ 0.3140 & 0.5620 & 0.1240 \\ 0.4860 & 0.2670 & 0.2470 \\ 0.6110 & 0.1140 & 0.2750 \\ 0.0600 & 0.3310 & 0.6090 \end{bmatrix} \quad R_4 = \begin{bmatrix} 0.3410 & 0.3730 & 0.2860 \\ 0.2980 & 0.3310 & 0.3710 \\ 0.2750 & 0.3530 & 0.3720 \end{bmatrix}$$

（2）进行模糊合成

由 $W_1 = (0.2207, 0.1342, 0.2083, 0.2912, 0.1456)$ 可以得到"信息意识"的评价向量：

$$B_1 = W_1 R_1 = (0.3399, 0.4706, 0.1895)$$

由 $W_2 = (0.6667, 0.3333)$ 可以得到"信息知识"的评价向量：

$$B_2 = W_2 R_2 = (0.4853, 0.2997, 0.2150)$$

由 $W_3 = (0.2081, 0.1540, 0.1266, 0.2204, 0.2908)$ 可以得到

"信息能力"的评价向量：

$$B_3 = W_3 R_3 = (0.3207, 0.3521, 0.3272)$$

由 $W_4 = (0.4934, 0.3108, 0.1958)$ 可以得到"信息道德"的评价向量：

$$B_4 = W_4 R_4 = (0.3158, 0.3537, 0.3305)$$

由 $W = (0.2491, 0.1481, 0.4981, 0.1047)$，便得到了"秦巴山区加入农业合作社的贫困人口信息素养水平"的综合评价向量：

$$B = WR = (W_1, W_2, W_3, W_4) \begin{bmatrix} B_1 \\ B_2 \\ B_3 \\ B_4 \end{bmatrix}$$

$$= (0.2491, 0.1481, 0.4981, 0.1047) \begin{bmatrix} 0.3399 & 0.4706 & 0.1895 \\ 0.4853 & 0.2997 & 0.2150 \\ 0.3207 & 0.3521 & 0.3272 \\ 0.3158 & 0.3537 & 0.3305 \end{bmatrix}$$

$$= (0.3494, 0.3740, 0.2766)$$

根据最大隶属度原则，信息素养水平高的隶属度是 0.3494，说明有 34.94% 的把握认为秦巴山区加入合作社的贫困人口信息素养水平较高；信息素养水平一般的隶属度是 0.3740，说明有 37.40% 的把握认为秦巴山区加入合作社的贫困人口信息素养水平一般；而信息素养水平低的隶属度是 0.2766，说明有 27.66% 的把握认为秦巴山区加入合作社的贫困人口信息素养水平较低。由于信息素养水平一般的隶属度大于信息素养较高和较低的隶属度，因此，可以认为秦巴山区加入农业合作社的贫困人口信息素养水平一般。

3. 是否加入农业合作社的贫困人口信息素养评价结果比较

秦巴山区是否加入农业合作社的贫困人口信息素养评价结果，见表 3-28。

表 3-28 秦巴山区是否加入农业合作社的贫困人口信息素养评价结果

是否加入农业合作社	评价结果
否	一般
是	一般

根据最大隶属度原则,秦巴山区没有加入农业合作社的贫困人口和加入农业合作社的贫困人口信息素养水平都为一般,虽然根据模糊分布原则,贫困人口信息素养水平一般的隶属度排序为 0.3740>0.3607,即加入农业合作社的贫困人口信息素养水平略高于没有加入农业合作社的贫困人口信息素养水平,但两者相差不大,因此,可以认为是否加入农业合作社并非影响贫困人口信息素养水平的重要因素。

(五) 以家庭收入的主要来源为标准进行贫困人口信息素养评价

1. 以务农收入为主的贫困人口信息素养评价

根据问卷调查表整理得到以务农收入为主的贫困人口信息素养测评的相关数据见表 3-29。

表 3-29 秦巴山区以务农收入为主的贫困人口信息素养评价调查结果统计 (%)

指标	评价		
	高	一般	低
R01 信息敏感性	49.10	32.20	18.70
R02 对信息作用的认识	30.70	50.30	19.00
R03 信息设备占有量	18.60	71.00	10.40
R04 信息需求	25.00	55.20	19.80
R05 终身学习能力	28.90	43.40	27.70
R06 基本文化素质	45.80	31.80	22.40

续 表

指标	评价		
	高	一般	低
R07 信息技术知识	58.20	17.90	23.90
R08 信息获取能力	15.30	55.70	29.00
R09 信息理解能力	28.70	54.60	16.70
R10 信息交流能力	46.10	27.30	26.60
R11 信息处理能力	57.10	10.10	32.80
R12 信息运用能力	7.20	29.50	63.30
R13 信息法规认知度	27.00	35.70	37.30
R14 信息安全认知度	27.90	38.10	34.00
R15 不良信息免疫力	22.60	37.20	40.20

（1）根据表 3-29 构造模糊评判矩阵

$$R_1 = \begin{bmatrix} 0.4910 & 0.3220 & 0.1870 \\ 0.3070 & 0.5030 & 0.1900 \\ 0.1860 & 0.7100 & 0.1040 \\ 0.2500 & 0.5520 & 0.1980 \\ 0.2890 & 0.4340 & 0.2770 \end{bmatrix} \quad R_2 = \begin{bmatrix} 0.4580 & 0.3180 & 0.2240 \\ 0.5820 & 0.1790 & 0.2390 \end{bmatrix}$$

$$R_3 = \begin{bmatrix} 0.1530 & 0.5570 & 0.2900 \\ 0.2870 & 0.5460 & 0.1670 \\ 0.4610 & 0.2730 & 0.2660 \\ 0.5710 & 0.1010 & 0.3280 \\ 0.0720 & 0.2950 & 0.6330 \end{bmatrix} \quad R_4 = \begin{bmatrix} 0.2700 & 0.3570 & 0.3730 \\ 0.2790 & 0.3810 & 0.3400 \\ 0.2260 & 0.3720 & 0.4020 \end{bmatrix}$$

（2）进行模糊合成

由 W_1 =（0.2207，0.1342，0.2083，0.2912，0.1456）可以得到

"信息意识"的评价向量：

$$B_1 = W_1 R_1 = (0.3032, 0.5104, 0.1864)$$

由 $W_2 = (0.6667, 0.3333)$ 可以得到"信息知识"的评价向量：

$$B_2 = W_2 R_2 = (0.4993, 0.2717, 0.2290)$$

由 $W_3 = (0.2081, 0.1540, 0.1266, 0.2204, 0.2908)$ 可以得到"信息能力"的评价向量：

$$B_3 = W_3 R_3 = (0.2812, 0.3426, 0.3762)$$

由 $W_4 = (0.4934, 0.3108, 0.1958)$ 可以得到"信息道德"的评价向量：

$$B_4 = W_4 R_4 = (0.2653, 0.3682, 0.3665)$$

由 $W = (0.2491, 0.1481, 0.4981, 0.1047)$，便得到了"秦巴山区以务农收入为主的贫困人口信息素养水平"的综合评价向量：

$$B = WR = (W_1, W_2, W_3, W_4) \begin{bmatrix} B_1 \\ B_2 \\ B_3 \\ B_4 \end{bmatrix}$$

$$= (0.2491, 0.1481, 0.4981, 0.1047) \begin{bmatrix} 0.3032 & 0.5104 & 0.1864 \\ 0.4993 & 0.2717 & 0.2290 \\ 0.2812 & 0.3426 & 0.3762 \\ 0.2653 & 0.3682 & 0.3665 \end{bmatrix}$$

$$= (0.3173, 0.3766, 0.3061)$$

根据最大隶属度原则，信息素养水平高的隶属度是 0.3173，说明有 31.73% 的把握认为秦巴山区以务农收入为主的贫困人口信息素养水平较高；信息素养水平一般的隶属度是 0.3766，说明有 37.66% 的把握认为秦巴山区以务农收入为主的贫困人口信息素养水平一般；而信息素养水平低的隶属度是 0.3061，说明有 30.61% 的把握认为秦巴山区以务农收入为主的贫困人口信息素养水平较低。由于信息素养水平一般的隶属度大于信息素养较高和较低的隶属度，因此，可以认为秦巴山区以务农收入为主的贫困人口信息素养水平一般。

2. 以非农收入为主的贫困人口信息素养评价

根据问卷调查表整理得到以非农收入为主的贫困人口信息素养测评的相关数据见表3-30。

表3-30　　秦巴山区以非农收入为主的贫困人口信息素养评价调查结果统计　　　（%）

指标	评价		
	高	一般	低
R01 信息敏感性	52.20	32.80	15.00
R02 对信息作用的认识	45.10	43.30	11.60
R03 信息设备占有量	29.70	63.20	7.10
R04 信息需求	34.20	47.70	18.10
R05 终身学习能力	27.60	45.30	27.10
R06 基本文化素质	62.00	19.60	18.40
R07 信息技术知识	81.60	8.90	9.50
R08 信息获取能力	17.20	59.10	23.70
R09 信息理解能力	29.60	60.70	9.70
R10 信息交流能力	51.70	26.80	21.50
R11 信息处理能力	69.50	8.50	22.00
R12 信息运用能力	10.20	27.30	62.50
R13 信息法规认知度	37.60	32.10	30.30
R14 信息安全认知度	32.70	38.20	29.10
R15 不良信息免疫力	28.20	32.70	39.10

(1) 根据表3-30构造模糊评判矩阵

$$R_1 = \begin{bmatrix} 0.5220 & 0.3280 & 0.1500 \\ 0.4510 & 0.4330 & 0.1160 \\ 0.2970 & 0.6320 & 0.0710 \\ 0.3420 & 0.4770 & 0.1810 \\ 0.2760 & 0.4530 & 0.2710 \end{bmatrix} \quad R_2 = \begin{bmatrix} 0.6200 & 0.1960 & 0.1840 \\ 0.8160 & 0.0890 & 0.0950 \end{bmatrix}$$

$$R_3 = \begin{bmatrix} 0.1720 & 0.5910 & 0.2370 \\ 0.2960 & 0.6070 & 0.0970 \\ 0.5170 & 0.2680 & 0.2150 \\ 0.6950 & 0.0850 & 0.2200 \\ 0.1020 & 0.2730 & 0.6250 \end{bmatrix} \quad R_4 = \begin{bmatrix} 0.3760 & 0.3210 & 0.3030 \\ 0.3270 & 0.3820 & 0.2910 \\ 0.2820 & 0.3270 & 0.3910 \end{bmatrix}$$

(2) 进行模糊合成

由 $W_1 = (0.2207, 0.1342, 0.2083, 0.2912, 0.1456)$ 可以得到"信息意识"的评价向量：

$$B_1 = W_1 R_1 = (0.3774, 0.4670, 0.1556)$$

由 $W_2 = (0.6667, 0.3333)$ 可以得到"信息知识"的评价向量：

$$B_2 = W_2 R_2 = (0.6853, 0.1603, 0.1544)$$

由 $W_3 = (0.2081, 0.1540, 0.1266, 0.2204, 0.2908)$ 可以得到"信息能力"的评价向量：

$$B_3 = W_3 R_3 = (0.3297, 0.3486, 0.3217)$$

由 $W_4 = (0.4934, 0.3108, 0.1958)$ 可以得到"信息道德"的评价向量：

$$B_4 = W_4 R_4 = (0.3449, 0.3406, 0.3145)$$

由 $W = (0.2491, 0.1481, 0.4981, 0.1047)$，便得到了"秦巴山区以非农收入为主的贫困人口信息素养水平"的综合评价向量：

$$B = WR = (W_1, W_2, W_3, W_4) \begin{bmatrix} B_1 \\ B_2 \\ B_3 \\ B_4 \end{bmatrix}$$

$$= (0.2491, 0.1481, 0.4981, 0.1047) \begin{bmatrix} 0.3774 & 0.4670 & 0.1556 \\ 0.6853 & 0.1603 & 0.1544 \\ 0.3297 & 0.3486 & 0.3217 \\ 0.3449 & 0.3406 & 0.3145 \end{bmatrix}$$

$$= (0.3958, 0.3494, 0.2548)$$

根据最大隶属度原则，信息素养水平高的隶属度是 0.3958，说明有 39.58% 的把握认为秦巴山区以非农收入为主的贫困人口信息素养水平较高；信息素养水平一般的隶属度是 0.3494，说明有 34.94% 的把握认为秦巴山区以非农收入为主的贫困人口信息素养水平一般；而信息素养水平低的隶属度是 0.2548，说明有 25.48% 的把握认为秦巴山区以非农收入为主的贫困人口信息素养水平较低。由于信息素养水平高的隶属度大于信息素养一般的隶属度，因此，可以认为秦巴山区以非农收入为主的贫困人口信息素养水平较高。

3. 不同家庭收入来源的贫困人口信息素养评价结果比较

秦巴山区不同家庭收入来源的贫困人口信息素养评价结果，见表 3-31。

表 3-31　秦巴山区不同家庭收入来源的贫困人口信息素养评价结果

家庭收入来源	评价结果
以务农收入为主	一般
以非农收入为主	较高

根据最大隶属度原则，秦巴山区以务农收入为主的贫困人口信息素养水平一般，而以非农收入为主的贫困人口信息素养水平较高；根

据模糊分布原则，贫困人口信息素养水平高的隶属度排序为 0.3958>0.3173，即以非农收入为主的贫困人口信息素养水平高于以务农收入为主的贫困人口信息素养水平。由于家庭收入来源可以反映贫困人口的信息意识，如对信息的敏感性、终身学习能力等，因此，可以认为它是影响贫困人口信息素养水平的重要因素。

（六）不同收入水平的贫困人口信息素养评价

1. 年人均收入5000元以下的贫困人口信息素养评价

根据问卷调查表整理得到秦巴山区年人均收入在5000元以下的贫困人口信息素养测评的相关数据，见表3-32。

表3-32　秦巴山区年人均收入5000元以下贫困人口信息素养评价调查结果统计　　　　　　　　（%）

指标	评价		
	高	一般	低
R01 信息敏感性	49.40	34.20	16.40
R02 对信息作用的认识	32.10	50.30	17.60
R03 信息设备占有量	18.70	72.50	8.80
R04 信息需求	22.80	53.10	24.10
R05 终身学习能力	29.30	44.60	26.10
R06 基本文化素质	45.30	30.60	24.10
R07 信息技术知识	60.10	16.30	23.60
R08 信息获取能力	11.90	57.80	30.30
R09 信息理解能力	28.80	55.70	15.50
R10 信息交流能力	43.10	29.70	27.20
R11 信息处理能力	55.10	12.00	32.90
R12 信息运用能力	7.70	26.60	65.70

续表

指标	评价		
	高	一般	低
R13 信息法规认知度	24.90	32.00	43.10
R14 信息安全认知度	23.20	35.60	41.30
R15 不良信息免疫力	22.10	34.50	43.40

（1）根据表 3-32 构造模糊评判矩阵

$$R_1 = \begin{bmatrix} 0.4940 & 0.3420 & 0.1640 \\ 0.3210 & 0.5030 & 0.1760 \\ 0.1870 & 0.7250 & 0.0880 \\ 0.2280 & 0.5310 & 0.2410 \\ 0.2930 & 0.4460 & 0.2610 \end{bmatrix} \quad R_2 = \begin{bmatrix} 0.4530 & 0.3060 & 0.2410 \\ 0.6010 & 0.1630 & 0.2360 \end{bmatrix}$$

$$R_3 = \begin{bmatrix} 0.1190 & 0.5780 & 0.3030 \\ 0.2880 & 0.5570 & 0.1550 \\ 0.4310 & 0.2970 & 0.2720 \\ 0.5510 & 0.1200 & 0.3290 \\ 0.0770 & 0.2660 & 0.6570 \end{bmatrix} \quad R_4 = \begin{bmatrix} 0.2490 & 0.3200 & 0.4310 \\ 0.2320 & 0.3560 & 0.4120 \\ 0.2210 & 0.3450 & 0.4340 \end{bmatrix}$$

（2）进行模糊合成

由 $W_1 =$（0.2207, 0.1342, 0.2083, 0.2912, 0.1456）可以得到"信息意识"的评价向量：

$$B_1 = W_1 R_1 = (0.3001, 0.5136, 0.1863)$$

由 $W_2 =$（0.6667, 0.3333）可以得到"信息知识"的评价向量：

$$B_2 = W_2 R_2 = (0.5023, 0.2583, 0.2394)$$

由 $W_3 =$（0.2081, 0.1540, 0.1266, 0.2204, 0.2908）可以得到"信息能力"的评价向量：

$$B_3 = W_3 R_3 = (0.2675, 0.3475, 0.3850)$$

由 $W_4 = (0.4934, 0.3108, 0.1958)$ 可以得到"信息道德"的评价向量：

$$B_4 = W_4 R_4 = (0.2379, 0.3383, 0.4238)$$

由 $W = (0.2491, 0.1481, 0.4981, 0.1047)$，便得到了"秦巴山区年人均收入在5000元以下的贫困人口信息素养水平"的综合评价向量：

$$B = WR = (W_1, W_2, W_3, W_4) \begin{bmatrix} B_1 \\ B_2 \\ B_3 \\ B_4 \end{bmatrix}$$

$$= (0.2491, 0.1481, 0.4981, 0.1047) \begin{bmatrix} 0.3001 & 0.5136 & 0.1863 \\ 0.5023 & 0.2583 & 0.2394 \\ 0.2675 & 0.3475 & 0.3850 \\ 0.2379 & 0.3383 & 0.4238 \end{bmatrix}$$

$$= (0.3073, 0.3747, 0.3180)$$

根据最大隶属度原则，信息素养水平高的隶属度是0.3073，说明有30.73%的把握认为秦巴山区年人均收入在5000元以下的贫困人口信息素养水平较高；信息素养水平一般的隶属度是0.3747，说明有37.47%的把握认为秦巴山区年人均收入在5000元以下的贫困人口信息素养水平一般；而信息素养水平低的隶属度是0.3180，说明有31.80%的把握认为秦巴山区年人均收入在5000元以下的贫困人口信息素养水平较低。由于信息素养水平一般的隶属度大于信息素养较高和较低的隶属度，因此，可以认为秦巴山区年人均收入在5000元以下的贫困人口信息素养水平一般。

2. 年人均收入5001~7000元的贫困人口信息素养评价

根据问卷调查表整理得到秦巴山区年人均收入为5001~7000元的贫困人口信息素养测评的相关数据，见表3-33。

表 3-33　秦巴山区年人均收入 5001~7000 元的贫困人口信息素养评价调查结果统计　（%）

指标	评价		
	高	一般	低
R01 信息敏感性	52.70	28.90	18.40
R02 对信息作用的认识	35.50	46.50	18.00
R03 信息设备占有量	23.30	63.90	12.80
R04 信息需求	27.00	56.40	16.60
R05 终身学习能力	28.60	40.00	31.40
R06 基本文化素质	56.40	24.60	19.00
R07 信息技术知识	70.60	12.80	16.60
R08 信息获取能力	19.90	59.20	20.90
R09 信息理解能力	29.40	58.00	12.60
R10 信息交流能力	52.20	25.70	22.10
R11 信息处理能力	66.80	10.00	23.20
R12 信息运用能力	8.20	29.60	62.20
R13 信息法规认知度	28.90	34.20	36.90
R14 信息安全认知度	26.10	34.80	39.10
R15 不良信息免疫力	24.70	36.30	39.00

（1）根据表 3-33 构造模糊评判矩阵

$$R_1 = \begin{bmatrix} 0.5270 & 0.2890 & 0.1840 \\ 0.3550 & 0.4650 & 0.1800 \\ 0.2330 & 0.6390 & 0.1280 \\ 0.2700 & 0.5640 & 0.1660 \\ 0.2860 & 0.4000 & 0.3140 \end{bmatrix} \quad R_2 = \begin{bmatrix} 0.5640 & 0.2460 & 0.1900 \\ 0.7060 & 0.1280 & 0.1660 \end{bmatrix}$$

$$R_3 = \begin{bmatrix} 0.1990 & 0.5920 & 0.2090 \\ 0.2940 & 0.5800 & 0.1260 \\ 0.5220 & 0.2570 & 0.2210 \\ 0.6680 & 0.1000 & 0.2320 \\ 0.0820 & 0.2960 & 0.6220 \end{bmatrix} \qquad R_4 = \begin{bmatrix} 0.2890 & 0.3420 & 0.3690 \\ 0.2610 & 0.3480 & 0.3910 \\ 0.2470 & 0.3630 & 0.3900 \end{bmatrix}$$

（2）进行模糊合成

由 $W_1 = (0.2207, 0.1342, 0.2083, 0.2912, 0.1456)$ 可以得到"信息意识"的评价向量：

$$B_1 = W_1 R_1 = (0.3327, 0.4818, 0.1855)$$

由 $W_2 = (0.6667, 0.3333)$ 可以得到"信息知识"的评价向量：

$$B_2 = W_2 R_2 = (0.6113, 0.2067, 0.1820)$$

由 $W_3 = (0.2081, 0.1540, 0.1266, 0.2204, 0.2908)$ 可以得到"信息能力"的评价向量：

$$B_3 = W_3 R_3 = (0.3239, 0.3532, 0.3229)$$

由 $W_4 = (0.4934, 0.3108, 0.1958)$ 可以得到"信息道德"的评价向量：

$$B_4 = W_4 R_4 = (0.2729, 0.3470, 0.3801)$$

由 $W = (0.2491, 0.1481, 0.4981, 0.1047)$，便得到了"秦巴山区年人均收入为5001~7000元贫困人口信息素养水平"的综合评价向量：

$$B = WR = (W_1, W_2, W_3, W_4) \begin{bmatrix} B_1 \\ B_2 \\ B_3 \\ B_4 \end{bmatrix}$$

$$= (0.2491, 0.1481, 0.4981, 0.1047) \begin{bmatrix} 0.3327 & 0.4818 & 0.1855 \\ 0.6113 & 0.2067 & 0.1820 \\ 0.3239 & 0.3532 & 0.3229 \\ 0.2729 & 0.3470 & 0.3801 \end{bmatrix}$$

$$= (0.3629, 0.3633, 0.2738)$$

根据最大隶属度原则，信息素养水平高的隶属度是 0.3629，说明有 36.29% 的把握认为秦巴山区年人均收入为 5001~7000 元的贫困人口信息素养水平较高；信息素养水平一般的隶属度是 0.3633，说明有 36.33% 的把握认为秦巴山区年人均收入为 5001~7000 元的贫困人口信息素养水平一般；而信息素养水平低的隶属度是 0.2738，说明有 27.38% 的把握认为秦巴山区年人均收入为 5001~7000 元的贫困人口信息素养水平较低。由于信息素养水平一般的隶属度大于信息素养较高和较低的隶属度，因此，可以认为秦巴山区年人均收入为 5001~7000 元的贫困人口信息素养水平一般。

3. 年人均收入 7001~10000 元的贫困人口信息素养评价

根据问卷调查表整理得到秦巴山区年人均收入 7001~10000 元的贫困人口信息素养测评相关数据，见表 3-34。

表 3-34　秦巴山区年人均收入 7001~10000 元的贫困人口信息素养评价调查结果统计　　　　　　　　　　（%）

指标	评价		
	高	一般	低
R01 信息敏感性	47.20	33.10	19.70
R02 对信息作用的认识	38.90	45.10	16.00
R03 信息设备占有量	25.70	69.00	5.30
R04 信息需求	36.30	51.30	12.40
R05 终身学习能力	24.50	48.10	27.40
R06 基本文化素质	61.90	18.60	19.50
R07 信息技术知识	75.20	16.00	8.80
R08 信息获取能力	18.60	53.10	28.30
R09 信息理解能力	27.90	58.90	13.20

续 表

指标	评 价		
	高	一般	低
R10 信息交流能力	51.60	24.20	24.20
R11 信息处理能力	66.90	9.20	23.90
R12 信息运用能力	7.10	30.50	62.40
R13 信息法规认知度	32.90	36.20	30.90
R14 信息安全认知度	30.80	37.10	32.10
R15 不良信息免疫力	26.70	34.20	39.10

（1）根据表 3-34 构造模糊评判矩阵

$$R_1 = \begin{bmatrix} 0.4720 & 0.3310 & 0.1970 \\ 0.3890 & 0.4510 & 0.1600 \\ 0.2570 & 0.6900 & 0.0530 \\ 0.3630 & 0.5130 & 0.1240 \\ 0.2450 & 0.4810 & 0.2740 \end{bmatrix} \quad R_2 = \begin{bmatrix} 0.6190 & 0.1860 & 0.1950 \\ 0.7520 & 0.1600 & 0.0880 \end{bmatrix}$$

$$R_3 = \begin{bmatrix} 0.1860 & 0.5310 & 0.2830 \\ 0.2790 & 0.5890 & 0.1320 \\ 0.5160 & 0.2420 & 0.2420 \\ 0.6690 & 0.0920 & 0.2390 \\ 0.0710 & 0.3050 & 0.6240 \end{bmatrix} \quad R_4 = \begin{bmatrix} 0.3290 & 0.3620 & 0.3090 \\ 0.3080 & 0.3710 & 0.3210 \\ 0.2670 & 0.3420 & 0.3910 \end{bmatrix}$$

（2）进行模糊合成

由 $W_1 = (0.2207, 0.1342, 0.2083, 0.2912, 0.1456)$ 可以得到"信息意识"的评价向量：

$$B_1 = W_1 R_1 = (0.3513, 0.4967, 0.1520)$$

由 $W_2 = (0.6667, 0.3333)$ 可以得到"信息知识"的评价向量：

$$B_2 = W_2 R_2 = (0.6633, 0.1773, 0.1594)$$

由 $W_3 = (0.2081, 0.1540, 0.1266, 0.2204, 0.2908)$ 可以得到"信息能力"的评价向量：

$$B_3 = W_3 R_3 = (0.3151, 0.3409, 0.3440)$$

由 $W_4 = (0.4934, 0.3108, 0.1958)$ 可以得到"信息道德"的评价向量：

$$B_4 = W_4 R_4 = (0.3120, 0.3592, 0.3288)$$

由 $W = (0.2491, 0.1481, 0.4981, 0.1047)$，便得到了"秦巴山区年人均收入为7001~10000元的贫困人口信息素养水平"的综合评价向量：

$$B = WR = (W_1, W_2, W_3, W_4) \begin{bmatrix} B_1 \\ B_2 \\ B_3 \\ B_4 \end{bmatrix}$$

$$= (0.2491, 0.1481, 0.4981, 0.1047) \begin{bmatrix} 0.3513 & 0.4967 & 0.1520 \\ 0.6633 & 0.1773 & 0.1594 \\ 0.3151 & 0.3409 & 0.3440 \\ 0.3120 & 0.3592 & 0.3288 \end{bmatrix}$$

$$= (0.3754, 0.3574, 0.2672)$$

根据最大隶属度原则，信息素养水平高的隶属度是0.3754，说明有37.54%的把握认为秦巴山区年人均收入为7001~10000元的贫困人口信息素养水平较高；信息素养水平一般的隶属度是0.3574，说明有35.74%的把握认为秦巴山区年人均收入为7001~10000元的贫困人口信息素养水平一般；而信息素养水平低的隶属度是0.2672，说明有26.72%的把握认为秦巴山区年人均收入为7001~10000元的贫困人口信息素养水平较低。由于信息素养水平高的隶属度大于信息素养一般和信息素养低的隶属度，因此，可以认为秦巴山区年人均收入为7001~10000元的贫困人口信息素养水平较高。

4. 年人均收入在 10000 元以上的贫困人口信息素养评价

根据问卷调查表整理得到秦巴山区年人均收入在 10000 元以上的贫困人口信息素养测评相关数据，见表 3-35。

表 3-35　秦巴山区年人均收入 10000 元以上贫困人口信息素养评价调查结果统计　（%）

指标	评价		
	高	一般	低
R01 信息敏感性	53.00	32.90	14.10
R02 对信息作用的认识	55.20	40.60	4.20
R03 信息设备占有量	38.50	55.20	6.30
R04 信息需求	47.90	39.60	12.50
R05 终身学习能力	29.50	46.60	23.90
R06 基本文化素质	62.50	25.00	12.50
R07 信息技术知识	85.40	6.30	8.30
R08 信息获取能力	21.80	54.20	24.00
R09 信息理解能力	30.60	58.60	10.80
R10 信息交流能力	54.80	24.50	20.70
R11 信息处理能力	65.50	8.50	26.00
R12 信息运用能力	12.90	31.70	55.40
R13 信息法规认知度	41.80	32.20	26.00
R14 信息安全认知度	42.50	24.40	33.10
R15 不良信息免疫力	31.70	31.10	37.20

（1）根据表 3-35 构造模糊评判矩阵

$$R_1 = \begin{bmatrix} 0.5300 & 0.3290 & 0.1410 \\ 0.5520 & 0.4060 & 0.0420 \\ 0.3850 & 0.5520 & 0.0630 \\ 0.4790 & 0.3960 & 0.1250 \\ 0.2950 & 0.4660 & 0.2390 \end{bmatrix} \quad R_2 = \begin{bmatrix} 0.6250 & 0.2500 & 0.1250 \\ 0.8540 & 0.0630 & 0.0830 \end{bmatrix}$$

$$R_3 = \begin{bmatrix} 0.2180 & 0.5420 & 0.2400 \\ 0.3060 & 0.5860 & 0.1080 \\ 0.5480 & 0.2450 & 0.2070 \\ 0.6550 & 0.0850 & 0.2600 \\ 0.1290 & 0.3170 & 0.5540 \end{bmatrix} \quad R_4 = \begin{bmatrix} 0.4180 & 0.3220 & 0.2600 \\ 0.4250 & 0.2440 & 0.3310 \\ 0.3170 & 0.3110 & 0.3720 \end{bmatrix}$$

（2）进行模糊合成

由 $W_1 = (0.2207, 0.1342, 0.2083, 0.2912, 0.1456)$ 可以得到"信息意识"的评价向量：

$$B_1 = W_1 R_1 = (0.4537, 0.4252, 0.1211)$$

由 $W_2 = (0.6667, 0.3333)$ 可以得到"信息知识"的评价向量：

$$B_2 = W_2 R_2 = (0.7013, 0.1877, 0.1110)$$

由 $W_3 = (0.2081, 0.1540, 0.1266, 0.2204, 0.2908)$ 可以得到"信息能力"的评价向量：

$$B_3 = W_3 R_3 = (0.3438, 0.3450, 0.3112)$$

由 $W_4 = (0.4934, 0.3108, 0.1958)$ 可以得到"信息道德"的评价向量：

$$B_4 = W_4 R_4 = (0.4035, 0.2932, 0.3033)$$

由 $W = (0.2491, 0.1481, 0.4981, 0.1047)$，便得到了"秦巴山区年人均收入在 10000 元以上的贫困人口信息素养水平"的综合评价向量：

$$B = WR = (W_1, W_2, W_3, W_4)\begin{bmatrix} B_1 \\ B_2 \\ B_3 \\ B_4 \end{bmatrix}$$

$$= (0.2491, 0.1481, 0.4981, 0.1047)\begin{bmatrix} 0.4537 & 0.4252 & 0.1211 \\ 0.7013 & 0.1877 & 0.1110 \\ 0.3438 & 0.3450 & 0.3112 \\ 0.4035 & 0.2932 & 0.3033 \end{bmatrix}$$

$$= (0.4304, 0.3363, 0.2333)$$

根据最大隶属度原则，信息素养水平高的隶属度是0.4304，说明有43.04%的把握认为秦巴山区年人均收入在10000元以上的贫困人口信息素养水平较高；信息素养水平一般的隶属度是0.3363，说明有33.63%的把握认为秦巴山区年人均收入在10000元以上的贫困人口信息素养水平一般；而信息素养水平低的隶属度是0.2333，说明有23.33%的把握认为秦巴山区年人均收入在10000元以上的贫困人口信息素养水平较低。由于信息素养水平高的隶属度大于信息素养一般和信息素养较低的隶属度，因此，可以认为秦巴山区年人均收入在10000元以上的贫困人口信息素养水平较高。

5. 不同收入水平的贫困人口信息素养评价结果比较

秦巴山区不同收入水平的贫困人口信息素养评价结果，见表3-36。

表3-36　秦巴山区不同收入水平的贫困人口信息素养评价结果

年人均收入水平	评价结果
5000元以下	一般
5001~7000元	一般
7001~10000元	较高
10000元以上	较高

通过不同收入水平贫困人口信息素养水平的测定和比较，依据最大隶属度原则，秦巴山区年人均收入在5000元以下和5001~7000元的贫困人口信息素养水平一般，而年人均收入在7001~10000元以及10000元以上的贫困人口信息素养水平较高。根据模糊分布原则，不同收入水平贫困人口信息素养水平高的隶属度排序为0.4304＞0.3754＞0.3629＞0.3073，即年人均收入在10000元以上的贫困人口信息素养水平最高，其次是收入在7001~10000元之间的贫困人口，再次是5001~7000元之间的贫困人口，信息素养水平最低的是年人均收入在5000元以下的贫困人口。可见，经济收入明显影响着贫困人口信息素养水平的高低，而且呈现出年人均收入水平越高，则信息素养水平越高的规律。

（七）以农产品生产目的为标准进行贫困人口信息素养评价

农民生产农产品的目的可以反映其信息意识是否敏锐，一般而言，缺乏信息意识的农民生产农产品的目的主要是自给自足，供自家食用；信息意识稍强的农民会少量自给自足，其余大量出售；而信息意识强的农民则会为了改善自身经济条件，将农产品主要用以出售。因此，从生产农产品的目的出发，对秦巴山区贫困人口的信息素养进行测评。

1. 以生产农产品供自家食用为目的的贫困人口信息素养评价

根据问卷调查表整理得到秦巴山区以生产农产品供自家食用为目的的贫困人口信息素养测评相关数据，见表3-37。

表3-37　秦巴山区生产农产品供自家食用的贫困人口信息素养评价调查结果统计　　　　　　　　　　　　　　　　（%）

指标	评价		
	高	一般	低
R01 信息敏感性	49.00	33.70	17.30

续 表

指标	评 价		
	高	一般	低
R02 对信息作用的认识	41.20	42.20	16.60
R03 信息设备占有量	20.50	67.20	12.30
R04 信息需求	29.50	49.70	20.80
R05 终身学习能力	29.40	44.60	26.00
R06 基本文化素质	53.90	22.40	23.70
R07 信息技术知识	71.80	12.60	15.60
R08 信息获取能力	14.30	56.80	28.90
R09 信息理解能力	29.40	58.00	12.60
R10 信息交流能力	52.20	25.00	22.80
R11 信息处理能力	58.20	15.20	26.60
R12 信息运用能力	11.60	28.20	60.20
R13 信息法规认知度	20.90	43.00	36.10
R14 信息安全认知度	19.20	40.50	40.30
R15 不良信息免疫力	23.80	37.10	39.10

（1）根据表 3-37 构造模糊评判矩阵

$$R_1 = \begin{bmatrix} 0.4900 & 0.3370 & 0.1730 \\ 0.4120 & 0.4220 & 0.1660 \\ 0.2050 & 0.6720 & 0.1230 \\ 0.2950 & 0.4970 & 0.2080 \\ 0.2940 & 0.4460 & 0.2600 \end{bmatrix} \quad R_2 = \begin{bmatrix} 0.5390 & 0.2240 & 0.2370 \\ 0.7180 & 0.1260 & 0.1560 \end{bmatrix}$$

$$R_3 = \begin{bmatrix} 0.1430 & 0.5680 & 0.2890 \\ 0.2940 & 0.5800 & 0.1260 \\ 0.5220 & 0.2500 & 0.2280 \\ 0.5820 & 0.1520 & 0.2660 \\ 0.1160 & 0.2820 & 0.6020 \end{bmatrix} \quad R_4 = \begin{bmatrix} 0.2090 & 0.4300 & 0.3610 \\ 0.1920 & 0.4050 & 0.4030 \\ 0.2380 & 0.3710 & 0.3910 \end{bmatrix}$$

（2）进行模糊合成

由 $W_1 = (0.2207, 0.1342, 0.2083, 0.2912, 0.1456)$ 可以得到"信息意识"的评价向量：

$$B_1 = W_1 R_1 = (0.3348, 0.4807, 0.1845)$$

由 $W_2 = (0.6667, 0.3333)$ 可以得到"信息知识"的评价向量：

$$B_2 = W_2 R_2 = (0.5987, 0.1913, 0.2100)$$

由 $W_3 = (0.2081, 0.1540, 0.1266, 0.2204, 0.2908)$ 可以得到"信息能力"的评价向量：

$$B_3 = W_3 R_3 = (0.3032, 0.3547, 0.3421)$$

由 $W_4 = (0.4934, 0.3108, 0.1958)$ 可以得到"信息道德"的评价向量：

$$B_4 = W_4 R_4 = (0.2097, 0.4120, 0.3783)$$

由 $W = (0.2491, 0.1481, 0.4981, 0.1047)$，便得到了"秦巴山区以生产农产品供自家食用为目的的贫困人口信息素养水平"的综合评价向量：

$$B = WR = (W_1, W_2, W_3, W_4) \begin{bmatrix} B_1 \\ B_2 \\ B_3 \\ B_4 \end{bmatrix}$$

$$= (0.2491, 0.1481, 0.4981, 0.1047) \begin{bmatrix} 0.3348 & 0.4807 & 0.1845 \\ 0.5987 & 0.1913 & 0.2100 \\ 0.3032 & 0.3547 & 0.3421 \\ 0.2097 & 0.4120 & 0.3783 \end{bmatrix}$$

$$= (0.3450, 0.3679, 0.2871)$$

根据最大隶属度原则，信息素养水平高的隶属度是 0.3450，说明有 34.50% 的把握认为秦巴山区以生产农产品供自家食用为目的的贫困人口信息素养水平较高；信息素养水平一般的隶属度是 0.3679，说明有 36.79% 的把握认为秦巴山区以生产农产品供自家食用为目的的贫困人口信息素养水平一般；而信息素养水平低的隶属度是 0.2871，说明有 28.71% 的把握认为秦巴山区以生产农产品供自家食用为目的的贫困人口信息素养水平较低。由于信息素养水平一般的隶属度大于信息素养较高和较低的隶属度，因此，可以认为秦巴山区以生产农产品供自家食用为目的的贫困人口信息素养水平一般。

2. 以少量农产品自给自足，其余大量出售为目的的贫困人口信息素养评价

根据问卷调查表整理得到以少量农产品自给自足，其余大量出售为目的的秦巴山区贫困人口信息素养测评相关数据，见表3-38。

表3-38　少量农产品自给自足，其余大量出售为目的的秦巴山区贫困人口信息素养评价调查结果统计　　　　　　　　　　（%）

指标	评 价		
	高	一般	低
R01 信息敏感性	49.00	34.60	16.40
R02 对信息作用的认识	31.30	52.40	16.30
R03 信息设备占有量	23.10	68.70	8.20
R04 信息需求	29.10	52.40	18.50
R05 终身学习能力	28.20	43.90	27.90
R06 基本文化素质	49.70	30.50	19.80
R07 信息技术知识	63.60	15.50	20.90
R08 信息获取能力	17.10	57.10	25.80

续 表

指标	评 价		
	高	一般	低
R09 信息理解能力	28.10	57.40	14.50
R10 信息交流能力	45.10	29.00	25.90
R11 信息处理能力	56.10	12.60	31.30
R12 信息运用能力	6.10	30.50	63.40
R13 信息法规认知度	24.30	38.60	37.10
R14 信息安全认知度	26.70	35.10	38.20
R15 不良信息免疫力	23.20	38.00	38.80

（1）根据表 3-38 构造模糊评判矩阵

$$R_1 = \begin{bmatrix} 0.4900 & 0.3460 & 0.1640 \\ 0.3130 & 0.5240 & 0.1630 \\ 0.2310 & 0.6870 & 0.0820 \\ 0.2910 & 0.5240 & 0.1850 \\ 0.2820 & 0.4390 & 0.2790 \end{bmatrix} \quad R_2 = \begin{bmatrix} 0.4970 & 0.3050 & 0.1980 \\ 0.6360 & 0.1550 & 0.2090 \end{bmatrix}$$

$$R_3 = \begin{bmatrix} 0.1710 & 0.5710 & 0.2580 \\ 0.2810 & 0.5740 & 0.1450 \\ 0.4510 & 0.2900 & 0.2590 \\ 0.5610 & 0.1260 & 0.3130 \\ 0.0610 & 0.3050 & 0.6340 \end{bmatrix} \quad R_4 = \begin{bmatrix} 0.2430 & 0.3860 & 0.3710 \\ 0.2670 & 0.3510 & 0.3820 \\ 0.2320 & 0.3800 & 0.3880 \end{bmatrix}$$

（2）进行模糊合成

由 $W_1 = (0.2207, 0.1342, 0.2083, 0.2912, 0.1456)$ 可以得到"信息意识"的评价向量：

$$B_1 = W_1 R_1 = (0.3241, 0.5063, 0.1696)$$

由 $W_2 = (0.6667, 0.3333)$ 可以得到"信息知识"的评价向量：
$$B_2 = W_2 R_2 = (0.5433, 0.2550, 0.2017)$$

由 $W_3 = (0.2081, 0.1540, 0.1266, 0.2204, 0.2908)$ 可以得到"信息能力"的评价向量：
$$B_3 = W_3 R_3 = (0.2774, 0.3604, 0.3622)$$

由 $W_4 = (0.4934, 0.3108, 0.1958)$ 可以得到"信息道德"的评价向量：
$$B_4 = W_4 R_4 = (0.2474, 0.3756, 0.3770)$$

由 $W = (0.2491, 0.1481, 0.4981, 0.1047)$，便得到了"秦巴山区以少量农产品自给自足，其余大量出售为目的的贫困人口信息素养水平"的综合评价向量：

$$B = WR = (W_1, W_2, W_3, W_4)\begin{bmatrix} B_1 \\ B_2 \\ B_3 \\ B_4 \end{bmatrix}$$

$$= (0.2491, 0.1481, 0.4981, 0.1047)\begin{bmatrix} 0.3241 & 0.5063 & 0.1696 \\ 0.5433 & 0.2550 & 0.2017 \\ 0.2774 & 0.3604 & 0.3622 \\ 0.2474 & 0.3756 & 0.3770 \end{bmatrix}$$

$$= (0.3253, 0.3827, 0.2920)$$

根据最大隶属度原则，信息素养水平高的隶属度是 0.3253，说明有 32.53% 的把握认为秦巴山区以少量农产品自给自足，其余大量出售为目的的贫困人口信息素养水平较高；信息素养水平一般的隶属度是 0.3827，说明有 38.27% 的把握认为秦巴山区以少量农产品自给自足，其余大量出售为目的的贫困人口信息素养水平一般；而信息素养水平低的隶属度是 0.2920，说明有 29.20% 的把握认为秦巴山区以少量农产品自给自足，其余大量出售为目的的贫困人口信息素养水平较低。由于信息素养水平一般的隶属度大于信息素养较高和较低的隶属度，因此，可以认为秦巴山区以少量农产品自给自足，其余大量出售为目的的贫困人口信息素养水平一般。

3. 以大量出售农产品为目的的贫困人口信息素养评价

根据问卷调查表整理得到以大量出售农产品为目的的秦巴山区贫困人口信息素养测评相关数据，见表3-39。

表3-39　以大量出售农产品为目的的秦巴山区贫困人口信息素养评价调查结果统计　　　　　　　　　　　　　　（%）

指标	评价		
	高	一般	低
R01 信息敏感性	57.40	23.80	18.80
R02 对信息作用的认识	41.50	45.40	13.10
R03 信息设备占有量	30.00	66.20	3.80
R04 信息需求	26.20	56.90	16.90
R05 终身学习能力	26.40	44.40	29.20
R06 基本文化素质	57.70	26.10	16.20
R07 信息技术知识	71.50	13.90	14.60
R08 信息获取能力	17.70	57.70	24.60
R09 信息理解能力	30.80	54.50	14.70
R10 信息交流能力	48.80	26.70	24.50
R11 信息处理能力	69.10	7.10	23.80
R12 信息运用能力	8.30	24.20	67.50
R13 信息法规认知度	33.40	29.50	37.10
R14 信息安全认知度	30.30	35.70	34.00
R15 不良信息免疫力	29.90	37.00	33.10

（1）根据表3-39构造模糊评判矩阵

$$R_1 = \begin{bmatrix} 0.5740 & 0.2380 & 0.1880 \\ 0.4150 & 0.4540 & 0.1310 \\ 0.3000 & 0.6620 & 0.0380 \\ 0.2620 & 0.5690 & 0.1690 \\ 0.2640 & 0.4440 & 0.2920 \end{bmatrix} \quad R_2 = \begin{bmatrix} 0.5770 & 0.2610 & 0.1620 \\ 0.7150 & 0.1390 & 0.1460 \end{bmatrix}$$

$$R_3 = \begin{bmatrix} 0.1770 & 0.5770 & 0.2460 \\ 0.3080 & 0.5450 & 0.1470 \\ 0.4880 & 0.2670 & 0.2450 \\ 0.6910 & 0.0710 & 0.2380 \\ 0.0830 & 0.2420 & 0.6750 \end{bmatrix} \quad R_4 = \begin{bmatrix} 0.3340 & 0.2950 & 0.3710 \\ 0.3030 & 0.3570 & 0.3400 \\ 0.2990 & 0.3700 & 0.3310 \end{bmatrix}$$

（2）进行模糊合成

由 $W_1 = (0.2207, 0.1342, 0.2083, 0.2912, 0.1456)$ 可以得到"信息意识"的评价向量：

$$B_1 = W_1 R_1 = (0.3596, 0.4817, 0.1587)$$

由 $W_2 = (0.6667, 0.3333)$ 可以得到"信息知识"的评价向量：

$$B_2 = W_2 R_2 = (0.6230, 0.2203, 0.1567)$$

由 $W_3 = (0.2081, 0.1540, 0.1266, 0.2204, 0.2908)$ 可以得到"信息能力"的评价向量：

$$B_3 = W_3 R_3 = (0.3225, 0.3239, 0.3536)$$

由 $W_4 = (0.4934, 0.3108, 0.1958)$ 可以得到"信息道德"的评价向量：

$$B_4 = W_4 R_4 = (0.3148, 0.3324, 0.3528)$$

由 $W = (0.2491, 0.1481, 0.4981, 0.1047)$，便得到了"秦巴山区以大量出售农产品为目的的贫困人口信息素养水平"的综合评价向量：

$$B = WR = (W_1, W_2, W_3, W_4)\begin{bmatrix} B_1 \\ B_2 \\ B_3 \\ B_4 \end{bmatrix}$$

$$= (0.2491, 0.1481, 0.4981, 0.1047)\begin{bmatrix} 0.3596 & 0.4817 & 0.1587 \\ 0.6230 & 0.2203 & 0.1567 \\ 0.3225 & 0.3239 & 0.3536 \\ 0.3148 & 0.3324 & 0.3528 \end{bmatrix}$$

$$= (0.3754, 0.3488, 0.2758)$$

根据最大隶属度原则，信息素养水平高的隶属度是 0.3754，说明有 37.54% 的把握认为秦巴山区以大量出售农产品为目的的贫困人口信息素养水平较高；信息素养水平一般的隶属度是 0.3488，说明有 34.88% 的把握认为秦巴山区以大量出售农产品为目的的贫困人口信息素养水平一般；而信息素养水平低的隶属度是 0.2758，说明有 27.58% 的把握认为秦巴山区以大量出售农产品为目的的贫困人口信息素养水平较低。由于信息素养水平高的隶属度大于信息素养一般和较低的隶属度，因此，可以认为秦巴山区以大量出售农产品为目的的贫困人口信息素养水平较高。

4. 不同生产目的的贫困人口信息素养评价结果比较

秦巴山区不同生产目的的贫困人口信息素养评价结果，见表 3-40。

表 3-40　秦巴山区不同生产目的的贫困人口信息素养评价结果

生产农产品的目的	评价结果
供自家食用	一般
少量自给自足，其余大量出售	一般
主要供出售	较高

通过不同生产目的贫困人口信息素养水平的测定和比较，依据最大隶属度原则，秦巴山区以自给自足为目的和以少量自给自足，其余大量出售为目的的贫困人口信息素养水平均为一般，而以大量出售为目的贫困人口信息素养水平较高。根据模糊分布原则，不同生产目的的贫困人口信息素养水平高的隶属度排序为 0.3754 > 0.3450 > 0.3253，即以大量出售为目的的贫困人口信息素养水平最高，其次是以自给自足为目的的贫困人口，最后是以少量自给自足，其余大量出售为目的的贫困人口。虽然生产目的与信息意识紧密相关，对外出售越多，说明农民自我脱贫意识越强烈，从而信息素养水平越高，但是上述计算结果并没有支持这种观点，因此，生产目的并非影响贫困人口信息素养水平的重要因素。

(八) 秦巴山区贫困人口信息素养测评总结

秦巴山区贫困人口不同标准信息素养评价结果汇总，见表 3-41。

表 3-41 秦巴山区贫困人口不同标准信息素养评价结果汇总表

项目	分组	评价结果	排序
年龄	(1) 18 岁以下	低	(2)>(3)>(1)>(4)>(5)
	(2) 18~25 岁	高	
	(3) 26~45 岁	高	
	(4) 46~60 岁	一般	
	(5) 60 岁以上	低	
文化程度	(1) 没上过学	低	(4)>(3)>(2)>(1)
	(2) 小学	一般	
	(3) 中学	高	
	(4) 大专以上	高	

续　表

项目	分组	评价结果	排序
是否加入合作社	（1）没有加入	一般	（2）>（1）
	（2）加入	一般	
收入来源	（1）以务农为主	一般	（2）>（1）
	（2）以非农收入为主	高	
收入水平	（1）人均5000元以下	一般	（4）>（3）>（2）>（1）
	（2）5001~7000元	一般	
	（3）7001~10000元	高	
	（4）10000元以上	高	
生产农产品目的	（1）供自家食用	一般	（3）>（1）>（2）
	（2）少量自给自足，其余出售	一般	
	（3）大量出售为主	高	

通过不同年龄段的秦巴山区贫困人口信息素养测评结果发现，18—25岁之间的人口信息素养水平最高，这符合人们的心智发展成熟过程，到46岁开始走下坡路，这时的人们信息意识和信息能力逐渐下降，从而，信息素养水平在不同年龄段的贫困人口身上表现出了较大的差异。其次，通过测评不同文化程度的贫困人口信息素养，可以看出，受教育程度越高，信息素养水平就越高。而以是否加入合作社为标准对不同群体进行测评的结果显示，两者的素养水平数值虽然有所差异，但是差异程度并不大，因此测量结果均为一般，可以认为，是否加入合作社不属于影响贫困人口信息素养水平的重要因素。这与部分地区虽然设有农村合作社，但是合作社形同

虚设，没有起到应有的作用相关。以收入来源为分类标准进行测评，发现以非务农收入为主的贫困人口信息素养水平高于以务农为主的贫困人口，这主要是因为以非农收入为主的贫困人口信息意识较强，有强烈的主观愿望改善自身环境，积极学习新技术、新知识，因此信息能力相比也较强。对不同收入水平贫困人口信息素养的测度显示，收入水平越高，信息素养水平越高。这是因为收入越高，越愿意为获取有用的信息付出一定的代价，并且将其运用到生产生活的实际中去，从而起到相互促进的作用。而对不同生产目的的贫困人口信息素养水平的测度结果则并没有显示出完全自给自足人口的信息素养水平就一定最低的规律，本次测度的结果为大量出售为主的人口信息素养水平最高，其次是完全自给自足的人口，最后才是部分自给自足、其余出售的贫困人口，因此可以认为生产农产品的目的不是影响贫困人口信息素养水平高低的重要因素。综上所述，年龄、文化程度、收入来源和收入水平皆对秦巴山区贫困人口的信息素养水平有一定程度的影响，而是否加入合作社以及生产农产品的目的则对信息素养水平的影响并不明显。

第四节　秦巴山区贫困人口信息素养的影响因素

前面通过模糊层次分析法对秦巴山区不同群体贫困人口的信息素养进行了定量和定性相结合的测评，此处运用实证研究法，根据2017年1—2月在秦巴六地的问卷调研数据，从差异化视角出发，研究秦巴山区不同禀赋特征的贫困人口信息素养状况，以便为对策研究和制定提供依据，从而真正达到信息扶贫的目的。

一　研究思路与方法

(一) 研究思路

为了方便研究，本书将农民的基本信息概况为影响秦巴山区贫困人口信息素养的个人禀赋特征，包括性别、年龄、文化程度、职业、是否加入合作社、家庭收入来源、个人收入水平和生产农产品的目的。因为信息素养往往通过信息行为表现出来，秦巴山区贫困人口禀赋特征差异对自身信息素养水平的高低有着重要的影响。借鉴其他研究成果并结合贫困人口信息行为的特点，本课题将秦巴山区贫困人口的禀赋特征如性别、年龄、文化程度、职业、是否加入合作社、家庭收入来源、个人收入水平和生产农产品的目的等因素设为自变量，将反映秦巴山区贫困人口信息素养的信息意识、信息知识、信息能力和信息道德等作为因变量，运用 SPSS 软件对自变量与因变量之间的关系进行相关性统计并就其相关性趋势进行分析检验。

（二）模型选择

本课题采用皮尔逊相关系数（Pearson Correlation Coefficient）来研究自变量和因变量之间的相关程度，其取值介于 -1 和 1 之间，相关系数的绝对值越大，两个变量之间的相关程度越高。课题以 X_i 表示秦巴山区贫困人口的禀赋特征，即自变量取值；y_i 表示贫困人口的信息意识、信息知识、信息能力和信息道德等因变量取值，以 n 表示样本数量，则自变量和因变量的取值可以表示为 (x_1, y_1)，(x_2, y_2)，…(x_i, y_i)…，(x_n, y_n)，它们之间的相关系数：

$$r = \frac{\sum_{i=1}^{n}(X_i - \bar{x})(Y_i - \bar{y})}{\sqrt{\sum_{i=1}^{n}(X_i - \bar{x})^2 \sum_{i=1}^{n}(Y_i - \bar{y})^2}}$$

一般而言，当相关系数 $r=0$ 时，自变量 x 和因变量 y 之间无线性相关关系；当相关系数 $-1 \leq r < 0$ 时，自变量 x 和因变量 y 之间存在负的线性相关关系；当相关系数 $0 < r \leq 1$ 时，自变量 x 和因变量 y 之间存在正的线性相关关系；当 $r = \pm 1$ 时，自变量 x 和因变量 y 完全正相关（负相关）；总而言之，r 的绝对值越接近于 1，自变量 x 和因变量 y 之间的相关程度越高。

二 结果分析

(一) 信息意识

信息意识反映了人们能否及时察觉信息的感受力、观察力和判断力。信息活动受信息需求驱使，信息需求由信息意识决定，意识越明确，人们的行动目标就越清楚，则其主观能动性和努力程度就越强。可见，信息意识主导着人们的信息行为，信息意识的强弱对于人们的信息行为效果有着非常重要的影响作用，反过来，它又受不同个体内在因素及所处信息环境的共同影响。贫困人口禀赋特征与信息意识相关性见表3-42。

表3-42 贫困人口禀赋特征与信息意识相关性

项目	信息敏感性	信息重要性	信息设备占有率	信息需求迫切性	终生学习持续性
性别	0.066	0.055	0.024	0.049	0.040
年龄	0.211**	0.009	0.281**	0.052	0.038
文化程度	0.298**	0.266**	0.047	-0.097	0.209**
职业	0.057	0.052	0.214**	-0.068	0.045
是否加入合作社	0.086	0.011	0.045	-0.022	-0.013
家庭收入来源	-0.060	0.045	0.085	-0.247**	-0.059
人均收入水平	-0.037	0.197*	0.057	-0.184**	-0.152*
生产农产品目的	-0.009	0.060	0.013	0.026	0.006

注：** 表示在0.01水平（双侧）上显著相关，* 表示在0.05水平（双侧）上显著相关，下同。

通过分析表 3-42 可得以下几点。第一，贫困人口对信息的敏感性与年龄和文化程度正相关。调查显示年龄越大，信息的敏感性越强，每天都会关注各类信息，看书看报或看电视的时间在 3 小时以上，到了 46 岁左右又逐渐呈下降趋势；而文化程度越高，对信息关注的时间和频率越高。第二，贫困人口对信息重要性的认识与文化程度和收入水平正相关。调查显示，大专以上学历和年人均收入在 10000 元以上的贫困人口中有超过 72% 的人认为信息对日常生产和生活非常有帮助；而中学以下学历及年人均收入 5000 元以下的贫困人口认为信息非常重要的比例仅为 15%。第三，贫困人口信息设备占有率与年龄和职业正相关。调查结果显示， 18 岁以下及 60 岁以上的贫困人口中拥有电视、座机、电脑、手机和报刊等信息设备的比例约为 13%，其余阶段则随着年龄增长，拥有上述信息设备的人口比例逐渐增加，这与 18 岁以下的人口尚未成年，不具有独立的经济能力，而成年之后，多数人要养家糊口，承担了一定的经济压力有关；在不同职业的受访对象中，种植户拥有上述信息设备的比例约为 20%，养殖户则为 25%，外出打工者为 28%，而经商的人口中拥有上述信息设备的比例约为 27%。第四，贫困人口对信息需求迫切性与家庭收入来源和年人均收入水平负相关。大约有 58% 的受访对象以务农收入为主，他们对农业知识、市场行情、政策法规、提高生活质量方面的信息需求迫切；而在不同收入的贫困人口中，年人均收入越低，对信息的需求越迫切，并且逐渐呈下降趋势，这主要与这部分人口收入水平低、经济压力大、急于改变自身状况的意愿强烈有关。第五，贫困人口终身学习的持续性与文化程度正相关，与人均收入水平负相关。文化程度越高，越能意识到信息对生产生活的重要性，并且愿意为继续学习付出代价；而收入水平越低，利用信息改变自身及家人状况的意愿越强烈，因此也愿意坚持终身学习。

（二）信息知识

信息知识主要包括农民的信息技术知识、信息法律知识和信息政策知识,如是否会进行书写计算,是否会使用智能手机或电脑上网,是否掌握信息相关的法律政策,并对其有正确的理解。贫困人口禀赋特征与信息知识相关性,见表3-43。

表3-43　　　　　贫困人口禀赋特征与信息知识相关性

项目	基本文化知识	信息技术知识
性别	0.066	0.040
年龄	0.011	0.024
文化程度	0.298**	0.347**
职业	-0.049	0.214**
是否加入合作社	0.009	0.045
家庭收入来源	0.257**	0.047
人均收入水平	-0.089	0.184**
生产农产品目的	-0.066	0.026

对上表分析可得以下几点。第一,贫困人口基本文化知识与文化程度和家庭收入来源正相关。文化程度越高,基本文化知识就越丰富,日常的书写计算也就越熟练;而在以务农收入为主的贫困人口中,不会进行书写和简单记账的人口比例超过了60%,远远高于以非务农收入为主的贫困人口。第二,贫困人口信息技术知识与文化程度、职业和人均收入水平正相关。信息技术知识包括对手机和电脑的应用能力,文化程度高的人掌握这些知识较为容易;而职业不同,对信息技术知识的要求程度也不同,尤其从事电子商务行业的人口,掌握的信息技术知识相对其他行业要丰富得多;另外,收入水平越高的人,越愿意花费一定的代价去掌握相关的信息技术知识。

(三) 信息能力

信息能力是贫困人口通过信息设备获取有用信息来解决自身工作和生活中实际问题的能力，具体包括信息获取、理解、交流、处理和运用能力。信息能力是衡量信息素养的核心指标，不同禀赋特征的贫困人口在信息能力方面表现大相径庭。贫困人口禀赋特征与信息能力相关性，见表3-44。

表3-44　　　　　　贫困人口禀赋特征与信息能力相关性

项目	信息获取能力	信息理解能力	信息交流能力	信息处理能力	信息运用能力
性别	0.017	0.048	-0.030	0.019	0.034
年龄	0.008	0.176**	-0.122**	0.141**	-0.043
文化程度	0.381**	0.177**	-0.010	-0.075	0.045
职业	0.078	-0.064	0.129**	-0.017	0.066
是否加入合作社	-0.058	-0.008	-0.023	-0.038	0.051
家庭收入来源	0.047	0.119**	-0.021	0.060	0.006
人均收入水平	0.346**	-0.072	0.052*	0.081	0.107**
生产农产品目的	-0.001	-0.003	-0.080	-0.062	0.022

对上表分析可得以下几点。第一，信息获取能力与文化程度和人均收入水平正相关。文化程度越高，越容易掌握各种信息检索工具和技能，获取各种所需信息；收入高的受访对象为了获取信息愿意支付一定的代价，因而他们的信息获取能力要强一些。第二，信息理解能力与年龄、文化程度和家庭收入来源正相关。年龄越大，文化程度越高，人们掌握的知识越丰富，积累的经验越多，对信息的理解就越准确；家庭收入来源方面，以非务农为主的贫困人口，他们或者外出打

工或者经商，由于长期地参与社会实践，相比以务农为主的贫困人口，其信息理解能力前者要远远强于后者。第三，信息交流能力与年龄负相关，与职业正相关。调查中发现，年龄小的农村居民，由于大多尚未成家立业，因而生活压力相对较小，空闲时间较多，所处信息环境较好，因此交流欲望较强，他们能熟练运用QQ、微信等通信软件进行沟通或者通过在网络上发布信息进行交流。同时，职业的不同也使得他们的交流能力差异较大。第四，信息处理能力与年龄正相关。年龄越大，务农、打工或经商的时间越长，在生活和工作中积累的经验就越丰富，对信息的筛选及其价值的判断能力也就越强。第五，信息运用能力与人均收入水平正相关。信息的有效利用，是推动农民改善自身状况的重要因素，调查显示，收入水平高的农村居民对信息的利用效果较好，他们也往往是最先脱离贫困状态的那群人。

（四）信息道德

信息道德是用来规范人们在搜集、理解、交流、处理和利用信息的活动之中产生的各种社会关系的法律规范和道德规范的总和。良好的信息道德可以提高信息质量和信息利用效率，降低虚假信息给人们造成的损失。贫困人口禀赋特征与信息道德相关性，见表3-45。

表3-45　　　　　贫困人口禀赋特征与信息道德相关性

项目	信息法规认知度	信息安全认知度	不良信息免疫力
性别	-0.016	0.048	0.022
年龄	0.041	0.176**	0.102**
文化程度	0.120**	0.177**	0.009
职业	0.057	0.164**	0.038
是否加入合作社	-0.022	0.008	0.029
家庭收入来源	0.017	0.119**	0.060

续　表

项目	信息法规认知度	信息安全认知度	不良信息免疫力
人均收入水平	0.087	0.072	0.005
生产农产品目的	-0.037	0.003	0.045

对上表分析可以得出以下几点。第一，信息法规认知度与文化程度正相关。课题组的调查显示64.9%大专以上学历者了解《中华人民共和国网络安全法》、《中华人民共和国劳动合同法》、《中华人民共和国刑法》等信息法规，而有53.5%的中学及以下学历者基本没听说过上述信息法规。第二，信息安全认知度与年龄、文化程度、职业和家庭收入来源正相关。年龄越大，文化程度越高，参与社会实践活动的时间越长，对于网络诈骗、信息泄露带来的后果越有体会，加之长期耳濡目染，其安全意识自然会随之提高；而以外出打工、经商等非务农收入为主要来源的农村人口，他们所处社会环境复杂，更加关注自身经济收入的安全性，因而相比以种植等务农收入为主要来源的人口，他们的安全意识要强一些。第三，不良信息免疫力与年龄正相关。年龄较小的农村人口，尚未形成正确的人生观、世界观和价值观，加之社会经历较浅，因此，对良莠不齐的各种信息难以做出准确地判断，对不良信息的抵抗力也较差。

通过上述分析可以发现，秦巴山区贫困人口信息素养呈现出明显的分化性，禀赋特征差异对贫困人口信息素养水平的高低有着不同程度的影响，除过性别、是否加入合作社以及生产农产品的目的等三个因素之外，年龄、文化程度、职业、收入来源、收入水平等要素都在不同程度上影响着秦巴山区贫困人口的信息素养，因此要提高这些地区贫困人口的信息素养，就要结合上述因素，既要考虑到个人禀赋特征的差异，也要考虑到贫困人口所处的社会经济、自然等大环境带来的影响。

第四章　秦巴山区公共信息服务体系发展现状

2005年中央一号文件中首次提出"要加强农业信息化建设"，2010年的一号文件中，具体又明确提出"积极支持农村电信和互联网基础设施建设，健全农村综合信息服务体系"[①]的要求。在《全国农业农村信息化发展"十二五"规划》中，更是提出了农业农村信息化总体水平要从现在的20%提高到35%的具体目标。农村公共信息服务是社会公共服务的组成部分，是农村信息化的重要工作之一，同时也是推进农村农业信息化与现代化融合、农业供给侧结构性改革、精准扶贫等工作的重要措施，对加快转变农业发展方式、持续增加农民收入具有重要作用。[②]

全面把握秦巴山区公共信息服务的参与主体及各主体开展信息服务工作的基本情况是制定信息扶贫策略的重要依据。基于此，本章主要考察图书馆、农家书屋、各级政府部门以及其他公益性信息服务机构开展信息服务工作的基本情况，如机构数量、人员配备与培训、信息设备配置、主要服务手段及方式等。

[①] 高威：《新农村综合信息服务平台设计与实现——以昆山市锦溪为例》，硕士学位论文，扬州大学，2011年，第24页。
[②] 陶彦玲：《甘肃农村公共信息服务的供给研究》，《兰州工业学院学报》2019年第6期。

第一节 公共信息服务概述

一 信息服务与公共信息服务

在现代社会中，无论是工农业生产与经营活动、科学研究与开发活动、商业流通活动，文化艺术活动、军事活动等领域的职业活动，科学研究与开发活动、商业流通活动、文化艺术活动、军事活动等领域的职业工作，还是社会管理与服务工作，都离不开信息的发布、传递、搜集、处理与利用，都需要有相应的"信息服务"为其提供保障。①

信息服务作为一种基本的社会服务，是指从社会现实出发，以充分发挥信息的社会作用、沟通用户的信息联系和有效组织用户信息活动为目标，以"信息运动"各环节为内容的一种社会服务。② 在现代条件下，随着社会进步的加速和持续性发展的社会机制的形成，信息服务正经历着内容、技术和体系方面的综合变革。③ 公共信息服务是一种开放性的信息服务，是以包括各行业用户在内的公众为对象，以提供信息发布、交流和利用服务为内容，以服务于社会为目标的社会化服务④。在信息化推进和创新性国家建设中，我国公共信息服务体系结构日趋优化，国家信息机构、行业信息中心、地方政府、各类图书馆档案馆以及大众信息传媒构成公共信息服务体系的主体，而一些原本仅面向内部服务的企事业单位也因业务范围扩充，成了公共信息

---

① 刘淑红：《也谈社会信息服务系统中的档案信息服务》，《黑龙江史志》2009年第7期。
② 肖应旭：《面向智慧城市的信息服务体系构建与运行模式研究》，硕士学位论文，吉林大学，2012年，第31页。
③ 朱国琴：《资源共建共享环境下的信息服务模式探讨》，《湖北社会科学》2003年第8期。
④ 郝志恒：《城市公共信息服务向农村延伸的方式探究——以河北省为例》，硕士学位论文，河北大学，2017年，第34页。

服务体系有力的补充。根据秦巴山区公共信息服务体系参与信息扶贫的现状，本文将重点考察图书馆界、政府部门以及以通信运营商、农村合作社为代表的企业和以高校为代表的事业单位的信息扶贫模式，并以此展开研究讨论。①

二 涉农信息服务研究回顾

涉农信息服务研究始于 20 世纪初学者们对于农业专业化信息的研究，最初对于涉农信息服务的研究集中于如何把农业科技信息传递到农民手中。20 世纪 30 年代到 50 年代，农业研究、社会学、图书馆学情报学学者开始关注农产品销售信息、农村经济信息的提供。20 世纪 70—80 年代，涉农信息服务社会环境和实践的变化与发展，信息需求、信息平等引起研究者们的关注，促使研究者以用户需求和信息公平的角度为出发点考虑涉农信息服务，研究的视野开始扩大到更广泛的信息领域，研究层次不断深入。②

近年来，涉农信息的研究主要集中在涉农信息服务对象与主体、涉农信息服务内容以及涉农信息服务平台与模式三部分。

（一）涉农信息服务对象和主体

研究者通常用"农民"即指从事农业劳动的群体或"农村居民即在农村地区生活的群体来界定涉农的信息服务对象"。近年来随着城镇化步伐的加快，传统农民身份有所变化、活动区域日渐扩大使得这一研究对象的内涵趋于丰富和复杂化。通过查阅文献发现，研究者更加关注对特定服务对象，女性、农村留守儿童、老人、残疾人等农民工群体以及返乡农民等的研究。

涉农信息服务主体通常指涉农信息服务由谁提供，是服务的提供

---

① 李静：《秦巴山区信息扶贫的现状与对策研究》，《图书馆》2020 年第 5 期。
② 汪汉清、樊振佳：《我国涉农信息服务政策核心话语演变分析——以 1980 年以来中央"一号文件"为例》，《图书情报工作》2019 年第 4 期。

者，它的界定决定信息服务的责任归属。学者们普遍认为，政府和非营利性机构应当是涉农信息服务主体。目前的主要服务模式是以政府为主导的"自上而下"模式。农业科研机构和农业高校等由于其性质的特殊性，在涉农信息服务中也发挥着重要的作用。

(二) 涉农信息服务内容

涉农信息服务内容主要指国家相关职能部门所开展的专项信息化服务，体现在科技、商务、文化、教育、金融等各个方面①。农村公共信息服务的内容随着农村发展变化而变化，改革开放以前向农村提供的主要是统计信息服务以及进行指令性信息的上传下达，2006年以后政府连续出台了多项推进新农村信息化的重大政策，新农村建设要求信息服务的内容更加多样化，信息服务的内容从单一的农业信息逐步扩展到公共管理、社会服务、教育文化等农业农村信息。综上，涉农信息服务内容归纳为政策信息、市场信息、科技信息、生活信息和文化信息等五大类。

在涉农信息服务内容上，研究者主要集中于对涉农信息服务的现状、推广与存在的问题等基于实践现象的研究与讨论，而疏于对具有涉农信息服务指导性作用的政策给予调查和分析，以政策的导向性意图为切入点对我国目前涉农信息服务体系进行描述和阐释。

(三) 涉农信息服务平台与模式

近年来，大量关于涉农信息服务平台和服务模式的研究涌现，张莹②、马凌③等学者主要聚焦于农村信息服务平台问题的研究。于良

---

① 汪汉清、樊振佳：《我国涉农信息服务政策核心话语演变分析——以1980年以来中央"一号文件"为例》，《图书情报工作》2019年第4期。
② 张莹：《齐齐哈尔市农村信息服务平台现状与优化研究》，硕士学位论文，黑龙江八一农垦大学，2017年，第22页。
③ 马凌、侯正伟：《推进我国农村综合信息服务平台建设的研究》，《改革与战略》2009年第6期。

芝等①提出将农村信息服务模式分综合性信息服务和农业专业化信息服务两类。赵旺②、金武刚③等关注图书馆、图书室、农家书屋等传统实体服务平台的研究，就如何更好地发挥农村传统实体信息服务平台的作用提出很多对策。吴汉华④、王子舟⑤、张广钦⑥等关注家庭图书馆、基层公益性私人图书馆在涉农信息服务上发挥的作用研究。此外，张健⑦、李红霞⑧等则关注到高校图书馆，尤其是农业高校图书馆在涉农信息服务中具有的优势以及应该发挥的作用。

第二节　秦巴山区公共信息服务基础设施建设现状

十三五期间，秦巴山区脱贫攻坚的任务依然艰巨，它需要社会各方的协同参与。全面把握秦巴山区公共信息服务的参与主体及各主体开展信息服务工作的基本情况是构建公共信息服务体系建设与信息扶贫之间的联动模型，探索贫困地区的信息扶贫切实有效路径的重要基础。

秦巴山区公共信息服务设施体系主要包括有线电视、互联网、信息服务站、农家书屋等信息机构和场所以及遍布城乡的信息服务点和网络信息服务体系。

---

① 于良芝、张瑶：《农村信息需求与服务研究：国内外相关文献综述》，《图书馆建设》2007年第4期。
② 赵旺：《面向农家书屋的网络新媒体信息服务系统研究》，硕士学位论文，郑州航空工业管理学院，2017年，第30页。
③ 金武刚：《农家书屋与农村公共图书馆服务体系融合发展探析》，《中国图书馆学报》2014年第1期。
④ 吴汉华：《国内民间图书馆研究综述》，《图书馆建设》2013年第6期。
⑤ 王子舟、吴汉华：《民间私人图书馆的现状与前景》，《中国图书馆学报》2010年第5期。
⑥ 张广钦：《民营图书馆的界定、类型与研究现状》，《图书情报工作》2007年第1期。
⑦ 张健：《农业高校图书馆为现代农业建设提供信息服务探析》，《高校图书馆工作》2008年第5期。
⑧ 李红霞：《地方高校图书馆为区域农业提供信息服务研究》，《安徽农业科学》2014年第1期。

一 秦巴山区广播电视网

广播电视至今仍是秦巴山区农村最现实、最普遍的信息传播渠道。作为农村文化建设的一号工程——广播电视"村村通",自1998年开始在全国试行,有利于改变贫困地区广电的落后局面、缩小城乡差距,为边远地区建立公共信息服务体系发挥重要的作用。经过持续建设,该工程目前取得重大成果,由临时通、低水平向长期通、高水平发展,截至2012年已完成了11.7万个行政村、10万个50户以上的自然村、72.6万个20户以上的自然村盲点全覆盖,基本满足了农村群众的文化需求。"村村通"解决了农村群众文化需求上的"温饱"问题。[①] 为了从"吃饱"变为"吃好",国家进一步推出"户户通"工程,这是填补城乡文化巨大鸿沟的最低成本、最快速度、最短时间的最好方法,到2015年我国已基本实现"户户通"全覆盖。

"十一五"期间,陕西省投入3.5亿元,安装92余万套"村村通"直播卫星接收设备,完成了35033个20户以上自然村通广播电视工程,使92余万户近400万农民看到了高质量的电视节目,同时完成了71座无线广播发射台建设,初步建起农村公共广播电视覆盖网络。[②] 为实现"村村通"长期通,全省共组织培训6000余乡村安装人员,并在全省101个县和500个乡镇建成了"村村通"标准化服务站,初步建立起了全省农村广播电视公共服务体系。[③] 2016年陕西省人民政府根据《国务院办公厅关于加快推进广播电视村村通向户户通升级工作的通知》出台了《关于加快推进广播电视村村通向户户通升级工作的实施意见》,提出统筹无线、有线、卫星三种技术覆盖方式;到2020年,全省基本实现数字广播电视户户通,形成覆盖城

---

① 李苑:《公共文化服务:进入寻常百姓家》,《光明日报》2012年9月24日第4版。
② 王宏昌:《陕西农村广播电视公共服务体系建设内容研究》,《今传媒》2013年第9期。
③ 杨小玲、李星棋:《陕西:"广播电视村村通"惠及乡村百姓服务民生》,《陕西日报》2011年11月21日第4版。

乡、便捷高效、功能完备、服务到户的新型广播电视覆盖服务体系。① 2018 年，陕西省安排深度贫困县广播电视覆盖建设补助资金专门用于解决汉中市、安康市等地 11 个深度贫困县 24100 贫困农户看电视难问题。② 要求各市县要按照国务院有关文件规定，认真履行广播电视户户通主体责任，确保 2019 年前基本实现广播电视户户通、全覆盖。

甘肃省广播电视"村村通"和"户户通"工程先后于 1998 年和 2012 年启动实施，截至 2012 年年底，分别完成 110 万村村通和 290 万户户通，总计 460 万户的建设任务，累计投入资金 17.94 亿元，全省广播电视人口综合覆盖率分别达到 97.69% 和 98.04%，基本实现了中央和省级广播电视节目的全覆盖。③ 2014 年，全省村村通户户通工作转入长效运行维护阶段，将工作的重点从工程建设转向运维服务上，探索构建长效运维机制，实现了由"项目建设者"到"运维管理者"的转换。

河南省截至 2010 年年底，全面实现 11937 个 20 户以上已通电自然村通广播电视的目标。近 60 万当地农民群众能够收看到 8 套以上电视节目，收听到 4 套以上广播节目。工程建设总投资 3834 万元，其中申请国家补助资金 1782 万元，省级配套资金 1677 万元，市（扩权县）级配套资金 375 万元。④

湖北省截至 2009 年年底，新通广播电视 20 户以上的自然村个数为 6236 个。农村广播节目综合覆盖率为 96.55%，电视节目综合覆盖

---

① 国务院办公厅：《关于加快推进广播电视村村通向户户通升级工作》，中华人民共和国中央人民政府网，2016 年 4 月 21 日（链接日期），http://www.gov.cn/zhengce/content/2016-04/21/content_5066526.htm，2021 年 4 月 25 日（引用日期）。
② 《中央电视总台将与华为共同打造 4K 技术》，《中国有线电视》2018 年第 7 期。
③ 甘肃省：《关于加快构建现代公共文化服务体系的实施意见》发布会，国务院新闻办公室，2015 年 8 月 31 日（链接日期），http://www.scio.gov.cn/xwfbh/gssxwfbh/xwfbh/gansu/Document/1446462/1446462.htm，2021 年 6 月 3 日（引用日期）。
④ 《山西太原有线互动电视正式启动》，《广播电视信息》2010 年第 1 期。

率为96.69%。2014年开始启动农村智能广播网工程（即"村村响"），2015年启动15个贫困县市的工程建设任务，2016年完成了涉及全省933个乡镇26034个村。

四川省截至2009年年底，新通广播电视20户以上的自然村个数为57880。农村广播节目综合覆盖率为95.38%，电视节目综合覆盖率为96.70%。① 近期，四川省委办公厅、四川省政府办公厅印发《2021年全省30件民生实事实施方案》，支持22万个自然村广播电视"户户通"工程的运行维护纳入四川省30件民生实事，计划省级安排资金1.42亿元，以保障人民群众收听收看广播电视的权益。②

重庆市截至2012年率先实现"广播村村通、电视户户通"的目标，使重庆市90%以上的农村用户收看、收听到包括本地节目在内的32套一上午电视节目和8套广播节目。

二 秦巴山区农村互联网

我国的互联网处于高速发展时期，网民规模快速增长，互联网普及率不断飞跃。据中国互联网络信息中心（CNNIC）在京发布第47次《中国互联网络发展状况统计报告》，报告显示，截至2020年12月，我国网民规模达9.89亿人，较2020年3月增长8540万人，手机网民规模达8.47亿人，互联网普及率达70.4%，较上年提高5.9%，其中，农村网民规模为3.09亿人，较2020年3月增长5471万人；农村地区互联网普及率为55.9%，较2020年3月提升9.7个百分点。③

2014年中央1号文件明确要求加快农村互联网的发展工作，加

---

① 崔静：《农村信息资源配置效率评价研究》，硕士学位论文，南京农业大学，2012年，第25页。
② 赵蝶：《四川省支持22万个广电户户通工程纳入30件民生实事》，《西南商报》2012年9月24日第10版。
③ 中国互联网络信息中心：《第47次〈中国互联网络发展状况统计报告〉》，中华人民共和国中央人民政府网，2011年9月21日（链接日期），http://www.gov.cn/xinwen/2021-02/03/content_ 5584518.htm，2021年6月22日（引用日期）。

之国家推行的"宽带中国"战略，网络覆盖范围逐步扩大，入网门槛进一步降低。一方面，"网络覆盖工程"加速实施，更多居民用得上互联网。截至 2018 年第三季度末，全国行政村通光纤比例达到 96%，贫困村通宽带比例超过 94%，已提前实现"宽带网络覆盖 90% 以上贫困村"的发展目标，更多居民用网需求得到保障。① 2019 年 6 月，农村网民规模为 2.25 亿人，占比为 26.3%，比 2018 年增长 305 万人。② 在新增的网民中，使用手机上网的比例高达 99.1%。手机对互联网普及的促进作用重大。与此同时，国家推行"提速降费"等政策有效地提升了农村的互联网接入率，截至 2019 年 12 月底，全国农村宽带用户全年净增 1736 万户，总数达 1.35 亿户，比上年年末增长 14.8%，增速较城市宽带用户高 6.3 个百分点；在固定宽带接入用户中占 30%（上年同期占比为 28.8%），占比较上年年末提高 1.2 个百分点。③

近年来国家实施精准扶贫战略，投入大量财力、物力支持贫困地区农村信息基础设施建设，秦巴山区信息化建设发展上了新台阶，但是与城镇和发达地区相比，秦巴山区的信息基础设施普及率仍然较低。2019 年我国非网民规模为 5.41 亿人，农村地区占比为 62.8%，非网民仍以农村地区为主。数据显示，目前农村非网民中，有 44.6% 的人是由于不懂电脑或网络而不上网，15.3% 的人是由于没有电脑等上网设备，5.4% 的人是由于当地没有网络接入条件。④

---

① 刘鑫：《庆阳广播电视台 App 营销研究》，硕士学位论文，西安工程大学，2019 年，第 21 页。

② 《我国网民规模达 8.54 亿 使用手机上网比例达 99.1%》，人民网，2019 年 8 月 30 日（链接日期），https://baijiahao.baidu.com/s?id=1643259947133932505&wfr=spider&for=pc，2021 年 5 月 3 日（引用日期）。

③ 通信世界全媒体：《工信部：2019 年全国电话用户达 17.9 亿户》，通信世界网，2019 年 12 月 12 日（链接日期），http://www.cww.net.cn/article?id=466012，2021 年 9 月 15 日（引用日期）。

④ 张尼：《报告：中国互联网普及率超 6 成 非网民规模仍有 5.41 亿》，中国新闻网，2019 年 8 月 30 日（链接日期），https://www.chinanews.com/sh/2019/08-30/8942148.shtml，2021 年 5 月 20 日（引用日期）。

秦巴山区的6个省市互联网发展水平参差不齐,"数字鸿沟"存在于区域之间。重庆市截至2018年,重庆信息通信行业大力推进乡村振兴和脱贫攻坚,全年完成新建农村光纤到户端口109万个,新建农村4G基站3741个,实现深度贫困乡镇农村人口集聚自然村宽带和4G全覆盖。① 陕西省根据2013年制定的《陕西省农业农村信息化发展框架及顶层规划》,2017年实现农村10M宽带入户、偏远山村4M宽带入户,解决"最后一公里"接入问题。推动移动多媒体、广播电视、IPTV、数字电视、宽带上网等三网融合业务在农村的应用。河南省持续推进"宽带中原"战略,2017年年底,全省行政村全光纤网络覆盖率将达到96%以上。此外,4G网络全面覆盖城市和农村,移动宽带人口普及率超过全国平均水平。

四川省出台《四川省信息通信扶贫实施规划(2018—2020)》,到2020年,将实现行政村光纤通达率100%,行政村4G网络覆盖率100%。② 四川省将通过进一步提升农村通信质量,推进脱贫攻坚工作开展,重点实施行政村通光纤、行政村通4G、重点道路沿线无线网络覆盖三大工程,进一步落实网络基础设施建设、提速降费、网络扶贫应用推广三大措施,加大政策支持力度,落实运营企业主体责任,做好专项资金保障,确保贫困群众"用得上、用得起、用得好"信息通信服务。③

湖北省响应国家网络扶贫行动计划统一部署,制定《湖北省网络扶贫行动方案》,针对省内9个深度贫困县,深入实施高质量网络覆

---

① 《重庆市:深度贫困乡镇人口聚居自然村2018年内实现宽带和4G网络全覆盖》,土流网,2018年12月19日(链接日期),https://www.tuliu.com/read-84203.html,2021年5月12日(引用日期)。

② 唐泽文:《四川:2022年实现行政村4G网络全覆盖》,川观新闻,2018年12月19日(链接日期),http://sc.sina.com.cn/news/m/2018-12-20/detail-ihqhqcir8471211.shtml.2021年6月3日(引用日期)。

③ 唐泽文:《四川:2022年实现行政村4G网络全覆盖》,川观新闻,2018年12月19日(链接日期),http://sc.sina.com.cn/news/m/2018-12-20/detail-ihqhqcir8471211.shtml.2021年6月3日(引用日期)。

盖工程，大力推动"宽带乡村"示范工程建设，全省固定宽带用户1550万户，3G、4G手机用户数突破4000万户，移动宽带4G网络行政村覆盖率达到99%。① 湖北电信从2016年开始，大力推进普遍服务试点项目，信息扶贫惠及4212个建档立卡贫困户。湖北移动先后投入2.18亿元资金，推进随州、宜昌、天门电信普遍服务试点工作，完成1028个行政村宽带覆盖。以深度贫困县巴东县为例，到2019年6月，全县已基本实现4G网络全域覆盖。②

2019年5月，工业和信息化部、国资委发布了《关于开展深入推进宽带网络提速降费 支撑经济高质量发展2019专项行动的通知》）。《通知》称，按照《政府工作报告》部署，为进一步提升宽带网络供给能力、补齐发展短板、优化发展环境、促进信息消费和"互联网+"行动深入开展，助力网络强国建设，决定开展深入推进宽带网络提速降费、支撑经济高质量发展2019专项行动。③ 在这一政策的指导下，在多个城市已实现5G网络的重点市区室外的连续覆盖，并协助各地方政府在展览会、重要场所、重点商圈、机场等区域实现室内覆盖④。国家对网络的发展战略已经从普遍性的规模发展向高质量的内涵发展转型，在新一轮的互联网发展中，城市和东中部发达地区是重心，秦巴山区因网速、费用、互联网知识贫乏等问题会形成新的"数字鸿沟"，这又是一个尚待解决的难题。

---

① 《网络扶贫四通八达——湖北省网络扶贫行动走笔》，荆楚网，2017年7月20日（链接日期），http：//news.cnhubei.com/fupin/p/10885772.html，2021年10月11日（引用日期）。
② 《湖北实施网络扶贫计划 农村发展电商脱贫致富》，中国网，2019年6月17日（链接日期），http：//hb.china.com.cn/2019-06/17/content_ 40788807.htm，2021年10月12日（引用日期）。
③ 《工信部、国资委印发关于开展深入推进宽带网络提速降费、支撑经济高质量发展2019专项行动的通知》，界面，2019年5月8日（链接日期），https：//finance.sina.com.cn/roll/2019-05-08/doc-ihvhiqax7367760.shtml.2021年6月4日（引用日期）。
④ 工业和信息化部运行监测协调局：《2019年通信业运行情况如何？工信部统计公报来了（附解读）》，搜狐网，2019年7月20日（链接日期），https：//www.sohu.com/a/376366192_ 354877，2021年10月12日（引用日期）。

三 信息服务站

随着农村信息化建设的推进,各级政府不断加强自身机构的建立,截至"十一五"末,农业农村部设立信息化推进处,统筹全国农村信息化工作,100%的省级农业部门、97%的地(市)级农业部门、80%以上的县级农业部门都设有信息化管理和服务机构。① 与此同时,基层也建立了一批以乡村信息站、农资服务站、农民培训学校、农村党员现代远程教育点、农村批发市场信息服务站、农业科技服务站、广播站等不同类型的信息服务站点,统称信息服务站,数量众多。②

基层信息服务站点是为农民提供综合信息服务的场所,是农村信息基础设施和信息服务体系建设的组成部分。目前主要有三种形式的信息服务站。

(一) 政府推动建立的信息服务站点

为加强农村公共信息服务体系建设,2001年农业农村部启动"'十五'农村市场信息服务行动计划",推进乡镇信息服务站建设;2002年提出《关于做好农村信息服务网络延伸和农村信息员队伍建设工作的意见》,进一步落实乡镇信息服务站建设任务③; 2006年、2007年相继出台《"十一五"时期全国农业信息体系建设规划》《全国农业和农村信息化建设总体框架(2007—2015)》,高度重视乡村两级信息化服务组织建设④;2009年、2010年工信部等相继出台《农村综合信息服务站建设和服务基本规范(试行)》《农业农村信息化行动

---

① 张慧玲:《安徽省农业信息化发展研究》,硕士学位论文,安徽农业大学,2013年,第32页。
② 史富艳:《中国农村信息化与城镇化发展的互动影响研究》,硕士学位论文,华中师范大学,2014年,第40页。
③ 汪传雷、刘新妍、汪涛:《农业和农村信息资源开发利用法规政策演进研究》,《现代情报》2012年第3期。
④ 杨诚:《我国农村信息化政策的演进与完善》,《现代情报》2009年第3期。

计划（2010—2012）》提出要实施农村综合信息服务站普及工程，推动信息进村入户①；2011年国家出台《全国农业农村信息化发展"十二五"规划》，明确指出要"打造农业综合信息服务平台，加强与电信运营商、IT企业等的合作，充分利用3G互联网等现代信息技术，建设覆盖部、省、地市、县的四级农业综合信息服务平台，完善呼叫中心信息系统、短彩信服务系统、手机报、双向视频系统等信息服务支持系统，为广大农民、农民专业合作社、农业企业等用户提供政策、科技、市场等各个方面的信息服务"②，农业综合信息服务平台的建设内容、方法、手段和服务对象都进一步明确，为今后的发展指明了方向。

在国家层面政策的积极推动下，基层信息服务站点发展迅速。一时间，"村村通电话工程""金农工程""科技下乡""全国文化信息资源共享工程""农业科技110信息服务""三电合一""信息下乡""农村综合信息服务工程"以及农村信息化培训工作等各类信息服务项目遍地开花，农村信息基础设施建设进一步加强，涉农信息资源整合取得新的进展。③

陕西省启动"信息入村"工程，大力推动基层信息服务站点的建设，按照"五个一"标准在全省2.7万个行政村建立基层信息服务站点，实现了全省所有行政村农村综合信息服务站的全覆盖。甘肃省在治力关、皋兰县等10县地开展"农村商务信息化建设试点"，以农村党组织、便民商店、农家书屋结合等方式建立农村商务信息建设站点，开展网上农产品贸易服务。

2010年，农村气象服务站成为关注热点，这一服务对农业生产以

---

① 王荟：《甘肃农业信息资源开发现状及问题初探》，《现代经济信息》2013年第22期。
② 成巍：《江苏省农村信息化及其对农村经济增长影响的实证研究》，硕士学位论文，安徽农业大学，2012年，第24页。
③ 曹承龙：《职业教育视角下农业和农村信息化建设研究》，Proceedings of 2010 National Vocational Education of Communications and Information Technology Conference（2010 NVCIC），Scientific Research Publishing，2010：167-171.

及农民生活影响很大。重庆、湖北、陕西等省份率先成立农村气象服务站,为广大农民群众有效利用气象信息、指导和安排农业生产助力。

(二) 企事业单位承建的信息服务站点

国家对农村信息化建设的高度重视和大力推动也让电信运营商发现了新的商机,调动了企业参与农村信息服务建设的积极性。

河南省响应中国联通"信息下乡"的活动,逐步完成"一乡建一个信息站,一村建一个信息点,一乡建一个信息库,一村建一个农副特产品信息栏目[①]",截至2009年年底,河南和吉林率先建成乡信息服务站2147个、村信息点50608个。

四川省探索信息服务站的多功能化。利用村里现有的"供销社"和电信代办点,建设信息化农家店,具有农村新型物流配送、农业信息和知识宣传、信息化教育普及及服务功能。具体做法是,商务部出资,给每个农户补贴2000~3000元,用于农家店的标准化,以及支持购买电脑和宽带。电信向农家店收取每月80元的宽带加应用的费用,电脑的费用由电信、农村信用合作社、当地农业协会共同向农民提供贷款支持。英特尔公司参与并给予支持,为农户量身设计简单易用的农村电脑。

陕西高校也投身到信息化的建设中,带动建立了一批农村信息服务站点。安康学院图书馆利用馆藏优势,与移动、联通等企业合作,建立农村信息服务站,为农民提供农业实用信息,效果良好。[②]

(三) 农民专业合作社建立的信息服务站点

农民专业合作社将分散农户组织起来,集合智慧和力量进行联合

[①] 陈学桦、来德辉:《信息通信技术让农村生活更美好》,《河南日报》2011年5月17日第7版。

[②] 李强:《地方高校图书馆为新农村建设服务的实践思考》,《当代图书馆》2009年第8期。

生产经营，具有区域性、专业性和外联市场内联农户的特点，是普通农民群众普遍欢迎的一种重要组织形式。① 这种组织都有一些素质较高的核心成员，他们容易学会和使用电脑网络，为其他成员提供信息，从某种意义上来说，一个农民专业合作社就是一个信息服务点，甚至是多个信息服务点。

秦巴山区各省市都设立了由本省农业厅主管、民政厅监督管理的各省农民专业合作社联合会（省农联），是一个全省性、联合性、非营利性社会团体和非政府组织。省农联成为各省农民专业合作社发展的中枢机构，它负责引领全省农民专业合作社发展现代农业，转变农业发展方式，开辟农业增效、农民增收新天地。如陕西省农联的目标就是"提高农民专业合作社的社会影响力，为政府部门提供强大的数据支撑，成为农业部门理论的实践基地，为合作社创造更好的发展空间与条件，最后成为农业朋友的快乐家园"。陕西省截至 2018 年年底，全省农民专业合作社 6.1 万家，入社农户 285 万户，占全省农户数的 36.8%，带动非社员农户 390.3 万户，占全省农户数的 50.5%，基本实现了行政村和主导产业的全覆盖。农民专业合作社已成为当地脱贫致富、乡村振兴的重要推动力量。2020 年 3 月，又有 58 家农民专业合作社被认定为国家农民合作社示范社。自此，全省国家农民合作社示范社达到了 285 家。②

河南许昌鄢陵的花木交易中心，农民可以采取注册会员的方式和信息服务商建立起长期的双向交流，利用网站提供的专业知识和专门信息提高生产能力，拓宽销售渠道，获得更多的收入。花木交易中心的服务商收取会费后，根据会员的需求和会员档案中工作、爱好、产品等资料，提供最新、最权威的专业知识和相关信息。信息服务商提

---

① 葛磊：《农民专业合作社创业绩效提升研究——以河南平顶山市为例》，硕士学位论文，中国农业科学院，2016 年，第 28 页。
② 王海涛、吴莎莎：《携手农民抱团闯市场 陕西农民专业合作社助推产业振兴》，陕西传媒网，2019 年 5 月 10 日（链接日期），http://sn.ifeng.com/a/20190510/7425550_0.shtml，2021 年 6 月 3 日（引用日期）。

供信息获得服务费，农民通过信息致富，政府也能增加税收，通过信息化实现了多赢效果。①

四川省截至 2018 年 6 月底，全省农民合作社已达 10.2 万家。除了数量的快速增长，也注重农民合作社高质量发展。出台了《四川省农民合作社省级示范社评定及监测办法（试行）》，每年由省级农民专业合作社建设工作联席会议命名一批经营规模大、服务能力强、产品质量高、民主管理好、带农致富多的省级示范社，2018 年评定了第 11 批农民合作社省级示范社 300 个。合江县丰硕种养专业合作社理事长李文才说，"合作社成立了 3 年多，今年 9 月被评为省级示范社。我们带动全村 100 多名成员种了 300 多亩花椒，今年鲜花椒的产量达 5 万~6 万斤，预计后年进入盛产期后，产量能达到 30 万~40 万斤"。目前，他们正计划引进花椒烘干设备，带领农户创造更高的收益。②

第三节　秦巴山区图书馆服务现状

从广义上来讲，面向农业的信息服务部门，涵盖范围非常大，除了政府下属信息服务部门、农资（农技）公司等早已设立的农业信息服务部门之外，国家推行项目制开展农村公共信息服务之后，又新增了一批农业信息服务部门，如国家从 1995 年开始推行的送戏下乡工程、农村电影放映工程、广播电视村村通工程、全国文化信息资源共享工程、农家书屋建设工程和体育健身工程等，统称为农村基层文化惠民工程③；再加之近年来乡镇文化站等，农业公共文化信息服务部门一时之间非常繁茂。

---

① 赵意焕：《河南省农村信息化"进村入户"模式分析》，《信息化建设》2009 年第 4 期。
② 刘佳：《为现代农业发展注入新动能》，四川三农新闻网，2019 年 11 月 5 日（链接日期），http://www.sc3n.com/index/news/detait/id/7964.html，2021 年 7 月 15 日（引用日期）。
③ 傅才武、刘倩：《农村公共文化服务供需失衡背后的体制溯源——以文化惠民工程为中心的调查》，《山东大学学报》（哲学社会科学版）2020 年第 1 期。

公共图书馆作为由国家公共财政支持的、面向社会公众开放的、提供知识信息服务的公益文化机构，是公共文化服务体系的重要组成部分。随着乡村振兴战略的推进，党和政府出台了系列政策措施强调公共图书馆等充分发挥公共文化服务职能。2018年"中央一号文件"提出，要"加强农村公共文化建设……提供更多更好的农村公共文化产品和服务"；《乡村振兴战略规划（2018—2022年）》提出，要"推动县级图书馆、文化馆总分馆制，发挥县级公共文化机构辐射作用，加强基层综合性文化服务中心建设"；2019年"中央一号文件"提出，要"提升农村公共服务水平……加快推进城乡基本公共服务均等化……"2020年"中央一号文件"则进一步提出，要"推动基本公共文化服务向乡村延伸，扩大乡村文化惠民工程覆盖面"。①

一　秦巴山区公共图书馆建设现状

秦巴山区多年来普遍重视公共图书馆的建设，在省市县图书馆数量、馆藏文献量、流通量、服务方式及服务内容方面取得了显著的成绩。

甘肃省截至2017年12月，建有省、市、县公共图书馆103个，其中，省级馆1个，市级馆16个，县级馆86个。全省图书馆总藏量超1339万册，年度总流通量约678万人次。图书馆在服务读者、推广数字图书馆、基层图书馆建设方面取得了一些成效。

甘肃省各级图书馆认真坚持"读者至上、服务第一"的工作原则，开展读者服务。目前，全省95%的图书馆建立了自己的网站，设立了读者信箱，各级图书馆还结合实际，注重突出特色服务。自2013年以来，全省各级图书馆在创办名家讲坛、举办专题展览、开发利用文献、推进学术研究、实施资源共享、传输社会信息、推进文化娱乐等方面作了大量有益的探索。其中，甘肃省图书馆的《周末名家讲

---

① 萧子扬、叶锦涛：《公共图书馆参与乡村文化振兴：现实困境、内在契合和主要路径》，《图书馆》2020年第2期。

坛》、兰州市图书馆的《书画笔会》、金昌市图书馆的《书香镍都》、平凉市图书馆的《周末家庭教育讲坛》、甘州区图书馆的《甘州讲堂》、肃州区图书馆的《读书沙龙》等活动①，内容涉及书法、养生、文明礼仪、名家作品品赏等方面，深受读者喜爱。

甘肃省实施数字图书馆推广工程以来，全省1个省级馆、16个市级馆均纳入工程建设范围。按国家标准，甘肃省文化厅协调相关部门，落实了配套资金，按照建设要求，省、市文化行政部门和公共图书馆层层签订责任书，经过五年多的建设和发展，初步实现了覆盖省、市两级公共图书馆的数字图书馆服务体系，数字图书馆推广工程硬件平台初步建成。②

甘肃的陇南市武都区图书馆是区级图书馆建设的典范。它始建于1925年，1982年正式分设独立建馆至今，是武都城区唯一一所综合性图书馆，是全市科学、教育、文化事业的重要组成部分。区图书馆承担着搜集、加工、存储、研究、利用和传播文献知识信息，为陇南市直机关及武都区城乡近60万群众提供图书阅读及知识咨询服务等，是陇南市目前藏书量最大、接待读者最广泛、拥有读者最多的文献信息搜集、保存、传播中心和我市最大的文献信息集散地，目前拥有馆舍面积3000多平方米，馆藏文学、社科等各类图书与文献资料以及视频资料17.5万册。图书馆先后引进"万方数据知识服务平台"新方志800余册，旧方志1127卷，期刊、学位论文、会议等14个数据子库电子资源、歌德电子借阅机2台、报刊阅读机2台。现有工作人员23人，其中副研究馆员3人，馆员10人，助理馆员3人，馆内设有13个服务窗口，即借书处、报刊阅览室、老年阅览室、少儿借阅处、综合阅览室、电子阅览室、老年活动室、多媒体活动室、

---

① 牟健:《甘肃:"馆际互借"实现公共图书馆互联互通》,人民网,2017年12月8日（链接日期）, http://gs.cnr.cn/gsxw/tpxw/20171208/t20171208_524054602.shtml, 2021年7月15日（引用日期）。

② 韩德彦:《甘肃省图书馆公共数字文化服务优化研究》,硕士学位论文,兰州大学,2016年,第26页。

咨询服务室、地方文献借阅室、图书采编室、摄影培训基地、一个文化资源共享工程管理支中心等。①

陕西省截至2019年，建有公共图书馆111个、文化馆119家、乡镇（街道）文化站1108个、村（社区）基层综合性文化服务中心15475个；已搭建省分中心、市县支中心、乡村基层服务点相结合的五级文化共享工程网络体系，建成公共电子阅览室2938个②；全省数字资源总量达到112.4TB，完成陕西特色专题数据库47个；为77个公共图书馆、62个文化馆分别配送了流动文化服务车，提升了文化下乡的便利性。③ 全省10个地市结合实际、创新发展。目前建有铜川市公共图书馆一体化建设、渭南市"一元剧场""四进"零距项目、安康市"汉剧兴市"、高陵区公共文化服务"110"、延安过大年、韩城欢乐送基层等多个公共文化服务创新品牌。④ 全省公共图书馆、文化馆（站）全部实行免费开放，开展县域图书馆文化馆总分馆制；全省10个地市已经制定基本公共文化服务实施标准或落实标准，95个县区制定县级公共文化服务标准目录。⑤

湖北省经过多年建设，已形成四级图书馆覆盖网络。截至2017年6月，全省共有公共图书馆111个，其中省级馆1个，副省级2个，地级馆12个，县级馆96个（含省直管市馆3个、林区馆1个、县级少儿馆1个）。在全国公共图书馆第六次评估定级中，我省达标

---

① 武都区图书馆简介：《武都区图书馆怎么样　武都区图书馆在哪里》，买购网，2017年11月15日（链接日期），https：//www.maigoo.com/citiao/172871.html，2021年8月20日（引用日期）。

② 秦毅：《陕西公共文化服务体系建设成效显著》，《中国文化报》2019年7月24日第6版。

③ 苏琳：《陕西省积极推进现代公共文化服务体系建设　全省公共图书馆免费开放》，《三秦都市报》2019年7月19日第5版。

④ 秦毅：《陕西公共文化服务体系建设成效显著》，《中国文化报》2019年7月24日第6版。

⑤ 李向红、王倩：《我省加快构建现代公共文化服务体系》，新浪网，2019年7月19日（链接日期），http：//news.sina.com.cn/c/2019-07-19/doc-ihytcitm3039378.shtml，2021年8月20日（引用日期）。

的一级图书馆有27个、二级图书馆有34个。① 另外,还有数以万计的由政府兴办遍布城乡的乡镇、社区、村组居委会图书馆(室)。图书馆从业人员2180人,文献总藏量2181万册/件,全省流通总人数达1271万人次,书刊文献外借册次达1047万册,为读者举办各类活动1236次,建立馆外流通点达1600余个。② 公共图书馆已成为全省公共文化服务体系的重要支撑。

湖北省非常重视公共图书馆的基础设施建设。投入经费为一大批图书馆新建了馆舍,硬件设施得到很大改善。截至2009年,全省公共图书馆总建筑面积已达34万余平方米。总投资7.8个亿、建筑面积10万平方米设计一流的湖北省图书馆新馆即将竣工交付使用,它将成为引领我省乃至全国公共图书馆馆舍建设的龙头。中等城市中,宜昌、黄石、神农架林区建成了新馆,十堰、随州也改扩建了图书馆,其余的10多个中等城市新馆建设规划都已经纳入了当地政府"十二五"规划。县级城市中,建成新馆的有赤壁、大悟、团风、南漳、利川等10余家,还有一批也正在积极争取之中。

全省各级公共图书馆文献入藏逐年增加,业务管理不断加强,各馆依托当地特色文化,加强文献特色馆藏级特色数字资源建设,打造地方特色图书馆。图书采购向地方文化相关资料资源倾斜,加强地方文献资源建设,每年向社会各界征集地方文献,如襄阳市图书馆已建立"汉水文化特色资源库""襄阳老照片数据库"等7个特色数据库,建设资源总量达到20.38TB;十堰图书馆建设了"本地作家文库""地方文史资料库""问道武当多媒体资源库""汉水民间曲艺(湖北篇)多媒体库"等数据库,向国家图书馆提交了两万多字的文

---

① 汤旭岩、徐力文、齐正军:《抢抓机遇 迎接挑战 推动公共图书馆事业跨越式发展——"湖北省公共图书馆建设与发展"课题调研报告》,《图书情报论坛》2012年第1期。

② 余眈:《2012—2016年湖北省公共图书馆发展情况探究》,《图书情报论坛》2017年第6期。

献数字，完成了 1548 种地方文献数据加工。①

河南省截至 2017 年年底，据《中国文化文物统计年鉴 2018 年》数据显示，公共图书馆的机构数量为 158 个，文化馆（群艺馆）203 个，乡镇综合文化站（街道文化中心）2399 个。② 从业人员 2.91 人，图书总藏量为 2874 万册，总流通人次为 2951 万人次，图书外借册次为 2097 万册次。2017 年，河南省公共图书馆财政拨款为 42615 万元，新增藏量购置经费为 5808 万元，人均购书经费为 0.608 元，购书经费支出占总支出比重的 13.7%，新购图书 202 万册，阅览室座席 50000 个。③ 资源建设方面，截至 2017 年年底，河南省公共图书馆的图书藏量为 2874 万册，其中图书 2360 万册、古籍 111 万册、报刊 334 万册、视听文献 28.41 万册、缩微制品 1.23 万册，其他文献 39.36 万册。网络建设方面，截至 2017 年年底，河南省公共图书馆共有计算机 9757 台，位居全国第六；图书馆网站访问 16185946 页次，位居全国第二十。④

四川省截至 2017 年，全省共建 204 个图书馆、205 个文化馆、89 个博物馆、4595 个文化站、5 万余个村文化室。⑤ 第六次全国县级以上公共图书馆评估定级获文化和旅游部审定的区一级图书馆 55 个，二级图书馆 46 个，三级图书馆 42 个，占全省图书馆比重为 70%。2017 年年末，全省公共图书馆实际使用房屋面积 62.8 万平方米，比

---

① 李红、王锦东：《湖北省公共图书馆评估定级分析与研究报告》，社会科学文献出版社 2017 年版，第 180—190 页。
② 李有学：《社会力量参与公共文化服务体系建设的河南实践机制、模式及其优化》，《郑州轻工业学院学报》（社会科学版）2019 年第 4 期。
③ 李雨蒙、郑万腾：《省域视角下公共图书馆服务效能的均等化问题研究》，《图书馆学研究》2019 年第 21 期。
④ 苏超：《河南省公共图书馆事业发展研究：现状及对策》，《河南图书馆学刊》2019 年第 12 期。
⑤ 《关于四川省文化厅 2014 年部门决算编制的说明》，四川省人民政府网，2015 年 8 月 28 日（链接日期），https://www.sc.gov.cn/10462/10778/10876/2015/8/28/10350411.shtml，2021 年 7 月 15 日（引用日期）。

上年增加3.04万平方米，增幅5%。阅览室座席数55197个，比2016年增加5214个，增幅10.4%。电子阅览室终端数7966台，计算机终端数11249台，分别较上年增长7%和4.8%。全省公共图书馆（含分馆）建筑面积总量达99.19万平方米，相较传统统计的建筑总面积增加65%，阅览室座席（含分馆）72423个，比传统统计的阅览座席增加44.8%。四川省公共图书馆从业人员2413人，比上年增加42人，增长1.7%，年增长率下滑3个百分点。其中专业技术人员1425人，占总从业人员比例的59%。同时，还吸引社会力量补充图书馆人力短缺，并积极开展各项文化志愿服务。截至2017年年初，全省共有志愿者队伍261个，注册志愿者9875名，人数较上年增加107%。根据四川省文化厅历年全省文化文物统计报表，截至2017年年底，全省公共图书馆2017年财政收入合计5548.04万元，较上年微幅增长。①

重庆市截至2017年，38个区县（自治县）建有41个公共图书馆。从建筑面积看，在14个国家贫困县（区）中，按照"地市级评估标准"评估的图书馆的馆均建筑面积为0.993万平方米，按照"县级评估标准"评估的图书馆的馆均建筑面积为0.684万平方米。目前，无论按区级还是按县级来看，14个贫困县（区）图书馆均未达到全市的馆均建筑面积。在阅览席数上，重庆全市41个区县公共图书馆，共有阅览座席27737个，馆均677个。重庆市14个国家贫困县（区）图书馆共有阅览座席5032个，馆均359个，距重庆的平均值相差318个。在经费投入上，重庆市14个国家贫困县（区）图书馆年均财政拨款总额为3822.24万元，馆均为273.02万元。其中，城口等7个图书馆低于各馆年均拨款均数。年均拨款最多的是万州区图书馆，为473.23万元；年均拨款最少的是庆市彭水苗族土家族自治县图书馆，为136.7万元。14个国家贫困县（区）图书馆的年均文献

---

① 刘韩萍：《基于四川省文化统计数据的省域公共图书馆发展现状调研及对比分析》，《四川图书馆学报》2018年第9期。

购置经费总额为 484.8525 万元，馆均为 34.63 万元。年均文献购置经费最多的是万州区图书馆，为 84.8125 万元；最少的是重庆市丰都县图书馆，为 14.4317 万元。①

二 秦巴山区图书馆服务现状

图书馆作为公益性信息服务机构的重要力量之一，一直致力于消弭信息鸿沟，金明生等将图书馆界的信息扶贫归纳为三种路径。一是大小馆结成联盟，整合资源，统筹安排，在政府的指导下扶贫；二是各馆自我规划，量力而行，开展"送书下乡""科技咨询"等活动；三是着力于贫困地区的农村，采取区域板块扶贫策略，一个区域一个区域地推进。② 秦巴山区图书馆界的信息扶贫主要采用了前两种路径。

（一）大小馆结成联盟，整合资源、统筹安排，在政府的指导下扶贫

2018 年年初，《陕西省关于推进县级文化馆图书馆总分馆制建设的实施意见》和《四川省县级文化馆图书馆总分馆制建设实施方案》相继出台，两文件均要求各县级总馆、各分馆要整合有效资源，积极面向当地群众提供书报刊借阅、阅读推广、讲座展览、数字资源推广、实用技术信息推送和文化活动、展览展示、讲座培训、业余团队辅导、非遗保护与传承等基本服务项目；并要努力创新服务模式，开展"订单式"精准服务。③ 陕西省安康市旬邑县文化馆在试点建设

---

① 傅晓岚、王兆辉、景卫红：《重庆国家贫困（区）县公共图书馆建设的评估分析——基于公共图书馆第六次全国县级以上公共图书馆评估定级专家终评材料》，《内蒙古科技与经济》2020 年第 7 期。

② 金明生、金璐：《图书馆信息扶贫的驱动因素、路径选择及其引申》，《中国图书馆学报》2009 年第 11 期。

③ 陕西省人民政府公报：《陕西省关于推进县级文化馆图书馆总分馆制建设的实施意见》，陕西省人民政府网站，2018 年 8 月 3 日（链接日期），http://www.shaanxi.gov.cn/zfxxgk/zfgb/2018_3966/d14q_3980/201808/t20180803_1637844.html，2021 年 8 月 13 日（引用日期）。

中，还创造性地把基层综合文化服务中心建设与县文化馆、图书馆总分馆制建设充分结合，在全县 21 个镇设立"两馆"分馆，在 305 个村（社区）设立服务点，并为镇分馆、村服务点聘请了专职管理服务人员，形成以"统一网点布局、统一服务标准、统一数字服务、统一效能评估"为主要特点的总分馆服务体系，该体系的建成为更好地开展对农信息服务奠定了良好基础。① 甘肃省陇南市康县在建立了以县文化馆、图书馆为总馆，乡镇综合文化站为分馆模式的基础上，还以乡村舞台为基层服务点，以完善制度机制为重点，推进基层综合性文化服务中心建设，实现城乡公共文化服务设施的资源整合和互联互通。② 组织文艺工作者开展"深入基层、扎根人民"主题实践活动，自编自演顺口溜、快板、小品、山歌等节目，满足群众精神文化生活需要。充分发挥农家书屋、"村村通""户户通"、农村电影放映工程等文化惠民工程的阵地作用③，开展"三下乡""千台大戏送农村"等各类群众性文化活动，让群众共享文化发展成果。

除此之外，秦巴山区图书馆深刻领会国家政策，建立跨省协作、对口支援扶贫工作。根据 2016 年 12 月，中共中央办公厅、国务院办公厅印发《关于进一步加强东西部扶贫协作工作的指导意见》，陕西省和江苏省对口帮扶。近年来，苏陕两省文化和旅游部门全面推进《苏陕文化交流合作框架协议》中各项合作内容。特别是在公共文化领域，在加强两省基层综合性文化服务中心建设、公益性文化事业单位法人治理结构改革、文化馆图书馆总分馆制建设等方面进行交流合作，开展了形式多样的活动，2018 年 6 月在南通举办了"苏陕推动现代公共文化服务体系建设东西部对口研修班"，2018 年 10 月在苏

---

① 李静：《秦巴公共信息扶贫的现状与对策研究》，《图书馆》2020 年第 5 期。
② 王文锋、顾孜孜：《城乡公共文化服务协调发展的实证研究——以湖南省为例》，《云梦学刊》2019 年第 6 期。
③ 杨初：《"安宁、康福"：见证康县文明刻度——甘肃省康县农村精神》，今日头条，2016 年 11 月 20 日（链接日期），https：//www.toutiao.com/article/6355631452037579266/?wid=1671874224713，2021 年 10 月 8 日（引用日期）。

州举办了"苏陕对口协作——公共图书馆服务创新研修班"。2019年9月陕西省图书馆馆长周云岳带队赴南京图书馆考察交流，共同召开了"2019年苏陕图书馆协作座谈会"，并选送4名专业技术干部在南京图书馆进行了为期三个月的学习交流，为苏陕两地基层提供了内容丰富的公共文化产品与服务。①

湖北省于2016年制定了《湖北省图书馆2016年扶贫和援建工作实施方案》，以省内37个贫困县（市、区）和新疆博州等地区为文化扶贫对象，实施文化惠民、文化育民、文化富民的精准扶贫举措，加快构建文化精准扶贫体系，深入推进信息扶贫工作。湖北省图书馆创建了"长江读书节"全民阅读推广品牌。开展了系列阅读推广活动，不断创新阅读服务模式，传承弘扬中华优秀传统文化，并倡导文化精准扶贫，努力让全省人民特别是偏远贫困地区的农民共享图书馆发展的成果。2016年湖北省图书馆向全省的37个贫困县（市、区）收集书目需求，根据实际需求进行了流通图书的统一采购和分类编目加工，为每个贫困县（市、区）精心准备了一万册流通图书，在"长江读书节"启动仪式上为37个贫困县（市、区）图书馆代表发放37万册书牌，并以图书流动车为载体，将图书及服务送到全省的每个角落，特别是湖北的中西部欠发达地区和一些边远农村。历经2年的时间，分批、分期对全省37个贫困县共运送图书37余万册，发车15车次②，以解决贫困地区图书馆图书资源匮乏、读者服务活动单一的困境。与此同时，湖北省图书馆还主动与许多贫困县图书馆联系，推动建立以县级公共图书馆、文化馆为总馆，乡镇（街道）综合文化站（中心）为分馆，村级综合性文化服务中心为流通点、服务点的总分馆体系。

---

① 李浩：《2020年苏陕扶贫协作公共图书馆第一期培训项目综述》，《新世纪图书馆》2020年第9期。

② 王凌云、李红：《脱贫攻坚 湖北在行动——湖北省公共图书馆扶贫工作纪实》，《图书情报论坛》2017年第6期。

（二）各馆自我规划，量力而行，开展形式多样的信息扶贫工作

1. 送信息资源到农村开展科技宣传

各地充分发挥农技中心和文化共享工程等硬件和人力资源的优势，取得了扶贫实效。

陕西省汉中市图书馆从 2016 年 11 月开始，持续开展"脱贫攻坚促发展、文化扶贫暖民心"主题活动，为全区 55 个贫困村开展送文化、送信息、送科技服务。① 活动中，汉中市图书馆专门采购了种植、养殖、保健等方面书籍 70 余种 300 多册，以供借阅；向全区 6 个文化站、55 个贫困村发放科技种养殖光盘 80 多盘；并利用图书馆品牌服务项目《信息与资料》编辑两期科技信息向农民朋友免费发放。同时，流动图书车在 55 个村开展巡回服务，利用车载共享工程设备播放农业种养殖科技信息，发放信息资料，开展阅读服务，让村民们深切感受到党和政府的关怀与温暖，提升广大群众科学素质，把社会主义核心价值观转化为生动活泼、富有成效的群众性实践，把科学知识转化为带动群众脱贫致富和现代农业发展的强大动力，引导群众勤劳致富，崇尚科学。

陕西省安康市旬阳县共享工程支中心则通过播放优秀影视作品、举办科技讲座、印发宣传资料以及刻录科教、实用技术光盘等方式，为全县农民科技致富提供及时、最新的学习资料。在服务中，旬阳中心以用户需求为前提，采取了主动开展服务的方式。一是依托党员电化教育进行推广。把"文化共享工程"中党的路线、方针、政策和农村实用新技术等一些党员群众需要的内容制作成光盘，发放给基层党员和党组织，以此丰富党员电化教育的内容，现已刻录党员电教光盘 10 种 300 余张。二是主动深入基层进行推广。通过调查了解，大多数农户在种植、养殖过程中遇到的难题，一方面是关键技术掌握不好，病害防治不得要领，导致增加了成本，降低了收益；另一方面是市场

---

① 李静：《秦巴公共信息扶贫的现状与对策研究》，《图书馆》2020 年第 5 期。

把握不准,随大流现象严重,价格、销路不好,使得一些农户发展种养业的积极性受到影响。针对这些实际情况,汉台区支中心变"三下乡"为常下乡,直接服务农民群众,先后在各镇发出300多张农村实用新技术VCD光盘。城关镇青泥村是县级的大棚蔬菜种植区,中心搜集整理适合本区大棚菜种植知识,制作成光盘,亲自送到该村种植户手中,帮助其掌握蔬菜种植的技术要领,成功生产无公害绿色蔬菜,率先致富。三是设立基层站点进行推广。截至目前,12个镇、6个社区基层服务点,正在积极发挥作用,对广大农民群众正常开放。四是拓展服务空间进行推广。为了使更多的人能够享受"文化共享工程"带来的好处,积极争取县直机关事业单位的支持和帮助,2011年4月,为旬阳县科技局、烟草局制作农村实用新技术和科普知识光盘400张免费发放。截至目前,为农技推广、林业、文化、卫生等十几家单位刻录了1000多张光盘,为农民朋友刻录了200多张科技光盘。另外,中心了解到吕河镇冬青村二组,有农户48家,以柑橘栽培为致富产业,由于对柑橘栽培的技术掌握不够、收益低、农户的积极性不高,将冬青村二组农户赵德恩家作为试点,赠送柑橘栽培及病虫害防治的图书20册、VCD光盘10张,邀请专业技术人员上门指导。通过学习、技术人员指导,其柑橘一项年收入由5000元增至20000元,成为本村组的致富带头人。在其带动下,村民利用新技术,更新品种,冬青村已经发展为全县柑橘园建设示范村。村支书激动地说:"自从学习了实用技术,我们告别了传统的生活习惯,思发展、想致富的人越来越多,这样的好事,我们农民太需要了!"

2. 开设科普培训学校对农民进行农技培训

陕西省汉中市龙江文化站除了开展丰富多彩的群众活动之外,还专门设立了科普培训学校,免费对农民进行农业生产技术培训。汉中市汉台区图书馆、佛坪县图书馆、城固县图书馆、南郑区图书馆以及商洛市柞水县图书馆都积极开展面向农家书屋管理员的业务知识专题培训,为他们讲解图书的登记造册、分类上架、借阅登记、书标粘贴等方面的操作规程和管理技巧，以帮助他们更好地为农民服务。① 汉台区图书馆还在全区每个街道、镇选择 1 个示范农家书屋开展阅读分享活动。

四川省资阳市图书馆按市文广新局 2018 年国家扶贫日活动方案，从 9 月中旬开始，组织开展以"扶贫济困 奉献爱心"为主题的扶贫日系列活动，取得较好效果。在扶贫日前，组织全馆党员干部、职工到雁江区石岭镇五一村、高峰村送书，并指导农家书屋工作人员上架排架、图书分类、编目等，并指导书屋建设，培训工作人员如何开展农村书屋文化活动。

河南省清丰县图书馆持续开展一对一入户帮扶活动，包括政策宣讲资金扶持等。濮阳市图书馆在帮扶村建立分馆成立扶贫专项工作组，定期开展业务培训活动指导等工作，这种向贫困地区输送人才设立专门扶贫工作组的做法，既保证了扶贫前的调研、中期过程的跟踪、扶贫后的总结与反馈等，又确保了扶贫工作的长期性、系统性。②

湖北省房县响应全国信息进村入户试点工作推进会的精神，"最终将把全国 60 万个行政村连成一张大网，形成农业大数据，提高政府的决策能力和水平，向农户和新型农业经营主体精准推送信息"③，于 2017 年 11 月 29 日，开展"互联网+农业"暨 12316 信息进村入户工程培训，面向的主体是乡镇农业信息员和市场经营主体。会议邀请湖北省资深电商专家讲师授课，宣传农业政策法规、农村实用技术、农技咨询服务，并可开展网络买、卖、推、缴、代、取等服务。旨在通过开展培训，提高农民的现代信息技术应用水平，解决农

---

① 李静：《秦巴公共信息扶贫的现状与对策研究》，《图书馆》2020 年第 5 期。
② 张利敏：《公共图书馆文化精准扶贫现状调研与思考——基于河南省地市级图书馆的调研》，《当代图书馆》2020 年第 2 期。
③ 乔金亮：《全国农村仍有 5 万多个行政村没有通宽带，拥有计算机的农村家庭不足 30%——农村离信息化还有多远》，《经济日报》2015 年 5 月 20 日第 5 版。

业生产前、产中、产后问题和日常健康生活等问题。①

第四节　农家书屋建设和服务基本情况

农家书屋是党中央、国务院实施的公共文化惠民工程。农家书屋工程从 2003 年倡导发起，2005 年的政策试点，2007 年开始全国推行，2012 年农家书屋工程建设完成全覆盖任务，全国共建成统一标准的农家书屋 600449 家，投入财政资金 120 多亿元，吸引社会资金 60 多亿元，配备图书 9.4 亿册、报刊 5.4 亿份、音像制品和电子出版物 1.2 亿张、影视放映设备和阅读设施 60 多万套。② 此后，国家对于农家书屋工程建设予以持续的关注。2013 年 11 月，十八届三中全会决定提出，"构建现代公共文化服务体系，促进基本公共文化服务标准化、均等化。推动文化惠民项目与群众文化需求有效对接"③。2015 年 1 月，中共中央办公厅、国务院办公厅印发《关于加快构建现代公共文化服务体系的意见》提出，"促进城乡基本公共文化服务均等化。完善农家书屋出版物补充更新工作。加强对农家书屋的统筹管理"④。2017 年 10 月，十九大报告提出，"完善公共文化服务体系，深入实施文化惠民工程丰富群众性文化活动"⑤。 2013—2018 年历年中央一号文件，均对重点文化惠民工程的推进和发展予以重点关

---

① 王玉兵：《房县 3 年内将建 323 个益农信息社》，农村新报，2017 年 12 月 11 日（链接日期），http：//www.fxxww.net/p/95066.html，2021 年 8 月 10 日（引用日期）。

② 朱虹：《农家书屋工程提前三年完成任务》，《人民日报》2012 年 9 月 28 日第 1 版。

③ 中国共产党第十八届中央委员会第三次全体会议：《中共中央关于全面深化改革若干重大问题的决定》，中华人民共和国中央人民政府网，2013 年 11 月 15 日（链接日期），http：//www.gov.cn/jrzg/2013-11/15/content_ 2528179.htm，2021 年 8 月 10 日（引用日期）。

④ 中共中央办公厅，国务院办公厅：《关于加快构建现代公共文化服务体系的意见》（全文），国务院新闻办公室网站，2015 年 4 月 2 日（链接日期），http：//www.scio.gov.cn/zhzc/10/Document/1397882/1397882.htm，2021 年 8 月 20 日（引用日期）。

⑤ 《习近平：决胜全面建成小康社会　夺取新时代中国特色社会主义伟大胜利——在中国共产党第十九次全国代表大会上的报告》，新华社，2017 年 10 月 27 日（链接日期），http：//www.gov.cn/zhuanti/2017-10/27/content_ 5234876.htm，2021 年 8 月 10 日（引用日期）。

注。2018年9月,中共中央、国务院印发的《乡村振兴战略规划（2018—2022年）》在健全公共文化服务体系的政策措施中提出要"推进农家书屋延伸服务和提质增效"①。2019年,中央宣传部等十部门联合印发《农家书屋深化改革创新提升服务效能实施方案》,推动农家书屋提质增效,助力乡村振兴战略实施。②

一　秦巴山区农家书屋建设的基本情况

在国家政策的强力推动下,农家书屋成了公共图书馆在农村开展服务的主要实现方式之一。秦巴山区各省份的农家书屋建设有序开展,如火如荼。

四川省截至2019年年底建设了4万余个农家书屋。受城镇化建设和阅读方式改变、农家书屋使用管理和运行维护不到位等因素的影响,近年来全省农家书屋不同程度存在资源闲置等问题。2019年9月16日,四川省在遂宁召开农家书屋深化改革提质增效工作现场会,全省部署实施农家书屋和县级图书馆互联互通、"百姓点单"服务等11项重点工作任务,推动提质增效。拟定《四川省农家书屋深化改革创新提升服务效能工作方案》,围绕改革创新、共建共享、提升效能、数字化发展4个原则,进一步优化书屋位置、出版物配备陈列和阅读活动开展,优化推荐目录征集制定方式,拓展出版物推荐渠道和范围,推动农家书屋与"乡村学校少年宫""儿童之家""妇女之家""青年之家"等共建共享。方案特别注重提升农家书屋的百姓服务和数字化建设效能,提出将在有条件的地区探索建立"书展选书""书城选书""网上选书"等"百姓点单"服务模式,同时利用互联网、

---

① 《中共中央　国务院印发〈乡村振兴战略规划（2018—2022年）〉》,新华社,2018年9月26日（链接日期）, http://www.gov.cn/zhengce/2018-09-26/content_5325534.htm, 2021年8月10日（引用日期）。

② 赵新乐:《中央宣传部等十部门印发〈农家书屋深化改革创新　提升服务效能实施方案〉》,《中国新闻出版广电报》2019年2月26日第5版。

物联网、大数据、云计算、人工智能等技术和手段，推动数字阅读发展。① 2019年11月30日，由中宣部、农业农村部主办的2019年新时代乡村阅读盛典在四川成都举办。"2019新时代乡村阅读季"以农家书屋为平台，先后开展了主题出版物阅读、新时代乡村阅读盛典等七项重点活动。② 活动期间总访问用户数37.8万人，注册参加活动的农民读者1.2万余人，覆盖全国31个省（区、市）、278个地级市，以及922个县（区）。依托快手App开展的"我读书我快乐"微视频大赛和话题分享活动，吸引农民读者主动分享阅读故事、传播阅读快乐，活动征集微视频作品近5000个，总参与量达到1.1亿人次，利用短视频平台的社交属性和下沉优势，鼓励更多农民群众体验数字化阅读的方便快捷，探索解决农家书屋服务"最后一公里"问题的路径。③

甘肃省是全国最早建设农家书屋的省份，共建设1.7万多个农家书屋，目前面临着资源闲置、机制不活、内容不合口味、数字化程度不高、管理服务不规范、普惠目标未完全达成等问题，为破解这些难题，甘肃省委宣传部等10部门根据中央政策联合印发《贯彻落实〈农家书屋深化改革创新提升服务效能实施方案〉工作方案》，提出通过深化改革，提升服务效能，初步解决农家书屋"管和用"等难题，让农家书屋有书读、有人管、有活动吸引，形成聚人气、有活力、可持续的生动局面，推动农家书屋在助力文化扶贫、缩小城乡文化差距、增强农民文化自信等方面发挥积极作用。此外，加强农家书屋数字化平台建设、资源整合和服务推广，逐步增加数字化阅读产品和服务供给，探索依托县级融媒体中心加载数字阅读内容，利用宽带

---

① 郭静雯：《四川：11项重点任务推动农家书屋提质增效》，《四川日报》2019年9月16日第3版。

② 刘彬：《2019年新时代乡村阅读季启动》，《光明日报》2019年9月23日第5版。

③ 李苑、周洪双：《推动农家书屋提质增效，助力乡村振兴战略实施——2019新时代乡村阅读盛典在成都举行》，光明日报客户端，2019年11月30日，https://difang.gmw.cn/sc/2019-11-30/content_ 33363509.htm，2021年8月20日。

互联网、移动互联网、广播电视网等技术手段拓宽传播渠道。①

二 农家书屋工程向纵深发展的困境②

近年来，国家大力推动公共文化服务标准化均等化发展，更多资源向农村倾斜，公共文化设施建设遍地开花。如何发挥好农村公共文化服务设施的效用，既要建好，更要管好用好，是一个需要破解的难题。

农家书屋工程作为农村公共文化建设的重要组成部分，也是乡村振兴战略中乡风文明建设的有力抓手，经过10余年的建设，从传统的农家书屋升级到数字农家书屋，实现了可持续发展，取得了阶段性的胜利。随着移动互联网时代的到来，以移动化、便携化、互动性、个性化为特征的移动阅读让国民趋之若鹜。中国互联网络信息中心2020年4月28日发布的第45次《中国互联网络发展状况统计报告》显示，截至2020年3月，我国网民规模达到9.04亿人，互联网普及率为64.5%，其中手机网民规模达8.97亿人，网民通过手机接入互联网的比例高达99.3%，台式电脑、笔记本电脑、平板电脑的使用率均出现下降，手机不断挤占其他个人上网设备的使用。③ 由此可见，移动互联网主导地位强化，网民使用终端移动化趋势明显。国家层面已经意识到推广数字技术和数字化传播在基层公共文化建设中的重要意义。在国家"十三五"规划中提出在文化重大工程中统筹数字农家书屋的建设；出台《中华人民共和国公共文化服务保障法》，明确规定将公共文化设施纳入法律保护；2017年，文化和旅游部牵头七部委

---

① 田野：《甘肃推动农家书屋向文化中心、中小学校、农家乐、电商服务点等延伸——农民在哪里，农家书屋就办到哪里》，《中国新闻出版广电报》2019年8月30日第3版。

② 节选自岳琳《新媒体环境下农家书屋发展路径的再思考》，《陕西理工大学学报》（社会科学版）2020年第6期。

③ 中国互联网络信息中心：《第45次中国互联网络发展状况统计报告发布》，新浪网，2020年4月28日（链接日期），https://news.sina.com.cn/c/2020-04-28/doc-iircuyvi0226895.shtml，2021年8月20日（引用日期）。

联合印发《"十三五"时期贫困地区公共文化服务体系建设规划纲要》，提出将推进数字文化建设作为地方脱贫的重要抓手①，在党的十九大报告中提出实施乡村战略，要加快推进农业农村现代化，提升农民阅读水平是关键途径。

（一）农民使用农家书屋现状调查

湖北于2012年在全国率先实现农家书屋在行政村的全覆盖，建成书屋29148个，保障了全省农民基本文化权益。近年来，湖北各地积极创新农家书屋的管理服务模式，一批农家书屋管理员典型、活动品牌不断涌现，在全国产生了较大影响。② 河南省现有农家书屋46972个，书屋使用面积均在20平方米以上，累计图书藏书量1639种1941册，电子音像制品165种546张；年度报刊类别达2种。从2013年起，每年按照每个农家书屋配备95种图书出版物、不低于2种报纸期刊出版物补充更新。2018年4月完成上年度补充更新出版物任务，为全省农家书屋共计配送436.39万册图书出版物，并以抽查的方式对出版物配备情况进行验收。③ 甘肃省自从2005年选择15个行政村试点建设农家书屋开始，2012年实现了农家书屋所有行政村全覆盖。随后，又先后建成了266家藏传佛教寺庙书屋、40家清真寺书屋和34家高山台站书屋。目前，全省累计建成农家书屋达17200家。④ 陕西省农家书屋工程自2007年启动以来，截至目前建成标准化农家书屋27364个，实现了全省行政村农家书屋全覆

---

① 陈含章：《我国数字农家书屋建设现状及模式探析》，《出版发行研究》2017年第9期。
② 汤广花：《推进农家书屋"融合+"发展》，《中国新闻出版广电报》2019年7月22日第5版。
③ 韩为卿：《河南多举措探索农家书屋创新建设》，《中国新闻出版广电报》2019年3月11日第4版。
④ 李扬：《农家书屋成村民"致富屋"》，华龙网，2017年10月31日（链接日期），http://cq.cqnews.net/cqqx/html/2017-10/31/content_43198384.htm，2021年8月10日（引用日期）。

盖。① 总体来说，秦巴六省早已实现农家书屋的全覆盖，其功能定位为农村文化建设的新抓手、农村精神文明建设的主阵地，发挥效能如何成为关注的焦点。

课题组在 2016—2018 年先后采取问卷调查和实地走访的方式对秦巴六省农家书屋的现状进行多次调研。2016 年 7—11 月课题组多次深入陕南贫困地区，对当地农家书屋的发展现状展开调研，实地考察 35 个农家书屋，8 家县级图书馆，访谈管理员和村干部 69 人次，并随机调研村民 131 人；2017 年 1—2 月课题组对秦巴山区农村信息服务机构展开问卷调查，本次调研的主要目标是了解农村信息服务机构的现状，重点关注农家书屋工程建设的现状及困境，发放问卷 330 份，考察农家书屋共 61 个；在问卷调查基础上，课题组又于 2018 年 1—2 月赴重庆市云阳县和奉节县 6 个典型村庄调研，走访农家书屋 6 个，面对面访谈农户 32 户；2018 年 3 月，课题组联系到河南省扶贫办，获得河南秦巴山区 10 个县中 6 县村的农家书屋资料；2018 年课题组成员利用暑假在湖北县村调研 6 家农家书屋信息服务情况，综上，课题组通过多种调研方式共考察农家书屋 114 个。通过调查分析，发现农家书屋目前主要存在五个方面的问题。

1. 农民阅读意识较强烈，但阅读行为惰息

在调研中，无论是问卷还是访谈，村干部和普通村民都表现出了对阅读强烈看重，"万般皆下品唯有读书高"的价值观还是深深地嵌在农村的传统文化里。数据显示，认为阅读非常重要的占 36.7%，比较重要的占 47.4%，总计 84.1% 的村民都认为阅读是重要的，但真正落实到行动上的比例就大大降低了，利用本地文化设施、机构和书店看书的只有 13.6%，买过书的占 31.5%，而最尴尬的就是设在村民门口的农家书屋，知道的村民有 59.2%，想去书屋看看的有 41.6%，去

---

① 康传义、张权伟：《农家书屋惠农家》，搜狐网，2018 年 5 月 15 日（链接日期），https：//www.sohu.com/a/434727161_225957，2021 年 8 月 20 日（引用日期）。

过书屋的有31.4%,而真正看书的有11.6%,借过书的只有10.1%,几乎是以十进位在递减,印证了农村阅读的铁律"说起来重要,忙起来次要,空闲时不要"。

2. 农民阅读能力初具,农村阅读结构发生变化

关于农民阅读能力的调查,数据显示村民的识字人数比例达到了90%以上,而且受过中、高等教育的比例也达到了60%以上,所以农民的阅读能力基础是良好的。在调研中发现几乎每个家庭都有电视机,拥有率接近100%,有的家庭还有2台,且85%以上都接入了有线信号;但书刊的拥有率却极低,只有231位被调研的村民家中有藏书,10册以上的仅有103位,占比不足10%。由此可见,传统阅读的书刊在农村几近边缘化,几乎只剩退休教师、干部等村民眼中的"文化人"及在校学生接触"纸本"阅读。对现代信息技术,农民持积极态度,82.1%的农民会使用手机发短信,68%的农民会使用电脑或手机上网,数字阅读的群体达到了73.3%,每天阅读1小时以上的人群比例为51.8%。由此可见,数字阅读的浪潮也席卷着农民,农村阅读的结构正在发生变化。

3. 农村信息服务部门纵横交错,农民雾里看花

在对农信息服务部门和组织的调研中,涉及了农资公司、本地图书馆、农家书屋、全国文化信息资源共享工程基层服务点、农村信息服务站、农村专业合作社及电商服务平台,如乐村淘或淘宝村等。这些机构和组织都分属于不同的政府部门,在对农信息服务中各司其职、互有补充。

调研中发现,几乎没有村民能非常清楚地知道这些机构或组织的存在及其他们的功能定位,知晓率很低,有些村民是通过挂的办公牌知道某些组织的存在,但不知道设在村里干什么,从来也没去过。在农村信息服务组织和农民的传播关系上呈现的依然是"从上到下"的结构,农民对所谓的"政府衙门"有一种天然的敬畏感,所以,信息服务机构林立但对农民而言却显得一头雾水,呈现一派"虚假的繁荣景象"。

农民对这些部门的评价中，非常满意的只占到了9.1%，不满意为13%，还有3.1%表示非常不满意。综上，农村信息服务部门与农民并未实现良好合作，达到预期效果，原因是多方面的，但作为在这一结构关系中处于主导地位的对农信息服务部门可能需要反思的问题更多。

4. 农村文化设施建设较齐全，但使用率偏低

调研中发现村庄的农家书屋都按照标准配备了书籍、音像制品、书架桌椅、电脑、场地，有的甚至还有电子阅读器；除此之外，文化和旅游部主抓的全国文化信息资源共享工程基层服务点还配有计算机、电视机、投影机、移动播放器和高清视频播放机，还有村民的健身体育设施、文化广场等，总体非常丰富。但村民的使用率偏低，除了广场舞调用了移动播放器等部分设备、村委在上面检查时或者传达上面政策时发挥某些设备的作用，其余均闲置。究其原因，除了"权力距离"的因素，村民普遍觉得，"这些设备落伍了"！不能满足他们的需求。调查显示，86.4%的农民拥有手机，其中智能手机的拥有率达到了52.3%，所以，已经习惯了现代智能信息设备使用的农民自然对诸如书刊、电脑不买账，对上级投放的设备有更高的期待，而现代化和智能化程度是农村基础设施配置的重要的指标。

5. 农家书屋工程建设路径依赖严重，转型升级刻不容缓

经过数十年的建设，农家书屋实现了国家所有行政村的全覆盖，但在使用层面频频陷入尴尬境地。首先，在诸多对农信息服务机构中，农家书屋并不被更多的农民青睐。数据显示，农民对农家书屋、全国文化信息资源共享工程基层服务点、农村信息服务站、农业合作社、电商服务平台的利用程度分别是18.2%、20.1%、33.2%、22.2%和6.3%，农家书屋仅高于电商服务平台。其次，农民对农家书屋的认识、利用和评价都不乐观。数据显示，农民知道农家书屋的只有59.2%，这与书屋建设的时间、宣传投入等不成正比，对书屋非常满意的只占到8.2%，不满意率占到了32.9%，有的农民表示书籍

配送不合用，有的农民表示书屋经常不开放，有的更是表达了没有此类需要，不读书日子过得也很丰富多彩，这与农家书屋多年来的建设初衷大相径庭。

学者道格拉斯·诺思提出了路径依赖（Path–Dependence），指人类社会中的技术演进或制度变迁均有类似于物理学中的惯性，即一旦进入某一路径就可能对这种路径产生依赖。① 而农家书屋的建设几乎陷入了路径依赖的窠臼，政府大力主导，协同各方资源倾力投入，但农民似乎并不"领情"，而这一局面似乎短期内难以扭转。

（二）农家书屋的现状分析

通过调研发现，秦巴等6省区的农村阅读现状堪忧，生态环境较差，而作为承担农民阅读主要任务的"农家书屋"工程也受到了褒贬不一的评价。农家书屋存在的劣势和挑战、具有的优势及机遇值得探讨。

1. 农家书屋存在的劣势及挑战

（1）农民阅读习惯、意识差

费孝通先生在《乡土中国》中谈到"文字下乡"时认为"农村是一个面对面的社群，在这种熟人社会中，'眉目传情''指石为证'，抛开比较间接的象征原料，而求更直接的会意了。所以在乡土社会中，不但文字是多余的，连语言都并不是传达情意的唯一象征体系"②。因此，在农村，阅读的传统和基础都很薄弱，农家书屋作为面向乡村传送知识的文化工程，自然会遭遇"水土不服"的窘境。

（2）书屋自身管理体系先天不足

农家书屋工程是由新闻出版总署联合八部门协同建设，在布点阶段轰轰烈烈，2012年提前3年完成了全覆盖的任务，但是在后续管理

---

① ［美］道格拉斯·诺思：《制度、制度变迁与经济绩效》，杭行译，格致出版社2008年版，第85页。

② 费孝通：《乡土中国》，北京出版社2011年版，第20页。

却采取"自管自用"的低成本管理模式,黄雪丽撰文分析此现象的根源在于推行农家书屋工程各级管理部门的利益错位——央级政府的初衷是文化建设的治理需求,地方政府是要完成上级任务的压力型体制下的绩效追逐,村委会扮演着代理人的角色,在多任务与低福利之间,只是把农家书屋的硬件建设当作必需任务完成,而农民被排除在该工程建设和书籍选择之外,对书屋既不了解更谈不上使用。①

(3) 后续资金无力保障

农家书屋的经费来源模式最初设定为"政府财政补贴+社会企业捐助+自主经营"构成,在前期书屋硬件建设中以政府投入为主,书屋建成后,社会捐助和自主经营成为主导,但社会企业主要以捐助书籍为主,而预设的书屋通过自主经营比如"卖书"盈利,几乎无法实现。在课题组调研的6省区没有村庄设置出版发行网点,也没有书屋实现书本销售盈利。综上,书屋的经费来源模式与现实错位,导致了后续资金匮乏,书屋建设管理再发展陷入"无米下锅"的窘境。

(4) 公共文化服务体系中的角色不鲜明

农家书屋工程是农村公共文化服务体系建设中的一部分,担负着政府实现乡村文化治理的重任。从公共文化服务的外部效应来衡量,由于农家书屋的"空壳化""形式化",使其在传播主流意识形态、经济、社会及区域发展推动方面都未能发挥积极作用,导致其在公共文化服务体系中的角色不鲜明,这与课题组调研发现的农村信息传播机构林立,农家书屋并不特别受农民青睐有了对应关系。

2. 农家书屋具有的优势及机遇

(1) 农家书屋建设初具规模

经过10余年的建设,农家书屋已完成国内所有行政村全覆盖的

---

① 黄雪丽:《农家书屋政策执行:困境分析与破解之道》,《图书馆论坛》2017年第3期。

任务，形成了组织传播—大众传播—人际传播的系统传播模式，农村对农家书屋有一定的知晓度，部分地区形成了较有特色的发展模式，如广州的云煜书屋等，已具有一定的示范效应。

（2）政府重视的政策机遇

党的十九大报告中指出，我国社会主要矛盾已经转化为人民日益增长的美好生活需要和不平衡不充分的发展之间的矛盾。同时，在国家全面完成扶贫攻坚任务的背景下，信息扶贫、文化扶贫也都成为重要的渠道和抓手，基于此，本质上为知识传播运动的农家书屋工程建设在国家政策层面应该受到更多的重视，因为它担负着努力满足农民最基本的精神文化需求和日益增长的多层次、多方面文化消费需求及缩小城乡差距、实现文化权益均等化的功能。[①] 为此，政府和相关部门围绕农家书屋的建设出台了一系列的推动政策，文章的引言部分已进行阐述。

（3）移动互联网时代到来数字阅读流行的技术机遇

随着通信技术的飞速发展，我们已进入移动互联网时代，数字阅读异军突起，它的移动化、便捷化、丰富化正在消解农民与阅读之间的鸿沟和障碍。长久以来存在的农村阅读障碍有望通过信息技术的发展得到有效破解。

第五节 各级政府部门及其他组织的信息服务

一 制度安排下的扶贫

（一）各地出台相关扶贫政策，制度保障扶贫实效

十三五以来，各地把实现扶贫攻坚当成重要任务来抓。各地政府围绕脱贫攻坚战略出台了一系列的政策，为扶贫攻坚的推进和完

---

① 蔡骐、杨洋：《农家书屋与知识扶贫——以湖南农家书屋为例进行分析》，《湖南师范大学学报》（社会科学版）2014年第6期。

成提供了有力保障。

四川省于 2017 年推出《四川省川陕革命老区振兴发展规划实施方案（征求意见稿）》，正式向社会公开征求意见。方案明确四川川陕革命老区将推进精准扶贫精准脱贫，将创新扶贫开发机制——健全"省负总责、市（州）统筹、县乡抓落实"的扶贫开发管理机制。① 其中，公共信息扶贫的职能和要求进一步明晰。首先，积极发展文化体育事业。实施文化惠民工程，加强公共图书馆、博物馆、文化馆（群艺馆）以及乡镇（街道）、村（社区）综合文化服务中心建设，推进公益性文化设施免费开放。推动"高清四川 智慧广电"建设，深入实施广播电视户户通、农村公益电影放映、农家书屋数字化升级改造和乡镇出版物数字化发行网点建设等工程，加强老区广播电视节目有线网络、无线数字化和直播卫星覆盖，推进应急广播体系建设，开展"书香天府"全民阅读活动。实施巴蜀优秀文化传承工程，加强地方性特色文化艺术保护与传承。加强物质和非物质文化遗产保护与利用，推动蜀道申报世界文化和自然双遗产，推进翻山铰子等非物质文化遗产项目的保护传承。加强体育设施建设，努力实现乡镇、村社全民健身设施全覆盖，广泛开展全民健身运动。② 其次，构建科技服务体系。构建一批面向产业、服务经济、覆盖全面、功能综合的科技服务平台，建立和完善农技推广体系，有效应对贫困地区贫困户和各类经营主体技术和信息需求。加快推进四川科技扶贫在线平台在革命老区的布局和建设，实施专家服务、技术供给、产业咨询和供销对接。推进科技特派员创新创业，构建一批农业科技园区、专家大院、星创天地等创新创业服务体系，加快科

---

① 《〈四川省川陕革命老区振兴发展规划实施方案（征求意见稿）〉印发》，中国投资咨询网，2017 年 4 月 1 日（链接日期），http：//www.con.com.cn/hongguan/201704/eaqrz01093930.shtml，2021 年 8 月 10 日（引用日期）。

② 《〈四川省人民政府办公厅关于印发四川省川陕革命老区振兴发展规划实施方案的通知〉解读二》，四川发布，2017 年 6 月 23 日（链接日期），https：//www.sc.gov.cn/10462/10464/13298/13301/2017/6/23/10426462.shtml，2021 年 8 月 10 日（引用日期）。

技进村入户到人。①

2015年9月16日，中共重庆市委、重庆市人民政府发布了《关于精准扶贫精准脱贫的实施意见》，明确提出到2017年年底，实现18个扶贫开发工作重点区县全部"摘帽"、1919个贫困村整村脱贫、165.9万农村贫困人口绝大部分越过扶贫标准线，基本完成扶贫攻坚任务。其中2015年年底，涪陵区、潼南区整体脱贫；2016年年底，万州区、黔江区、南川区、丰都县、武隆区、忠县、秀山县整体脱贫；2017年年底，城口县、开县、云阳县、奉节县、巫山县、巫溪县、石柱县、酉阳县、彭水县整体脱贫。② 15个扶贫开发工作非重点区县2015年年底全面完成贫困村、贫困人口脱贫任务。2018年，解决好局部、个别特殊困难贫困户的脱贫问题，打扫脱贫攻坚战场，巩固扶贫脱贫成果。③

(二) 政策推动，各级政府部门积极行动，服务模式多样化

1. 在扶贫制度安排下，做细传统服务

以陕西省汉中为例，各类政策扶贫措施纷纷出台，落实落细扶贫战略，在信息扶贫方面做了很多探索。

（1）为贫困户发展特色产业请专家

为精准定位产业发展方向，汉中市环保局结合"扶贫日"活动，多次邀请市县农业、林业等部门的专家和技术人员前往包扶村——洋县溢水镇时家坡村实地调研论证，确定了近期辣椒种植、中期土蜂养殖、远期果树栽植的产业发展思路，目前已经依托村上扶贫

---

① 《我省出台川陕革命老区振兴发展规划实施方案 锁定七大任务》，四川日报，2017年6月23日（链接日期），https://www.sc.gov.cn/10462/10464/10797/2017/6/23/10426101.shtml，2021年8月10日（引用日期）。

② 李瑜：《精准视角下重庆市丰都县脱贫攻坚推进中存在的问题及对策研究》，硕士学位论文，重庆大学，2017年，第32页。

③ 本刊编辑部：《重庆脱贫攻坚 答案在本期找》，《今日重庆》2016年第2期。

互助合作社，按照"公司+合作社+贫困户"的发展模式开始实施。在洋县溢水镇时家坡村开展的 8 月份的"扶贫日"活动中，干部职工顶着烈日、不畏酷暑，像"走亲戚"一样到各自帮扶的贫困户家中，一边帮忙干零活一边拉家常："今年乌药收了几亩，能卖好多钱？""屋里养的猪准备继续喂还是卖，卖的话销路好吧？""最近身体咋样，看病、住院报销还有啥难处没？""娃上学期卡里的补助打没打？"在这平常的一问一答过程中，干部们填写好扶贫纪实簿，完成了收入核算、政策宣讲、政策落实等工作任务。"扶贫日"让干部们精准掌握群众的所需所困，及时把问题反馈回市局扶贫工作领导小组，"交通不便"便是干部集中反馈回来的重点问题之一。为了打通这通向群众的"最后一公里"，市环保局今年加大了基础设施建设的帮扶力度，多方筹资 50 万元为每家都修通了入户路，"户户通"使反馈的问题有了实实在在的回应。①

（2）重视政策宣讲，入脑入心

汉中市教育局对口的仙台坝村现有贫困户 182 户 541 人，居住分散在 7 个村民小组，集中到一起开会非常困难。针对贫困户对各项扶贫政策、当前扶贫工作进展情况和取得的成效了解不深入等情况，市教育局扶贫工作队决定对仙台坝村贫困户以组为单位开展一次政策宣讲活动。不仅如此，还注重了解贫困户的诉求，通过拉家常的方式了解农户的困难，并给予解决。②

（3）用活政策，筹措资金为农户脱贫融资

再比如汉中市地税局在得知贫困户左尚忠积极主动寻求致富发展路子，自发改造"冬水田"5 亩修建鱼塘发展草鱼养殖项目，但因为

---

① 《市环保局组织开展"扶贫日"活动让干部职工"真扶贫"》，汉中市人民政府网，2017 年 8 月 9 日（链接日期），http://www.hanzhong.gov.cn/xwzx/bmdt/2017-08-09/t20170818_427222.html，2021 年 7 月 20 日（引用日期）。

② 《市教育局扶贫工作队入户开展政策宣讲活动》，汉中市人民政府网，2017 年 9 月 21 日（链接日期），http://www.hanzhong.gov.cn/hzszf/xwzx/bmdt/201709/t20170921_442306.shtml，2021 年 8 月 15 日（引用日期）。

该项目没有列入年度产业发展计划而一筹莫展时，周向群总会计师与村两委和驻村工作队开展专题座谈后，决定参照扶贫相关政策补助该户5000元启动资金，极大地调动了群众发展生产，脱贫增收的积极性。①

2. 借助现代信息技术，创新服务方式

在2020年新冠疫情期间，安康市农业局通过互联网+培训（云课堂）创新信息服务方式。为落实好《中央应对新型冠状病毒感染肺炎疫情工作领导小组关于印发当前春耕生产工作指南的通知》精神，陕西安康市农业农村局创新方式方法，开展系列农业生产技术指导服务工作。市农业农村局充分利用广播电视、网络微信等手段，组织农业专家开展一系列在线培训、在线指导、在线答疑，并组织农技人员在做好个人安全防护的前提下，开展必要的实地指导，帮助农民解决春耕生产实际困难，获得了广大农民朋友的一致好评。还借助全国农业科教云平台和移动互联技术，为市、县、镇农业管理部门、农业专家、农技推广人员和广大农民提供在线学习、互动交流和服务对接的平台，让农技推广插上了信息化的翅膀，让广大农民搭上了"互联网+"的快车。② 2020年3月3日，安康市"互联网+培训"春季农业生产技术服务系列活动启动，3月4日由市农宣中心组织开展的安康春季农业生产技术服务直播课堂第二期蔬菜育苗移栽管理技术正式开讲。主讲老师汉滨区蔬菜专家张开军带领学员走进直播课堂——汉滨区冯家坝现代农业园区，从日工厂化育苗到日光温室，到蔬菜大棚，从基质处理到育苗移栽到田间管理，老师将蔬菜生产的各个关键环节——现场进行技术指导，传授管理技巧，解答园区技术人员提出

---

① 《汉中市地税局领导班子全体成员深入包扶村扎实推进精准扶贫工作》，汉中文明网，2015年9月24日（链接日期），http：//wenminghanzhong.cn/Article.aspx? page=1&webid=347，2021年8月10日（引用日期）。

② 吴乐：《"云课堂"让农技推广插上信息化的翅膀浏览次数》，安康市农业农村局，2016年9月21日（链接日期），http：//nyj.ankang.gov.cn/Content-2045659.html，2021年7月20日（引用日期）。

的问题。据统计,在直播课堂的整个过程中,通过手机浏览人数达92490次,这样的直播培训方式也是市农宣中心创新农业技术培训方式的一次有益尝试。通过邀请专家先进行专题讲座视频培训、在线答疑,再到田间地头进行现场操作讲授,将理论与实践融合,同时以互联网直播的方式将培训直播课堂广泛推送,让大家不出门便可以感受到如同亲临课堂、人在田间、面对专家现场指导一样的学习效果,收到了很好的效果。①

二 网站服务

目前秦巴6个省级农业行政主管部门均建立了农业政务信息网,这些网站提供政务、政策、农情、市场行情和经济信息等服务,同时也是涉农部门对外发布"三农"信息的最权威、最迅速、最便捷、最有效的宣传平台。② 基于此,对秦巴6个省级农业政务信息网的政策信息服务状况进行调查和分析研究,考察政策信息的提供情况、政策信息的咨询情况、网上办事提供政策依据的情况,把握网站信息服务的现状以优化政策信息服务。

(一)政策信息栏目服务情况分析

"政策法规"栏目位置分明,栏目名称明确。"政策法规"属于政务信息的内容,多位于政务信息一级栏目下,而且一般网站都直接展示二级栏目名称,所以用户比较容易找到"政策法规"方面的信息内容。虽然"政策法规"内容所在的栏目层次不同,但大部分都以"政策法规"作为栏目名称。"政策法规"直接作为一级栏目的有2个;"政策法规"作为二级栏目的有3个,其中属于"政务公开"或

---

① 杨溢:《安康农技服务直播课堂第二期开讲收看达九万多人》,安康市农业农村局,2020年3月19日(链接日期),http://nyj.ankang.gov.cn/Content-2042604.html,2021年9月15日(引用日期)。

② 杨木容:《"三农"政策信息服务建设的研究——基于31个省级农业政务信息》,《图书情报工作》2011年第7期。

"政务区"一级栏目下的占比 50%，作为三级栏目的有 1 个。①

"政策法规"栏目的内容建设参差不齐。"政策法规"栏目内容提供分为分类服务、检索服务和解读服务等三种情况。分类服务分别按照行业（例如种植业、畜牧兽医、渔政等）、行政级别性质（例如国家、部委、地方等）、文件类型（例如政策、法律法规、政府规章、规范性文件、公示公告等）、从属关系（例如综合性、农业）等对政策法规进行分类汇总提供标题列表链接。② 几乎 6 个省区的网站都进行了分类，但类型不同，河南采用了从属关系分类，湖北、重庆采用文件分类，甘肃采用了行政级别分类，陕西省采用了农业法规、政策解读、法治大讲堂等分类，四川省采用了行政级别和文件类型等分类。陕西、重庆、四川提供了政策解读服务，重庆、四川省提供了检索查询功能，便于用户获得信息。从提供的信息内容来看，栏目以提供"政策法规"的全文信息为主，而对于"政策法规"的相关信息，例如新闻、案例、解读等内容很少提供，未能将栏目服务内容进一步扩充和深化。

在政策信息服务的特色建设方面，重庆农业农村信息网提供了"惠农政策"栏目，方便用户直接查找利益相关的政策信息。此栏目除了提供政策条文外，还提供政策落实、经验摘编、政策解读等内容。"惠农政策"的提供，使得服务更加贴近农民的切身利益，方便农民查找与自己利益相关的政策内容，进一步加深了农民对惠农政策的理解。

2. 政策信息的咨询情况

六个省区的农业政务信息网站均提供互动服务栏目。互动服务所属栏目名称多样。有的互动服务一级栏目名称含有"互动"，有的使

---

① 杨木容：《果农视角下的果业信息需求和服务开展的调查研究》，《安徽农业科学》2011 年第 12 期。

② 杨木容：《"三农"政策信息服务建设的研究——基于 31 个省级农业政务信息》，《图书情报工作》2011 年第 7 期。

用"咨询"或"交流",有部分互动服务子栏目从属于政务区、办事区、综合版、政务公开、服务等一级栏目。以四川省农业服务为例,设有"我要咨询""我要建议""我要投诉""生长信箱""在线访谈""意见征集"等六个板块,陕西省设有"在线访谈""领导信箱""咨询投诉""学习园地"等板块内容较为齐备,但感觉便民程度上还需加强。①

几乎所有网站都以表单咨询为主,没有实时在线咨询,专门的政策咨询很少。大部分网站主要以表单咨询的方式提供互动服务,有的需要通过注册登录系统后才可以咨询;有些网站只是提供咨询热线,其中提供"12316"作为三农咨询热线服务的有2个,还有提供智能客服的,但需要注册。互动栏目的咨询反馈结果存在着回复过于简单的问题,未能及时有效地实现问题的解决与指引。这样的服务状况严重挫伤了用户使用的积极性。因此,互动栏目的建设,尤其是政策咨询服务有待进一步完善。

3. 网上办事提供政策依据的情况分析

秦巴六省的农业政务信息网均在网上办事服务栏目中提供政策依据。在办事指南说明中几乎都提供了办事依据,有的还提供具体政策法规条文内容。以四川省为例,四川农业信息网是按类别和部门提供,每个事项后面有办事指南,在办事指南中能提供办事依据的政策法规,并有全文内容,用户就更加清晰办事的要求,使得在办事过程少走弯路,同时提供在线咨询,后续还有好差评,提升了用户在服务过程中的权益保障。

政府对农村开展政策信息服务及政策的落实,将帮助农民维护自身的权益,充分发挥政策信息对农民生产、生活和经济社会活动的服务作用,而且必将对农民增收和农村经济发展产生极大的促进作

---

① 杨增凯:《中国枣网用户满意度评价——以金丝小枣主产区为例》,硕士学位论文,河北农业大学,2014年,第34页。

用，也日益成为解决"三农"问题的重要保障。农业政务信息网站是农业部门推进政务公开、提高办事效率的重要平台，农业政务信息网站经过那么多年的实践改善，将会逐步完善农村公共服务的供给，注重用户体验，注重信息服务的实用性和易用性，提供完善的政策信息服务内容及方式来提高农民、农村工作者和涉农企业参与的积极性，为我国的农村信息化建设和社会主义新农村建设作出应有的贡献。

三 其他组织信息服务方式

（一）新闻机构扶贫

新闻机构扶贫的历史由来已久。2006年，国务院扶贫办联合中华全国工商业联合会、中国民生银行等单位推出了"全国农产品应急销售免费广告"，在CCTV-7农业频道为全国贫困县和农产品主产区免费播出，解决"全国许多贫困县和农产品主产区，因为地处偏僻地区，信息相对闭塞，农民种植的粮食、蔬菜、瓜果等农产品常常出现'卖难'问题"。[①]"3年、230多个贫困县、推销500多亿公斤滞销农产品，这是由国务院扶贫办联合中华全国工商业联合会、中国民生银行、中国农业电影电视中心发起的'信息扶贫模式'三年来所取得的成效。"[②] 由此可见，新闻机构可充分发挥媒体优势，在扶贫攻坚中开展卓有成效的信息服务。

2015年国家推行精准扶贫战略以来，新闻机构更是积极投入扶贫工作，制定扶贫传播策略，发挥媒体优势。2018年国家实行了县级媒体融合战略，秦巴六省的80个县区截至2020年年底已基本实现县级

[①] 袁京：《我国"信息扶贫"3年推销近500亿公斤滞销农产品》，《北京日报》2009年2月23日第3版。
[②] 《填平城乡数字鸿沟 书写扶贫精彩答卷——河南移动精准扶贫工作纪实》，大河网，2020年11月27日（链接日期），https：//news.dahe.cn/2020/11-27/765602.html，2021年9月10日（引用日期）。

融媒体中心建设全覆盖，利用融媒体的平台优势和组织优势加入扶贫攻坚的战略，在构建多媒体传播平台、打造多种宣传渠道、生产优质传播内容等方面做了有效的信息服务探索。

1. 构建多媒体传播平台，有效传播脱贫信息

2020年3月，在决战决胜脱贫攻坚座谈会上，习近平近平总书记提出要重点宣传党中央关于脱贫攻坚的决策部署，宣传各地区各部门统筹推进疫情防控和脱贫攻坚工作的新举措好办法，宣传基层扶贫干部的典型事迹和贫困地区人民群众艰苦奋斗的感人故事。① 县级融媒体中心作为基层社会的主流媒体，应主动承担引导舆论、开展扶贫宣传的重任。下文以陕西省蓝田县融媒体中心的扶贫新闻宣传实践为例，探索县级融媒体中心开展脱贫信息宣传工作的有效做法。

蓝田县融媒体中心于2018年8月12日正式挂牌成立，在西安市数第一家、陕西省排位第二家的县级融媒体中心，它融合蓝田县广播、电视、网站、微博、微信公众号、新闻客户端，承担了蓝田县政府网、县网信办的宣传职能。中心脱贫信息传播的平台构建由三个部分组成。首先在陕西省的"秦岭云"上搭建蓝田县融媒体生产调度指挥中心系统，打造中央厨房，保证了脱贫信息第一时间得到报道；其次，进驻新华社现场云平台、"央视新闻+融媒体"平台和陕西电视台融媒体矩阵，实现省、市、县脱贫信息及新闻线索共享；最后，运用"移动优先"策略，引进"轻快云"融媒体工作平台，建设智慧"蓝田手机台"手机客户端和"爱蓝田"手机客户端，帮助用户随时随地了解国内脱贫相关信息和汲取全面脱贫地区的优秀经验。综上，中心充分发挥平台优势，形成多层多面联动，有效传播扶贫信息。

2. 打造多种宣传渠道，全媒矩阵合力发声

县级融媒体中心一般都建设了全媒体矩阵，包括广播、电视、网

---

① 习近平：《在决战决胜脱贫攻坚座谈会上的讲话》，人民网，2020年3月6日（链接日期），http://politics.people.com.cn/BIG5/n1/2020/0307/c1024-31621169.html，2021年9月15日（引用日期）。

站、微博、微信公众号、新闻客户端等，在脱贫攻坚宣传报道中，县级融媒体中心充分发挥新媒体矩阵的传播作用，综合利用本地的广播电视台及微信公众号、交通旅游广播微信公众号、本县新闻网、微博、App、抖音号等多平台，运用图文、音视频等传播手段，进行融合传播、多点推送，更精确更及时地宣传脱贫攻坚工作，做到家喻户晓，开展"直播带货"，助力消费脱贫。① 一些地方充分发挥广播电视和网络视听节目产销助农、品牌强农的优势，通过"公益广告、节目+消费扶贫""短视频、直播+消费扶贫"等模式助力消费扶贫。通过"电视+网络+微信"等平台加大宣传力度，积极开展农产品扶贫促销全媒体直播，在直播节目中推出本地特色农产品，帮助贫困村拓宽产品销售渠道，凝聚社会各方力量，畅通社会各界爱心助力渠道，打通脱贫攻坚"最后一公里"。如重庆的开县春橙、甘肃吴忠的黄花菜、南疆的红枣、核桃等都是借力央视的精准扶贫公益广告和当地融媒体中心的融合传播，让这些"养在深闺人未识"的农产品迅速"火"遍全国，成为"网红"产品，吸引了全国各地顾客争相购买，推开了贫困地区农民增收致富的大门。

在"融媒体+电商"方面，贵州省桐梓县与新华社客户端、央视频客户端、人民网贵州频道微博、动静App、多彩贵州网等媒体平台及重庆、四川等8个省市50多家市县级融媒体实现联动直播。通过线上线下联动，全方位展示桐梓地方特色产品，拓展农特产品销售渠道，推动桐梓县电商产业发展，线上引流带动实体消费，促进消费回补和潜力释放。为了助推"黔货出山"，桐梓县融媒体中心专门设立了电商直播产业园。网上下单、网下配送的"线上引流、线下消费"形成了业态丰富、服务范围广泛、线上线下深度融合的线上业态体系和线上消费环境，有力促进了消费扶贫、达到了带动扶贫产业、连接

---

① 陈守湖：《县级融媒体传播力建构的制度要素探析——以贵州实践为例》，《南方传媒研究》2020年第2期。

消费市场、农民脱贫致富的效果。①

3. 立足本地资源优势，生产优质传播内容

内容取胜是县级融媒体中心在脱贫宣传中的制胜法宝。本地化报道是县级融媒体开展脱贫宣传的重要优势，注重挖掘本地的宣传资源，打造多元化传播的新局面是地方媒体开展有效脱贫宣传的重要路径。

如陕西省蓝田县级融媒体中心开展的文化旅游宣传颇具特色。蓝田县文化底蕴丰厚，2019年入选第三批省级旅游示范县，白鹿原影视基地带动了当地旅游业的发展，蓝田县拥有蓝田地标产品"蓝田玉"，这些都是本地得天独厚的文化旅游资源。县级融媒体中心组织专题文化旅游宣传，着重挖掘"民宿产业"相关报道，通过"蓝田手机台"开辟了《我在蓝田民宿等你》专题模块，采取图文、短视频等方式开展宣传报道，取得良好的传播效果。

陕西省商州区融媒体中心开展农副产品的宣传专题。"商州融媒"微信公众号提早谋划、精心策划、及时发布消息，向全区发出消费扶贫倡议书，得到职工响应，助力消费扶贫取得实效。2020年10月15日，商州区融媒体中心公益扶贫项目正式启动，通过融媒体矩阵扩大公益扶贫影响力，倡导前沿公益理念，动员社会各界协力助推公益扶贫事业。编辑记者直奔田间地头，将镜头对准普通农户，通过微信、短视频等形式及时发布销售信息，助力贫困群众实现稳定增收，重点推出《闵建设：从贫困户到"大羊倌"》《黑山镇张家坪村有个年出栏千余头的养猪基地》《韩峪川村：连翘花开遍地金》《芦河涧村：火龙果等特色产品陆续进入采摘期》等一批稿件。②

---

① 李甜甜、张颖：《贵州桐梓：50家市县级融媒体联动电商直播 助推"黔货出山"》，中国新闻网，2020年6月8日（链接日期），http://www.gz.chinanews.com/szfc/2020-06-08/doc-ifzwytza7960154.shtml，2021年7月20日（引用日期）。

② 吕蒙、张琨、刘颖：《商州融媒：推进消费扶贫，让优质农产品走进千家万户》，《西北信息报》2020年9月11日第3版。

（二）通信运营商的扶贫

按照信息扶贫早期的定义，自八七扶贫战略以来，通过搭建信息基础设施就成为信息扶贫的应有之义，以此为背景，各地通信运营商就加入信息扶贫的队伍。首推电信、联通、移动三大通信运营商，政策制定，具体措施等如下。

1. 加强山区信息通信设施等硬件建设

"要致富，先修路"。为了有力推动秦巴山区的扶贫工作，除了打破地理上的封闭状态之外，为贫困地区建成一条坦荡宽阔的"信息路"也迫在眉睫。深度贫困乡镇信号覆盖差、通信不畅、上网速度慢，加大通信基础设施建设力度，破除"信息孤岛"与外界的壁垒成为开展信息扶贫工作的首要共识。近年来，重庆市电信、移动、联通三大运营商积极配合地方扶贫工作要求，加强网络基础设施建设。截至 2017 年 3 月初，重庆移动累计完成 160 个扶贫站点开通及工程优化，投入了优化工程师 842 人次，测试设备 36 套，派发车辆 312 次。① 通过网络扶贫专项行动，有效解决了深度贫困乡镇信号覆盖差、打电话不通畅、上网慢等问题，重庆联通承建区域内的行政村通光缆、宽带乡村、电信普遍服务试点等专项建设任务已经全面完工。从全市整体情况来看，2017 年通信基础设施进一步完善，网络覆盖和网络质量持续提升。新增光纤接入端口 417 万个，总量达到 1935.2 万个，占宽带接入端口比重从 55.7% 上升到 86%。4G 基站新增 2.8 万个，总量达 9.2 万个，WLAN AP 总数达 13.9 万个。4G 用户达到 2200 万户，同比增长 29.5%。② 全市互联网用户数达到 3904.7 万户，同比增长 17%，三网融合发展迅速，IPTV 用户达 393.6 万户，

---

① 崔迪：《重庆信息扶贫工作重广度求深度 多元手段共建致富路》，腾讯大渝网，2018 年 3 月 12 日（链接日期），https：//cq.qq.com/a/20180312/019848.htm，2021 年 9 月 15 日（引用日期）。

② 黄光红：《重庆市开展网络强市建设三年行动》，《重庆日报》2020 年 4 月 24 日第 3 版。

同比增长 48.5%。2017 年，重庆市通管局全面启动网络脱贫攻坚战，协助地方编制 18 个深度贫困乡镇脱贫攻坚规划，助推农村电商、农村旅游等涉农信息化发展。①

中国电信湖北公司以宽带网络覆盖、4G 基站普遍服务工程等重点项目为抓手，加大人力和资金投入，建设通信网络高速公路，推进信息化扶贫建设，连通贫困行政村信息化公路的最后一公里。得益于电信普遍服务政策的实施，目前地处湖北秦巴山区的襄阳市 9 个县市区 1395 个村已实现光网全覆盖。海拔 1400 多米的襄阳市保康县歇马镇金桥沟村，地处偏远山区，以种植蔬菜、烟草产业为主，经济发展水平滞后。全村 7 个组 281 户，目前建档立卡的贫困户还有 30 多户，过去村民家里电视机安装的是卫星锅，遇到刮风下雨电视就没信号。自从电信百兆光纤宽带通进村，高速网络和天翼高清电视等服务送上门后，电视机就有 100 多个频道可供收看，其中还有大量 4K 和高清片源及频道。网络不仅丰富了村民的生活内容，还帮助村民实现农产品网络推销。通过电信宽带网络，村民将自己的农产品在微信、QQ、抖音等网络平台以及淘宝、拼多多等电商平台进行推销，以高于本地市场的价钱销往陕西、四川、河南等地，极大提高了村民的经济收入。同时，村民通过网络、高清电视迅速了解和掌握外面的市场信息，接触相关农业知识，提高了农产品培植技术，为村民发家致富铺就了幸福路。②

汉台围绕改善贫困村"水、电、路、讯"基本生产生活条件，全面摸排全区所有贫困村交通、水利、电力、卫生室等基础设施需求，编制《汉台区 2017—2020 年脱贫攻坚基础设施建设项目计划》方案，投资 1770 万元，实施通信网络建设项目 2 个，建设通信基站建

---

① 《信息化扶贫工作重广度求深度　多元手段共建致富路》，腾讯大渝网，2018 年 3 月 13 日（链接日期），https://cq.qq.com/a/20180313/035854.htm，2021 年 9 月 15 日（引用日期）。
② 《信息扶贫助力乡村振兴，打通脱贫攻坚最后一公里》，北青网，2020 年 10 月 19 日（链接日期），https：//www.360kuai.com/pc/967d4abbbdea71093?cota＝3&kuai_so＝1&sign＝360_57c3bbd1&refer_scene＝so_1，2021 年 9 月 15 日（引用日期）。

设9个，确保55个贫困村宽带建设全覆盖。①

2. 搭建信息服务平台，开发各类针对贫困人口切实需求的手机App

各级运营商不仅努力铺就信息路，还通过开发系统、建设平台、开发App等方式助力信息扶贫。重庆运营商在信息扶贫工作中，深入乡镇基层，通过走访、调研、座谈等形式，切实了解深度贫困地区群众需求，运用多元化的技术手段解决群众生产生活难题。2017年12月，重庆电信在巫溪县红池坝镇率先完成"精准扶贫"行业版ITV的开通和安装工作，并顺利实现了村委会与镇政府间的多方可视电话系统的同步调测。这样通过一台电视/一个机顶盒和一个摄像头即可实现多方在线视频会议，有效缓解了该村以往赴镇上开会的劳顿。同时，在脱贫攻坚工作中，运营商还瞄准群众切实困难，研发了一系列解决切实问题的手机应用。如中国电信"益农"App、"农技宝"App，重庆移动"互联网小镇"电商平台、"渝扶通"App等，使群众足不出户即可咨询农技问题、查询农产品销售及价格信息、分享生产经验并自助学习农技知识。针对电商扶贫在帮助农户打开农产品销售渠道的，但实际操作中经常出现平台推广渠道受限等问题，破解"酒香也怕巷子深"的尴尬局面，重庆电信新媒体事业部拟联动电商与电信iTV双平台，实现农产品上iTV平台宣传销售，带动农户收入，切实推动精准扶贫。不仅助力农产品销售，运营商还将关注目光聚焦山区孩童。贫困地区的孩子们因自然条件限制、视野较窄、知识获取渠道匮乏，信息鸿沟成为阻拦孩子们认知世界的障碍。重庆电信运用教育信息化的新技术、新方案填平信息鸿沟，让山区孩子也能享受高质量的教育资源。2018年1月18日，由重庆电信打造的"云端陪伴·让爱在身边"项目于重庆市城口县鸡鸣乡中心小学启动。该项目依托的电信智慧校园平台搭建，也是中国电信深度参与精准扶贫、信息扶贫的重要举

---

① 《汉中汉台区高效推进贫困村基础设施建设》，汉中市人民政府网，2017年8月18日（链接日期），https：//js. shaanxi. gov. cn/zixun/2017/8/100935. shtml？t=24，2021年9月15日（引用日期）。

措。智慧校园平台包含了教学、管理、家校沟通等多方面功能，为学生们提供了丰富的学习资源，破除城乡信息化差异，提升教学、学习效果，提升管理效率。①

河南扶贫信息管理系统是一款提供精准扶贫服务的手机应用，是专为河南用户打造的社会扶贫App，只要把这个软件装到手机里，贫困户就能实现扶贫资金申报和查询，还能学习实用技术、创业知识。还有特别适合农村使用需求的帮扶互助、村主任发布等一系列功能。另外帮扶工作人员可以在线采集贫困户家庭信息，查看扶贫工作进展状态，让扶贫工作开展得更高效。

3. 帮助农村搭建电商平台，充分发挥互联网+农村的作用

开展多项公益活动、运用多元化手段推动信息扶贫工作落到实处，解决痛点问题。为帮助一部分年纪较大、对新事物接受能力较弱的群众能够熟练掌握运用新信息技术手段，重庆运营商牵头在全市各区县开展了各类手机应用技能培训专项活动，围绕智能手机的选购、手机在农业生产经营中的应用、利用手机打造农产品网上品牌、"三农"互联网金融等内容对农户进行培训。②

2019年年底，在"四川扶贫"好产品迎春年货大集期间，四川省网信办邀请北京快手科技有限公司现场策划系列网络活动，请来阿浩、浪胃仙、料理小颖、朵一、她是吃霸、王大山等多位网红集体亮相，通过网络直播加带货销售的新形式为"四川扶贫"产品代言。活动依托短视频直播平台，将川报、川台、川网、封面新闻等媒体组合成"多链路直播间"，对主会场、各分会场的活动进行直播，用户进入"多链路直播间"，只需轻点右上角"切换镜头"，即可自由切换

---

① 崔迪：《重庆信息扶贫工作重广度求深度　多元手段共建致富路》，腾讯大渝网，2018年3月12日（链接日期），https：//cq.qq.com/a/20180312/019848.htm，2021年9月15日（引用日期）。

② 崔迪：《重庆信息扶贫工作重广度求深度　多元手段共建致富路》，腾讯大渝网，2018年3月12日（链接日期），https：//cq.qq.com/a/20180312/019848.htm，2021年9月15日（引用日期）。

不同直播账号，全面了解活动主会场、分会场情况。此次利用网络短视频直播平台现场造势，是充分挖掘互联网新技术在扶贫工作中的潜力和作用，推动网络扶贫向纵深发展，并进一步探索扶贫新路径。

近年来，四川省大力推进农村电商工程，新型业态持续壮大。夯基础方面，全省共建成电商示范县151个，创造电商就业岗位21.95万个。树品牌方面，四川省将贫困地区"三品一标"和"四川扶贫"公益性集体商标标志农产品纳入省级农产品质量安全追溯平台，实现全省所有贫困县共享一块"金字招牌"。强团队方面，四川省11501个贫困村各选派1名农村电商扶贫信息员，承办所在村电商销售等相关工作。①

据了解，目前网络扶贫已经被纳入四川脱贫攻坚总体部署。在四川省网信办牵头下，成立了省级26个部门（单位）参与的网络扶贫行动部门协调小组，省、市、县、乡、村5级联动机制。② 网络覆盖、农村电商、网络扶智、信息服务、网络公益"五大工程"在全省全面展开。网络扶贫区域全覆盖、网信力量参与全覆盖、贫困群众需求对接全覆盖，全省所有贫困人口已经共享互联网发展带来的累累硕果。③

目前，四川省已建成全国首个"全光网省"，全省4.7万个行政村"村村通光纤"，2020年还将实现村村通4G网络。四川省实现8760个边远农村教学点数字教育资源全覆盖、15万个班级"优质资源班班通"、450万名师生"网络学习空间人人通"；高标准建设凉山、甘孜、阿坝、绵阳4地精准扶贫农民夜校30所、教学点100多个；四川科技扶贫在线入驻专家1.8万余名、信息员4.5万余名，在

---

① 侯冲、唐泽文：《"四川扶贫"产品"网"前飞》，《四川日报》2020年1月1日第4版。
② 吴浩：《瞄准重点难点 网聚攻坚力量》，《四川日报》2019年10月18日第3版。
③ 吴浩：《架起网络"天路"下足"绣花"功夫》，《四川日报》2018年10月25日第4版。

线专家服务 14.9 万次。①

而在陕西，电商扶贫也进行得如火如荼。洋县在脱贫攻坚中紧抓电子商务工作，加强网络运营指导培训，孵化电商企业，擦亮县域品牌，有效拓宽了农产品销售渠道，增加了农产品销售数量。2019 年，全县农产品线上销售额突破 9000 万元，2020 年上半年累计销售额超过 5000 万元。②

（1）建立电商队伍，筑牢服务群众基础

在电商成为县域重要的脱贫手段后，如何建立电商队伍，使这一方式有效持续可发展成为当务之急。

陕西洋县龙亭镇庙垭村电商服务站运营管理员李建利通过成立"绿益农业专业合作社"带动 230 户贫困户发展蜂蜜产业，去年，仅仅通过微信圈就销售蜂蜜 130 多万元。小宗产品找电商站点，大宗产品靠电商企业。如今，在洋县不论是土鸡蛋，还是水果，大多数都可以通过镇村电商站点从前端到终点销往全国各地，群众农产品销售基本不用愁。槐树关镇石门村电商服务站管理员袁伟峰经常通过抖音、微信、淘宝等互联网软件帮助群众免费宣传销售农副特产，赢得了群众的信任。许多外地客商通过他的微信圈和抖音账号了解了石门村。现在他的抖音粉丝超过了 4000 人，累计帮助群众销售农副产品 13 万元。在洋县像李建利和袁伟峰这样的农村镇村电商服务站点已建成 254 个，经过多次电子商务培训，形成了一支融合电商新零售、传统电商和销售大户的区域农产品电商队伍。同时，洋县建成 3600 平方米电商仓储物流配送中心，为各镇村站点配置专用车辆 100 台，安装安检机，完成了 18 个镇办分栏，搭建了专用 ERP 物流管理系统，县

---

① 文骥：《四川创新探索网络扶贫新路径　网红、网购、网媒……一个都不能少》，四川新闻网，2020 年 1 月 2 日（链接日期），http://www.ybxww.com/news/html/202001/393520.shtml，2021 年 9 月 15 日（引用日期）。

② 贾军、张鹏：《电商成为洋县农产品销售快车道》，《汉中日报》2020 年 10 月 23 日第 3 版。

域电商仓储物流配送体系初步具有了公开性和服务性,与县内"三通一达"签订了战略合作协议,积极降低县域农产品上行成本,为电商服务群众打下了坚实基础。

（2）孵化优质站点,增强带贫销售能力

提升带贫能力,孵化优质站点是有效路径。溢水镇波溪村是洋县深度贫困村,陶魁经营着村里电商服务站。随着他的林下土鸡养殖产业不断发展,县电商办引导他注册成立小微企业,并设计注册了Logo和品牌,2018年,"鹮农"土鸡蛋被评为西北唯一的有机认证鸡蛋。他信心倍增,业务范围进一步扩大,为了进一步助力脱贫攻坚,陶魁今年以杂粮收购、技术指导的形式,可解决500户贫困户增收难题。刘玉芳是第一批电商服务站运营管理员,负责戚氏街道办太师坟村电商运营,常年从事农产品收购和商贸流通工作,在农村电商开展方面积累了丰富经验。在电商办引导下,她注册成立了小微企业,从自然人升级为企业法人,扩了运营业绩。在脱贫攻坚工作中,刘玉芳巾帼不让须眉,承担起300户贫困户增收任务。

为了充分发挥带贫功能,县电商办引导陶魁、刘玉芳等15家运营优质站点成立企业,实施小微企业孵化工作,让站点运营管理员升级为老板,在相关政策上也给予重点扶持,扩大助农覆盖面,政府提供农资、培训及相关补贴,带贫销售能力明显增强。2019年县电商企业共收购贫困户黑谷3000多亩、蜂蜜40吨、干货30吨,成为脱贫产业销售的突击队。电商办主任杨阳介绍,经过小微企业孵化升级,洋县电商今年可实现带动1500户贫困户增收的目标。[①]

（3）依托知名平台,解决农产品卖难问题

农产品的滞销成为县域扶贫工作中的大难题,一些县域主动出击

---

① 贾军、张鹏:《电商成为洋县农产品销售快车道》,《汉中日报》2020年10月23日第3版。

搭建平台取得了一定的成效。2019年7月12日，陕西洋县与北京字节跳动公司签订网络扶贫战略合作协议，借助抖音、今日头条、火山等知名平台，全方位提升洋县特色产品市场知晓率和占有率，全力服务脱贫攻坚。县电商办在站点管理员中重点打造了30位抖音网红，其中包含2名残疾人，以实现利用身边人推广身边产品的目的。今年通过抖音推介销售谢村镇老庄村蓝莓近1吨，仅此一项，就吸引了30万关注量。县电商办积极对接支付宝蚂蚁森林公益林项目。推荐八里关镇龙新村纳入蚂蚁森林公益林项目。目前，支付宝已对洋县黑米产品进行了详细甄选、取样，完成了包装设计，并首笔确定了2万单订单，龙新村公益林即将上线。同时，引进社员网，以充分借助其强大的农产品线下销售能力。据统计，目前洋县农特产品入驻天猫、京东、拼多多、抖音、今日头条等国内知名平台16个，上架主流产品涵盖有机黑米、中药材、有机薯类、菌类、林下养殖等五大类73种产品，几乎覆盖了洋县80%的农副产品。客单价由以前的平均每单35元逐步上升到80元左右。今年上半年已经实现5000万元的农产品销售额，有力地解决了农产品卖难问题，带动3000户贫困户，户均增收超过600元。①

2020年年初，受疫情影响，西乡县杨河镇20万枚鸡蛋积压严重、西乡800亩大红菇急需销售。西乡电商借助"西农优选"商城平台，通过消费扶贫的形式销售鸡蛋3000余枚。一是联合县电商公共服务中心，借助微信、微博、抖音、报纸等网络平台，发布产品销售信息，拓宽线上销售渠道，并通过在各个平台直播带货的方式，加大滞销农产品的曝光度。据统计，目前通过直播带货的方式带来的订单量就超过了1000单，销售鸡蛋50000余枚。二是精准对接商超销售一批。多方牵线搭桥、积极联系对接西乡家家乐、利家、庆华、裕丰等商场超市销售杨河镇西玉村土鸡蛋等农特产品，将积压的农产品直

---

① 洋县脱贫办：《洋县大力发展有机产业带动万余贫困户脱贫》，《汉中日报》2020年11月3日第5版。

接送到消费者跟前，尽可能帮助本地农产品在本地消化，短短数天各大超市就迅速售出 25000 余枚鸡蛋。三是发动爱心企业认购销售一批。在了解到本地农特产品滞销库存信息后，该县电商办积极赶往种植户农场、养殖户基地一线实地踏勘，了解发布滞销信息，精准对接帮扶西乡企业，其中中国石油集团测井有限公司采购 30000 余枚土鸡蛋，陕西交通职业技术学院采购 2000 余斤大红菇，这一圈下来，很大程度上减轻了因疫情造成滞销的农特产品库存压力。①

---

① 《疫情就是命令！——西乡电商打响积压农产品"解围战"》，西乡宣传网，2020 年 3 月 6 日（链接日期），https：//new.qq.com/rain/a/20200306A0NPQI00，2021 年 9 月 15 日（引用日期）。

第五章　秦巴山区公共信息服务效果研究

优质的乡村信息服务对促进农村乃至全国经济社会发展都具有重要意义。在当今全球信息化的背景下,党和政府高度重视农业农村信息化发展,"十二五"时期农业农村部就编制了第一个全国农业农村信息化发展五年规划,推动信息技术向农业农村渗透融合并且积极建构在信息化发展基础上的农村公共信息服务。"十三五"阶段,农业农村部继续颁布了全国农业农村信息化发展规划,提出"信息服务在线化水平大幅提升"的发展目标。2019年国家发布了《数字乡村发展战略纲要》,针对新一代信息化技术推动产业形态深度变革的形势,认为数字乡村是数字中国建设的重要方面。应对数字乡村发展的现实需求,农业信息服务必然和农业生产、经营、管理以及农村治理等方面形成更加密不可分的联系,而如何评价农村信息服务的效果,进而为农业农村发展提供重要决策参考就成为农村信息服务研究的重要议题,以秦巴山区为代表的连片贫困区受地理环境、自然资源和经济水平的限制,更加需要有针对性的信息服务效果研究。

第一节　农村信息服务效果概述

随着互联网技术的飞速发展,信息服务的内涵和外延得到了进一步拓展。吴东颖、樊佳振认为,"信息服务是利用传输网络和数据库技术，把信息的采集、加工、存储、传播和服务融为一体，向社会提供综合性、多层次和全方位的服务"①。由于信息服务具有技术支撑性、用户导向性、专业性、交互性、针对性和动态性等众多特性，学者们对农村信息服务效果的评价也分别从不同角度介入。

一 基于农村信息化水平测度的研究

随着信息技术在各领域的应用实践不断推进，人们对信息化概念的理解也逐渐丰富，不同的学者从不同的角度进行了讨论，形成了不同的观点。总的来说，信息化是普遍运用计算机、互联网、大数据等技术完成社会生产生活中信息采集、传输、存储、智能分析与发布等的过程。实现信息化就是要构筑和完善国家信息化体系，包括开发利用信息资源、建设国家信息网络、推进信息技术应用、发展信息技术和产业、培育信息化人才、制定和完善信息化政策这六个方面。由此来看，信息化是信息服务的基础，与信息服务各个环节息息相关，区域的信息化水平决定了当地的信息服务效果。为了对农村信息服务效果相关研究有更加深刻和全面的了解，我们需要对信息化测度以及农村信息化测度的理论和实践予以梳理。

（一）信息化测度的理论与实践发展

20世纪60年代，随着信息社会的发展，准确判断社会的信息化发展水平为学者们所关注，信息化测度理论研究与实践逐渐发展起来。20世纪60年代至90年代中期，作为信息化测度研究的起步阶段，信息社会处于发展初期，虽然计算机得到发展和普及、信息产业发展迅速，但信息技术在社会各个领域的运用还很不充分，因此政策制定者和决策者对这方面的关注不多。结合信息社会理论，马克卢普法、波特拉法和日本信息化指数法是这一阶段的典型测度实践。其

---

① 吴东颖、樊振佳：《我国农村信息服务研究现状及主题演进分析》，《情报科学》2018年第6期。

中，马克卢普法和波特拉法从信息经济范式维度建构理论，日本的信息化指数法则结合了信息量范式和社会学范式。这一阶段的信息化测度还没有形成明确的测度对象，在测度方法和标准方面也处于探索阶段。①

20世纪90年代中期到2005年左右是信息化测度发展的第二阶段。这一阶段互联网迅速普及，计算机技术和通信技术得以结合，各种信息都可以用计算机的二进制进行数字化处理，人类加工、传递和利用信息的方式产生了飞跃式发展，这也使人们看到了未来信息化技术推动各行各业发展的巨大潜力。针对信息技术发展引发的这一变局，各个国家政策的重点集中在信息基础设施建设方面。与此同时，众多的商业机构、学术组织、国家、国际组织都广泛进行了信息化测度的研究和实践，其中经济合作与发展组织（OCED）做了大量开创性工作，而S曲线模型是这一阶段测度理论的重要成果。该模型将信息与通信技术的扩散和影响分为准备、使用和影响三个阶段。总体上，第二阶段各类机构和组织对信息社会的理解逐渐统一到以计算机技术和通信技术为基础的范式，重点关注对计算机技术和通信技术的运用及其扩散、影响进行测度。②

2005年至今是信息化测度发展的第三个阶段。进入21世纪，信息与通信技术的发展正在使人类的生产和生活经历着重大的变革。然而，以"数字鸿沟"为代表的信息与通信技术引发的诸多新挑战也逐渐显现。为此，2003年至2005年分两个阶段召开的信息社会世界峰会在联合国峰会层面上就建设信息社会问题进行了广泛讨论。这一阶段主要以技术经济范式模型和GPT理论视角为测度理论，在测度实践方面主要是延续前一阶段的测度基础上对测度指标体系进行了修改，

---

① 吕斌：《信息化测度的三个发展阶段——兼论新一代信息化测度》，《图书馆杂志》2016年第1期。

② 吕斌：《信息化测度的三个发展阶段——兼论新一代信息化测度》，《图书馆杂志》2016年第1期。

或是提出新的测度指标，抑或进行新的测度探索。① 因此，在信息与通信技术深入发展的背景下，为了应对新的挑战，各个国家围绕云计算、物联网、大数据等新一代信息技术调整政策目标，信息化测度面临新要求。

（二）我国农村信息化测度的理论与实践

一直致力于我国农村信息化发展研究的学者李道亮认为，作为一种社会经济形态，农村信息化是社会信息化的重要组成部分，是信息化面向广大农村的实际应用。具体来说，农村信息化是在完善农村互联网基础设施的基础上，努力把与农业生产与经营、农村社会管理和服务等各项活动相关的信息通过相应技术进行采集、传输、存储、监测、智能分析与发布等，从而构建农业和农村信息服务体系，促进信息交流和知识共享，最终提升农业生产经营效益和农村社会管理与服务的质量。②

20世纪70年代末至90年代初是我国农村信息化建设的起步阶段，计算机初步用于农业科研和辅助管理，农业专家系统是这一时期比较典型的智能信息技术，引起了科研院所的重视。③ 由于这一阶段我国农村信息化建设刚刚起步，相关农村信息化水平测评的研究还比较少。

20世纪90年代初至21世纪初，国内信息化整体水平逐步进步，政府部门日渐重视农村信息化建设，相关规划和措施陆续出台，各级地方农业网站逐步建立，农业专家系统趋于成熟，农业信息技术应用研究全面铺开，我国农村化信息建设进入初步发展阶段。④ 在信息化

---

① 吕斌：《信息化测度的三个发展阶段——兼论新一代信息化测度》，《图书馆杂志》2016年第1期。
② 李道亮：《中国农村信息化发展报告》，电子工业出版社2018年版，第97页。
③ 周晓迅：《农村信息化建设绩效评价研究》，博士学位论文，湖南农业大学，2014年，第34页。
④ 周晓迅：《农村信息化建设绩效评价研究》，博士学位论文，湖南农业大学，2014年，第34页。

测度理论与实践发展的基础上，学者们结合我国信息产业部于2001年颁布的《国家信息化指标构成方案》中提出的衡量国家信息化水平的20项指标，探索农村信息化水平评价指标体系和测评方法。学者卢丽娜等以马克思主义生产力理论、诱导技术变革理论等为理论依据，设置了以农业信息资源开发利用、农业信息基础设施、农业信息技术应用、农业信息化人才、农业信息化外部环境为一级指标，20项二级指标的农业信息化测度指标体系，并通过对2000—2004年的相关数据进行测算后得到各二级指标的指数。结果表明，上述各一级指标指数都在不断增长，但在信息化外部环境这个一级指标中，农村信息指数这一个二级指标的指数相对增长缓慢，原因在于农民收入增长缓慢和不习惯为信息服务付费。[①] 学者刘世洪、许世卫运用经济测度理论和系统工程方法论，采用定性与定量分析等研究方法，以德尔菲法为基础，建立了6个一级指标25个二级指标的指标体系，较之学者卢丽娜的指标体系，该指标在一级指标中增加了"农业信息产业发展"这1项指标，并比较分析出中国各地区农村信息化发展水平的"综合指数"和各"子项指数"。研究表明，在2008年前后，农村信息基础设施建设和农业信息技术应用在农村信息化建设中的作用明显；同时我国东中西部农村信息化水平差距巨大，东、中部信息化综合指数分别是西部的2.4倍和1.3倍，全国平均水平都高出西部不发达地区3~4倍。在各一级指标的分项排名中，陕西和四川在农村信息技术应用、农业信息产业发展这两项排名中都进入前10。[②] 这一阶段学者们进行农村信息化测评研究主要关注农村信息化发展水平、存在的不足及改进措施，研究方法主要有波特拉法、层次分析、因子分析、主成分分析、聚类分析、模糊综合测评等。

---

① 卢丽娜、于凤程、范华：《我国农业信息化水平测度的理论与应用研究》，《理论学刊》2010年第6期。

② 刘世洪、许世卫：《中国农村信息化测评方法研究》，《中国农业科学》2008年第4期。

20世纪初至今，在全球信息化浪潮更加汹涌的背景下，我国农村信息化建设政策密集出台，建设方案和措施更为切实可行，农村信息化建设的范畴由之前单纯局限于农业领域转变到向其他领域和环节渗透，信息服务对象也逐渐由仅为政府等宏观决策部门向政府、企业、农民等各方面主体服务，农村信息化建设的参与推进力量更加广泛，我国农村信息化建设进入全面推进阶段。① 这一阶段，学者们在农村信息化测评研究中更加关注不同区域农村信息化的发展。学者刘红依据我国中部地区各省份2011—2018年的数据，从信息基础设施、信息普及、信息产业和信息消费四个方面建立评价指标体系，运用熵值法对各个指标确定权重，进一步对中部地区各省份农村信息化水平进行评价研究。结果表明，中部地区农村信息化水平的发展水平并不理想，需进一步加强农村信息基础设施建设，加大信息资源投入、加快信息平台的搭建。② 此外，也有学者开始关注农村信息化建设的结果及其所产生的影响，即效率、效益和效应的综合体现。郑景丽等学者基于2018年中国家庭追踪调查（CFPS）的数据，运用Probit模型着重探讨我国西部农村地区信息化的减贫效应。研究结果表明，在我国现行贫困标准和国际贫困标准下，信息化建设能够显著降低农户贫困发生概率。

值得一提的是，2019年以来国家农业农村部运用绩效管理理念和方法，从发展环境、基础支撑、信息消费、生产信息化、经营信息化、乡村治理信息化、服务信息化等7个维度对全国两千余有效样本县（市、区）的县域数字农业农村发展水平进行测度，解决了一直以来农村信息化发展状况评价指标体系不统一的问题。对比2019年和2020年全国县域数字农业农村发展水平评价报告数据可以看到，

---

① 周晓迅：《农村信息化建设绩效评价研究》，博士学位论文，湖南农业大学，2014年，第36页。
② 刘红：《我国中部地区农村信息化水平综合评价研究》，《农村经济与科技》2021年第7期。

2018 年全国县域数字农业农村发展总体水平达到 33%①，2019 年则达到 36%②，较 2018 年提升 3 个百分点。2019 年的报告总结当前我国数字农业农村发展的亮点，主要包括各级政府重视程度大幅提升，信息化向基层快速延伸，农业生产数字转型加快推进，市场主体正在成为数字农业农村建设的重要力量；同时也指出存在的问题和不足，主要是发展不平衡不充分问题依然突出；财政投入力度明显不足；基层农业农村信息化推进专门机构覆盖不足。③ 可以看出，在政府力量的介入下，农村信息化测评考虑到了农村信息化已经逐渐普及到农业生产与经营、乡村治理与服务等多领域，并兼顾其动态发展的特性。指标体系在动态调整中更加科学和合理，对及时掌握农村不同省份、不同县域农业农村信息化发展提供了比较全面和准确的参考，从目前 36% 的发展水平来看，农村信息化发展水平依然处于初级阶段。

二 基于农村用户视角的农村信息服务效果研究

从传播学的视角来看，传者和受者是信息传递过程中必不可少的主体，而信息服务的效果如何，最终要看接触和使用信息的人给予的评价。可以说，所有接触和使用信息的人都是信息用户，是信息服务过程中不可缺少的重要环节。"信息用户研究正式提出于 20 世纪 40 年代，其理论从无到有，近年来不断地丰富和发展，主要研究用户在信息查询过程中的行为模式和行为规律，以便在信息资源和信息系统

---

① 农业农村部信息中心：《〈2019 全国县域数字农业农村发展水平评价报告〉在京发布——2018 年全国县域数字农业农村发展水平达 33%》，2019 年 4 月 20 日（链接日期），http：//www.moa.gov.cn/xw/zwdt/201904/t20190420_6212074.htm，2021 年 6 月 4 日（引用日期）。
② 农业农村部市场与信息化司：《2020 全国县域数字农业农村发展水平评价报告》，农小蜂，2020 年 11 月 28 日（链接日期），https：//www.weihengag.com/home/article/detail/id/7931.html，2021 年 4 月 12 日（引用日期）。
③ 农业农村部市场与信息化司：《2020 全国县域数字农业农村发展水平评价报告》，农小蜂，2020 年 11 月 28 日（链接日期），https：//www.weihengag.com/home/article/detail/id/7931.html，2021 年 4 月 12 日（引用日期）。

设计以及应用中更好地满足用户需求。"① 通过学者张一涵、袁勤俭对我国"信息用户"主题的研究予以梳理可以看到，信息用户满意度研究是近年来信息用户研究主题之一②，用户满意度如何，哪些方面满意，哪些方面还存在不足，可能的原因是什么，研究清楚这些问题，对信息服务效果能够形成最直观的评价。

农民是农村信息服务的主体。于良芝、俞传正、樊振佳等学者针对 2005 年前后我国互联网基础设施在农村逐渐普及开来的情况，以广大农民为调研对象，对当时农村的线上和线下信息服务效果展开了实证调查研究，认为农村信息服务的效果并不显著，"很多服务设施要么形同虚设（从未使用），要么收效甚微（偶尔使用）"③。学者们在研究中运用美国学者德尔文以及同事兹威基格的观点，指出农村信息服务必须以农民为中心，但是我国的农村信息服务缺少面向农民服务的基本特征，如"以用户需求为主要驱动力，以用户利用和反馈为主要评估依据，自始至终强调用户参与"④。

在后续研究中，学者李燕凌，甄苗借鉴了新公共管理中的"顾客满意"⑤ 理论，围绕农民个体或家庭因素、农民的信息需求及其重要程度、信息化技术支撑这些影响因素，2012 年通过对湖南省 15 个县（市、区）1078 位农民的调查进行了模型回归分析，研究表明农民受教育程度越高对公共信息服务越满意，自感家庭收入越高对信息服务

---

① 韩永青：《国外信息用户研究进展》，《情报科学》2008 年第 7 期。
② 张一涵、袁勤俭：《我国用户信息行为研究进展》，《国家图书馆学刊》2014 年第 6 期。
③ 于良芝、俞传正、樊振佳等：《农村信息服务效果及其制约因素研究：农民视角》，《图书馆杂志》2007 年第 9 期。
④ 于良芝、俞传正、樊振佳等：《农村信息服务效果及其制约因素研究：农民视角》，《图书馆杂志》2007 年第 9 期。
⑤ 农户信息服务满意度研究的相关理论源于顾客满意度理论的演变与发展。随着顾客满意理论在企业产品或服务质量管理中的成功应用，20 世纪后期兴起的新公共管理派倡导将顾客满意理论应用到改进政府公共服务的研究与实践中，提出把社会公众视为政府的"顾客"，认为公共组织应坚持"顾客导向"，以"顾客满意"为宗旨。近年来，顾客满意度理论也被学者应用到农村公共信息服务的测评研究中。

需求越强烈，经营主业不同对信息服务满意度有明显差异，而政府农业农村信息服务内容对不同区域农民信息需求满意度具有重要影响。①

随着学者们对我国农村农民信息服务满意度研究的深入，结合农村信息化建设的进展情况，有学者重点调查研究了农民对农村信息化进程中信息服务的满意度。2009年以后，我国先后共有13个省（市）被正式列入国家农村农业信息化示范省建设范围。每个示范省份都依据自身优势，以整合原有农村农业信息化建设成果为基础，打造各具特色的农村农业信息化综合服务平台。熊春林、张鑫②等学者从信息内容、信息技术和信息利用3个维度构建评价指标体系，依据2771名农民体验评价调查数据，实证测算湖南省14市（州）农民对农村农业信息化综合服务平台评价。结果表明，湖南省作为国家农村农业信息化示范省，其信息综合服务平台在信息内容、信息技术和信息利用方面取得了一定成效，但农民对综合服务平台评价存在较大差异。究其原因，主要是湖南省各地农村自然地理环境不同形成的资源禀赋差异、各地经济发展水平差异影响农民的信息需求和对信息服务的期望。经济发展水平偏中低的地区，农民初次通过信息化手段在农业生产、农产品销售等方面获益，往往评价较高；但是在经济发展水平中高的地方，信息化已经逐渐在农业和农村生活中得到普及，农民的期望也在提升，对信息服务提出了更高的要求，现有的服务水平不能及时满足农民的期望，其评价就会偏低。由此可以看出，当信息基础设施和信息技术得到普及和推广的情况下，有针对性的了解农民信息需求，了解其对信息服务的期望，提升信息内容质量，创新方便农民接触和使用信息的服务方式，提升农民信息素养才能有效改进信息

---

① 李燕凌、甄苗：《农村信息化公共服务中农户需求满意度研究》，《中国行政管理》2013年第10期。

② 熊春林、张鑫、李奕等：《农民视角下农村农业信息化综合服务平台评价——基于湖南14市（州）2771个调查样本的实证分析》，《科技管理研究》2018年第19期。

服务水平。

除了针对一般农民的信息服务满意度测评,有学者专门以我国新型职业农民作为信息服务的评测用户展开信息服务满意度调查。学者高峰、王剑①应用农业农村部"2019年全国返乡入乡创新创业监测调查试点工作"所搜集的相关数据,借助回归分析的方法探索了能够影响当前新型职业农业使用信息相关服务的各种因素。将这些因素和针对一般农民使用信息服务的影响因素进行比较可以看到,除了农民受教育情况、经济水平是共性因素而外,新型职业农民的信息需求更加细化而多元,涉及诸如政策扶持、农业生产中的肥料、农药、加工及环保技术等信息内容,对信息获取的渠道也要求更加多样化。我国在2012年中央一号文件中首次提出大力培育新型职业农民,目前全国新型职业农民总量超过2000万人,按照国家培育新型职业农民进展来看,随着越来越多的农民被认定为新型职业农民,农村信息服务需要在内容针对性上和服务方式上进一步优化和完善。

"近年来,网络扶贫行动向纵深发展取得实质性进展,并带动边远贫困地区非网民加速转化。截至2020年12月,我国农村网民规模为3.09亿,较2020年3月增长5471万;农村地区互联网普及率为55.9%,较2020年3月提升9.7个百分点。在网络覆盖方面,贫困地区通信'最后一公里'被打通,截至2020年11月,贫困村通光纤比例达98%。"② 农村信息化进程的加快使得移动互联网和微信、微博等新媒体平台成为农户获取信息的主要方式。王小宁、田瑞③从传播者、信息渠道、信息内容、受众和分享五个维度建立评价指标体系,

---

① 高峰、王剑:《科技创业下新型职业农民信息服务影响因素研究》,《图书馆学研究》2020年第14期。
② 中国互联网络信息中心:《第47次〈中国互联网络发展状况统计报告〉》,2021年2月3日(链接日期),https://cnnic.cn/n4/2022/0401/c88-1125.html,2021年6月12日(引用日期)。
③ 王小宁、田瑞:《基于移动互联网的农村信息传播有效性评价——以我国西北五省为例》,《西安石油大学学报》(社会科学版)2020年第1期。

运用灰色综合评价法对西北五省部分农民基于互联网的信息服务情况进行了测评。结合前文农村信息化测评的结果可以看到，移动互联网在农村的普及确实促进了农村的信息传播，方便了农民的信息获取，但农民的信息消费能力、获取能力和评价能力还有待提高。也就是说，农民自身的经济水平和信息素养在信息化硬件设施、设备普及的情况下会成为影响信息服务效果的重要因素。申媛媛等[①]学者通过对农村居民微观信息化指标进行研究，运用熵权法构建数字乡村微观测度模型，从农民受教育水平、信息使用程度、信息设备更换频率、获取信息的难易度等方面调查农民对信息化公共服务的诉求和意见。研究结果显示，农民40%以上频繁使用和经常使用手机、笔记本电脑和电视机，其中手机是农民拥有量和最频繁使用的现代信息设备，更乐于接受便捷、免费的现代农村信息服务；另外，农民较少通过现代信息设备收到农村信息，较少接受互联网知识的普及和培训，不太了解数字化信息服务站或信息服务中心的情况。

通过上述学者的研究可以看出，随着农村信息基础设施的不断完善，大部分农民虽然能够认识到信息的重要性，配备了适应当前互联网发展需求的手机作为信息沟通的重要工具，但是受限于各个区域经济社会发展水平，农民自身的经济水平和受教育水平，农民信息获取意识参差不齐，学习运用数字化信息服务的能力存在差异，农村公共信息服务的效果有待进一步提高。

三 基于信息服务组织视角的农村信息服务效果研究

自"十五"建设以来，农业农村部、科技部、商务部等多个部门纷纷在农村建立针对农业技术推广、经济、科技信息服务的组织，这些组织作为政府服务农村生产生活的机构，是农村各类信息的主要来源，对农村信息服务的实际情况也最为了解。

---

① 申媛媛、邹锦雯、李丹：《基于熵权法的数字乡村微观测度模型研究》，《农业图书情报学报》2020年第4期。

于良芝、王俊平[①]两位学者在2006年前后就从信息服务组织的视角考察了影响农村信息服务效果的因素。研究表明，当时信息服务组织已经对农村信息传播发挥作用，但是其信息服务能力有限，其功能定位和信息服务模式有待进一步完善。学者张晋平、杨秀平[②]分析了西北五省（区）2014年前后县级农业管理部门信息服务的调查数据，对其信息服务供给的影响因素和实现路径进行了探讨。研究表明，受制于政府部门的财力水平，基层信息活动场所和设施普及率不高，村级信息服务有待完善，经济落后的地区和群体难以平等地分配到信息资源。这一点在国家2019年以来进行的全国县域数字农业农村发展水平评价报告中也得到了印证。也就是说，财政投入不足、基层信息组织覆盖不足近年来一直影响着农村的信息服务效果。

除了政府相关部门，图书馆等单位也是信息服务的主要组织。学者熊春林、尹慧慧等[③]建构了我国贫困地区文化扶贫能力评价指标，结合层次分析法和综合评分法对我国贫困地区以图书馆、博物馆、文化馆、文化站的文化扶贫能力进行实证评价。结果表明，2011至2015年期间，这些基层组织文化扶贫能力逐年上升且趋势十分显著，特别是2013年至2014年提升的评分明显高于前后年份，这是得益于2013年文化扶贫作为打赢脱贫攻坚战的重要策略受到各级政府部门的高度重视，全国贫困地区的文化扶贫能力得到迅速提升，但是后续扶贫由于缺乏新理念引导和新要素投入，则很难再保持快速提升趋势，故2015年提升速度明显放缓。由此可见，政策推动下，资金、设备的投入在短期可以起到提升作用，要延续文化扶贫能力还需充分了解社情民意，因村、因户、因人而异，精准配置文化扶贫资源。

---

① 于良芝、王俊平：《农村信息服务效果及影响因素：信息服务组织视角》，《第五次全国图书馆学基础理论研讨会论文集》，2007年版，第267—281页。

② 张晋平、杨秀平：《西北基层农业信息服务供给：影响因素与实现路径》，《农业图书情报刊》2015年第11期。

③ 熊春林、尹慧慧、张颖慧：《贫困地区文化扶贫能力评价与提升对策研究》，《图书馆理论与实践》2019年第11期。

此外，依托高校资源，学者郎亮明、张彤、陆迁①以西北农林科技大学产业示范站科技扶贫模式为例，运用陕西省3个国家扶贫开发重点县748份微观农户调研数据，实证检验了科技扶贫的减贫效应。研究发现，产业示范站作为基层信息服务组织的一种类型，开展的科技信息服务活动具有显著减贫效应，但农业科技培训、主导产业示范、产业组织化带动和农业信息服务这四种不同的信息服务方式在减贫效应中存在显著差异，以科技培训的效果最好，农业信息服务的减贫效应最小。

综上所述，在农村信息化发展进程中，农村公共信息服务效果已经和农业生产经营信息化、乡村治理信息化等方面紧密结合在一起。依托于互联网、大数据等通信和信息技术，农民的生产生活越来越需要通过以手机为代表的智能终端完成信息的获取、处理、存储和传播。当前农村信息化还处于初级阶段，基础设施比较完善，但发展不平衡不充分问题依然突出，主要体现在两个方面。一是基层信息服务组织不能全覆盖，尤其是经济社会发展水平偏低区域的基层信息服务组织偏少，因此结合不同地域资源禀赋特征，信息服务组织的功能定位和服务模式需要进一步完善；二是农民受教育水平参差不齐，运用智能手机、电脑等信息化设备的信息获取能力和评价能力还有待提高，尤其是贫困户受限于自身的较低的信息素养、信息渠道不畅，面对新生事物更是缺乏预见性而错失一些发展机会，更加需要耐心、周到而有针对性的信息服务。

第二节　秦巴山区的公共信息服务效果

在国家相关政策的大力推动下，我国农村信息服务的信息化水平

---

① 郎亮明、张彤、陆迁：《基于产业示范站的科技扶贫模式及其减贫效应》，《西北农林科技大学学报》（社会科学版）2020年第1期。

在提升，但是由于我国农村地域广阔，自然条件差异大，经济发展很不平衡，信息化起步和发展水平参差不齐，秦巴山区作为连片贫困区，所在省份以西部省份居多，其公共信息服务效果有提升、有突破，较之中东部省份也有一定差距。

一 基层信息服务组织的信息服务效果调查

基层信息服务组织掌握着最为丰富的农业政策、科技和市场信息，具有权威性、针对性和地域性。2017年1—2月，课题组对秦巴山区166个基层信息服务组织进行了问卷调查和实地走访，包括政府下属信息服务部门、农资（农技）公司、农家书屋、基层信息服务站、农村合作社和农民经纪人，具体占比情况如图5-1所示。

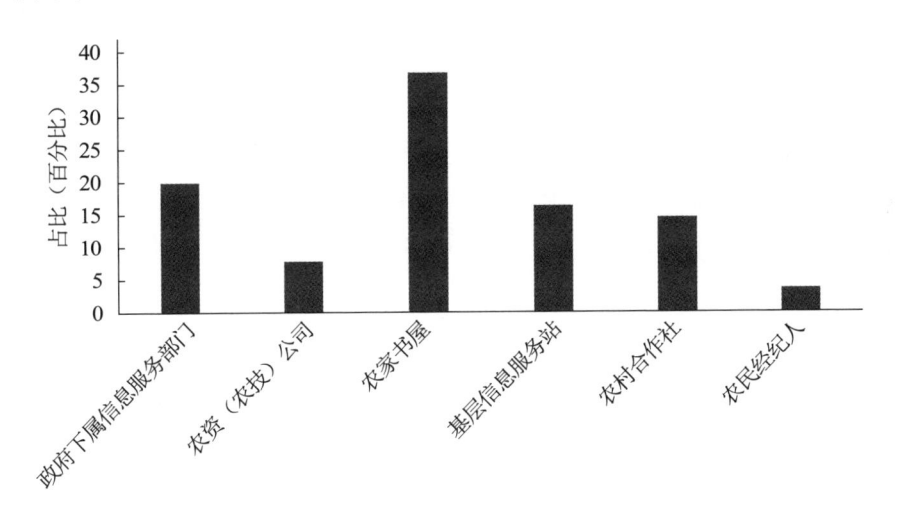

图5-1 受访的基层信息服务机构类型

（一）信息服务人才情况

问卷调查数据显示，"48.7%的单位从业人员在2~7人之间，专职从事信息服务的人员为1~4人，从业人员的文化程度以初高中为主（80家，占比48.2%），具有大专及以上文化程度的单位仅有 32 家，占 19.2%。而课题组成员在 2019 年 3 月走访陕西秦巴山区贫困县的图书馆时发现，由于人员专业结构、职称结构严重失衡，不少图书馆网络维护、数字资源建设和阅读推广能力几乎为零"①。

（二）基层信息服务人员认为造成农民信息贫困的主要因素

在征求信息服务人员认为造成农民信息贫困的六个因素中，赞成"农村信息人才不足，不能为农民提供有效的信息帮助"人数比为 62.6%，居于榜首，其他因素见表 5-1。

表 5-1　　信息服务人员对造成农民信息贫困各因素的看法　　（%）

影响因素	非常赞同	比较赞同	基本赞同	不大赞同	完全不赞同
农民没有查询和利用信息的意识	24.1	34.3	22.9	12	6.6
农民收集、处理、分析和利用信息的能力较低	29.5	25.3	27.1	13.9	4.2
农村信息化基础设施落后，不具备宽带进村入户条件	23.5	22.9	22.9	12	18.7
农村信息人才不足，不能为农民提供有效的信息帮助	29.5	33.1	23.5	11.4	2.4
农民的经济收入低，不愿意花钱使用网络或订制有用的收费信息	25.9	27.7	25.9	16.9	3.6
农民文化水平低，看不懂书报，更不会利用网络信息	21.7	25.3	19.9	18.1	15.1

（三）基层信息服务人员认为制约农村信息服务的主要因素

基层信息服务人员对制约农民信息服务的因素统计如图 5-2 所

---

① 李静：《秦巴山区信息扶贫的现状与对策研究》，《图书馆》2020 年第 5 期。

示。可以看到，和前文其他学者的调研结论一致，财政经费投入不足居于首位，信息内容的丰富性和针对性影响农民的信息需求能否满足，信息服务人员人数充足才能及时回应农民的信息咨询。以陕西商洛市洛南县为例，全县面积 2830 平方千米、人口 46.1 万，但县图书馆面积和藏书量分别仅为 1500 平方米和 5.3 万册，群众希望在城东、城西各建一个分馆，但经费始终没有落实。因此，64.5% 的受访单位都认为，政府支持农村信息服务发展的最好方式是拨付充足的财政经费，以改善现有软硬件环境。比如为公共信息服务中心配备查询电脑，提高从业人员（尤其是兼职人员）的待遇。

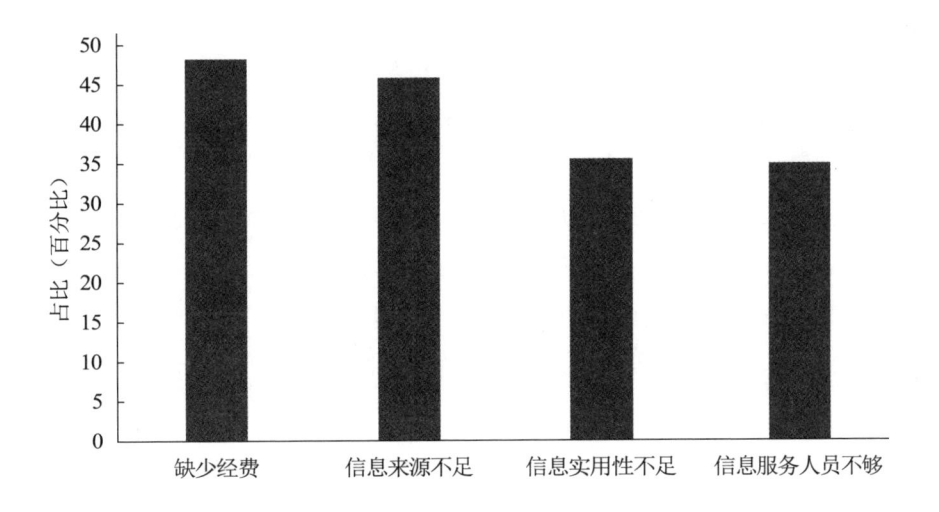

图 5-2　制约农村信息服务的主要因素

进一步调查中发现，制约开展农业信息服务的因素中，有 30 家单位选择了"农民没兴趣（占 18.1%）"。至于农民为何不重视信息服务，有近四成的受访单位认为信息服务或技术支持在帮助贫困户脱贫方面作用效果不明显（16.9%）或"说不清"（21.1%），他们觉得农民"更喜欢实实在在的物质扶贫（40.4%）""相比物质，信息扶贫的效果不明显（43.4%）""农民没兴趣利用信息服务（15.1%）"。还有一家单位指出，"农民思想落后保守，难以接受现代文化信息"①。也就是说，从信息帮扶和物质帮扶产生效益的层面来看，不仅是农民，任何人都可以判断物质帮扶的效益是即时产生的，只要有资格获得，农民在一段时间内的生活水平就会得到保障。但是对于信息，大多数贫困地区的农民缺乏对信息的解读能力，缺乏对信息如何运用后改变自身生活水平的判断，正如在开放性问答中有工作人员一针见血地谈道，"农民将具体信息转换成实际效益的能力较低，对信息的敏感度低，不愿承担相应风险"②。

（四）基层信息服务人员认为农民需要的信息服务内容

如图5-3所示，基层信息服务组织认为农民需要的信息首选项是农业信息技术，基层信息服务人员形成这样的判断主要和当地基层政府扶贫战略息息相关。秦巴山区虽然山高谷深，长期以来受地理环境所限与交流外界沟通不便，但其农业生产依托秦岭巴山的地理环境和自然资源又有其发掘的潜力，为了充分发掘这一潜力，掌握新的农业技术是关键，因此基层信息服务组织会大力推动各类农业技术信息的服务工作。笔者所在团队在对镇巴县开展信息服务的资料搜集中发现，"镇巴县近年来一直把提升科技创新能力作为推动富民强县的有力抓手，着力强化科技宣传教育、成果转化、专利申报和示范引领作用"③。在具体落实中，镇巴县"组建110信息服务中心，依靠科技特派员、'12396'服务热线等科技资源，通过组织集中宣传、送科技下乡等活动，大力宣传科技新成就，举办实用技术培训，开展技术咨询服务"④。

---

① 李静：《秦巴山区信息扶贫的现状与对策研究》，《图书馆》2020年第5期。
② 李静：《秦巴山区信息扶贫的现状与对策研究》，《图书馆》2020年第5期。
③ 杨梁钧、周孝曹：《镇巴科技创新成经济转型新"引擎"》，《汉中日报》2015年11月5日第二版。
④ 杨梁钧、周孝曹：《镇巴科技创新成经济转型新"引擎"》，《汉中日报》2015年11月5日第二版。

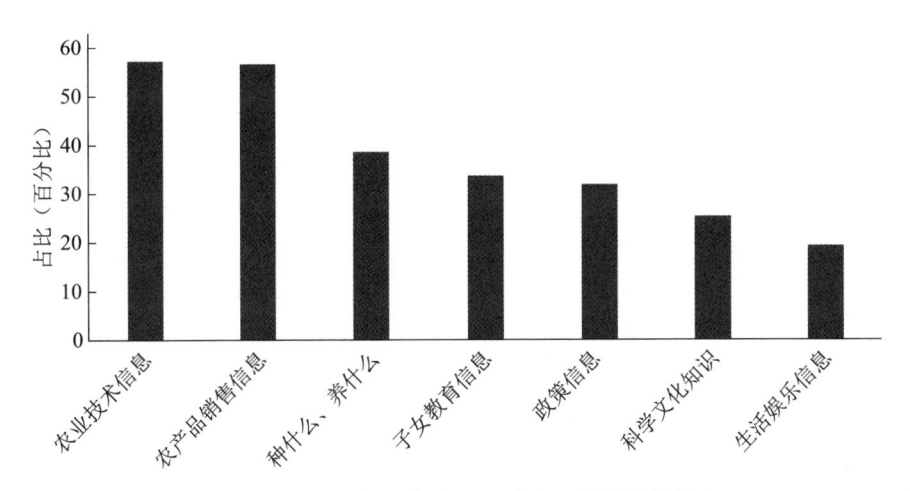

图 5-3 基层信息服务人员认为农民最需要的信息

二 秦巴山区农民对基层组织信息服务效果的评价

（一）农民认为合适的信息服务方式

调查显示，农民认为合适的农村信息方式从高到低依次是实用小册子（48.1%）、专题电视节目（38.5%）、网络信息服务（30.8%）、培训讲座（29.2%）、科技示范户的示范（28%）、农技人员的田间指导（28.4%）、板报宣传栏形式（22.7%）以及图书杂志报纸（15.1%）。但信息服务机构采用的最多的方式是到农村现场指导（54.2%）和印发科技小报（50%），这些方式对种养大户比较有效，但是对那些种植规模小，主要凭借固有经验从事农业生产的农户来讲，意义就不是很大，而对农民需求比较旺盛的专题电视节目，目前信息部门提供不足，当然这个问题主要在新闻媒体部门，需要加强这方面的内容输出。

（二）农民希望获得的信息服务

从信息服务的内容来看，尽管信息服务部门工作人员的预设与农民的实际需求比较吻合，如图 5-4 所示，但还是可以看出，农民全方位的信息需求还是没有引起足够的重视，农民最需要的医疗保健信息和生活信息的提供还不足。

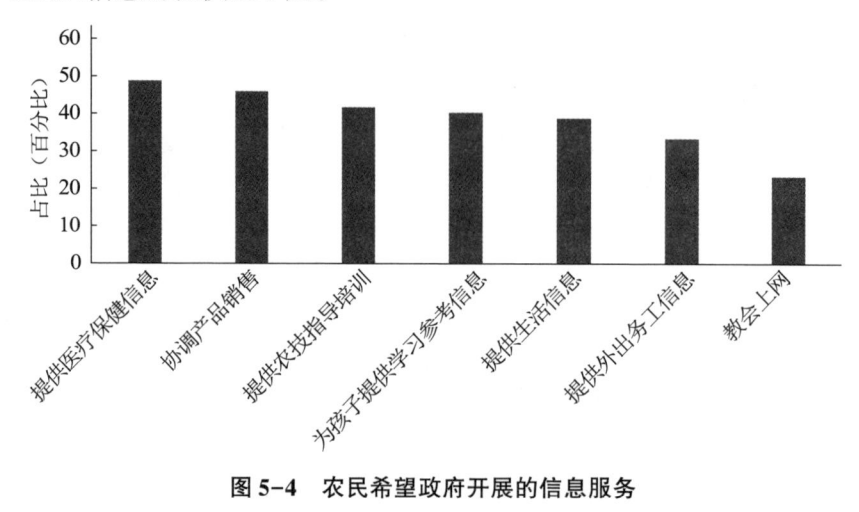

图 5-4　农民希望政府开展的信息服务

（三）农民对基层信息服务组织提供信息服务的满意评价

在调查中，针对"农民对本地当前的信息服务是否满意"这一问题，累计有 79.9% 的农民表示"满意"，只不过满意的程度有所不同，见图 5-5 所示，比较满意和基本满意分别占比为 33.1% 和 37.7%，表明农民能够从基层信息服务组织提供的信息服务中获得相关利益，但是对其服务还有不满意之处。

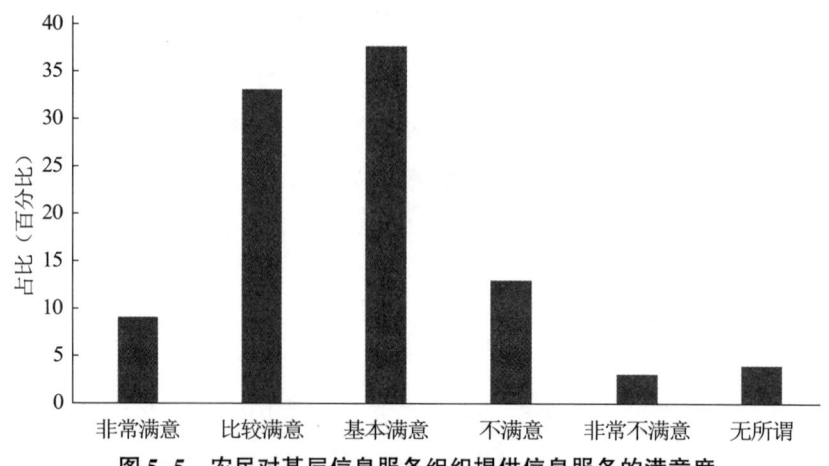

图 5-5　农民对基层信息服务组织提供信息服务的满意度

(四)农民对基层信息服务组织的建议

在问及"对基层信息服务组织的建议"这一问题中,将农民的回答归纳和整理后可以看到其建议主要涉及基础建设、信息种类、技术指导和政府帮扶方面,见表5-2。

表5-2　　　　　　　农民对基层信息服务组织的建议

种类	具体建议
基础建设	加快乡村公路建设和网络基础设施建设,能够为农业生产提供有效支持
	政府应该实事求是,为农民办事,乡村通电水,网络通到各家各户,帮助农民致富
	居住地交通不便,手机网络较差
信息种类	希望政府能够提供分类更明确的信息
	希望信息服务能够更全面
	希望政府提供的信息更具有针对性
	经济管理方面的信息
	希望政府提供更多务农信息
	留意适宜本地发展的各类信息
信息渠道	提供信息渠道能够更全面
技术指导	对农民的种植进行实地指导,让农民能够因地制宜进行农作物耕种
	可组织农民外出参观成功种植园的案例,吸收借鉴别人成功的经验
	希望政府能够提供农技指导人员
	希望政府能让人指导对信息的获取
	提供设备的使用技能

续 表

种类	具体建议
技术指导	政府应带头组织村民们加快学习使用网络,学会上网
	农家书屋应向农民开放,普及农家书屋的使用方法
产品销售	解决农产品销售问题,为农产品找到销路,解决农民的后顾之忧
	政府一定要帮助村民协调产品销售,为村民谋福利
健康医疗	解决农村看病难的问题,解决农民了解到信息的及时性
政府帮扶	提供具体和维权的教育
	请多多关心农民生活状况
	政府支持娃娃上学,进行补助,多照顾无劳动能力的家庭
	给农民多发点钱
	政府多拨善款,为民办实事
	政府应该提高农村教育,帮助农村大学生就业问题
	政府应将扶贫落实到第一位,真正做到扶贫,让更多家庭生活越来越好
	希望政府大力扫除文盲人数
	应该在农村信息建设中给信息贫困家庭给予帮助,必要时送一些电脑之类
	政府应带头组织村民们加快学习使用网络产品,学会上网
	政府支持娃娃上学,进行补助,多照顾无劳动能力的家庭
	请多多关心农民生活状况
政策执行	上层规划计划设想很好,但基层落实艰难度很大,往往让人沮丧,希望上层规划政策能实际点,不要高大上、虎头蛇尾
	所有事物活动本着公平公正公开的原则

课题组面上问卷调查工作开展于2017年，当时秦巴山区依然还有部分地区交通不便、网络不畅、水电使用不便，但是随着农村脱贫攻坚工作的展开，国家加快了农村基础设施建设的步伐，农村基础设施提档升级。"2019年年底，具备条件的乡镇和建制村实现通硬化路，村村实现通邮，97%的乡镇有了快递网点；基本实现稳定可靠的供电服务全覆盖；到2020年9月，农村通光纤和4G已达到98%以上；到2020年6月底，按照现行标准贫困人口饮水安全问题得到了全面解决，八成以上的农村人口喝上了自来水。"① 四川广元朝天区，一条新开通的农村公路直达吉庆村的田间地头，曾经因为道路不畅蔬菜无法直接运到山外的村民们，这回在家门口就可以把蔬菜搬上城里来的大货车，仅蔬菜一项，村民人均可增收就达3000多元。② 不难看出，"十三五"期间，中央持续加大对"三农"投入，农村基础设施快速改善，特别是贫困地区，农村基础设施改善更加显著。

此外，调查中也看到农民希望获得更加细分、种类更加全面的信息内容，还希望获得更加有针对性的技术指导，不仅包括种养殖的技术指导，也包括对信息化设施设备使用的技术指导。这一点和图5-4"农民希望政府开展的信息服务内容"的调研结果稍有偏差。在调研中农民的首选项是提供医疗保健信息，提供农技指导信息排在第三位，教会上网则排在七项内容类别的最后。进一步深入调研发现，农民阶层的分化也许可以解释这一现象。王春光等③学者以职业为基础，基于其拥有的资源对作为社会身份的农民进行划分，认为农民分

---

① 《"十三五"成就巡礼｜我国农村基础设施建设加快提档升级》，齐鲁网，2020年10月1日（链接日期），http://v.iqilu.com/jcdb/ysxwlb/202010/01/4845418.html，2021年5月18日（引用日期）。

② 《"十三五"成就巡礼｜我国农村基础设施建设加快提档升级》，齐鲁网，2020年10月1日（链接日期），http://v.iqilu.com/jcdb/ysxwlb/202010/01/4845418.html，2021年5月18日（引用日期）。

③ 王春光、赵玉峰、王玉琪：《当代中国农民社会分层的新动向》，《社会学研究》2018年第1期。

层呈金字塔型，从高到低分别是农村干部、农村企业主、农村个体户、打工者、兼业务农者、纯务农者和无业者。结合课题组的调研可以看到，秦巴山区以纯务农者、兼业务农者和打工者居多，处于金字塔顶端的农村干部、农村企业主较少。纯务农者和兼业务农者中，劳动力老龄化趋势明显，各种病患发生率增加，使得农民对医疗保健方面的信息需求迫切。而在农业生产中，受限于自然环境，无法实现机械化耕种，只能依靠人力畜力针对农民田地和居住环境开展相应种养殖活动，因此相应的技术指导也需要因地制宜，这也是秦巴山区农民对技术需求的迫切程度略低于医疗保健方面的信息需求迫切程度，同时对技术信息需求更加强调提供针对性服务的原因。

三 调查结论

在前期诸多学者围绕农村信息服务研究的基础上，此次走访调研主要是针对秦巴山区公共信息服务效果展开，从信息服务主客体层面重点关注基层信息服务组织和农民对信息服务的效果评价形成如下结论。

（一）农民信息需求结构的多重性、动态化特征明显

一方面，由于农民职业的多样，个人信息素养的差异和信息渠道的多元，秦巴山区农民信息需求结构多重性表现明显，表现在不同状态、不同目的的信息需求并存，且信息需求的时间长短不一，对不同渠道获取信息的喜好不一。另一方面，受经济利益驱动，农民的农业生产往往随行就市，其职业变动较为频繁，而受国家农业政策、市场消费结构等影响的农产品价格的变化也会引起农民信息需求结构的变化；在农业生产中，农民信息需求随着季节、农时、农产品销售变化较为明显，大多数为间歇式的短期信息需求，这些因素都使农民信息需求呈现动态化特征。

（二）农村信息服务惠及了广大农村用户

对经济不太富裕的秦巴山区来说，以政府为主体的多元为农服务

体系的建设，从根本上解决了村集体无力、农民自身很难解决的农村信息服务难题。大多数农民对农村信息服务及信息在生产生活中的作用持肯定态度。农民的生活方式不是单纯消费型，而是生产型和创造型，农民信息需求的满足是社会财富的生产和创造，需要把社会公共信息资源进行合理的分配，这是农村经济与社会发展的重要保障。

（三）农村信息服务方式和体系有待完善，信息保障作用不明显

虽然近几年农村基础设施建设在很大程度上方便了农民与外界的信息沟通与交流，但农民信息服务的针对性、时效性，特别是帮助贫困户形成对信息的准确理解并产生对效益的预判能力，激发其致富的信心是未来一段时期信息服务需要解决的难题。目前秦巴山区的公共信息服务以政府为主导，社会参与度有限，信息服务进村仍然面临诸多问题，如在满足农民普遍信息需求的基础上，针对不同社会身份农民的信息服务能力较差、缺乏专业服务人才等。此外，信息服务缺乏纵向协同、横向联合的体系，需要各系统管理部门协商从顶层设计完善信息服务能力，同时各系统要进行资源整合，把握好信息基础建设—信息资源整合—信息服务精准的信息链，利用政策、技术手段，人才优势，为农民的信息服务提供全面的信息保障。

（四）针对贫困户的信息扶贫多，针对处于贫困标准边缘的农户信息扶贫少

打赢脱贫攻坚战，实现全面小康是十三五时期的主要任务。在各级各类的督导检查中，贫困户对各类政策的知晓率和满意率直接影响扶贫干部的扶贫业绩，因此贫困户成了扶贫干部关注的焦点。在国家要求扶贫干部和贫困户一对一结对帮扶的形势下，扶贫干部会设身处地地为贫困户争取相应的政策、资金，介绍相应的技术，可以说帮贫困户完成了各种信息解读，并结合贫困户家庭情况对各种信息进行了评判后，直接给贫困户提供了最有利于他们脱贫的方法。但是这种帮扶忽略了略高于贫困标准的边缘户，他们收入来源单一，没有帮扶干

部这样的"外脑"可以设身处地地为其谋划和考虑,在面对农产品市场波动、自然灾害冲击等因素影响下,他们很有可能成为新贫困户。因此如何在帮助贫困户脱贫的需求下将个性化信息服务普及到有相应需求的边缘户中是各级扶贫部门应该深入思考的问题。

第三节 减贫进程中秦巴山区公共信息服务效果的影响因素

2015年9月,联合国可持续发展峰会上,世界各国领袖采纳了联合国提出的《2030年可持续发展议程》,该议程设定了人类社会到2030年的可持续发展目标(SDGs)。① 这一目标的提出意味着人类社会认识贫困的一次本质性飞跃。过去,世界各国以及国际组织,通常是用收入或消费指标测量贫困②,但并不能涵盖贫困人口自己感受到的全部贫困。"消除一切形式的贫困"既包括收入不能满足基本需要的"贫",也包括不能获得基本的教育、医疗卫生服务、住房、就业等带来的"困"。③ 2016年5月,中共中央办公厅、国务院办公厅发布的《关于建立贫困退出机制的意见》,明确贫困人口退出以户为单位,主要衡量标准是该户年人均纯收入稳定超过国家扶贫标准且吃穿不愁,还包括义务教育、基本医疗、住房安全有保障,这就是根据我国国情制定的多维贫困标准。④ 2021年4月,国务院新闻办公室发布《人类减贫的中国实践》白皮书⑤,宣布中国完成了消除绝对贫

---

① 薛澜、翁凌飞:《中国实现联合国2030年可持续发展目标的政策机遇和挑战》,《中国软科学》2017年第1期。
② 王小林:《消除一切形式的贫困:内涵和政策取向》,《地方财政研究》2016年第8期。
③ 林闽钢:《新历史条件下"弱有所扶":何以可能,何以可为?》,《理论探讨》2018年第1期。
④ 张鹏、徐志刚:《公共转移支付的城乡减贫效应差异分析——基于多维贫困视角》,《地方财政研究》2020年第1期。
⑤ 新华网:《受权发布〈人类减贫的中国实践〉白皮书》,2021年4月6日,http://www.xinhuanet.com/politics/2021-04/06/c_1127295868.htm,2021年5月20日。

困的艰巨任务，提前 10 年实现《联合国 2030 年可持续发展议程》减贫目标，下一阶段中国将进入缓解相对贫困时期，国家制订了乡村振兴的新目标，公共信息服务作为乡村振兴建设力量之一，需要进一步厘清影响其服务效果的因素。

一　有助于提升公共信息服务水平的相关政策

从社会学的角度看，社会政策是社会再生产的重要制度安排。就此而言，任何追求可持续的社会都会发展出相应的社会政策，以保障基本民生、维护社会秩序、促进社会发展。在减贫进程中，针对贫困地区和贫困人口的国家专项扶贫开发政策是我国成功减贫的重要手段之一，农村公共信息服务效果要得到有效提升必然离不开国家相关政策的推行。

为改善贫困地区的生产生活条件，我国专门设置国务院扶贫开发领导小组，负责协调各部门和社会组织的扶贫工作，并设置国务院扶贫办，作为全国性专业扶贫开发机构。此外，我国有专门的跨政府部门减贫机构，负责确定扶贫标准、明确扶贫对象、设立专项资金对贫困地区和贫困人群进行专项扶持。我国政府持续加大专项扶贫资金的投入，先后实施《"八七"扶贫攻坚计划（1994—2000）》《中国农村扶贫开发纲要（2001—2010）》《中国农村扶贫开发纲要（2011—2020）》等全国性的减贫战略。[①] 通过这些专项扶贫开发政策，实现了贫困地区生产生活条件的改善，加大了对贫困地区人力资本的开发，其核心是要让贫困人口有条件、有能力通过自力更生改变贫困的生活状态。

从公共信息服务的角度来看，国家的扶贫政策能否形成激发农民改变贫困的内生动力，其表现之一就在于农民对涉及自身生产生活的各类信息是否具有渴求性和敏锐性。

---

① 中国新闻网：《中国发布〈中国农村扶贫开发的新进展〉白皮书》，2011 年 11 月 16 日（链接日期），https://www.chinanews.com.cn/cj/2011/11-16/3463907.shtml，2021 年 5 月 20 日（引用日期）。

案例 5.1

贫困户卢某的故事

陕西省镇巴县太坪村贫困户卢某，2017年被村里认定为第一批建档立卡贫困户。卢某一家四口，之前卢某在外面矿场工作，家里有爱人照顾，大儿子15岁，小儿子9岁，家里经济虽然比较困难，但勉强还能过。但是由于卢某在矿场长时间工作，造成了尘肺，基本丧失了劳动能力，只能回家静养。这种情况下，卢某家两个小孩都还在上学，家里也没有其他主要收入来源，家中经济陷入困难境地。

当地政府专门安排了两名干部负责卢某家的帮扶工作。通过对卢某家的走访，帮扶干部制定了一系列的帮扶措施。第一，帮扶干部和卢某进行了沟通，建议家里照顾小孩的工作由他来完成，他爱人就可以外出打工，这样可以增加一份务工收入。第二，鉴于卢某家的两个孩子当时处于义务教育阶段，帮扶干部经过和村委会沟通上报相关部门，帮卢某的孩子减免了学杂费、教科书费，争取到了营养改善金、住宿生困难生活补助费，一学期一个孩子可以得到共计1500元的费用减免和补贴。第三，开展家庭种养殖，帮扶干部给卢某送去了南江黄羊种羊2只、鸡苗40只、1000余株大黄种苗，并请来农业专家进行相应种养殖技术培训，支持卢某发展短期养殖和中长期种植项目。第四，帮扶干部帮卢某争取到村委会提供的一份公益性岗位，主要是完成村委会的垃圾清运工作，每月可挣得500元。第五，帮扶干部经过和村委会沟通，由村委会向当地卫计局上报，使卢某成为慢病补助对象，并明确了对其服务的家庭签约医生，卢某的疾病得到治疗，相应诊疗费用得到报销。第六，卢某前期因修建住房自行向银行贷款5万元，还款负担较重，帮扶干部协调相关部门后，帮助卢某将这笔贷款转为政府补贴贴息贷款项目，减轻卢某的还款压力。通过上述六项措施，卢某家收入逐年增长。

目前，他的大儿子初中毕业后在外打工，爱人仍然在外打工，他自己在家养了3头猪、2只羊，在村里集体蘑菇种植园和蜜蜂养殖园都有份额，他家已于2020年脱贫。

资料来源：笔者2020年3月访谈

我国自2015年以来实施的精准扶贫方略，在精准识别贫困户的基础上，通过安排专门的扶贫干部主动介入贫困户生产生活，实现了一对一的交流与沟通。这样的交流与沟通对于贫困户而言，是给贫困户带来了新的脱贫思路，带来了适用的国家政策，带来了其他组织机构的帮扶。从上述扶贫案例可以看出，没有扶贫干部的帮助，贫困户卢某不可能想到由其爱人外出打工、自己照顾家里的新的家庭收入方式，孩子上学和自己慢病补助的相关免费手续如何办理也会毫无头绪，更不用说学习相关养殖技术来增加收入了。美国人类学家刘易斯是首个以文化视角研究贫困演进的学者，他提出的"贫困文化理论"认为，穷人的贫困状态与个体具有的贫困文化相关（即贫困者的思想习惯及行为方式）。[①] 学者莫伊尼汉提出贫困及贫困文化的"恶性循环模式"，认为贫困文化（宿命感、无助感、自卑感）的存在使穷人难以挣脱贫困的枷锁。[②] 也就是说，长久的贫困状态容易使农民陷入固有的观念和思维定式，缺乏自身改变贫困的能力。因此，贫困户在最初并不具有对自身生产生活相关信息的敏锐性和渴求性，而精准扶贫政策通过扶贫干部的介入，实现了专人把相关信息与贫困户的具体情况进行对接，才能逐渐转变贫困户的信息意识。因为在扶贫干部介入贫困户生产生活的过程中，贫困户生活水平逐渐提升，其固有的思维习惯和行为方式才会得以改变，从而激发贫困户脱贫致富的热情，

---

① 梁颖、蔡承智：《影响农村社会保障的文化因素探析》，《生态经济》2009年第5期。
② 彭雷霆、刘婉娜：《政府公共文化服务供给的减贫效应研究——基于1998—2018年省际面板数据的实证分析》，中国知网，2021年8月2日（链接日期），http：//kns.cnki.net/kcms/detail/23.1331.G2.20210730.1546.017.html，2021年9月21日（引用日期）。

使其主人翁意识提升，现代观念增强，对信息的敏锐性和渴求性才会显现。

2020年脱贫攻坚目标的实现使得农村"基础设施得到极大改善，从根本上破解了秦巴山区脱贫致富的难题，畅通了秦巴山区与外界的人流、物流、知识流、信息流，激发了农民的信息意识，为贫困地区发展提供了有力的硬件支撑"①。在此基础上，公共信息服务要能有效衔接精准扶贫后的信息服务工作，而不是仍然停留于原有状态，必然需要在财政供给，基层信息服务组织的人力、资源配置，当地农民信息需求及时准确地掌握和反馈机制等方面从国家政策层面予以支持。

二 基层信息服务组织的服务水平

一方面，前文提到，在减贫进程中贫困不仅是货币领域的物质贫困，也有健康、教育、社会保障等非货币领域的贫困，以及信息、文化层次的精神贫困；另一方面，当前我国正处于从传统农业向现代农业发展的过程中，信息技术和智能技术无论是在农业的生产、经营、管理和销售中还是在农民日常生活中逐渐得到应用，农业生产和农村生活比以往任何时候都需要信息的支撑。因此，基层信息服务的服务水平在改变农民信息贫困的迫切性和为生产生活服务的需要性方面得以提升。

整体来看，国家层面在信息服务上的策略引导和布局已经初具规模，基层信息服务组织的服务水平就成为重点。② 基层是一个相对的概念，在村庄人员流动、思想复杂、矛盾突出等问题具有多元化趋势的今天，基层的概念已经进一步分解到村甚至是合作社及其生产小组。③ 目前县域层面的信息服务分散于畜牧局、林业局、水利局、农

---

① 新华网：《受权发布〈人类减贫的中国实践〉白皮书》，2021年4月6日（链接日期），http://www.xinhuanet.com/politics/2021-04/06/c_1127295868.htm，2021年5月20日（引用日期）。
② 周晨海、张玫玉：《基层农业信息服务体系建构》，《山西科技》2017年第1期。
③ 周晨海、张玫玉：《基层农业信息服务体系建构》，《山西科技》2017年第1期。

机局、气象局等各部门，与农民个体的信息需求之间缺乏有效对接，而基层的信息服务能够掌握农民需求并予以即时反馈。2016年10月国务院发布《全国农业现代化规划（2016—2020年）》，提出要推进信息化与农业深度融合，推进信息进村入户成为融合的重要手段；并且明确提出到2020年信息进村入户村级信息服务站覆盖率达到80%。① 2016年11月农业部制定发布了《关于全面推进信息进村入户工程的实施意见》，要求政府+运营商+服务商三位一体的推进机制进一步完善，农村信息高速公路基本修通，政务类服务、民生类服务和商业类服务在一个平台协同运行，服务延伸到村，信息精准到户，实现普通农民不出村、新型农业经营主体不出户就可享受便捷、经济、高效的信息服务。②

在下一阶段的减贫进程中，基层信息服务组织的服务水平应主要体现在整合各方面信息资源的能力，个性化服务的能力以及农产品的电商运营能力。课题组在走访调研中了解到，目前以益农信息社为代表的基层信息服务组织的信息化设备，如计算机、打印机、电视等配备比较齐全，而且都具备宽带上网条件，部分站点已布设无线网络，但当前益农信息社主要工作是帮助村民代缴水电费，借助电商平台销售当地农产品，与国家设定的公益服务、便民服务、电子商务和培训体验服务"四类"服务全覆盖的功能定位来看，益农社的功能并没有完全体现出来，究其原因，是益农信息社缺乏整合网络各级各类资源的能力，缺乏个性化服务的能力，缺乏电子商务方面的运营能力。

农业信息服务要想做到"随时、随地、随人"以及"便捷、互

---

① 中华人民共和国中央人民政府：《国务院关于印发全国农业现代化规划（2016—2020年）的通知》，2016年10月20日，http://www.gov.cn/zhengce/content/2016-10/20/content_5122217.htm，2021年5月20日。

② 《农业部关于全面推进信息进村入户工程的实施意见》，中华人民共和国农业农村部，2016年11月14日（链接日期），http://www.gov.cn/zhengce/content/2016-10/20/content_5122217.htm，2021年5月20日（引用日期）。

动、个性化、低成本"，需要尽快提升基层信息组织工作人员的服务能力。作为与农民直接接触的终端服务组织，需要集合各级各类信息资源、专家队伍以及信息解读等多方优势，这对信息服务人员的知识储备、对本地农业农村实际情况全面深入了解有较高要求，而农产品在电商平台的销售也需要在品牌运营方面做足功课以面对全国农产品市场的激烈竞争。从某种程度上说，脱贫攻坚中一对一帮扶贫困户的扶贫干部就扮演了基层信息服务人员的角色。因此，一方面需要国家制定出鼓励扎根基层从事信息服务的人才吸引政策；另一方面也需要基层信息服务工作者积极进行相关培训，有的放矢摸索适应当地信息服务的模式。

此外，当前农村信息服务的重点多集中在供给侧，在信息质量、服务质量及更高层面的信息服务目标上常常遭遇困难。基层信息服务水平的提升必须真正洞悉农民实际需求，为农民量身打造适合他们的综合信息服务，培养信息化平台公共服务意识，这样才能够保障信息化资源的有效传播，提高农村群众对信息化资源的使用率。基层信息服务组织要根据农民的信息需求，利用信息化手段提升信息搜集、分析的效率，使一对一个性化信息服务落到实处。

三 农民的信息素养水平

首先，巩固脱贫攻坚成果，需要增强贫困人口的发展能力，而农民的信息素养水平提升就是其发展能力增强的表现之一。进入缓解相对贫困阶段，已经脱贫的贫困户和处于脱贫标准边缘的边缘户仍然需要增强其韧性，减少他们遭受极端气候事件影响的程度，减少其面对经济、社会、和其他环境冲击的程度。"一方面在贫困线之上往往还有很大一个群体，刚刚越过贫困线，这部分人群稍有风险打击，极易返贫；另一方面贫困人口本身是十分脆弱的，无论是经受气候变化、自然灾害、市场价格波动、疾病、事故，还是其他风险打击，往往均难以恢复生计。"① 因此，以秦巴山区为代表的特殊贫困片区，除了加强基础设施、公共服务与生态建设，缓解贫困的"多重叠加"现象，为贫困地区的可持续发展营造更加公平的环境而外，增强贫困人口的发展能力势在必行。

根据贫困人口特征，致贫原因和脱贫需求，党中央国务院提出实施若干扶贫工程，其中增收就业类扶贫专项工程当中包含发展特色产业、引导劳务输出、探索资产收益扶贫三类方式，公共服务类扶贫工程中包括教育脱贫、医疗保险和医疗救助脱贫、农村最低生活保障制度兜底，基础设施类扶贫工程中除了针对贫困村的道路、水利、饮用水、用电、宽带等基础设施的建设外，还针对贫困户实施易地搬迁和危房改造工程，为符合条件的搬迁户提供建房、生产、创业贴息贷款支持。可以看到，政府相关政策给贫困户提供了多样化的帮扶，而点对点的帮扶干部帮助贫困户找到了适合自身的脱贫路径。对于已经脱贫的贫困户和边缘户而言，需要在此基础上努力提升信息素养，增强自身发展能力，增强抵抗返贫风险的韧性。

由于脱贫方式不同，具体到不同的农民，形成的信息素养的表现也各有差异。举例来说，结合当地资源禀赋，发展种植业、养殖业或传统手工业的农民，要对相关的农业技术信息有明确的渴求，知道借助相关的信息服务解决产前、产中和产后的问题；对于劳务输出类的农民，明确自身感兴趣的职业技能，能够通过相关培训提升自身的技能水平；对于承担孩子养育责任的农户来说，自然对孩子不同阶段能够享受的国家教育帮扶政策有强烈需求，知道通过哪些渠道能够获取相关信息，并且通过相关手续办理享受到相应的政策福利；而从维护自身健康的层面来看，日常的保健资讯、医疗救助政策也应有需求，能够通过相关渠道解决自身及家人的健康或医疗问题。可以看到，农民信息素养表现虽然各有差异，但是其共性在于具备对信息的渴求性

---

① 王小林：《消除一切形式的贫困：内涵和政策取向》，《地方财政研究》2016年第8期。

和敏感性，能够判断在何种情况下需要哪些信息帮助自己进行决策，并懂得如何去获取。较之全面的信息素养，秦巴山区脱贫户和边缘户农民经过一个时期的努力，能够产生对信息的渴求，初步具备对信息可能带来效益的预判能力，明确自身信息需求和具备获取相关信息的能力，就是信息素养提升方面阶段性的胜利。

其次，秦巴山区农民在农村信息化进程中需要尽快提升信息素养。近年来农村信息化硬件设施逐步完善，物联网、移动互联网、云计算、大数据等现代信息技术日渐成熟，使农村信息化从单项技术应用转向综合技术集成、组装和配套应用，农村信息化的建设重点逐渐向信息系统开发和信息资源建设并重的方向转变。也就是说，信息采集、处理和发布愈加依赖综合技术集成、组装系统，这就意味着通过智能手机在线监测、精准作业、数字化管理进行种养殖，及时获取互联网上种子、农药、兽药、农产品交易等动态信息，准确了解本地教育、医疗、就业等政策信息都对秦巴山区农民的信息素养提出了更高的要求。

还应看到，农民的信息素养水平与当地的文化氛围息息相关。信息扶贫具有精神属性，不是基础通信设施畅通、农民拥有电脑、智能手机就可以解决的问题。要提高秦巴山区农民的基本文化素质，需要营造人人热爱学习、渴求用文化知识丰富自身精神生活的氛围，让其潜移默化地接受文化熏陶，意识到文化素质的提升对于改变精神面貌、提升生活品质具有极大的促进作用。

此外，帮助农民形成正确科学的信息观念有助于农民信息素养的提升。依据不同群体信息贫困特征，因采取差异化和多元化的现代信息素养培训体系，以满足不同群体的信息需求。通过基于互联网的现代远程网络教育平台、专业性志愿者深入贫困群体开展技术普及和培训的方式来提高不同群体获取信息的能力。还应积极发挥互联网的社会交流、社会沟通以及社会互动功能，完善政府与民众沟通平台、社会组织互联网信息交流平台以及在线教育平台，着力提高相对贫困群体数字素养、认知能力、职业素养以及社会参与积极性。

2021年在全国脱贫攻坚总结表彰大会上,习近平总书记指出:"我们要切实做好巩固拓展脱贫攻坚成果同乡村振兴有效衔接各项工作,让脱贫基础更加稳固、成效更可持续。"① 目前我们已经解决了绝对贫困问题,但是相对贫困依然存在,信息贫困也还存在并且将会长期存在,在全面推进乡村振兴的新发展阶段,秦巴山区的公共信息服务要全面考虑可能影响其服务效果的因素,结合农村不同地域的禀赋资源,结合不同社会身份农民的信息需求,构建多元化信息服务模式,巩固扶贫攻坚成果,助力乡村振兴工作迈上新台阶。

---

① 习近平:《在全国脱贫攻坚总结表彰大会上的讲话》,《共产党员》2021年第6期。

第六章　秦巴山区公共信息扶贫机制构建

"机制"原指机器的构造原理和工作方式、机器内部各部分间的组合、传动的制约关系。18世纪"人是机器"的观点流行以后，它逐渐被借用到生物学和医学中，用以表示生物有机体各组织和器官的有机结合，产生特定功能的相互作用关系。现代许多学科如心理学、社会学、经济学、政治学等都借用"机制"一词，形成了心理机制、社会机制、经济机制、政治机制等概念。① 在社会科学研究中，"机制指的就是某种方法或措施的制度化，亦即通过建立某种制度而使事物能够正常运行并发挥预期功能的规则体系"②。而公共信息扶贫机制，就是指政府、图书馆文化馆、新闻出版机构以及其他承担社会公共信息服务的机构在相关协议或管理机构的协调下，通过制定相关政策与规章制度，各尽所能，协同合作，共同致力于改善信息贫困人口的信息弱势地位，提升其人力资本质量，以推动社会全面发展的规则体系。一个系统的机制运行及其效能发挥，既取决于机制构成要素及其相互关系，也取决于这些要素与环境的关系。③ 分析秦巴山区公共

---

① 刘建明、张明根主编：《应用写作大百科》，中央民族大学出版社1994年版，第150页。
② 肖希明、李琪：《公共数字文化服务合作机制研究》，《图书与情报》2016年第4期。
③ 刘雪明、沈志军：《中国公共政策传播机制运行中存在的障碍》，《行政论坛》2013年第2期。

信息扶贫机制的实现路径,既要从构成信息扶贫机制的各个要素及其互动关系和作用方式中去探寻,也要重视扶贫机制与扶贫环境的关系。因此本章将运用整体思维,针对秦巴山区信息扶贫中面临的问题,从理顺机制、完善农村信息基础设施、提升信息服务质量、拓宽信息服务渠道以及提升农民信息素养等方面构建公共信息服务联动机制。

第一节 信息扶贫概述

外界刺激的相对缺乏是当下制约贫困地区农村居民脱贫致富的关键所在①,信息扶贫是打赢脱贫攻坚战的重要助力。近年来,针对贫困地区信息传播渠道单一、传播资源匮乏、居民信息接受能力弱等现状,我国先后出台了《十三五全国农村信息化发展规划》《"十三五"脱贫攻坚规划》和《网络扶贫行动计划》等政策,动员国内各方力量,从基础设施建设、网络教育、信息资源、公共服务等方面,积极发挥现代信息技术在西部地区、贫困地区脱贫攻坚中的重要作用。②2021年2月我国脱贫攻坚大会的召开,宣告现行标准下农村贫困人口实现脱贫,解决了区域性整体贫困,消除了绝对贫困。③ 但从现实来看,中国长期处于社会主义初级阶段的基本国情没有变,还会有较多的低收入人口,他们的收入也只是略高于基本需求。④ 一旦有波动,

---

① 郭小良、刘强:《贫困地区农村居民媒介接触调查》,中国社会科学杂志社,2018年6月7日(链接日期),http://sscp.cssn.cn/xkpd/xwcbx_20157/201806/t20180607_4351310.html,2019年1月12日(引用日期)。

② 钟华丽、李宁馨:《信息扶贫语境下少数民族贫困地区居民媒介接触调查——以凉山州喜德县为例》,《西昌学院学报》(社会科学版)2019年第12期。

③ 《习近平:在全国脱贫攻坚总结表彰大会上的讲话》,新华网,2021年2月25日(链接日期),http://www.xinhuanet.com/politics/leaders/2021-02/25/c_1127140240.htm,2021年2月26日(引用日期)。

④ 左停、贺莉、刘文婧:《相对贫困治理理论与中国地方实践经验》,《河海大学学报》(哲学社会科学版)2019年第6期。

这部分群体容易再次陷入贫困。党的十九届四中全会明确提出"坚决打赢脱贫攻坚战，巩固脱贫攻坚成果，建立解决相对贫困的长效机制"，这为2020年后的脱贫工作指明了方向，也标志着中国脱贫攻坚的重心将从消除绝对贫困转向解决相对贫困。① 在后脱贫时代，我国的扶贫工作将从主要解决收入贫困向统筹解决支出型贫困、能力贫困转变，从主要依靠政府推动向构建政府、社会、自身相结合的新型减贫治理格局转变。② 在此时代背景下，通过外在信息的刺激激发农民内生动力、通过信息扶贫消减农民的能力贫困具有非常重要的意义。

一 信息扶贫的定义

目前，学者们主要从两个角度定义信息扶贫，一种观点强调信息资源输入，认为信息扶贫是及时向贫困户或贫困地区传递有关信息，以提高劳动生产率，打破贫困的恶性循环，从而达到可持续脱贫的一种方式。而另一种观点更看重信息技术的应用推广，认为信息扶贫是政府和社会借助信息技术的推广和信息活动的开展、提升信息技术和信息资源的应用水平来解决信息贫困者的信息贫困以及由此而形成的经济贫困问题的一种特殊的扶贫方式。③

这两种角度都有其合理性，但课题组认为，信息扶贫不仅要有益于物质脱贫，还要助力贫困人口的精神脱贫，是通过对贫困地区信息基础设施的改善和外界信息的刺激助力贫困人口在志气、智力、道德、文化修养等多方面脱贫的综合体。它是人类为了实现人的全面发展，获得心理上的满足感和幸福感的手段之一。④ 因此信息扶贫不仅

---

① 王磊：《建立解决相对贫困的长效机制》，中国社会科学网，2019年12月25日（链接日期），http://ex.cssn.cn/zx/bwyc/201912/t20191225_5064611.shtml，2019年12月31日（引用日期）。
② 何得桂、姚桂梅、徐榕等：《中国脱贫攻坚调研报告：秦巴山区篇》，中国社会科学出版社2020年版，第178—181页。
③ 李静：《秦巴山区信息扶贫的现状与对策研究》，《图书馆》2020年第5期。
④ 方清云：《贫困文化理论对文化扶贫的启示及对策建议》，《广西民族研究》2012年第4期。

要强调信息供给方的责任，还要关注扶贫对象信息素养的提升。因为真正解决信息贫困问题还需要扶贫对象的自身努力，比如信息意识的提高、准确表达信息需求、能够辨识信息真假以及良好的信息技术应用能力和信息活动参与能力，并将其内化为自身动能，从而实现人的全面发展，获得心理上的满足感和幸福感，使自身不会陷在艰难痛苦或无法摆脱的环境中。因此，课题组认为，信息扶贫是指政府和社会通过完善信息基础设施条件、提供适用的信息资源、推广信息技术以及开展信息活动，以改善贫困地区信息环境和提升扶助对象的信息意识和信息运用能力为基本目标的扶贫方式，其终极目标是消除信息贫困，实现信息服务均等化。也就是说，信息扶贫既包括农村农业信息化建设，也包括各类信息资源的精准提供以及对农民信息素养的提升。信息扶贫应该同教育扶贫一起，共同构成智力扶贫的重要部分，以改善贫困人口的人力资本现状，为乡村振兴提供更高质量的内生发展动能。

二 信息扶贫的意义

农村信息贫困包括个体和区域两个维度，开展信息扶贫工作时，农民个体以及其所处区域都不应忽视，因此本节主要从农民、农业和农村三方面讨论信息扶贫的意义。

(一) 信息扶贫对农民的意义

1. 有助于提升农民素质，提高农民发展能力

人口素质低是农村贫困的内在因素，农村居民的思想、观念、科学和文化水平如何，直接关系到农村区域发展能力的提升和扶贫事业的成效。[①] 近年来，将区域发展能力和农民发展能力作为主要影响因素解释区域发展不均衡与农村贫困逐渐成为经济研究的热点。区域发

---

① 王微：《贵州农村扶贫机制的完善路径研究——基于对贵州典型4县的实证调查分析》，《广东农业科学》2013年第21期。

展能力指一个特定区域的自然生产力和社会生产力的综合，它是衡量一个区域整体发展水平以及发展潜力的指标。而农民发展能力是指农民运用所学知识和技能，获取并利用已有资源和机会，追求目标时的一系列行为决策能力，包括农民的自主发展意识、技能、健康、社会资本、经济资本积累能力和主动获取信息的能力。而信息获取能力是指农民主动查找信息，并通过吸收分析将其运用在生产生活中的能力，在一定程度上体现了农民对外的视野和对其所处社会经济的洞察力。[①] 洪名勇通过构建区域发展能力和农民发展能力评价指标，并以此对西部十二省区市进行实证研究后指出，农村地区间的贫困差异，主要来自农民发展能力的差异。[②] 农民自我发展能力的构建固然离不开外部客观要素的投入，但是其核心主体依然是人，以及人的主观发展意识。培育农民的发展能力，不仅需要客观的资本要素投入，更需要激发农民的主观发展动力；不仅要为农民发展创造条件，也要培养农民主动适应这种条件的主体性。因此有必要通过信息扶贫激发农民的自主发展意识，提升其主动获取信息的能力，使他们能够在充分掌握信息的基础上，提高自身在生产生活中科学决策的水平，促进家庭生活状况的持续改善。

2. 有利于改善农民社会接触程度低的现状

农民的社会接触程度对农民致富有着重要影响，其社会交往的对象和空间越广泛，社会参与度越高；世面见得越广，获取的资源也就越多。农民正是通过对资源的控制和利用来追逐和实现个人利益最大化。[③] 华中师范大学中国农村研究院对全国31个省48个贫困村与222个非贫困村的比较发现，当前农民传统小农色彩较浓，交往范围

[①] 李小建、周雄飞、乔家君等：《不同环境下农户自主发展能力对收入增长的影响》，《地理学报》2009年第6期。

[②] 洪名勇等著：《西部农村贫困与反贫困研究》，中国财政经济出版社2018年版，第98—100页。

[③] 张立衡：《义岗镇扶贫项目绩效评价研究》，硕士学位论文，西北师范大学，2017年，第27页。

窄且交往对象主要局限在邻居、亲戚之间，贫困村农民更为明显。贫困村中有 90.2% 的农户主要局限于邻居亲戚之间，非贫困村比例为 83.8%。这反映出村庄越贫困，交往对象越熟悉的比例就越大，过多地在熟人圈里交往在一定程度上产生了贫困。①

社会网络分析是一种研究人与人之间、组织与组织之间或其他实体之间的交往行为（包括情感交流、信息交流和彼此支持等）的视角和方法。② 美国斯坦福大学社会学系教授马克·格兰诺维特（Mark Granovetter）是社会关系网络理论的最主要推动者，他首次提出了人际连带强度的概念并指出，与强连带（从组织或社群内部获取资源）相比，弱连带（从组织或社群外部获取资源）有更好的信息传播效果。因为群体内部相似性较高的个体所了解的事物、事件经常是相同的，所以通过强连带获得的信息往往重复性很高；而弱连带是在不同群体之间发生的，由于弱连带的分布范围较广，它比强连带更能充当跨越其社会界限去获得信息和其他资源的桥梁，可以将其他群体的重要信息带给不属于这些群体的某个个体。③ 而信息扶贫就是借助外部力量的干预，增加农民与其他群体的弱连接通道，最终以新的信息刺激扩大该群体中个人的原有信息储备，从而使他们因为信息增量而在生产生活中获益。

3. 信息扶贫为农民提供享受美好生活的通道

改革开放以来，我国综合国力不断增强，人民生活水平也持续提高。在文化生活领域，伴随着 2015 年中共中央办公厅、国务院办公厅《关于加快构建现代公共文化服务体系的意见》出台，各地加快了公共文化服务体系建设的步伐，农村的公共文化服务环境也大为改观，乡镇综合文化站、村级公共服务中心遍地开花，"文化活动月月

---

① 徐勇主编：邓大才、丁文、王金红等著：《反贫困在行动：中国农村扶贫调查与实践》，中国社会科学出版社 2015 年版，第 66—69 页。
② 于良芝、刘亚：《结构与主体能动性：信息不平等研究的理论分野及整体性研究的必要》，《中国图书馆学报》2010 年第 1 期。
③ 孙立新：《社会网络分析法：理论与应用》，《管理学家》（学术版）2012 年第 9 期。

享，文化设施村村有"日益成为现实。不仅如此，以公共图书馆和文化馆为代表的公益性文化机构也在互联网上开通服务平台，为社会大众提供海量的信息资源。2017年，文化和旅游部统筹整合全国文化信息资源共享工程、数字图书馆推广工程、公共电子阅览室建设计划三大惠民工程升级推出的公共数字文化服务总平台——国家公共文化云正式开通，汇聚共享直播、资源点播、活动预约、场馆导航、服务点单、特色应用、大数据分析等核心功能，通过电脑、手机App、微信、公共文化一体机提供服务。① 只要有网络和接入设备，农民就可以按需点播自己喜欢的节目，享受一站式公共数字文化服务。然而受制于主流媒体和各信息服务机构宣传不到位、农民信息意识弱、信息能力不高等主客观因素，大量优质的文化和教育资源并没有被农民所知晓和利用，因此必须要通过持续的信息扶贫，让现有的各类优质资源为农民所知所用，解决他们不知道去哪里找信息的痛点。同时还要凭借信息扶贫疏通信息"自下而上"的通道，让信息为解决实际生产生活问题赋能，从而提升农民生活的幸福感和满足感。

（二）信息扶贫对农业的意义

美国经济学家西奥多·舒尔茨认为，贫穷国家经济落后的根本原因在于人力资本的匮乏和自身对人力投资的过分轻视，而不在于物质资本的短缺。② 长期以来，我国贫困地区的基层政权组织也基本沿袭这种思维，倾向于将主要精力和扶贫资金的绝大部分投向一些"短、平、快"项目和产业化项目，忽视以教育发展为主体的人力资本投资。③ 这种做法直接导致输入农村的新型生产要素和新的组织管理方式不为农民所掌握和使用，使农民丧失了主动权和自我主宰能力，在

---

① 韩业庭：《国家公共文化云正式开通》，《光明日报》2017年12月5日12版。

② ［美］西奥多·W.舒尔茨：《改造传统农业》，梁小民译，商务印书馆1987年版，第114页。

③ 王微：《贵州农村扶贫机制的完善路径研究——基于对贵州典型4县的实证调查分析》，《广东农业科学》2013年第21期。

农业工业化的诱导下，农民通过资源和劳动力的输出获得了高于经营农业的收入，逐渐失去了对农业的信心。① 而通过信息扶贫，可以在一定程度上改善农民的人力资本，重振他们对农业的信心。更主要的是，可以直接促进农业的发展。比如通过传递新兴农业生产技术，可以提升传统产业结构下的农业生产效率；通过提供农产品市场价格信息，可以指导农民更好地对接市场需求，调整产业结构，减少农业生产的盲目性。总之，信息技术的使用和信息能力的提高，能够提升农业人力资本，降低农业运行和交易成本，促进农业现代化建设。②

（三）信息扶贫对农村的意义

1. 促进农民公民权利的觉醒

在乡村振兴战略的实施过程中，农民是实践主体，也是动力来源。农村基层民主的一个重要原则是农民群众对身边的事务拥有知情权、参与权、管理权与监督权。然而在过去相对封闭和落后的社会政治经济环境下，我国农民的主体性长期处于被压抑的状态，"贫"和"弱"的标签与他们如影随形，所以他们的政治参与度低、很少意识到自己的公民权利；作为主体的自主性、创造性更无从谈起。如今信息时代的来临和信息技术的运用，不仅使农民穿越现实制度的藩篱有了可能，还赋予他们更多表达自己和参与社会事务的机会和动能。"互联网是一项自由的技术，它允许绕过制度上的控制来建立以自己为导向的平等交流网络。"③ 网络空间更具平等性、能部分置换和替代现实公共空间的特点有助于农民公民权利的觉醒，实现农村场域公共话语权由精英群体向非精英群体的扩散。④ 信息扶贫虽然不可能在

---

① 马翠军：《工业化进程中的我国农业危机分析》，《新乡学院学报》（社会科学版）2011年第6期。
② 张宏邦、李天龙：《信息扶贫及其实现路径》，《甘肃社会科学》2020年第4期。
③ ［美］曼纽尔·卡斯特：《网络社会：跨文化的视角》，周凯译，社会科学文献出版社2009年版，第268页。
④ 张成林：《信息化与农村治理现代化研究》，知识产权出版社2018年版，第108页。

短时间内解决"贫"的问题，但可以给农民提供更多的致富信息，为改变其物资匮乏的窘境提供更多机会。另外更重要的是，通过为农民搭建更为开放互通的信息环境、推送更多实用通俗的信息素养课程，可以增强农民与外部社会的及时互联，打破其小农思维的局限，增强其对外部环境敏锐的洞察力、感受力和判断力。当农民成为"信息化小农"时，就可能改变农民政治弱参与或失语的状况，为他们主动参与农村社会治理提供新动能和新手段。

近两年乡村短视频与直播的兴起不仅给农民提供了记录日常生活、表达个体诉求的媒介手段，还激发了他们主动参与公共事务讨论的热情。2020年年初，浙江省宁波市北仑区谢家岙村在提前通过微信群征集民意、整理"心愿指数"的基础上，通过"村务直播间"公开讨论表决，切实解决村民的烦心事、忧心事。"村务直播间"将村务决策全程搬上网，让"在村"和"离村"的村民都能享受到"主人翁"的权利，实现了群众参与、社会治理与群众监督三者的有效融合，开创了乡村治理的新模式。①

不仅促进农民公民权利的觉醒，信息扶贫还可以帮助镇村基层政府和"两委"实现内部办公、公文往来的政务信息化，建立辖区内居民的个人信息资料库从而实现更有效和精准的管理。

2. 提升农村公共服务水平

受地理区位、交通条件、基础设施水平等因素的制约，农村公共服务在供需对接、服务运行管理、服务监督等环节面临诸多障碍，影响到服务的便捷性及丰富性。而通过完善农村信息基础设施建设、为农民提供适用的信息资源、推广信息技术以及开展信息活动等，可以为建立城乡一体化的、高效便捷的农村公共服务提供支撑。例如，江苏省常州市的大多数村级社区卫生服务站通过接入县级村卫生室门诊

---

① 沙垚：《看，乡村善治中的文化力量》，中国新闻网，2020年12月16日（链接日期），https：//www.chinanews.com/cul/2020/12-16/9363652.shtml，2021年1月5日（引用日期）。

收费系统，使农民可以以很低的获取成本享受到政府提供的医疗保障服务；该市公安部门建立的公共安全在线监控系统也已深入许多农村社区，通过在线摄像头，乡镇派出所可以实时在线监控各村的治安情况。①，在农村公共文化服务方面，现代信息技术和通信技术的发展从根本上解决了文化生产者和文化消费者的场域分离、时间留滞问题，对于破解农村社区文化建设的困境、消弭城乡文化鸿沟具有极其重要的作用。

3. 对农村生态环境的改善

人与自然和谐共生，最大程度降低对自然的破坏、对环境的污染以及对资源的无限制攫取是人类社会可持续发展的根本保证。党的十九大提出的乡村振兴战略对农村生态文明建设提出了更高要求。但长期以来，由于受制于教育水平低、政府宣传不到位和社会环境所限等因素影响，农民生态环境保护意识总体较低，如过度使用化肥、焚烧秸秆以及随意倾倒垃圾在农村比比皆是。② 因此有必要通过信息扶贫，采用主题图书荐读、宣传栏宣传片展示、相关法规政策宣讲等方式充分发挥信息的告知和教化作用，提高农民保护环境的意识。

三 信息扶贫的目标和原则

信息扶贫以改善贫困地区信息环境，提升扶助对象的信息意识和信息运用能力为基本目标。其终极目标是消除信息贫困，实现信息服务均等化。按照马斯洛的需求层次理论，人的需求分为生理、安全、社交需要、尊重和自我实现五个层次，信息扶贫的目标就是以人类生存发展各阶段的信息需求为考量，通过信息资源的提供和信息服务的开展帮助人们更好地满足以上五种需求。即信息扶贫不仅关注扶贫对象所处生存空间信息环境的改善，更关注其未来发展能力的提升。根

---

① 张成林：《信息化与农村治理现代化研究》，知识产权出版社2018年版，第105—106页。
② 黄海蓉：《如何提升农民的生态道德素养》，《人民论坛》2019年第9期。

据以上目标，开展信息扶贫要遵循以下原则。

（一）目标导向原则

信息扶贫具有明确的目标性，其基本目标是通过确保扶贫对象获取到与其生产生活直接相关的信息，解决现实中的困难以帮助其更好地生活。其进阶目标是通过保障其全面获取各种有利于自身发展的信息，帮助其持续提高生活质量、改变贫弱状况，从而更快地融入社会、跟上时代的发展步伐，最终达到一般社会公众的生活水平。①

（二）主动服务原则

人的信息需求由总体需求所引发，并以潜在或现实的形式客观存在着。一定社会条件下具有一定知识结构和素质的人，在从事某一职业活动中有着一定的信息需求结构。这是一种完全由客观条件决定，不以用户主观认识为转移的需求状态。② 但在现实生活中，由于主观因素和意识作用，用户并不能对所有信息需求都有全面而准确的认识，因此表达出来的往往只是客观信息需求的一部分甚至是对信息需求的错误表达，科亨（Kochen）将其划分为三个基本层次：用户信息需求的客观状态—认识状态—表达状态。③ 客观状态和认识状态都属于潜在信息需求阶段，只有表达出来的才是用户的现实信息需求。贫困人口由于信息意识薄弱，常常不能准确识别和表达自己的信息需求。因此就需要通过主动推送，一方面激发他们将潜在信息需求转化为现实信息需求，另一方面帮助他们直接获取与其生产生活相关的信息或信息产品。另外，边际效益理论认为，当新信息可带来的感知效

---

① 赵媛等：《基于弱势群体信息获取现状的弱势群体信息获取保障水平和标准研究》，《情报科学》2016年第1期。
② 胡昌平：《用户情报需求研究中的几个问题》，《情报学刊》1990年第1期。
③ 胡昌平、胡潜、邓胜利：《信息服务与用户》，武汉大学出版社2015年版，第121—122页。

益大于获取这一信息的感知成本时,消费者就会搜寻有关的信息。①即信息搜寻行为与信息感知收益正相关,而与信息感知成本负相关。因此主动服务不仅要推送直接面向问题解决的信息,还要注重推送宣传和宣讲信息服务效益的典型事迹和案例,让贫困人口直观感知到信息的效益,进而激发其产生信息搜寻行为或者产生学习信息搜寻技能的愿望。

(三) 免费为主原则

信息经济学理论认为,用户在选择和购买信息商品时往往犹豫不决,当利用其他方式能够提高原有的利润水平时,他们宁可放弃利用信息商品而选择其他方式。尤其是在经济实力较差、信息意识淡薄的环境中,这种倾向更为突出。② 信息贫困深受经济贫困影响,因此要求信息扶贫机构要采取免费服务为主的政策,保证扶贫对象不会因为经济条件的困顿而被阻隔在信息社会的另一端。

(四) 易用性原则

信息要通俗易懂,采用扶贫对象能够理解的方式,与他们现有的知识结构相匹配,对于一些晦涩的表述,要进行人工转读,这就要求信息的组织、整理、发布与传播必须充分考虑扶贫对象的文化程度和接受能力。同时还要对信息设备的使用进行专门培训,尽可能保证人人可用、人人会用。

第二节 信息扶贫的质量标准

公共信息扶贫机制是一个多主体联动的系统,为了使各主体都能清晰地认识到自己的责任和义务,就需要确定信息扶贫的质量标

---

① 胡媛、刘婷、刘昌平:《网络消费者在线评论搜寻行为实证研究》,《图书馆论坛》2016 年第 5 期。

② 马费成:《论情报的消费与交换》,《情报学报》1989 年第 4 期。

准。从秦巴山区贫困人口的信息素养和信息扶贫现状来看，当前的质量控制要关注精准化和全方位。

一　精准化

精准化是一种创新的管理模式，来源于科学管理理论中的"精细化管理"理念。在深化供给侧结构性改革的背景下，精准化供给的核心是将精细化管理的核心思想——"精、准、细、严"转化为供给的精准化，即以需求为靶心，关注需求的精准对接，尊重社会多元化、差异化和多层次的公共文化需求。① 基于此，精准信息扶贫就是以贫困人口的信息需求为导向，精准供给信息资源和信息服务，实现供需的精准对接。具体可从服务对象精准、服务内容精准以及服务手段精准三方面来实施。

（一）服务对象精准

伴随着城乡二元化结构的发展，我国农村青壮劳力纷纷离乡离土去城市寻求发展机会，农村社会呈现出空心化发展态势。留守儿童、妇女和老人构成了当下农村的主要人口，秦巴山区也不例外。因此精准信息扶贫的第一步就是要根据各村现有人口结构，确定服务对象的个体特征和信息需求类型。同时，还需要关注的是，随着我国乡村振兴战略的持续推进，各地陆续出台了吸引各类人才返乡创业的政策，在此背景下，新返乡人口尽管未必是信息贫困人口，但他们的信息需求也值得关注。

（二）服务内容精准

传统的信息服务或信息扶贫主要是采取"供给导向"，即信息供给方或服务方按照自己的想法向农村传递信息资源或提供信息产品，

---

① 姜雯昱、曹俊文：《以数字化促进公共文化服务精准化供给：实践、困境与对策》，《求实》2018 年第 6 期。

最典型的就是旨在解决"农民看书难、看书贵"问题的农家书屋工程。主导方按照自己的意愿为农民配送图书，不少图书既不符合农村产业结构发展要求，也不能和农民的需求相契合，所以屡遭冷遇，实施效果广受诟病。而按照服务内容精准的质量要求，在信息扶贫中就需要先期调研农民的信息需求，因人施策、因人扶贫。以农村文化需求为例，游祥斌等发现，相比读书看报、文艺创作、技术培训、专题讲座、主题报告会、竞赛活动及信息查询等满足自我发展需求的知识性文化，以广播戏曲、电影电视、棋牌、文体活动、曲艺表演及各种民俗活动为主体的娱乐性文化更受农村居民的欢迎，并占据文化需求的主导地位[①]，究其原因就在于娱乐性文化更迎合农村居民追求身心放松的需求，也与他们较低的文化程度、"小富即安"的人生态度和传统的生产生活方式息息相关。因此在今后的信息扶贫中，可以首先满足他们的文化信息需求，通过健康向上、真善美的文娱信息丰富农民的文化生活。其次，为了实现供需对接的精准，要将信息扶贫中所提供的部分信息服务转换为知识服务，以帮助贫困人口解决实际问题。与传统信息服务相比，知识服务具有用户目标驱动、面向知识内容及面向解决方案三个优点。它以解决用户问题为目标，会根据问题和问题环境进一步明晰用户需求，通过析取和重组信息形成符合需要的知识产品，并能够对知识产品的质量进行评价，是一种基于逻辑获取的服务。[②] 知识服务的这些优点使其更适合服务于信息意识薄弱、信息需求不甚明确的贫困人口。最后还要注意在信息服务中要采取贫困人口能够适应的交流方式和能够理解的话语体系。

（三）服务手段精准

秦巴山区地理环境复杂、交通不便、人口居住分散，再加上行政

---

① 游祥斌、杨薇、郭昱青：《需求视角下的农村公共文化服务体系建设研究——基于H省B市的调查》，《中国行政管理》2013年第7期。
② 张晓林：《走向知识服务：寻找新世纪图书情报工作的生长点》，《中国图书馆学报》2000年第5期。

区划撤并导致贫困人口享受公共信息服务不便捷，服务手段精准就是要采取适合贫困人口接受的方式开展信息服务。贫困人口的年龄、职业、文化程度不同，他们获取信息的手段和偏好也存在差异。为了达成较好的效果，信息扶贫过程中既要考虑手段的多样化，也要注重手段的精准化。比如目前随着短视频和直播的异军突起，农民对抖音、今日头条等最为青睐，因此就要改变传统信息较为单一的传播方式，探索新媒体信息服务手段在农村信息服务中的组合运用。

陕西省西乡县人社局采取组合手段为农民提供就业信息的经验值得借鉴。为更好推动劳动力转移就业，该县不仅通过"西乡人社"微信公众号线上推送《就业扶贫用工信息》，还组织县镇村各级帮扶干部利用入户等时机推介用工岗位信息，保障让贫困群众最大程度知晓用工岗位信息。① 此外，他们还利用大数据技术挖掘用户的信息需求，并根据用户意愿实行多意愿匹配。该局开发的劳动力就业服务平台，能够基于对村镇前期所采集人口数据的挖掘和分析，快速锁定帮扶对象，通过为务工人员主动推送三个及以上岗位完成定向、定岗、"定单式"培训，实现精准劳务输出，有效解决了过去由于信息不对称造成的盲目就业和难就业问题。②

二 全方位

目前已有研究成果主要关注农村贫困人口的农技信息以及相关的惠农政策类信息需求，聚焦于贫困人口的生存信息获取和服务方面。但是我们必须清晰认识到，农村贫困人口不仅有务农的属性，更有社会人的属性，他们也必然有健康、安全、发展及自我实现的需求。因此在确定信息扶贫的质量指标时，还必须要关注信息类型提供的全面

---

① 汉中脱贫攻坚：《精准发力打好"稳就业"组合拳——西乡县多举措推进就业扶贫侧记》，搜狐网，2020年10月31日（链接日期），https://www.sohu.com/a/428631745_100001419，2020年11月2日（引用日期）。

② 蒋永祥、周兴建：《"点对点"推荐就业岗位"定单式"培养务工人员——西乡县打造劳动力数据平台侧记》，《汉中日报》2018年6月19日第2版。

性和信息服务的全方位。信息类型提供的全面性是指不能为农民的信息需求简单贴上"农"字标签,而是要全面了解其健康保健、个人发展、子女教育、生活娱乐等各类信息需求;信息服务的全方位是指要以贫困人口的"生存发展"为中心,通过多主体的协同参与为其提供高质量的信息资源和信息服务。

主张服务内容精准是着眼于满足贫困人口的当下现实需求,强调服务理念的全方位是聚焦于满足其未来的发展需求。要达成以上质量标准,就要从信息资源开发的广泛性、服务的充分性、及时性、精炼性、准确性和合理性下功夫。

第三节 联动路径选择

随着农村经济的快速发展和人民生活水平的逐步提高,我国农村人口信息需求更多地呈现出异质性、多元性特点,但目前的信息供给主体单一、灵活性不足,因此有必要构建一个符合秦巴山区基本情境的多元供给体系,在这个体系中,政府与企业、社会组织、农民的关系彼此依赖。政府可以借助其他主体的人才与技术优势,减轻政府负担,转移政府职能;其他行动主体则可以借助政府的权威性与可信度,提升自身影响力,提高受助者的积极性和参与度。[1]

按照《现代汉语新词语词典》的解释,"联动是指若干个相关联的事物,一个运动或变化时,其他的也会跟着运动或变化"[2]。实施秦巴山区公共信息机构联动扶贫就是在一个主体的主导下,其他各相关联的主体根据各自承担的任务协同配合,共同完成信息扶贫的目标。在这里,主导主体的角色由政府扮演,而其他各相关联的主体包

---

[1] 国务院扶贫办政策法规司、国务院扶贫办全国扶贫教育宣教中心:《脱贫攻坚前沿问题研究》,研究出版社2019年版,第59页。

[2] 亢世勇、刘海润主编:《现代汉语新词语词典》,上海辞书出版社2009年版,第139页。

括通信企业、图书馆文化馆、新闻出版部门及其他企事业单位和社会组织。以上各方应在政府主导下，根据共同遵守的框架，在协同信息资源供给、完善秦巴山区信息基础设施、丰富信息服务内容，拓展信息服务渠道等方面共同发力，达成消减当地居民信息贫困的目标。

一 各级政府部门发挥主导作用

（一）统一责任主体和实施主体，建立一体化信息资源平台①

目前，我国开展对农信息服务的主体和平台众多，但因缺少统筹，存在着涉农信息系统相互割裂、农村信息服务站点重复建设等问题。一方面不同部门搭建的涉农信息系统在数据收集、相关系统填报、信息报送等方面协调力度不够，致使数据对接不足，难以形成合力。另一方面农业、商务、邮政、供销社等相关部门在农村基层开展的试点示范和信息站点比较多，但是每个部门建一个站点、挂一块牌子的现象比较普遍，缺乏有效的资源整合和共享。② 因此，为了解决机构重叠、职责交叉、资源重复建设等问题，各级政府部门应建立对农公共信息服务一体化平台，整合分散于各处的信息资源，使农民充分享受信息充裕的满足感和获得感。我国公共信息服务在发展中从属于不同的政府主管部门，如文化和旅游部负责图书馆工作、科技部负责科技信息（情报）管理，而信息网络建设则归属信息产业部等国家部门管理。③ 这种分散化的政府管理使得一体化信息服务平台跨系统整合受到限制，因此应在现有体制基础上，以各区县为中心，确立一个跨系统整合平台的领导机构（比如政府办或信息办），统一责任主体和实施主体，然后广泛联合区域内各类涉农信息服务机构，协同向

---

① 本节部分内容已先期发表，参见李静《秦巴山区信息扶贫的现状与对策研究》，《图书馆》2020 年第 5 期。

② 余晓晖：《中国数字乡村的发展现状与展望》，载国家信息化专家咨询委员会秘书处《中国信息化形势分析与预测（2018—2019）》，社会科学文献出版社 2019 年版，第 222 页。

③ 胡昌平、向菲：《面向自主创新需求的信息服务业务推进》，《中国图书馆学报》2008 年第 3 期。

农村居民提供农业技术、生活保健、医疗卫生、社保养老、文化娱乐等全面的信息服务。在用户接收端，针对那些不会使用电脑和智能手机的村民，需要通过设置信息服务专员帮助其实现信息检索①，如图 6-1 所示。

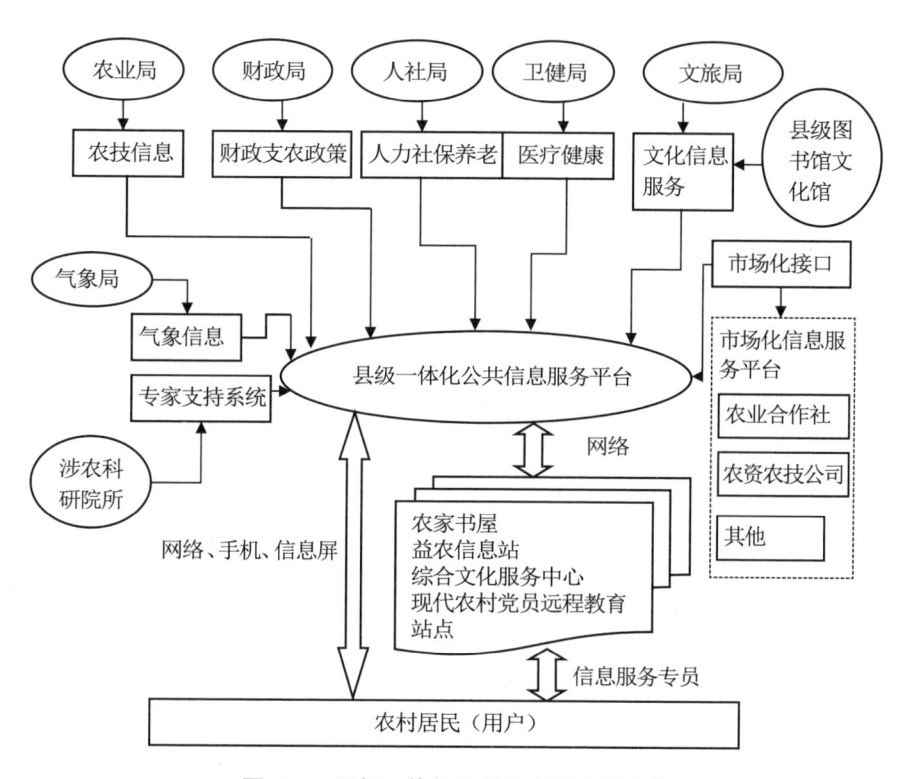

图 6-1　县级一体化公共信息服务平台②

（二）政府各相关部门各司其职、各尽所能

确定了一体化信息平台的组织架构后，最重要的是要填充内容，这就需要各涉农的相关部门各司其职、各尽所能，竭力完成本领域的信息资源搭建和信息服务任务。各部门在推送资源和服务时，一定要

---

① 李静：《秦巴山区信息扶贫的现状与对策研究》，《图书馆》2020 年第 5 期。
② 李静：《秦巴山区信息扶贫的现状与对策研究》，《图书馆》2020 年第 5 期。

秉持"用户为中心"理念，从用户视角组织资源，按照实用性、适用性、准确性、及时性原则进行信息筛选。同时建议建立各部门评比机制，可以通过用户对各栏目的关注率和满意率进行评选，比如让用户评选出每月"最关注的信息""最有用的信息"等，另外还要征询用户意见，如"当前信息是否满足您的需求？""您还有什么最需要的信息？"等，通过用户的反馈不断提供信息服务质量。

1. 农业部门的信息服务

各县农业部门要针对本地农业生产特点，整合农业生产、农业气象、农业科技、农产品供求、市场价格等涉农信息资源，为农民提供适用的信息服务，切实解决农民生产生活遇到的问题。由于各地农业不尽相同，建议在各县栏目下再开设镇村平台，就各镇村的特色产业提供精准的信息服务，比如陕西汉中镇巴、西乡等地应突出茶叶技术信息提供，同时要通过网站对接农产品的供需双方，实时发布农产品价格信息动态，使信息提供更具体和具有指导性。

2. 文化主管部门的信息服务

随着农民生活水平的日益提高，文化娱乐类需求日益凸显，各县文化旅游局（以下简称"文旅局"）要整合各县（区）镇的文化场馆、文化活动、非遗传承、艺术培训、文化产业等文化资源，为当地居民提供文化资讯、书籍阅读、非遗展示、艺术鉴赏与培训、文化交流等公共文化服务，方便他们通过电视机、手机、PC终端及线下等渠道随时随地获取文化信息、参与文化活动，并反馈文化需求、意见和建议，使文化服务效能进一步提升。目前公共文化云是在网络上对文化资源整合的代表性平台，但是通过网络调研发现，秦巴各地公共文化云建设不尽如人意，且该平台上，对于图书馆资源嵌入较少。建议一方面嵌入文化地图，便利农民参与文化活动，另一方面，还要做好图书馆服务的推介活动。比如在陕西汉中的各县级图书馆都开展了"你选书我买单"活动，但老百姓的知晓率并不高。因此应该嵌入公共文化服务栏目，以小旗等方式进行显著宣传。同时要通过镇村文化专员，及时上传各镇村的文化活动，反映百姓大舞台的内容，激发老百姓的参与热情。

3. 人社部门的信息服务

社保养老是重要的民生问题，一直受到人民群众的广泛关注，农民也不例外。人力资源和社会保障局（以下简称人社局）要负责搭建人力社保栏目，及时在平台上发布最新的人力社保、就业养老、教育培训等信息。不仅如此，根据农民受教育水平较低的现状还要注意以下几点。第一，在信息发布时，要增加对农民最关心问题的文件解读，同时还要在本栏目下提供咨询电话，有条件的可以将其制作成动漫作品，以问答或者讲故事的方式向农民转读，可以收到更好效果。第二，在国家大力培养职业农民的社会背景下，农民对教育培训的需求日益旺盛，人社局应整合分散在扶贫、人社、妇联、残联、工会、农林科技等多个部门的技能培训项目资源，统一制定技能培训项目规划，统一项目资金使用管理，同时要加强对职业培训机构的资质、能力和承担培训项目组织完成情况的监管，建立有效的培训项目考核评估制度。第三，不仅提供信息资源，还要切实帮助农村居民实现劳动力转移愿望，在人力社保栏目中可以嵌入劳动力就业服务平台，基于对劳动力数据的挖掘与分析，快速锁定帮扶对象，完成定向、定岗、"定单式"培训，实现精准劳务输出。陕西省西乡县的就业服务平台在实现精准劳务输出后，还将以平台上每个劳动力为单位，做好他们整条动态数据轴的管理，使他们就业、创业甚至在享受普惠政策等方面更快捷、更便利，这种精准扶贫模式值得其他地方参考借鉴。

4. 卫健部门的信息服务

突发重大疾病是致贫的重要因素之一，也可能会使已脱贫人口再度返贫，因此各类人群都非常关注医疗健康、生活保健信息，秦巴贫困人口更是将此类信息排在了信息需求的第一位。互联网给人们获取信息提供了极大的方便，但是海量丰富的信息带来的负面影响使各类信息鱼龙混杂、良莠不齐。普通的虚假错误信息可能会招致财产受损，而虚假的医疗健康及保健信息可能会危及人民的生命。因此，该类信息的发布需要经过更严格的监管。各县的卫生健康局（以下简称卫健局）应该担此重任。一方面通过一体化平台向社会大众发布科学的日常健康保健信息，另一方面要为大众提供方便的就医诊疗信息，比如在平台上嵌入当地几家主要医院的官网链接，或者直接嵌入各家医院的预约挂号平台，方便农村居民一站式获取就医诊疗、健康保健等信息。

不仅在一体化平台中提供给相关信息服务，卫健部门更不能忽视线下服务。2016 年，国家提出 2030 年健康中国战略，贫困人口和农村人口的健康问题是发展短板，必须高度重视。《陕西省 2020 年度健康扶贫相关工作情况》显示[1]，陕西省采用多种方式进行健康知识宣传，《陕西日报》"百姓健康专版"刊发 20 期，《三秦百姓健康》杂志刊印 12 期、发行 32.5 万册。《百姓健康》电视栏目制作 260 期，精彩汇编 105 期，共计播放 730 期。《百姓健康网》编发稿件 3060 篇。《陕西大卫生》全年刊发 12 期，共发行 12 万册。陕西百姓健康微信推送 366 次，926 篇，总阅读数 399.1 万次，全年 10 万$^+$文章 3 篇，占 5 万$^+$文章 3 篇，1 万$^+$文章 104 篇。全年 12320 卫生健康服务热线共接听服务咨询 32587 件，其中协调与转办投诉举报 187 件，办结率为 98.9%、免费发送健康短信 27 条，受众 38.34 万人。加大健康知识传播力度，制播公益广告 3 部，省级播放 100 余次。同时，线上培训了 10 个项目县（区）居民健康素养监测乡镇、村调查员，完成 2400 例居民健康调查工作。尽管做出了诸多努力，但是 2020 年陕西省居民健康素养水平仅达到 17.06%，还需要继续提升。今后可以从以下几方面抓好健康信息扶贫工作。[2]

---

[1] 数据来自陕西省卫健委文件。
[2] 部分内容已先期发表，参见李静《贫困地区健康扶贫政策信息传播》，《图书馆》2019 年第 1 期。

（1）普及基本健康知识，提升公众健康素养

健康素养是指个体获取、理解和处理基本的健康信息或服务，运用这些信息和服务作出正确决策以维持和促进自身健康的能力。2016年国家卫健委发布《中国公民健康素养——基本知识与技能（2015版）》，从基本知识和理念、健康生活方式与行为、基本技能等方面界定了我国公民健康素养的基本内容，成为评价我国公民健康素养水平的重要依据。推进健康扶贫工作，要充分利用多种手段，进行相关科普读物、视频、健康教育读本的开发和制作，并充分利用现代传播技术和资源，向公众传播通俗易懂、科学实用的健康知识和技能，切实提高公众健康素养水平。比如在各村显眼醒目的位置，张贴日常健康知识，并实时更新；针对春夏秋冬易发疾病，提前进行相关防控知识介绍；定期或不定期在村组、村卫生室等地点举行健康知识竞赛与急救知识培训等。另外要充分发挥基层医疗工作者的智慧，继续探索微视频、沙画、短视频等新颖的健康信息宣传方式。

（2）与多部门协同，努力培养农民健康生活习惯

一是与广播电台、新闻媒体合作，开办健康知识专栏，制作健康知识专题节目。邀请当地三甲医院的专家教授，为老百姓讲解常见病预防知识，并固定播出时间。二是与文艺演出团队合作，围绕健康扶贫、健康习惯养成、防病知识宣讲等创作丰富多彩的文艺节目，帮助老百姓养成健康生活的良好习惯。三是与教育系统合作，组织医疗小分队或专家"进校园""进课堂"，对中小学生开展健康知识普及，并通过中小学生与家长的交流互动，培养农村家庭的健康意识。四是与体育局合作，充分利用各村综合文化服务中心的场地和设施，广泛开展农村群众体育活动，营造"全民参与""全民健身"的良好氛围。五是与环保部门合作，在农村广泛宣传环境与健康的关系，同时进行农村环境改造，帮助村民养成垃圾不乱丢的好习惯，从环境治理入手做好疾病防控。

（3）加强村卫生室信息化建设，充分发挥村医的作用

加强村卫生室信息化建设，为每个村卫生室配备能联网的电脑，并做好村医信息技能培训，以便他们充分发挥健康信息传播中介员的作用，利用现代信息技术为农民服务。首先，对所在村组村民的健康情况进行摸排，并做好信息登记及健康状况动态监护工作。鼓励条件成熟的村组建立村民健康状况信息库，并与市县医疗机构联网。其次，帮助村民查询本地三甲医院各科专家门诊时间，网上预约挂号，为村民的大病就诊提供便利。再次，筛选当地健康服务的公众号，择优推荐村民通过智能手机关注，让健康理念、防病控病融入他们的日常生产生活。最后，注重搜集村民对健康信息服务的需求和期待，并及时与上级部门沟通协调，建立畅通高效的健康信息需求反馈机制，以更好地提升老百姓的健康生活品质。

（4）探索大数据健康管理模式

近年来兴起的大数据技术具有数据处理速度快、网罗数据类型多样，便于进行全局分析的优点，秦巴山区要借鉴其他地区的先进经验，积极探索新技术在疾病预防与管理方面的应用。2018年以来，为了更精准地布局医疗资源分布，浙江省台州市玉环市启动了"疾病地图"绘制工作，通过收集疾病病种、疾病区域分布、发病时间等多维度数据并进行大数据实时动态分析，可以直观地了解到各区块的医疗资源需求，进而采取有效的策略积极干预。比如"疾病地图"显示海山乡风湿病、骨关节病患者较多，玉环市人民医院健共体集团就在海山分院开设特色专科门诊，针对需求每月从人民医院派出3名以上专家医生下乡坐诊。在诊疗过程中，医生不仅为患者开出用药处方，还附赠健康宣教处方，将治病防病有机结合起来[①]。本案例中的绘制"疾病地图"的方法尤为值得称道，它是基于群众疾患信息开展精准

---

① 徐子渊、共享联盟玉环站、张荣等：《玉环通过大数据进行健康管理：一张"地图"为就医导航》，浙江在线，2021年4月20日（链接日期），https://zjnews.zjol.com.cn/zjnews/tznews/202104/t20210420_22412156.shtml，2021年5月6日（引用日期）。

健康服务的典范。

5. 教育部门搭建教育信息栏目

熊彼特、舒尔茨、刘易斯等的经济发展理论认为，支撑一个国家或地区经济发展的因素不仅包括产业的发展和产业结构的优化，还包括技术的进步、基础设施的改善、人力资本的增加和制度的创新等多种因素，其中，技术的进步和人力资本的增加在很大程度上依赖于当地科教文卫等公共服务事业的发展。①

在包括秦巴山区在内的我国集中连片特困区，文化程度低是导致信息贫困的重要原因，除了通过基础教育和义务教育不断提高贫困人口的文化程度以支持信息扶贫外，教育部门还应该从以下几方面入手。

第一，搭建适用的教育信息栏目。在栏目设置上不能片面追求丰富全面，而应该基于贫困人口的信息需求提供最有针对性的服务。比如贫困人口最需要"子女教育信息"，那么栏目的设置就应该以此为核心，将信息受众确定为家长、老师。同时考虑到农村家长文化水平较低，且不喜欢看文字内容，应该主要嵌入视频类资源，尤其应该侧重于不超过5分钟的短视频，将农村家长和老师最关心的问题制作成短视频，比如"留守孩子缺少亲情怎么办""孩子沉溺于网络怎么办""孩子不爱学习怎么办"等。教育部门要扮演把关人角色，一方面可以从网络中筛选优质视频资源，另一方面建议全国教育机构联动，专门针对农村青少年教育面临的问题，邀请领域专家录制微视频或者短视频。

第二，与图书馆联合，在网站上发布青少年课外阅读的电子书，或者提供纸质图书的借阅渠道。还可以直接在网站上嵌入捐书互动平台，由网站搜集和发布农村学校及青少年的阅读需求，对接爱心人士

---

① 王胜、丁忠兵、吕指臣：《我国集中连片特困地区信息贫困的机理与路径》，《开发研究》2017年第6期。

的捐赠愿望，搭建乡村学校与爱心人士之间的桥梁。

第三，通过教育信息化手段改善农村教育环境，提升农村教师教学水平，使农村青少年享有更多的教育资源。近年来，我国加大对教育信息化的投入，各级政府按不低于教育经费8%的比例列支教育信息化经费，以保障教育信息化的财政投入。① "三通两平台"的建设与应用，推进了数字教育资源开放共享，为农村地区提供了有针对性的数字教育资源服务。截至2018年年底，教育卫星宽带传输网直接服务农村中小学师生超过1亿人。人大附中的"双师教学"已经覆盖了全国21个省市自治区，超过200所乡村中学。② 今后，不仅要充分利用农村信息基础设施日益完善带来的良好信息环境，加速对农村中小学教育资源的优化配置。还要通过信息化手段，对农村教师进行信息技能培训。

（三）用户端多渠道接入

除了设置信息服务专员，充分发挥农家书屋、益农服务社以及镇村综合文化中心作为信息集散地的作用之外，后期还应该组织开发适合不同镇、村特点和需求的移动App，涵盖农技、电商、医疗、教育、社交、文娱等行业应用，重点推送与本镇、村居民息息相关的信息以实现差异化传递，并协调基础电信企业为指定的扶贫移动App提供流量资费优惠。同时，为了使每家每户都能接受到相关信息，还要注重与外出打工人员或求学人员联系，将App同时安装在他们的手机上，发挥其"家庭意见领袖"的中介解读转播功能③，使信息更容易传递和理解。

---

① 国家信息化专家咨询委员会秘书处：《中国信息化形势分析与预测（2018—2019）》，社会科学文献出版社2019年版，第209页。

② 余晓晖、杨子真、郭顺义：《中国数字乡村的发展现状与展望》，载国家信息化专家咨询委员会秘书处《中国信息化形势分析与预测（2018—2019）》，社会科学文献出版社2019年版，第220页。

③ 冉明仙、关联：《农村实用信息扶贫效果提升的支点》，《现代传播》2014年第1期。

不仅传递信息，该信息平台还要设置互动栏目，借鉴"饿了么""美团""大众点评网"等平台的服务模式，允许和鼓励用户对各信息服务机构进行点评，将宣传与服务评价相结合，动态追踪群众的评价和需求方向，拓展服务创新方向。① 此外，还可利用大数据技术和用户画像技术，对线上用户资源访问需求和检索记录加以数据分析，了解不同年龄、职业、文化程度用户群体的需求差异，针对用户的行为偏好主动推送动与其行为体验相关的各类信息②，增强用户对平台的使用黏性。

在搜集民情民意、畅通自下而上的信息反馈方面，陕西南郑区民情直通信息系统平台提供了一个好的示范。该区运用"互联网+"思维，整合全区现有各类投诉举报平台，将全区52个部门单位、22个镇（办）、292个村和21个社区全部纳入系统进行规范管理，形成覆盖区、镇（办）、村（社区）三级联动的便民服务体系。群众可通过互联网、"5412345"民生热线、微信、QQ四种方式随时随地反映日常生产生活中遇到的困难、问题及工作建议；"民情直通车"必须在规定时间的时间内办结并接受群众本人对办理结果的监督评价。该平台"一窗对外、集中受理、分类处置、各方联动、限时办理、及时反馈"的工作机制不仅进一步密切了党群、干群关系，还优化了营商环境，群众满意率达98.6%。③ 一体化平台也可嵌入类似的互动模块，吸引更多的农户关注。

（四）基层组织创新服务

公共信息扶贫机制不仅需要政府各部门充分发挥主观能动性，向

---

① 寇垠、刘杰磊：《东部农村居民公共文化服务满意度及其影响因素》，《图书馆论坛》2019年第11期。

② 王德银：《新媒体环境下用户体验对图书馆服务创新的启示》，《四川图书馆学报》2017年第4期。

③ 刘云鹏、张灵军：《南郑让民情搭上便民服务"直通车"》，《汉中日报》2018年11月28日第1版。

农民提供各种优选适农资源、开展形式多样的信息服务，更需要与村民连接最紧密的基层镇村组织发挥积极作用。

近年来，随着新农村建设的持续推进以及乡村振兴战略的提出，国家不断加大对农村公共物品供给的投入，但由于农村区域发展不平衡和人口密度较低，造成了农村对公共物品的需求呈现出分散性和不经济的特点。① 同时，中国正处于高速转型期的时代特征又使得广大农民在面对市场经济和数字经济大潮中常常无所适从，在这样的社会背景下，乡村行政组织体系就成为农民及国家可以依托的基础性力量。因此建设坚强有力、结构合理的乡村行政组织体系，就成为农村供需均衡中要解决的重要命题。②

1. 提高农户的组织化水平，降低农户的信息搜寻成本

市场化的公共服务存在着服务供给方与服务接收方的严重信息不对称、短期服务与长远规划的不衔接、公共服务供给市场本身不完善和不完全等严重缺陷，而乡村行政组织体系在保障农村公共物品供给、维护农村的稳定和实现农村社会发展方面有着市场和社会无法替代的重要作用。③ 农业专业合作社是以农村家庭承包经营为基础，通过农产品的销售、加工、运输、贮藏以及与生产经营有关的技术、信息等服务，以实现成员互助目的的组织。④ 由县镇村组织牵头成立农业合作社，采用"公司+农户"的模式鼓励农户入社，可以利用信息搜寻的规模效应，降低农户的信息搜寻成本、提高农户在信息搜寻前的战略地位。⑤ 目前尽管农业合作社在农村已经比较普遍，但在秦巴山区不少农民因为生产规模小，对务农不感兴趣等原因，参加合作社

---

① 《农村社会学》编写组：《农村社会学》，高等教育出版社2019年版，第236页。
② 董磊明：《农村公共品供给中的内生性机制分析》，《中国农业大学学报》（社会科学版）2015年第5期。
③ 《农村社会学》编写组：《农村社会学》，高等教育出版社2019年版，第239页。
④ 张永丽、李文刚、沈志学：《中国脱贫攻坚调研报告·定西篇》，中国社会科学出版社2020年版，第106页。
⑤ 盛宴：《信息经济学视角下农户对信息需求的困境》，《科技和产业》2006年第3期。

的意愿不强烈，因此村两委应该通过积极宣讲和真抓落实等方式帮助农户认识到专业合作社在抵御单家独户生产经营风险中的作用，鼓励他们改变传统小农经营的思维，增强对接市场的意识，并在此过程中通过其与外界交流的增多，拓展其社会网络，从而提升其信息意识。陕西留坝县在脱贫攻坚之前，传统农业小、散、乱、弱，农民组织化程度低，持续增收没有保障。2016年以来，该县依托村党支部，建立了由村支书担任理事长，第一书记（或驻村干部）担任监事长的"村级扶贫互助合作社"，把全县86.2%的农户和100%的贫困户嵌入到"政府+龙头企业+扶贫社+农户（贫困户）"四位一体的现代产业服务体系，为农户提供产前、产中及产后全方位服务。在全产业链过程中，生产什么、如何保障高品质产出以及产出后如何销售都有政府、专业服务队和龙头企业的精准指导，改变了个体农户单打独斗的落后生产方式。近三年，累计线上线下销售农产品3亿余元，带动贫困户人均年增收4760元，农户户均年增收1.8万元。① 充分彰显了基层组织和适用信息在农业规模化经营中的重要作用。

2. 采取多种措施，创新信息传播方式

尽管人的信息需求是客观存在的，但由于不少贫困人口信息意识弱、信息能力低下，他们很少主动去获取信息，也并不清楚信息对自己有什么用，所以他们通常会对外界的信息采取漠不关心的态度，而一旦因为不知晓信息造成利益受损时，又往往归咎于村干部的暗箱操作或社会不公平，很少从自身上去找问题。因此作为对接信息与贫困人口最直接桥梁的村干部需要想方设法引导村民关注信息，积极参与村级集体事务和文化活动。比如江苏省徐州市贾汪区马庄村村支书针对村民不关注最新政策信息、不愿参与村内事务的情形，根据村民喜欢凑热闹的心理成立了管乐团，在表演完节目后穿插知识竞答环节，

---

① 汉中脱皮攻坚：《留坝：扶贫社引领小农户对接大市场》，搜狐网，2020年10月5日（链接日期），https://www.sohu.com/a/422706409_100001419，2020年10月7日（引用日期）。

向村民传递来自镇上的最新消息和通知村内事务。该方式基本上能把村内一多半人吸引过来①，达到了有效传递信息的目的。此外，安徽建设"农民文化乐园"的经验也值得借鉴——农民文化乐园于 2013 年 7 月启动，旨在通过打造"一场"（综合文体广场）、"两堂"（讲堂、礼堂）、"三室"（文化活动室、图书阅览室、文化信息资源共享工程室）、"四墙"（村史村情、乡风民俗、崇德尚贤、美好家园）的标准化村级综合文化活动中心，解决农村文化资源分散、保障不足、利用率低等突出问题②。在建设过程中，各地形成了一些好的经验和做法。第一，尊重农民主体地位，增强他们对文化活动的认知认同。从文化乐园的建设选址、建筑风格、功能布局到"墙上展什么、室内摆什么、群众看什么、进园干什么"，都通过媒体、会议、宣传栏、明白纸等方式广泛宣传并征求村民意见，以调动他们的积极性创造性。第二，优化管理队伍，丰富文化供给内容。除了设立每村每年 1.2 万元的农村文化建设专项补助、统一配备文化乐园管理员以及通过"百馆（文化馆）百站（乡村综合文化站）百园结对帮扶"以及"文化三下乡"等活动对乐园开展活动进行指导外，有的村建立了由村民代表和老干部、老教师、乡土文化能人组成的文化乐园建设理事会，全面参与农民文化乐园的规划、建设和管理。还有的村建立了由群众文化辅导员、志愿者、文化骨干和热心人组成的基层文化建设骨干队伍③，以丰富农村文化供给内容和形式。以安徽省金寨县南溪镇综合文化站为例，他们采取政府扶持、企业赞助、民间艺人参加等多种形式，吸引了一批民间艺人，并先后成立了金寨大别山农民之友艺术

---

① 王啸、王平：《农民媒介素养在乡村振兴过程中作用的研究——基于徐州马庄村村支书的深度访谈》，《今传媒》2019 年第 1 期。

② 刘美子：《安徽：因地制宜建设"农民文化乐园"》，中国文明网，2015 年 12 月 24 日（链接日期），http://www.wenming.cn/whhm_pd/yw_whhm/201512/t20151224_3043385.shtml，2017 年 3 月 22 日（引用日期）。

③ 曹征海：《稳步推进村级公共文化服务的有效路径——安徽推进中心村"农民文化乐园"建设思考》，《求是》2015 年第 9 期。

团、南溪红土地乐队、南溪凤舞舞蹈文艺协会、南溪书法协会等多个文艺团队。这些文艺团队通过"讲亲历事、演身边人、跳民俗舞、唠乡亲话"活跃在田间地头，深受群众喜欢。①

除此之外，基层干部还要善于利用现代手段，做好信息中介人。比如宁夏固原市原州区头营镇洼村就利用微信平台，通过第一书记承担信息中介人的角色，为农民提供实用信息及解决问题的办法。2017年年初，洼村为贫困农户引进市场高端产品新西兰安格斯母牛后，就通过手机微信平台为他们解决购买和养殖方面的各种问题，以牛病诊断服务为例，农户将牛病症状信息发送给第一书记，第一书记获取基础信息资料后，即将图片和问题转发到第一书记建立的微信养殖专家群里请教咨询，待专家给出诊断方案后又及时反馈农户。② 这个过程看似略显烦琐，但是由于第一书记能够既贴近农户，又对接专家，同时还能在信息传递中进行话语体系的转换，因此是符合农村实际的一种有效信息传递方法。

二 通信企业持续改善秦巴山区信息环境

根据《第47次中国互联网络发展状况统计报告》，截至2020年12月，我国网民人数已达9.89亿，互联网普及率为70.4%。但城乡差异仍然明显，农村地区非网民占比为62.7%，高于全国农村人口比例23.3个百分点。③ 因未接入或无法接入网络，就有可能在出行、就医、消费及办事等方面遭遇不便，比如买不到票、挂不上号、获取信息不及时等，无法充分享受智能化服务带来的红利。而在促进非网

---

① 李睿宸：《安徽金寨：这里的文化乐园为啥如此吸引农民》，海外网，2018年2月2日（链接日期），http://m.haiwainet.cn/middle/457130/2018/0202/content_31252292_1.html，2018年6月7日（引用日期）。
② 王宏涛：《信息扶贫背景下西部地区贫困村信息传播路径研究——以洼村为例》，《西部学刊》2019年第20期。
③ 《第47次〈中国互联网络发展状况统计报告〉全文》，中华人民共和国国家互联网信息办公室，2021年2月3日（链接日期），http://www.cac.gov.cn/2021-02/03/c_1613923423079314.htm，2021年4月20日（引用日期）。

民上网的七大因素中,有三项直接与通信企业相关,分别是"提供免费上网培训指导(30.3%)""提供可以无障碍使用的上网设备(30.0%)""上网费用减少(29.3%)"。因此要缩小数字鸿沟减少信息差距,帮助农民更好地适应现代信息社会,就必须持续改善秦巴山区的信息环境。

(一)完善乡村信息网络,提速降费

山大沟深信号差、上网费用高一直是山区居民不愿上网或不能上网的主要原因。秦巴山区国土总面积为22.5万平方千米,跨秦岭、大巴山,地貌类型以山地丘陵为主,地跨长江、黄河、淮河三大区域,是中国六大泥石流高发区之一,洪涝、干旱、山体滑坡等自然灾害易发多发,51个汶川地震极重灾区和重灾区有20个在秦巴山片区,很多地方并不适宜人类居住。① 2012年以前,秦巴山区受自然地理环境的限制,基础设施滞后,交通限制明显。省际、县际断头路多,铁路网覆盖范围不足。到2014年,秦巴山片区公路网总里程超过18万千米,片区有97%的乡镇通沥青(水泥)路。但秦巴山区国省干线公路比例仍然较小,总里程只有1.4万千米左右,不到公路网总里程的8%。农村通沥青路的村庄不到总数的50%,有等级客运站的乡镇只有总数的47%左右,仅有16%的建制村设有简易站、招呼站或候车亭牌。基础设施的滞后对秦巴山区群众生产生活以及区域发展形成制约。② 在一些位置偏远、环境恶劣的乡村,受自然条件限制,网络覆盖成本高、难度大,网络覆盖工作进程相对缓慢。当东部乡村已经开始迈入数字乡村阶段,西部地区很多农村才刚刚接入互联网,且不少农民还不会上网,农村信息化应用还处于比较初级的阶段。

当前我国主要矛盾已经转化为人民日益增长的美好生活需要和不

---

① 何得桂:《中国脱贫攻坚调研报告·秦巴山区篇》,中国社会科学出版社2020年版,第8页。
② 何吉成、衷平、程逸楠:《城镇化背景下秦巴山区交通发展的思考与对策》,《交通建设与管理》2014年第12期。

平衡不充分的发展之间的矛盾，不平衡不充分问题最为突出地表现在乡村。① 2018年1月《中共中央、国务院关于实施乡村振兴战略的意见》明确提出，要实施数字乡村战略，弥合城乡数字鸿沟。此后，2019年《数字乡村发展战略纲要》、2020年《数字农业农村发展规划（2019—2025年）》以及《2020年数字乡村发展工作要点》的相继出台都为秦巴山区加快信息基础设施建设提供了必要的政策依据。

数字乡村是新时期农村发展的一种新范式。其内涵是以新一代信息通信技术赋能农业生产、经营、管理和服务等各个环节，通过不断提升农村数字化、网络化、智能化水平，缩小数字鸿沟，促进农民增收，生活幸福。完善信息基础设施建设是建设数字乡村的必要条件之一，它对于自然地理环境恶劣、交通路网不便的秦巴山区尤为重要。

因此各大通信运营商要千方百计为贫困村搭建信息基础设施，同时要降低资费。这方面，四川通信企业做出表率，值得秦巴其他地区借鉴。② 第一，行业重视，改善农村地区信息基础设施。将通信扶贫作为重中之重，开展"行政村通光纤""行政村通4G"和"深度贫困县重点道路无线覆盖"三大工程。克服重重困难，贯通贫困山村信息高速路，截至2019年上半年，累计安排资金约38亿元，解决了20个市（州）、120个县（市、区）共计近万个行政村通光纤问题、深度贫困县3200千米重点道路沿线4G网络覆盖问题，在贫困县422个自然村开展通光纤试点。如为被外界誉为"悬崖村"的大凉山腹地的阿土列尔村实现了4G网络全村覆盖，帮助该村打通与外界交流的渠道，不仅村民做起了直播致富，还广泛吸引了各路投资，文化旅游项目也相继启动。第二，提速降费，满足乡村居民"用得起、用得好"信息化的需求。一方面，将贫困地区通信资费调低至宽带网络每月20

---

① 张明琴：《浅析农村命运共同体构建与利益矛盾化解》，《云南农业大学学报》（社会科学版）2019年第2期。
② 《四川信息通信建设助力脱贫攻坚》，四川省人民政府，2019年5月16日（链接日期），http://www.sc.gov.cn/10462/12771/2019/5/16/4bd66fb438d0407983dd9060d77921ee.shtml，2019年5月25日（引用日期）。

元、IPTV 每月 10 元，同时对全省 600 多万建档立卡贫困户建立台账，精准降费，确保建档立卡贫困户通信资费低于城市用户资费 35%以上；另一方面，为农村群众尤其是贫困群众免费赠送手机、光猫、机顶盒等终端设备，方便他们使用互联网。第三，承接农业农村部信息进村入户工程，将益农服务与扶贫工作有效结合，把益农信息社开办到偏远乡村，帮助农村群众增收致富。截至 2019 年上半年，全省已经建成 3.7 万个益农信息社，覆盖 80%以上的行政村，其中位于贫困村的益农社达到 6000 余个，覆盖农户 328 万余户，实现交易近 50 万笔。

而在地处秦巴的广元市旺苍县，针对诸多偏远行政村通信信号差、信号弱现象，则是由县委县政府积极谋划，在移动、电信、联通等通信运营商的通力协作下，通过实施 2016—2020 年信息通信建设扶贫专项，大力提升了农村地区通信设施覆盖能力，全面实现 352 个行政村村委会、卫生室、文化活动室和中小学等公共服务机构接入互联网，全县农村 4G 信息覆盖率 95%，实现了 97 个贫困村通信信号实现全覆盖，便利老百姓畅享信息新生活。①

同时，各通信运营商还要注重农村无线网络建设。陕西铜川石柱镇马咀村通过安装 LED 智能路灯，实现了无线 Wi-Fi 全覆盖——在这里有路灯的地方，就有免费 Wi-Fi 信号。这种兼具无线网络覆盖、LED 显示屏、网络安防摄像头、智能照明、视频直播等功能于一体的路灯值得大力推广。② 汉中市西乡县在 2017 年《西乡县加快现代公共文化服务体系建设实施方案》中明确提出，要推动无线网络进基层综合性文化服务，实现无障碍获取数字信息资源。据该县文化文物广电局负责人介绍，他们计划在 2018 年年底实现全县 80%的贫困村无线网络覆盖。显然免费无线网络的大规模覆盖将节约贫困人口获取信

---

① 赵俊波、陈绍海：《通信扶贫助力脱贫攻坚》，2020 年 12 月 3 日（链接日期），https://www.sohu.com/a/435919442_120874021，2020 年 12 月 8 日（引用日期）。
② 李静：《秦巴山区信息扶贫的现状与对策研究》，《图书馆》2020 年第 5 期。

息的成本,有助于解决信息入户最后一公里的问题。

(二) 凭借自身优势,为贫困人口提供更多服务

除了搭建信息基础设施,通信企业还要充分发挥其优势,采取其他多种形式为贫困人口提供更多服务。

1. 建好用好益农服务社

为提高村级信息服务能力,满足农民生产生活信息需求,2014年农业农村部印发《关于开展信息进村入户试点工作的通知》,试点在北京、辽宁、吉林、黑龙江、江苏、浙江、福建、河南、湖南、甘肃等10个省市建成一批村级信息服务站,培育一批村级信息员,推动各类农业公益服务和公共服务资源接入村级站,并初步形成可持续运营机制。[①] 2016年《农业部关于全面推进信息进村入户工程的实施意见》的出台将此项工程全面展开,不少地方的通信运营商在其中发挥着主力军的作用。如四川电信承接农业农村部信息进村入户工程,将益农服务与扶贫工作有效结合,把益农信息社开办到偏远乡村,帮助农村群众增收致富。截至2019年上半年,四川全省已经建成3.7万个益农信息社,覆盖80%以上的行政村,其中位于贫困村的益农社达到6000余个,覆盖农户328万余户,实现交易近50万笔。[②] 中国移动通信集团重庆有限公司作为重庆市进村入户工程运营商,与市农业农村委联合打造线上服务平台,建成重庆市信息进村入户综合服务平台及"渝益农"App,满足政府部门、村级信息员和农民、市民等不同群体服务需求。截至目前,重庆市共建成8317个益农信息社,组织集中活动600余场,累计培训人员4万人次,提供公益便民服务

[①] 《农业部关于开展信息进村入户试点工作的通知》,中华人民共和国中央人民政府网站,2014年4月10日(链接日期),http://www.gov.cn/zhengce/2014-04/10/content_5023539.htm,2016年12月18日(引用日期)。

[②] 《四川信息通信建设助力脱贫攻坚》,四川省人民政府,2019年5月16日(链接日期),http://www.sc.gov.cn/10462/12771/2019/5/16/4bd66fb438d0407983dd9060d77921ee.shtml,2019年5月25日(引用日期)。

超过15万次，带动贫困区县农产品销售1100余万元。① 今后各运营商要将工作重点转向对益农信息社的运营，将服务延伸到村，将信息精准到户。

2. 为农户提供农产品网络销售渠道

在发展农村电商、通过网络平台助力农产品销售方面，通信运营商具有天然优势。如四川电信基于IPTV平台开通"精准扶贫大爱四川"电视专区，探索出了"以购代捐""先销后产""以销定产"的精准扶贫新模式。仅凉山州盐源苹果一项，IPTV下单量就高达62%。② 2020年新冠疫情时期，陕西广电网络会同京东集团旗下各平台，推出"三秦好物集"融媒体系列互动直播活动，通过当地干部和"网红"一起推销，直播总观看人数超过150万人次，京东、京喜平台共销售木耳12532单、1880多千克、24.93万元。③ 有力地带动了柞水木耳的销售。

除了常规的依托平台链接供需双方，中国电信陕西安康平利分公司还通过"无线+有线"的双千兆组网技术，建成平利县双阳村云端农场，利用网络科技力量+央视平台慢直播，全程展示绿色无公害应季蔬菜的种植过程，并提供线上下单和应季蔬菜线下体验店直销两种方式，既满足了网民了解农产品生产是否安全的信息需求，又极大地激发了网民的购买欲望，创新打造了消费扶贫新模式。④

---

① 《益农信息社年内将覆盖重庆所有行政村》，中华人民共和国农业农村部，2019年8月16日（链接日期），http：//www.moa.gov.cn/xw/qg/201908/t20190816_6322735.htm，2019年8月20日（引用日期）。

② 《四川信息通信建设助力脱贫攻坚》，四川省人民政府，2019年5月16日（链接日期），http：//www.sc.gov.cn/10462/12771/2019/5/16/4bd66fb438d0407983dd9060d77921ee.shtml，2019年5月25日（引用日期）。

③ 王海涛：《陕西干部忙起直播带货新农活》，陕西党建网，2020年5月16日（链接日期），http：//www.sx-dj.gov.cn/a/gbgl/20200518/25886.shtml，2020年5月17日（引用日期）。

④ 《陕西电信"云"端农场创新扶贫新模式》，搜狐网，2020年4月18日（链接日期），https：//www.sohu.com/a/389006433_99903038，2020年4月20日（引用日期）。

3. 主动筛选信息内容，充当信息桥梁，助力农民生产生活

在这方面，广东移动的经验值得借鉴。针对农户生产中缺少相应的技术指导和支持、产供销链条中信息不对称等现实问题，2010年3月，广东移动与院校和企业合作，开通国内首个针对单一作物的专业指导短信平台——"大豆通"，帮助南方大豆种植农户免费获取华南农业大学博士团提供的大豆种植技术指导。同年5月，广东移动又与广东省妇联、省扶贫基金会联合启动了"'创新广东'信息化扶贫行动之单亲特困母亲帮扶计划"，通过优先向单亲特困母亲开放12580扶贫济困爱心频道，赠送手机卡和话费，并定期筛选和主动发送适合她们的招聘信息等方式援助单亲特困母亲发展生产、改善生活。①

三 各类信息服务机构积极作为，提升信息服务效果

（一）图书馆文化馆文化扶贫、信息扶贫双管齐下

文化扶贫与信息扶贫既有联系，又有区别。信息扶贫是指政府和社会通过完善信息基础设施条件、提供适用的信息资源、推广信息技术以及开展信息活动，以改善贫困地区信息环境和提升扶助对象的信息意识和信息运用能力为基本目标的扶贫方式。而文化扶贫则是通过加强文化传播、丰富文化生活、加强文化教育和精神文明建设等方式，引导贫困地区人口形成正确的生活方式、行为方式和价值观，从而提高贫困地区整体人口素质和居民文化水平的过程。② 尽管二者都关注信息或文化对贫困地区和贫困人口的作用，但信息扶贫更强调发挥信息资源和信息基础设施对农村生产生活的实际效用，而文化扶贫更强调开展文化活动的具体过程，如放电影、举办农村大舞台等各类文化活动。不过因为信息包括文化信息，因此我们将文化扶贫作为信

---

① 谢莎：《无形的信息带来实在的收益，广东移动开创信息扶贫新模式》，《通信企业管理》2012年第1期。
② 宋琳琳、周青华：《政策网络视角下的文化扶贫问题研究——以辽宁省为例》，《党政干部学刊》2015年第8期。

息扶贫的一个方面。

图书馆作为主要的文化机构之一，在保存文献资源、传播信息方面具有重要作用。公共图书馆自产生以来，就致力于向所有人平等地提供信息服务，过去主要以书刊报纸等纸质文献为主，现代不仅提供纸质、电子信息资源，还注重通过多种文化活动丰富人民群众的文化生活，提高人们的综合文化素质。2016 年中国图书馆学会牵头成立"全国公共图书馆扶贫工作委员会"，其宗旨是"为促进贫困地区公共图书馆事业的发展提供政策方向及措施参考"。此后图书馆广泛参与到文化扶贫工作中去，主要方式包括送图书、送技术下乡以及培训农家书屋管理员等三种方式。① 但在现实中我们发现的是，大多农民对模式化提供的书刊资料无兴趣，而在提供农技信息扶贫中，图书馆并无明显优势。因此图书馆应从实际出发，针对不同农民群体主推不同的信息服务。

1. 根据农民群体不同特征，开展差异化服务，主动输入信息

要在已有文化扶贫的经验上，向差异化和精准化服务转向。在文化下乡之前，要了解所到乡村的基本情况，对全村村民的年龄、职业、文化程度有一个基本的了解，同时要对各村的产业结构有了解，然后为其配置适用的信息资源。另外要积极筹办各类文化活动，并在活动后及时搜集农民反馈意见。比如广西百色市各级图书馆通过调查研究、按需配书、新书推介、跟踪回访相结合的'四步法'，为农村居民差异化配给图书。田林县则进一步试点"一村一策"送书下乡举措，从各试点村产业发展现状出发，采取普配（来自配书目录）+ 特配（个体配书需求反馈）的方式为农民配书并指导用书。② 浙江嘉兴城乡一体化公共图书馆总分馆服务体系的建成，不仅实现了体系内文献资源的通借通还和数字资源的共建共享，保证城乡居民享受到便

---

① 李静：《秦巴山区信息扶贫的现状与对策研究》，《图书馆》2020 年第 5 期。
② 郭凯倩：《广西百色公共文化扶贫结硕果》，《中国文化报》2019 年 9 月 13 日第 2 版。

捷、均等、无差别的公共文化服务；还通过菜单式、订单式、互动式供需运行机制，实现精准信息扶贫。比如"图书馆第一课"推出综合"菜单式"教育课程，各乡镇小学都可以根据校园特色和具体需求，在《你好！图书馆》《文献资源》《信息素养和新技术》和《地方传统文化》四大类基础菜单中进行"点单"，由图书馆工作人员上门讲课[①]。这些做法值得秦巴地区各级各类图书馆借鉴，同时还应根据不同用户群需求进一步细化服务。

（1）为青壮年服务

青壮年是农业生产的主力军，尽管他们中的不少人会因循传统经验进行种养殖活动，但也不乏一些头脑灵活的先进分子渴望学习新技术、新知识。在此背景下，图书馆要突破单纯送技术下乡的传统服务方式，注重与他方合作，提升服务效果。河北农业大学图书馆在这方面做出了有益探索。[②] 第一，配合该校"一村一名大学生工程"，面向那些由农村青年、退伍军人，农业科技示范户、乡镇企业带头人、科技致富能手、农村现任"两委"班子成员组成的特殊大学生开展文献资料检索培训，提升其信息获取能力，并与之建立长期互动联系，保证图书馆对农信息服务的持续性。第二，与学校"三下乡"活动结合，不仅积极根据每个"三下乡"团队的下乡重点准备相应资料，还培训团队人员熟练使用该馆的各类电子资源以便为基层服务。第二，与学校"三结合基地"合作。河北农业大学在校外建有多个涉及农、林、牧、副、渔业的教学、科研、生产三结合的基地，图书馆主动与带队赴基地的专家联系，制作和携带符合基地特色的技术和文化资料随队前往，在专家讲授或解答农业生产中问题的同时发放相关资料，开展信息服务。天津农学院图书馆以经济较差的远郊平原和山

---

① 许大文、陆艳芳：《公共图书馆助力文化扶贫的实践与思考——以嘉兴城乡一体化公共图书馆服务体系建设为例》，《图书馆报》2020年9月4日第2版。
② 苑士涛、史少凡、管计锁：《高等农林院校图书馆服务新农村建设探讨——以河北农业大学图书馆为例》，《图书馆理论与实践》2012年第6期。

区生态新农村建设区为首要帮扶对象,通过推广与之相匹配的动植物病害智能诊断特色数据库,为农业增产、农民增收提供了技术保障。① 为方便农村居民获取更便捷及时的信息产品和服务,湖南图书馆的品牌信息产品《农村科技文摘》不仅进行了全新改版,还在湖南官方政务手机平台"红星云"上开辟了乡村信息服务专栏。而广西桂林图书馆将图书馆的"文化大讲堂"模式引入农村,为广大农民接受技能培训和文化熏陶提供了可贵契机②,以上诸项服务都得到了农民的普遍欢迎。秦巴山区图书馆在面向农村青壮年服务过程中,可以广泛吸收其他地区的成功经验,既注重实用信息资源的开发与传递,又注重对当地农民信息技能的培训,并积极探索创新模式。

(2)为老年人服务策略

老年人是留守农村的主要人群,他们也有较多闲暇,但目前针对农村老年人信息需求研究成果较少,图书馆在这方面也没能很好发挥作用。农村老人利用图书馆既受到视力、身体状况等生理条件的限制,还受到文化程度偏低的制约。因此要想信息扶贫发挥实效,就必须精细服务,采用适合的方式为他们提供需要的信息。通过对秦巴山区农村老人调研,课题组发现他们对医疗健康信息需求比较大,同时又常遭受虚假信息的困扰,因此图书馆要精挑内容准确科学、浅显易懂、图文并茂、适合文化程度较低的农村老人阅读的图书送书下乡,还可以邀请本地医院的常见病专家录制科普视频,送到农家书屋,或者利用流动图书车下乡的契机,为老人播放。在已开通数字电视的农村地区,还可利用数字电视推送图书馆(尤其是国家数字图书馆)的通俗数字文化资源,比如戏曲、老电影等。另外,还可借鉴陕西安康宁陕县图书馆为筒车湾敬老院服务的做法,即针对四成老人是文盲的

---

① 胡筱华:《农业院校图书馆服务新农村建设遇到的问题及解决策略》,《图书馆理论与实践》2012 年第 8 期。

② 张柏林:《公共图书馆助力乡村文化振兴的模式与优化路径》,《四川图书馆学报》2020 年第 6 期。

现状,该馆改变了以前单纯配送书刊及电子资源的做法,不仅送阅读、满足老人"听故事"的意愿,还专门为老人们配送小人书,使老人们"一看就懂,懂了能记,记了能聊"①。

(3)关注农村少儿阅读习惯养成、引导其形成健康积极的信息行为

在贫困地区,由爷爷奶奶照顾的留守儿童很少做游戏、听故事和儿歌,他们生命的早期在一种少刺激、被忽视的状态下度过。而相关研究表明监护人缺乏刺激性的养育行为是造成农村幼儿认知滞后的重要原因之一。② 因此图书馆应该关注农村少儿阅读习惯的培养,帮助其养成爱读书、读好书的习惯,避免信息贫困的代际传递。

第一,主动下乡开展流动图书馆服务。农村文化资源相对匮乏,尤其中小学生的课外读物更是奇缺,课外文化活动也不丰富,如此窘境限制了农村中小学生的眼界视野,为了实现公共文化服务的城乡普惠,各类图书馆应该将服务延伸至乡村。自2018年以来,地处秦巴的陕西宁强县图书馆践行文化扶贫,采用赠书、有奖答题、开展读书交流活动等方式,多次走进镇村中小学,开展"图书馆+"读书活动,努力缩小城乡读者的阅读鸿沟。此外,图书馆还可以和其他公益组织一起招募志愿者,去农村开展志愿服务,教孩子唱歌、画画、朗读,为他们讲故事、做游戏等。

第二,邀请农村少儿走进城市。相比农村有限的图书、狭窄的阅读空间,各个城市图书馆无论在建筑设备以及图书资料上都更具吸引力,也更容易唤起少儿的求知欲和阅读兴趣,因此各图书馆可在时机成熟时建立起"大手拉小手"的帮扶机制,邀请农村孩子走出村庄,体验城市生活,刺激其信息需求的形成和信息能力的提升。如温州瑞安市图书馆专门为农村贫困学生、留守儿童设立"图书馆日",每月安排一天,邀请他们走进图书馆,通过参观馆舍和参与各种活动,让

---

① 李焕龙:《敬老院的小人书》,《安康日报·汉江晨刊》2021年1月5日第7版。
② 王羚:《逾半数农村幼儿认知滞后》,《第一财经日报》2017年6月19日第2版。

他们感知和爱上图书馆。① 北京市西城区图书馆信息技术训练营公益教育项目，通过整合公益机构、政府、企业、非政府组织等各界资源，为打工子弟搭建免费开放的学习平台，服务其个人探究式学习。②

第三，多方合作，通过项目制的方式建立农村少儿阅读习惯养成长效机制。面对大多数农村少儿有阅读需求、但社会环境支持不足的局面，仅靠单个图书馆的流动服务难以充分满足他们的需求，因此需要在政府主导下，通过集合多方力量予以解决。项目制是目前较好的方式，一些成功的经验值得秦巴地区借鉴。2011年，湖南郴州市图书馆启动"春苗书屋"阅读推广长期实践项目，采用图书馆与志愿者协会共担经费投入的方式为农村儿童提供模块化和体系化阅读服务。一是在乡村学校及城区农民工子女集中的学校建立爱心图书室；二是在条件成熟的地方为农村低龄儿童建立乡村绘本图书室，并由志愿者带领孩子们读书讲故事及做游戏；三是设立"快乐小陶子"流动图书站，由志愿者送书到定点学校并组织阅读活动；四是组织"快乐同行"乡村夏令营活动，安排城乡儿童暑期共同在乡村生活、阅读，促进交流。经过近十年的发展，目前"春苗书屋"已然成为郴州公共文化服务的一张名片。③ 浙江嘉兴市图书馆于2017年启动的"阅动全家·书香嘉兴"阅读推广项目，通过"好家长课堂""好宝贝课堂""领读者课堂"深入农村开展亲子阅读推广活动，力求缩小城乡儿童阅读差距、营造良好的农村阅读氛围。④ 重庆图书馆"蒲公英梦想书

---

① 谢作力、王晓东：《公共图书馆服务乡村振兴战略的实践与思考——以瑞安市图书馆为例》，《山东图书馆学刊》2020年第3期。

② 樊亚玲、李静：《北京市西城区图书馆：以文化服务助力精神扶贫》，《图书馆报》2020年9月7日第2版。

③ 云凤丽：《农村儿童阅读推广实践——以郴州市图书馆"春苗书屋"为例》，《湘南学院学报》2020年第4期。

④ 孙云倩、沈红梅：《聚焦农村亲子阅读 缩小城乡阅读鸿沟——嘉兴市图书馆"阅动全家·书香嘉兴"项目助力农村阅读推广》，《文化月刊》2019年第11期。

屋"项目，借助教育系统、妇联系统、社会志愿组织及爱心企业等社会力量，不仅解决农村留守儿童图书资源不足，还通过亲情聊天室、心理沙龙、梦想领取等主题活动弥补其亲情缺失、竭力满足其文化渴求。① 山东省平度市"行走的书箱"乡村阅读推广项目通过政府、项目组（平度市图书馆、青岛快乐沙爱心帮扶中心、青岛"微笑彩虹"阅读志愿者服务队）、研究机构、学校、家庭、志愿者服务团队、"领读人"以及企业等多元主体协同参与的模式，较好地解决了经费、供需对接以及专业服务的难题，使乡村文化建设和服务得以快速运转。②

除了借鉴以上图书馆主导的项目，还可以主动联系现有的比较成熟的少儿阅读公益组织。如2014年成立的民间教育公益组织南京市亲近母语公益发展中心（简称"亲近母语公益"，https://www.qjmy.cn/gongyi/），致力于为乡村学生提供专业的儿童阅读课程服务，指导乡村教师阅读教学实践。据《点亮每一盏心灯——亲近母语公益2017年度报告》③，他们通过发布分级阅读书目、完成"春桃·点灯人"合作伙伴项目以及星星点灯计划，培养了76名公益导师，为21所乡村学校的126位乡村教师和6337名学生配送了46538本高品质图书，支持91位项目教师和35所项目学校的400多位阅读种子教师实现阅读专业成长，服务学生超过20000人。公共图书馆与此类公益组织在促进乡村少儿阅读方面目的一致，又各有所长，所以应该加强合作，实现多方共赢。

第四，其他创新方式。比如瑞安市图书馆首创"幸福小书包"阅

---

① 金晓冬：《基于服务效能最大化下关爱农村留守儿童的活动特色研究——以重庆图书馆蒲公英梦想书屋为例》，《图书馆理论与实践》2020年第1期。
② 王忠友、韩雷、林风谦：《乡村振兴战略下乡村阅读实践探索——以平度市"行走的书箱"乡村阅读推广项目为例》，《国家图书馆学刊》2021年第1期。
③ 亲近母语公益发展中心：《点亮每一盏心灯——亲近母语公益2017年度报告》，2020年9月6日（链接日期），https://qjmy.cn/media/gongyi/documents/亲近母语公益2017年度报告.pdf? file=./gongyi/documents，2021年3月6日（引用日期）。

读推广模式,按阅读积分赋予学生们"秀才""举人""小博士"等九种不同等级,然后根据等级,由图书馆免费赠送"知识小袋""智慧背囊""幸福书包"等不同的图书礼包,方便学生们阅读各类书籍;另外学生们还可以通过摘抄读书笔记、分享阅读心得、推荐好书、图书交换以及参加图书馆活动等方式晋升阅读等级,获赠更高等级的图书礼包或用积分兑换礼品,极大地激发了农村学生的读书热情。① 另外,不少城市少儿图书馆都有各式各样的立体书,这些图书因为外形精美、颇受孩子欢迎,可以将这些新奇的图书资源带入农村中小学参观展览,以此激发孩子的阅读兴趣。

(4)为农村妇女服务

农村妇女既要参与家庭农业生产,又要料理家务、照顾一家老小,是农村中压力最大但又最容易被忽视的群体。在问卷和访谈中,不少受访者都表现出对子女教育信息和生活娱乐信息的关切,但因为农村公共文化服务体系建设的滞后、对妇女特有信息需求的不重视以及妇女自身信息素质的限制,她们接受信息的主要来源为道听途说、抖音、今日头条以及朋友圈等,内容良莠不齐,难以发挥实效。各类图书馆应该在充分了解她们信息需求的基础上,凭借图书馆人的专业技能为她们整合优质的子女教育、自我发展信息,并通过多种形式向其提供。第一,幼儿及青少年分级阅读书目、图书或电子资源。通过广泛阅读合适的课外读物扩展学生视野已成为各级教育的共识,学校和家庭都希望孩子能够有适应新课标的分级课外读物,但是目前各类分级阅读书目参差不齐,家长难以辨别优劣好坏;另外出于各家家庭状况的不同,有的家庭可以为孩子购买纸本书阅读,但还有一些家庭可能会无力承担或不愿承担,因此各图书馆根据相对权威或学界比较认可的分级阅读书目,整理出本馆已购买或具有合法使用的电子图书,在流动图书车下乡时,方便家长扫码下载。同时也要注意搜集家

---

① 王晓东:《县级图书馆儿童阅读推广活动的实践与思考》,《图书馆杂志》2015年第4期。

长的其他需求，助力家长辅助孩子学习。第二，调试身心、自我发展信息服务。受制于文化程度偏低及闲暇时间较少等因素，农村妇女的文化生活方式比较单一，日常消遣以打扑克麻将、串门聊天为主，很少看书读报，对国内外资讯不甚关注，信息意识较弱。近年随着广场舞在农村的兴起，越来越多的妇女下载微信、抖音等，通过视频学习舞蹈排练节目，她们的文化需求被激发出来，但是农村公共文化服务还不完善，集体文化活动也不丰富，而且网络信息鱼龙混杂，如果不进行有效引导，她们极易沉迷网络或者上当受骗。因此图书馆应该精准了解其信息需求，为其提供有针对性的信息服务。比如邀请相关领域专家下乡开展健康保健、妇女权益保护、婚姻家庭以及心灵减压等方面的讲座，并为她们配备相应的图书等。另外现在不少地方都在开展"新农村巧娘才艺展示"评选，公共图书馆可以在对所服务片区农村妇女广泛调研的基础上，针对不同个体的特长和爱好为她们提供信息援助，比如教会她们如何辨识正规可靠的才艺交流群的技能，向她们主动提供相关才艺的文字及视频学习资料。

2. 开发乡土文化资源，完成信息输出

实现乡村振兴、建设乡村文化不能仅是外部文化的输入，还要注重对农民自身文化资源以及乡土资源的开发。通过对乡土资源的挖掘与传播，一方面可以激发村民的信息意识，提振其乡村文化自信；另一方面可以赋予乡村更多文化内涵、助力乡村旅游，从而达到传播乡村文化、丰富农民精神生活、改善其生活水平的目的。

（1）挖掘农民的智力资源

在传统观念中，农村人口常常被贴上"文化水平低""思想落后保守"等标签，但事实上也有不少农村老人阅历丰富且对本乡本土传统习俗民俗了解深入，他们需要表达自己并渴望被倾听。因此作为文化传承重要机构的图书馆就可以派专人对其进行采访，听他们讲村史、讲优秀民俗以及本地故事，然后通过文字记载、录音录像等方式制作各村特色口述史资料。还可以借鉴福建省永春县生态文明研究院在岵山镇茂霞村设立的永春县岵山社区大学的经验,引导儿童访谈家族长辈、通过了解和书写家谱、族谱形成文化认同;吸引妇女参加读书会并鼓励她们探索让利用自身技能和当地文化创造经济效益的途径,比如手工艺品、当地美食与旅游产业相结合。① 为整合陕西微视频产业资源、更好发挥互联网赋能脱贫攻坚的作用,2019 年 12 月,陕西省图书馆联合各级公共文化机构、旅游单位、高等院校、科研院所、互联网内容提供商及电信运营商组建文化陕西微视频联盟,并发起"微游陕西·魅力乡村"微视频大赛,面向全社会征集反映陕西农村乡风民俗、生产生活及美食美景的微视频作品,同时还定向邀请陕西扶贫开发重点县参与②,这不仅给当地群众提供了一个宣传家乡、展示自己的平台,还为秦巴其他地区的信息扶贫提供了可资借鉴的典范。

（2）挖掘农村历史文化遗存

秦巴山区除了有丰富的自然旅游资源,在文化资源方面也积淀颇深,但目前开发不够。因此各图书馆、文化馆和博物馆应该充分利用各自优势,从图书资料、文物遗存等方面为本地的风物民俗寻根文化基因,一方面丰富乡村旅游的文化功能,另一方面也促进乡村的经济文化发展。以地处陕西南部的汉中为例,它北依秦岭、南屏巴山,自秦汉以来,便以名城名地著称。据《史记·秦本纪》载,秦惠文王十三年（公元前 312 年）设置汉中郡,几千年来,留下了众多名胜古迹,既有褒斜栈道、古汉台、拜将台等著名景点,也有一些文化遗存隐匿乡间,鲜为人知。而随着人们农家乐、乡村旅游的勃兴,在田园山水中体味文化传承也成为人们的一大喜好,因此有必要通过史料挖掘和考证赋予那些被忽视的遗存以文化价值。汉中蜀道石刻艺术馆馆

---

① 王凌宇:《社区教育激发乡村文化振兴内生动力的路径探析》,《中国远程教育》2020 年第 9 期。

② 齐少恒:《文化陕西微视频联盟正式成立 "微游陕西·魅力乡村"微视频大赛同时启动》,华商网,2019 年 12 月 15 日（链接日期）,http：//travel.hsw.cn/system/2019/1215/34237.shtml,2020 年 2 月 20 日（引用日期）。

长郭林森为了丰富馆藏文物，常年于古道乡野，寻找散落民间的古代石刻，一经发现即拓印下来复制成碑集于碑林。2014年，他在当地文物旅游局的帮助下，在国家级贫困县南郑县（今南郑区）新集镇真身洞旁发现两方宋代摩崖石刻，其中一方石刻为北宋诗人郑炎陪同秀才张俞游南郑金华山的诗作①，该石刻的发现提供了《全宋诗》中所收录郑炎诗的准确出处，丰富了南郑县（今南郑区）的地方史料，同时也为南郑乡村旅游注入更多文化元素。

（3）开发地方文献，拓展地方文献利用价值

为了充分发挥图书馆服务地方的职能，凸显图书馆在信息扶贫中的作用，各馆不仅要注重地方文献收藏的齐全性，还要注重对其中内容进行二次开发。陕西神木市图书馆为了对外宣传神木，促进本地人知神木爱神木兴神木，依托馆藏地方文献资源，联合神木市文联，选编出版了《神木文学30年精品选萃》、纪实性作品集《神木故事》以及史料汇编《麟州传说》。还与《诗探索》杂志社合作，出版诗歌选集《百名诗人同写神木》；邀请榆林书法家们将唐宋至今200多位文人吟咏神木的600余首诗词变成书法作品《历代文人咏神木书法作品选集》。这些新编地方文献的出版为秦巴地区图书馆如何开发馆藏乡土资源提供了较好的范例。除此，还可以借鉴首都图书馆"乡土课堂"模式，立足各地乡土题材，利用图书馆的文献资源和各地乡土实景，邀请乡土研究专家对公众进行乡土教育②；参考浙江绍兴百官中学图书馆的做法，在图书馆网站开设"乡土文化专栏"，③并组织市民定期或不定期去乡间开展体验活动，促进城乡文化的交流、城乡居民的互动，并在这种交流互动中拓展农村信息贫困人口的视野，消减贫困文化的不利影响。

---

① 孙启祥、梁中效：《历史档案与文化传承》，陕西人民出版社2017年版，第82—84页。
② 解冰、朱亮、王海茹：《首都图书馆：打造"乡土课堂"品牌 助力乡土文化普及》，《图书馆报》2019年1月2日第2版。
③ 蒋楹：《图书馆利用乡土文化资源推广传统文化类阅读的实践性研究》，《出版广角》2019年第3期。

（4）挖掘乡风文化，促进新民风建设

乡风文明既是乡村振兴的五项标准之一，也是乡村振兴的重要推动力量。① 为了实现乡风文明，不少地区都开展了新民风建设，地处秦巴的陕西安康在这方面探索了一条成功道路，安康市图书馆在其中所发挥的主导作用值得其他地区学习借鉴。2017 年 3 月，陕西安康市委发布《关于大力推进新民风建设实施意见》，要求在全市推进"诚、孝、俭、勤、和"新民风建设。② 在市委安排下，安康市图书馆联合当地宣传、新闻及文化专家撰写《安康新民风训言》，并以市县公共图书馆系统为平台，依靠"新民风建设讲师团"，和"新民风讲习志愿服务队"，采取"系列开课，菜单供应"的巡讲方式，主动深入城乡各地，传播新民风，受到基层干部和广大群众的欢迎。③ 不少听众与讲师分享身边故事，人民大众的信息接受和分享意愿被大大激发，较好地达成了信息扶贫扶志的目标。

3. 为乡村旅游赋予文化信息动能

在文旅融合的时代背景下，图书馆还应该充分利用其资源优势，为本地的文化旅游服务。汉中勉县是国家级贫困县，近年打造的诸葛古镇是"汉中三国文化景区"的开篇之作，它以诸葛亮的生平为线索，通过 7 种建筑风格，20 余组雕塑景观、三大博物馆、一场大型实景演出，全方位演绎三国汉文化④，颇受游客青睐。然而该景区水街旱街的八卦阴阳布局理念并不被大多数游客所知晓；九连环、华

---

① 张华伟：《乡风文明：乡村振兴之"魂"》，中国共产党新闻网，2018 年 9 月 14 日（链接日期），http://theory.people.com.cn/n1/2018/0914/c40531-30292760.html，2018 年 9 月 20 日（引用日期）。

② 安康市人民政府：《关于大力推进新民风建设的实施意见》，安康市人民政府，2017 年 3 月 23 日（链接日期），http://www.ankang.gov.cn/Content-106276.html，2018 年 1 月 20 日（引用日期）。

③ 李焕龙：《流动讲习所让新民风吹遍青山绿水——安康市图书馆"新民风讲习所"服务案例解读》，《当代图书馆》2020 年第 3 期。

④ 《勉县诸葛古镇 26 日开园》，汉中市人民政府网，2016 年 3 月 23 日，http://www.hanzhong.gov.cn/hzszf/xwzx/qxdt/201603/t20160323_319406.shtml，2018 年 4 月 5 日。

容道、鲁班锁及连发弩等古代游戏的设置虽能激起游客的好奇心但却很少有人知道玩法，长此以往该景区的文化特性会逐渐被遗忘，无法凸显其建筑、文化及体验多元化的品牌定位。因此图书馆有必要介入其中，一方面通过对勉县地方文献的挖掘和整理，考证勉县与诸葛亮及其他三国人物的史料，并在景区以文字或二维码扫描方式展示，方便人们了解相关知识。另一方面可以为景区的三国游戏提供图文演示和玩法视频，或者与旅游局、景区合作，面向社会征集玩法，如此一来可以做到多方共赢。一是提升游客旅游体验，在游玩中更好体味三国两汉文化；二是增强景区吸引力，促进地方经济发展；三是扩大图书馆的影响力，获得政府公众和社会的更多认同；四是通过文化信息的介入开拓当地居民的眼界和视野，使他们更深刻地体会信息对经济发展的作用，唤醒其信息意识，激发其提升信息能力的主观能动性。

有条件的图书馆还应该充分利用现代信息技术，实现对乡村文化资源、旅游资源的多维挖掘和长效保存。比如，通过"影像记录"与"数字馆藏"来记录民间节庆活动、乡风民俗等[①]，充分运用微信、微博、抖音App等多媒体手段，将优秀乡村文化资源多渠道传输、多平台展示、多终端推送。[②]

4. 传统和现代手段并用，积极宣传图书馆文化馆博物馆服务

不仅要服务，还要重宣传，要采用农民喜闻乐见的载体，宣传农村基层信息服务。调研数据显示，尽管九成左右的农民在生产生活中需要信息，但有45.6%的受访者不知道到哪里找信息；另外不少家长也希望孩子能养成阅读习惯，但苦于家中没课外读物，甚至还有个别家长表示之所以不买电脑就是害怕孩子打游戏（在他们眼中，电脑类似于游戏机）。因此各基层图书馆、文化馆和博物馆应该采用多种方

---

① 贺艳：《为乡村振兴注入文化动能》，《人才资源开发》2019年第17期。
② 张柏林：《公共图书馆助力乡村文化振兴的模式与优化路径》，《四川图书馆学报》2020年第6期。

式进行宣传，促进供需的有效对接。汉中宁强县图书馆是一个地处陕南山区，迄今未单设、没定编定员的小馆，但偏居山隅没有阻碍该馆创新的视野。2017年7月该馆注册开通"文化宁羌"微信公众号，通过《文泉消息》《文泉荐书》等8个栏目推送服务。2019年5月又开通抖音"羌图"，通过制作短视频推广阅读、宣传文化。自新媒体运营以来，政府网站、校园公众号、今日头条乃至许多自媒体多次转载该馆的系列读书活动，有效地弥补了报纸媒体及电视台宣传报道活动的不足，扩大了阅读推广活动的影响力。

5. 帮扶农家书屋，实现信息扶贫的常态化延伸

从行政隶属的角度，农家书屋并不归属图书馆系列，但是由于农家书屋在便利群众阅读方面与图书馆异曲同工，同时在其发展过程中又面临诸多困难，因此我国图书馆界较早地对农家书屋的发展给予了帮助，比如为农家书屋募集图书、培训农家书屋管理员等。近两年来，针对农家书屋缺乏管理员、管理不规范、书籍数量少更新慢、农民阅读习惯难养成等顽疾，一些地区的图书馆积极谋划、大胆创新，开拓出帮扶农家书屋的新思路，为实现信息扶贫到村、到户奠定了良好的基础。如广东佛山南海区将农家书屋改造为图书馆的读书驿站，优化了管理模式和资源配置模式。① 四川省在试点将农家书屋纳入公共图书馆总分馆制建设的过程中，成立了由副省长任组长，省发展和改革委员会、省文化和旅游厅、省财政厅等单位为成员的省级公共文化服务体系建设协调组；通过统一责任主体和实施主体、统一购书经费和文献采购、统一编目、统一配送、统一人员招聘、统一服务标准及绩效考核等措施，提高了试点县农家书屋的图书使用率，稳定了书屋管理人员队伍并保障了其待遇。② 秦巴各地的图书馆要多方汲取业界

---

① 董健平：《融合创新：南海农家书屋转型升级的案例研究》，《图书馆论坛》2017年第11期。

② 谭发祥：《农家书屋纳入公共图书馆总分馆制建设的实证研究——以四川省首批试点建设为例》，《国家图书馆学刊》2021年第1期。

成功经验，努力探索出适合本地的帮扶对策，以农家书屋的可持续发展延展图书馆信息扶贫的触角。

（二）各基层信息服务点多措并举，拓展服务

基层信息服务点是指长期设置在农村，为农民提供各类信息的服务站点。目前常见的类型有农家书屋、乡村图书馆（包括政府出资和民间私募两种）、益农服务社、农村淘宝店以及全国文化信息资源共享工程基层服务点等。

1. 农家书屋创新服务，完成数字化升级

针对农家书屋"建起来"，却没有全面"管起来""用起来"的窘境，2019年2月，中宣部等十部门印发《农家书屋深化改革创新 提升服务效能实施方案》（以下简称《方案》），从推动基层图书馆和农家书屋互联共享、组织常态化阅读活动、优化内容供给等方面提出提升农家书屋效能的措施。[1] 具体到秦巴山区，可以从以下几方面具体实施。

（1）优化内容供给，有效对接群众需求

一方面，农家书屋主管部门要按照《方案》要求，改进重点出版物推荐目录评审制定工作，严格遵循推荐原则，严把出版物质量。内容上要兼顾社会效益和经济效益，并力求通俗易懂；形式上要图文并茂、方便阅读，适应农民阅读需求。要改变过去各村统一的配送方式，尽可能将图书选择权交到乡镇甚至村落，按照各村的农业生产特色及农民人口的年龄、文化程度和职业，有针对性地确定各村政经类、科技类、文化类、医卫生活类及少儿类图书的比例。比如对于少儿较多的村庄，要重点加强少儿书籍的配比，同时加大儿童绘本的采选比例；而对于留守老人较多的村庄，要加大医卫生活类图书的配

---

[1] 张贺：《农家书屋：深化改革创新 提升服务效能》，中华人民共和国中央人民政府，2019年2月6日（链接日期），http://www.gov.cn/xinwen/2019-02/27/content_5368806.htm，2019年4月2日（引用日期）。

备。另外，为了更好对接农民需求，各出版社还应该对图书形式进行改革，比如对那些实用性强的农技类书籍，宜采用立体出版模式，加入嫁接、扦插、追肥等视频的二维码，方便农户更好地吸收书籍中的知识，并转化为自身技能。另一方面要探索"百姓点单"服务模式，加大农民群众自主选书比例。可在农家书屋放置《图书需求征集表》，方便村民们随时填写需求意向，然后汇总上报。在已建成的数字农家书屋，要积极开发网络"百姓点单"功能，方便农民通过手机实现点单互动，意见反馈。

（2）创新服务形式和内容

第一，细分读者，精准服务。传统农家书屋的图书是按照学科分类进行的，为了更清晰地提示村民并满足他们随意浏览的需求，在空间较大、图书数量较多的书屋可以创新排架方式，按照读者对象，划分少儿区、青壮年区及老年人区等不同阅读专区，并针对不同群体开展多样活动。如面向儿童开展周末课堂，利用互联网技术或者在当地招募志愿者加入农家书屋管理员队伍，辅导农村儿童的学习及课外阅读；面向青壮年开设短视频制作培训班等，提升其他们信息技能；面向老年人主要提供医疗保健类信息，可以将当地医院举办的一些公益健康讲座录播后，通过图书馆系统或其他系统送到乡村播放，让他们远离伪健康信息宣传，养成良好的健康习惯。第二，在农家书屋举办真人图书阅读。借鉴真人图书馆的模式，将各村乡贤和脱贫榜样确定为农家书屋的"真人图书"，鼓励他们与村民们进行双向、贴心、零距离地沟通，为其答疑解惑，唤起情感交流。① 第三，发挥农家书屋政治思想引领作用。要注重农家书屋在政治思想上的引导作用，注重书屋藏书的政治性、思想性，另外还要通过多种方式进行爱国爱党教育，提升农民的政治素养。比如借鉴湖南长沙县北山镇农家书屋的做法，在书屋开展读书班，由书屋管理员或宣讲团成员讲述党史故事，

---

① 李静：《秦巴山区信息扶贫的现状与对策研究》，《图书馆》2020年第5期。

让普通群众在生动的故事中"跟党走、颂党恩"①。第四,探索其他创新服务方式,营造农村良好文化氛围。以中宣部、农业农村部发起的"新时代乡村阅读季"活动为契机,充分发挥各地农家书屋的主体作用,认真总结"我阅读我快乐我分享""农民喜爱的百种图书"推荐、"我爱阅读100天"读书打卡、"小康年 读书乐"视频分享等活动的经验和不足,调动广大群众的集体智慧,策划出更多更好的乡村文化阅读活动。比如借鉴海南省的经验,通过"农家书屋+活动营""农家书屋+农家乐""农家书屋+村邮站"等方式做好"农家书屋+"的文章。② 参考贵州省"多彩贵州空中农家书屋大喇叭响阅计划",利用乡村大喇叭变"读"为"听",每天下午为农民播放半小时书籍片段,助推新时代乡村阅读。③

(3)完成农家书屋数字化改造

近年行政区划的撤并导致单个行政村的管辖范围扩大,而"农家书屋"、农村体育健身工程大多建在行政村办公地,这就造成偏远地区的人民群众利用不便,给贫困地区公共文化建设增加了难点和"痛点"。④ 因此建设数字农家书屋,探索村级智慧书房就显得尤为重要。

与传统农家书屋相比,数字农家书屋资源更多、更新及时且能突破时空限制、阅读更方便。截至2019年年底,全国有12.5万个农家书屋进行了数字化建设或改造,为广大农民群众提供近百万种的数字

---

① 常虹:《长沙县北山镇:党史学习"自选动作"出新,出圈,又出彩!》,人民网,2021年6月29日(链接日期),http://hn.people.com.cn/n2/2021/0629/c356887-34800049.html,2021年6月30日(引用日期)。
② 《海南:"农家书屋+"加出一片新天地》,2018年3月30日(链接日期),https://www.163.com/dy/article/DE51OQDU0514R9KU.html,2018年5月4日(引用日期)。
③ 《多彩贵州大喇叭响阅计划 促乡风文明助乡村振兴》,新浪网,2020年11月20日(链接日期),https://k.sina.com.cn/article_6280475026_17658719202000usvg.html,2020年12月12日(引用日期)。
④ 彭泽:《西部贫困地区公共文化建设的特殊性研究》,《重庆理工大学学报》(社会科学)2017年第8期。

阅读内容。① 2020年年初，广西数字农家书屋上线，在电视、手机、平板电脑等终端提供免费在线阅览；江苏98%以上的农家书屋配置了数字设备，为"农民点单、按需定制"的资源提供模式创造条件。地处秦巴的重庆建设"学习强国"数字农家书屋，湖北数字农家书屋阅读平台汇集数十万种电子书和视频资源，创新"百姓点单"功能，极大地激发了农民的阅读热情。② 在智能手机日益普及、移动阅读方兴未艾的时代背景下，大力建设和改造数字农家书屋是破解农家书屋困局的又一良方。除了建设数字化平台、升级软硬件设施外，秦巴山区数字农家书屋升级改造中还要注意以下三个问题。③ 一是采用自组织与他组织相结合的管理模式，发挥农民的主观能动性。随着社交媒体QQ、微信、微博、论坛等在乡村的普及，村民成为一个个名副其实的信息产销者，通过自组织的方式进行信息传播，农家书屋传统的单纯"自上而下"的他组织方式难以吸引村民的广泛参与。因此建议充分发挥农民的观能动性，将自组织和他组织管理方式结合起来。农民低门槛地进入由移动终端、社交媒体软件、数字农家书屋资源、无线网络覆盖构筑的"移动书屋"，畅游"书海"，自由的消费和生产信息，实现"数字公民"角色的华丽转身；村委会扮演上级政府代理人的角色，上传下达，为文化信息传播的"最后一公里"站岗放哨；地方政府重视对农家书屋工程后续资金和人力资源等的配备和供给，通过考核，监督和促进书屋工程的发展，成为书屋建设的中坚力量；中央政府则通过政策杠杆，有

---

① 史竞男、任沁沁、刘硕：《从"田间"到"云端"：农家书屋转型升级助力乡村振兴》，安徽农网，2020年10月15日（链接日期），http：//www.ahnw.cn/schq/content/088da39a-0f98-4ca8-992a-47803b164f16，2021年3月21日（引用日期）。

② 熊婷：《"云端"书香飘农家——湖北中文在线开创数字农家书屋新模式》，搜狐网，2020年5月21日（链接日期），https：//www.sohu.com/a/396821993_120056683，2020年6月13日（引用日期）。

③ 本部分内容已发表，参见岳琳《新媒体环境下农家书屋发展路径的再思考》，《陕西理工大学学报》（社会科学版）2020年第3期。

效调控整个书屋的建设进程和环节,成为书屋建设的总设计师。二是增加数字化建设考核指标。首先要做好考核评价的指标体系,这个顶层设计是农家书屋开展建设工作的指南和方向,要在运行支撑、运行过程、用户满意度、社会效益四个方面进行科学合理的细化,将数字化建设的指标纳入其中,体现数字化、移动化、智能化的书屋建设方向,并侧重农村居民对农家书屋的满意度评价。在考核执行层面,要明晰评分标准,力求真实反映农家书屋建设现状,以便为后续的有效决策提供依据。三是要重视对数字农家书屋的宣传。只要经费到位,数字农家书屋的软硬件设备配备不是难事,但要物尽其用却离不开广泛的宣传和推介。比如利用各县的融媒体平台宣传数字农家书屋 App 的功能和下载方法,在镇村布告栏、公交车站站牌等处张贴图文并茂的宣传单等。2020 年 4 月,江苏省数字农家书屋上线后,通州区石港镇通过微信群派送红包,成立志愿者团队进小区、商场、农贸市场及学校派发宣传单,书屋管理员进企业等方式宣传农家书屋,提高了书屋的群众知晓度和注册率,短短 4 天注册人数就达近 3000 人。① 这种善于利用微信互助群及朋友圈、且管理员积极主动作为的推广方式也值得秦巴各地借鉴。

另外,在数字农家书屋发展过程中,还要充分应用信息技术的最新成果,为老百姓谋便利,让老百姓得实惠。甘肃陇南市的"百草园"公共文化服务云平台自带 Wi-Fi 功能,连接后不耗费手机流量即可使用海量电子书刊、学习视频以及影视戏曲等,极大地吸引了村民们的下载热情,实现公共资源的价值最大化。②

2. 充分发挥民间乡村图书馆及其他公益组织的力量

改革开放以来,我国民间个体公益图书馆迅速兴起。相比政府主

---

① 吕红美:《南通石港镇:让农民群众享受数字化阅读》,2020 年 4 月 27 日(链接日期),http://jsnews.jschina.com.cn/nt/a/202004/t20200427_2540271.shtml,2020 年 5 月 10 日(引用日期)。

② 张美乐:《乡村振兴的"文化粮仓"——我市农家书屋发展综述》,《陇南日报》2020 年 1 月 2 日第 2 版。

导的各类农村图书馆,民间图书馆最主要的特色是关注当地农民需求,且大多具有创办者强烈的个人色彩,服务的主动性和多样性比较明显,在乡村具有较高的人气。但如果没有持续的资金和志愿者的支持,民间图书馆往往会比公办图书馆面临更多的问题,场地选择、书籍更新、工作人员招募与专业技能培训都是横亘在创办者理想情怀与骨感现实之间的难以跨越的障碍。因此要充分借助政府及其他公益组织的力量,实现民间图书馆的健康和可持续发展,为乡村信息扶贫注入新的动能。自2012年开始,北京大学信息管理系民间图书馆发展研究课题组在心平公益基金会、美国青树教育基金会、北京天下溪教育咨询中心以及小微企业家自主创新发展协会(筹)支持下,先后在湖南、四川、河北、宁夏、广西、安徽、江西、陕西、云南、湖南等地的贫困乡村援建乡村图书馆、校园图书角、家庭阅读点,并支持其开展阅读推广活动。2020年6月,课题组又发起"更生图书馆微课(LGS Little Free Class)"公益项目,通过"网络教育视频学习+乡村民间图书馆延伸阅读+乡村孩子动手体验"的模式,为乡村孩子营造了一个良好的知识学习分享和情感交流的环境。截至2020年11月,该项目共开展60场微课活动,9家乡村民间图书馆参与其中,得到了当地乡村儿童的欢迎和家长的支持。① 该项目不仅促进了乡村儿童的课外成长、锻炼了民间图书馆负责人的策划和组织能力,还为图书馆开展信息扶贫工作提供了新的思路。

3. 多点融合、打造农村公共信息空间

要以农家书屋、乡村图书馆、农村文化综合服务站为阵地,促进其与新时代文明中心、村淘宝店、村邮站、信用社等公共服务机构多点融合,多措并举,拓展服务功能,打造农村公共文化生活空间。比如芬兰凯米耶尔维的流动图书馆由公共图书馆、雇佣机构、国家养老

---

① 王子舟、张晓芳:《乡村民间图书馆里的微课堂——"更生图书馆微课(LGS Little Free Class)"公益项目》,《图书馆杂志》2021年第1期。

金机构、当地银行和移动运营商共同运营。它除了图书馆和信息服务外，还为居民提供银行和电子邮件服务，如果有医学生志愿服务的话，还可以测量血压和血糖。①。浙江玉环市图书馆与农商银行在服务、资源、管理三方面深度合作，共同打造了"农信书吧"阅读推广模式，其主要特点是，将市民卡数据导入图书馆读者数据库打破用户数据壁垒；借助银行网点布局农信书吧乡镇服务点；通过标准配置及统一标识等手段对书吧场馆进行专业化设置和运维；明确划分图书馆、农商银行以及读者的权利与义务，规范书吧的运作与管理。② 而海南定安县采用"农家书屋+村邮站"的新模式，使村民不仅可以到农家书屋看书学习，还可以到文化村邮服务站办理交水电费、电话网络费和网购等业务。③ 另外，乡村图书馆的选址还可以根据农民聚居情况，在乡镇邮局、信用社、通信营业厅、村卫生室、小卖部等地方设置小书架，或者在爱书村民家中设置书架，由当天值班人员和村民负责管理，村委会比照村里的"文书"给予一定的待遇，基于乡村商店的人气，农民对农家书屋会更"近"一步。

4. 善用信息技术，提升服务能力

是否方便、及时、新颖是影响用户信息获取的重要因素，为了提升农村信息服务机构对农户的吸引力，要善于利用信息技术，解决信息资源匮乏和服务能力不足的困境，目前发达地区有不少成功的经验可以借鉴。如浙江遂昌县通过信息化手段，对智慧中心、县城公共文化场所、乡镇文化站和文化礼堂等场所加装设备建立了一个共享平台，实现了110多个场所互联互通，提供网上点单、收集群众需求、提供精品讲座、预约文化礼堂场地等服务，用户可以在互联电

---

① 刘海丽：《芬兰农村图书馆建设策略及其启示》，《图书馆学研究》2017年第13期。
② 耿礼瑞：《"图书馆+银行"：玉环市图书馆"农信书吧"案例研究》，《图书馆研究与工作》2018年第11期。
③ 《海南："农家书屋+"加出一片新天地》，2018年3月30日（链接日期），https://www.163.com/dy/article/DE51OQDU0514R9KU.html，2018年5月4日（引用日期）。

视、电脑及手机端实时共享文化活动。① 温州市的文化礼堂服务项目点单平台则分别在温州文化礼堂微信公众号、温州文化礼堂网站、温州日报电子阅报屏、温州电信 ITV 宽带电视设置了"点单平台"服务入口，实现了"一个平台，手机屏、阅报屏、电脑屏、电视屏四屏联动"的效果。同时该点单平台还以群众满意度、关注度为指向，通过平台大数据分析，调整或增设服务项目，精准匹配群众的"需"与政府的"送"。② 另外，嘉兴市自 2018 年年初，在秀洲区洪合镇凤桥村建成了第一家村级智慧书房，采用无人值守、自助服务、智慧化的管理方式，除提供传统纸书借阅外，还提供 3D 立体书、电子书借阅机、手持借阅 Pad 等数字设备，以满足农村居民多样化阅读需求。今后，为了促进乡村阅读，还可以建设基于管理者与读者、读者与读者之间的互动交流智慧阅读平台，通过读书打卡、阅读分享、图书推荐、积分排行等实现阅读活动的互融互通。③ 另外，还可以采用公共图书馆的用户画像、个性化推荐等技术，对农民的信息贫困问题进行精准识别，然后建立信息扶贫数据库，为农民提供适合的服务。

(三) 大力发展电商扶贫，营造良好的农村信息化应用氛围

农村电子商务是围绕农产品（加工品）进城和消费品下乡开展的一系列电子化的交易和管理活动。④ 它在推动农产品的销售，帮助农村、农户调整农业生产布局，以销定产方面具有重要作用，因此受到

---

① 孟庆丽、刘芳：《浙江遂昌：以共享理念推进智慧文化礼堂建设》，百家号，2019 年 12 月 13 日（链接日期），https：//baijiahao. baidu. com/s？ id = 1652810330720107581&wfr = spider&for = pc，2019 年 12 月 30 日（引用日期）。

② 李艺：《文化礼堂构建服务"点单平台"2000 多个项目实现按需配送》，浙江在线，2017 年 8 月 10 日（链接日期），https：// zjnews. zjol. com. cn/zjnews/wznews/201708/t20170810_4773684. shtml，2017 年 8 月 30 日（引用日期）。

③ 黄烨：《嘉兴市首个村级智慧书房开馆 刷脸就能进去借书》，浙江在线，2019 年 1 月 27 日（链接日期），http：// jx. zjol. com. cn/rwsh/201901/t20190126_ 9348812. shtml，2019 年 2 月 23 日（引用日期）。

④ 张辰、刘彩虹、陈娅利：《农户的农产品电商行为现状及相关影响——以浙江为例的研究》，《统计与管理》2020 年第 2 期。

政府的大力支持和企业的积极响应。早在 2014 年年底，国务院扶贫办就将电商扶贫列入十大扶贫工程之一。2015 年 8 月，财政部、商务部、国务院扶贫办等 19 个部门联合印发《关于加快发展农村电子商务的意见》，将电商扶贫工程作为农村电子商务发展重点工作。2016年，陕西省商务厅、陕西省扶贫开发办公室联合印发《陕西省电商扶贫政策措施》的通知，加大电商扶贫力度。2018 年，陕西省电商企业带动 2.96 万户贫困户增收，全年培训贫困人员超过 4.6 万人次，累计有 2536 名贫困人员实现电商创业。截至 2019 年 3 月，电子商务进农村综合示范项目已实现对陕西全省 56 个贫困县的全覆盖，其中 45 个贫困县的电商服务中心运行良好。全省贫困村电商服务站达 2946 个，覆盖率达 59%，其中深度贫困村电商服务站点 238 个，覆盖率达 49%。[1] 尽管成效显著，但课题组在调研中也发现，个别农户对免费电商培训还不积极，部分培训课程针对性和实用性也有待加强，因此在今后的电商扶贫中，要从实际出发，针对各村农业经营品种和农户信息需求的不同，从培养方式、课程设计以及实际操作等方面制定一揽子计划，因地制宜、因材施教，采取不同的信息扶贫方式，让更多农户体会到电商带来的便利和更好的经济收益。

同时，要切实发挥公益电商扶贫平台的功能，使其真正成为农产品展示和销售的桥梁。2017 年商务部会同财政部、扶贫办协调地方政府和大型电商企业建立全国电商扶贫频道（www.dsfp.mofcom.gov.cn），在"统一标识、统一形象、统一规则、统一宣传"原则下，组织大型电商企业在网站首页或手机客户端显著位置建立扶贫专区，对接贫困地区的政府部门、企业及农户，通过流量支持、减免网店经营费用等措施打造贫困地区产品网络销售直通车，促进农民增收脱贫。目前，已有京东、淘宝网、苏宁易购、中国邮政、顺丰大当家、顺丰优选、乐村淘、腾讯为村、供销 E 家、中粮、中国农业银行、赶街、乐村

---

[1] 毛海峰、王钊：《陕西贫困县电商扶贫实现全覆盖》，2019 年 3 月 7 日（链接日期），https://news.sina.com.cn/c/2019-03-07/doc-ihrfqzkc1963209.shtml，2019 年 3 月 8 日（引用日期）。

淘、淘实惠、一亩田、唯品会、每日优鲜、本来生活、百诚源、柴米云仓、善融、微店等19家代表性电商企业开通了扶贫频道、覆盖全国646个贫困县。秦巴山区除广元市的利州区、湖北省十堰市的张湾区及茅箭区外，其余77个县（市、区）均开设了地方扶贫馆。该平台的优点如下。一是规定了产品规则和退出机制，对贫困县政府、当地电商服务企业以及电商平台的权利和义务进行了约束。二是各电商平台各尽所能，结合已有营销经验不断创新，为电商扶贫提供了新的思路。如在京东电商扶贫频道中，设置了助农热力榜、扶贫之星、农贷公益以及扶贫众筹等栏目，方便消费者选择判断，且在对农产品的展示中，图文并茂，能够凸显各品类的优点。另外还利用视频流量优势，打造《村长来了》直播栏目，邀请贫困县村主任现身说法为家乡农产品代言，打造村主任IP。同时植入京东扶贫招商权益，扶持无资质无品牌的产品，形成京东+龙头企业+扶贫品牌的全新扶贫生态。①但通过网络浏览，也发现现有平台存在一些问题。一是产品成交量小，很多农产品的用户评论数为0，或者用户评论时间较早，不利于新用户购买参考；二是产品信息更新不及时，仍以京东电商扶贫频道为例，奉节扶贫馆的新鲜脐橙早已下架，但网站并未更新相关信息。在我国完成脱贫攻坚任务后，电商扶贫已转入为乡村振兴助力，一些地方扶贫馆已经更名或者取消了，但是电子农务的使命还会长期存在。因此今后各平台还要继续发力，从注重农特产品宣传，及时更新产品信息，增加用户评价及实时销量信息等方面经常性地总结经验及不足，将其打造为农产品电商的品质馆，真正发挥电商助农的作用。

（四）企业信息扶贫

1. 信息服务企业开发适合农民的信息产品与服务

信息服务企业要结合贫困地区农民生产生活的实际需要，开发和

---

① 《扶贫直播节目〈村长来了〉打造村长IP 为农产品代言》，京东，2021年6月6日（链接日期），http://news.jd.com/788_1.html，2021年6月8日（引用日期）。

推广农民用得了、用得起、用得好的信息产品和服务。比如 2019 年湖北中文在线融合大数据和监控摄像形成了一套有据可查、实时更新的农家书屋监管平台以实现精准管理，并创新"百姓点单"功能提升农家书屋服务效能。①

尽管缺乏有关秦巴农村中使用手机上网的村民数量及占比的权威数据，但农民对快手、抖音等平台的喜好已成为共识。与之形成鲜明对比的是，目前市场上三百多款涉农 App 下载率和使用率都很低。课题组在安卓手机的应用市场检索发现，除了"惠农网""天天学农"两个 App 的用户安装次数超 10 万之外，其他大多涉农 App 的安装次数都在 1 万次以下。2019 年 10 月上线的农业科技报客户端"强农" App，即使在陕西杨凌举行了盛大的上线仪式②，目前安装量也仅有 3 万次。涉农 App 遇冷虽然和农户受教育水平不高、信息技能较差及 App 宣传推广不足等密切相关，但是其信息庞杂、使用烦琐的缺陷也在很大程度上阻碍了其推广。因此信息服务企业要根据农民生产生活的实际需要，开发和推广农民用得了、用得好的信息产品和服务。一是注重个性化。根据不同类型用户的需求，开发适合其特点的 App。比如可以分为职业农民版和普通农民版，在职业农民版可以更多推荐农技知识、农产品交易信息；而对普通农民，则应该更多发布政策和生活类信息指导。另外还要简化操作页面，加入音频功能方便部分识字不多的农民通过语音提出问题和获取信息。二是简化 App 使用难度，精简文字并注重语言表达的通俗化，且尽量用图文并茂或者短视频的方式发布信息。三是持续开展用户反馈互动，不断完善平台功能

---

① 《"云端"书香飘农家 湖北中文在线开创数字农家书屋新模式》，《图书馆报》2020 年 5 月 20 日第 4 版。

② 《农业科技报客户端"强农" App 在陕西杨凌上线》，中国经济网，2019 年 10 月 22 日（链接日期），http：//cen.ce.cn/more/201910/22/t20191022_ 33402603.shtml？ivk_ sa = 1023197a，2021 年 1 月 16 日（引用日期）。

增强用户满意度。①

2. 助农企业发挥技术和智能优势，加强供求对接，提升信息服务效果

（1）提供精准种养殖信息

面对农技信息针对性不强，农民不愿意或者不能有效获取的现状，应该充分发掘涉农企业的作用，为农户提供精准的种养殖信息。甘肃省定西市安西区宁远镇在这方面进行了有益探索，值得秦巴山区借鉴。宁远镇位于安定区东南部，312线、310线穿境而过，交通比较便利，有良好的种养殖传统。2015年该镇根据自身条件，以村为单位，为全镇796户精准扶贫户发放3100多只致富羊，并且对贫困户就运输安全、养殖安全和以良种、良料、良舍、良法、良医为主要内容的"五良"进行培训，引导群众科学饲养。尽管该项工作进展顺利并收到一定成效，但这种投放到户散养的模式养殖规模较小，且易受市场价格波动的影响，贫困户受益也较小。因此，2016年宁远镇采取了企业帮扶贫困户搞养殖、助推精准扶贫的新方式，引导企业主动对接贫困村，根据贫困户的发展需求，按照"龙头企业+贫困村+贫困户"的帮扶模式，采取量化入股、劳务用工、投仔育肥、散养统收、饲料赊账等具体措施开展宁远镇养殖业精准扶贫帮扶活动。在帮扶过程中，定西西泰养殖有限公司、金川公司、鸿运集团等帮扶企业不仅为贫困户提供仔猪、基础母羊、种公羊、基础母牛的赊销投放、高价回收，更为重要的是，在农户养殖育肥的过程中，镇上还统一组织养殖技术培训并开展防疫措施，这些极具针对性和实用性的技术信息和培训不仅帮助贫困户解决了现实问题，还在实践中提升了他们的农业技能，在增加贫困户收入的同时树立了他们脱贫致富的信心。②

---

① 丁亚、王琳：《基于供需匹配视角的江苏农业 App 调查研究》，《北方经贸》2020年第11期。

② 张永丽：《中国脱贫攻坚调研报告·定西篇》，中国社会科学出版社2020版，第109—110页。

（2）高质量参与农村信息的输入与输出

随着国家对农政策的倾斜，不少电商及非电商企业都凭借自身优势加紧布局三农领域。2014 年，阿里巴巴集团推出涉农电商业务农村淘宝，除了打通"网货下乡、农产品进城"的双向通道，还利用其掌握的大数据就如何改进农产品的品质提供信息反馈。高邮咸鸭蛋项目的品质提升即是在淘宝小二试吃筛选、用户信息反馈、平台数据分析以及咸鸭蛋手艺人信息互连的基础上完成的，它借助大数据分析和手艺人按需进行的水盐配比及腌制时间调整解决了咸鸭蛋标准化生产问题。① "腾讯为村"也在互联网精准扶贫、基层社会治理方面发挥了重要作用。如 2016 年在陕西旬阳县实施的"外婆的礼物"项目，通过互联网信息联结了鸡苗捐赠者与山里养鸡的老人，创新了扶贫的模式。2019 年"点亮寻乌"活动，不仅解决了江西赣州寻乌县的路灯缺乏问题，还通过互联网办公方式提高了村委日常工作的效率②。今后，这些头部企业需要进一步探索信息扶贫的更多方式，实现企业经济效益和社会效益的双赢。

（五）高校科研院所的信息扶贫

随着"教学和科学研究面向经济建设"方针的贯彻，社会服务作为高等学校的第三职能得到发展。③ 一方面，地方高校可以利用大学生寒暑假社会实践活动，派出实践团深入农村，了解乡村社会经济文化发展中面临的问题，然后借助校内外信息和人才资源展开服务。也可结合学校的大学生互联网+创新创业大赛，开设乡村振兴赛道，鼓

---

① 冯兴元：《中国社科院专家：农村淘宝加速城乡融合和乡村振兴网》，搜狐网，2018 年 8 月 13 日（链接日期），http：//www.sohu.com/a/246865717_561670，2018 年 9 月 20 日（引用日期）。

② 吾遥：《面向"后脱贫时代"腾讯建长效扶贫机制》，新浪网，2020 年 7 月 28 日（链接日期），https://finance.sina.com.cn/roll/2020-07-28/doc-iivhvpwx7811361.shtml，2020 年 8 月 10 日（引用日期）。

③ 史沙沙：《地方高校服务乡村振兴的问题与对策研究》，硕士毕业论文，渤海大学，2020 年，第 16 页。

励同学们下沉，去研究农村信息扶贫的相关问题。目前，很多高校都有针对本校生源地为贫困地区的大学生帮扶项目，可以以此为契机，让贫困地区大学生搜集本地信息需求，汇集后由高校组织人力物力进行对口帮扶，解决其在信息搜集和利用方面的问题。也可以重点加强对来自贫困山区大学生的信息素养教育，让他们成为家乡的兼职信息中介员。同时为了激发他们的热情，可以通过服务效果考核，对这些大学生予以一定的物质和精神奖励，尤其在精神奖励方面，可以授予他们"信息扶贫标兵"等称号，使他们既可以锻炼自己多方面的能力，又可以回馈家乡。另一方面，要充分发挥高校专家教授的才智，为农民的生产生活提供帮助。比如2020年5月，陕西理工大学生工学院教授通过理论学习和现场指导两个环节为南郑区60余位农业技术人员和果农代表举办产业脱贫技术培训会，使参训学员受益匪浅。① 今后可以通过创建微信群等方式建立反馈机制，由农业部门工作人员搜集用户需求，归纳整理后传递给专家，加强专家与农户之间的信息反馈。

不仅如此，高校还可以通过暑期学校等方式，帮助培养农村信息服务人才，提高各级信息服务工作人员的信息服务意识和信息服务能力。

（六）新闻出版部门实现精准有效地对农信息传播

乡村信息传播一般有两种路径。一是邻里之间的横向人际传播，二是新闻媒体的大众传播和政府各级组织的纵向传播。在传统乡村内部，信息的传播呈现出"横向畅通而纵向阻滞"的特点，"横向畅通"是指乡村内部的某些信息，由于人们之间的隐私权障碍的缺乏，呈现出高度开放性的特征。"纵向阻滞"是指由于"等级壁垒"的缘

---

① 时佳：《我校与南郑区联合举办产业脱贫技术培训会》，陕西理工大学，2020年5月9日（链接日期），http://www.snut.edu.cn/info/1037/20380.htm，2020年5月10日（引用日期）。

故,来自乡村社会外部的信息很难在乡村社会中得到传播,获得良好的效果。① 但是外界信息的输入对于促进农民思想意识的变革,帮助其适应现代社会以及实现乡村振兴又是非常重要的,因此新闻出版部门必须改革现有对农信息传播模式,打破纵向阻滞的障碍,努力提升对农信息传播效果。

1. 深耕用户和内容,提高对农信息传播的精准性和有效性

大众媒介形态是伴随着城市化、工业化的发展而逐渐兴起的,与传统的乡村社会系统并无必然联系。新型的大众媒介形态,也是首先在城市社会中拓展出来的。② 大众媒介与乡村社会之间的排斥性和兼容性决定了乡村社会在大众媒介报道视野中的角色和位置。李红艳通过引述《光明日报》记者蒋玉生乡村报道调查实例(种葡萄、稻田养鱼等)发现,媒介对乡村的报道活动看似在城市社会中热闹非凡,对村民而言基本是无用的。所谓的乡村新现象,对他们而言只是无关痛痒,甚至与现实脱节;而乡村科技新闻报道,理应是既源自乡土知识中,又高于乡土知识才会为村民接受。③ 因此要突破新闻媒介对农信息传播的困境,必须从传播内容和方式上进行变革,以精准传播为手段、有效传播为目的。

(1)了解用户需求,节目制作从"传媒本位"转变到"农户需求本位"

为深入了解农民媒介接触状况和实际偏好,不断满足农民变动的需求,可以采用社区传媒参与式监测和评估,快速收集农村信息资料和农民需求,让农民参与传媒的效果测评和需求评估。④ 湖北荆州电视台《垄上行》栏目成功的根本就在于栏目成员常年活动在田间地头,了解农民所言所行,关注农民所思所忧,每期节目都以"第一现

---

① 李红艳:《乡村传播学》,北京大学出版社 2014 年版,第 78 页。
② 李红艳:《乡村传播学》,北京大学出版社 2014 年版,第 119 页。
③ 李红艳:《乡村传播学》,北京大学出版社 2014 年版,第 119 页。
④ 冉明仙、邹密:《从泛化到精准:突破农技传播困境的路径分析》,《现代传播》2012 年第 6 期。

场"进行采制。

（2）深耕用户和内容

农村实地调研表明，农民对冗长的信息没兴趣——即使该信息对其是重要的。因此各地方传媒机构在制作对农信息时，要根据农户的认知特点，适当给信息报道内容做减法。宜采用简明扼要、通俗易懂的标题和内容，增加新闻导览，通过不同的字体、字号等提炼核心信息和有效区分主次内容，为农民创设简单愉悦的信息获取体验。

（3）采用适农的传播方式

与简单的文字传播相比，图形、图像的视觉语言更能刺激用户的视觉神经系统，提升信息传播的效果。① 因此在对农报道中要注重图文并茂，多添加图片及卡通漫画，同时注意文字报道的通俗化，以增强农民的信息关注度和理解度。

（4）给农民赋权，努力回应基层民众的诉求

在绝对贫困消除后的后脱贫时代，要更多关注农民精神文化生活、信息素养提升方面的需要，为把他们打造成合格的乡村振兴人才营造舆论氛围。在新闻报道中不仅要反映乡村振兴中的成就，也要努力回应基层民众的诉求，尤其要将报道视角投放到那些未被关注或较少关注的空间、人群或事件。为了促成记者编辑与社区成员的深度融合、鼓励基层民众参与新闻生产、监督公共权力的规范运行，位于芝加哥南区的美国非营利公民新闻实验室"都市分社"设法进入当地的一些特殊社区，将社区居民的知识和经验纳入新闻报道实践。提高了低收入群体的被关注度，也提升了他们参与公共事务的热情。②

2. 充分发挥县级融媒体的作用，形成信息资源的全媒体互动传播

伴随着互联网技术的快速发展和我国网民人数的急剧增加，报刊、广播、电视等传统媒体与互联网、微博、微信、微视频以及 App

---

① 徐延章:《乡村振兴战略中公共文化传播策略》,《图书馆》2020 年第 12 期。
② 史安斌、胡宇:《消除"信息贫困"：挑战与应对》,《青年记者》2018 年第 31 期。

应用等新兴媒体相互融合,原有的媒介格局和舆论环境被打破,话语主体和传播方式也随之改变。融媒体背景下的"三微一端"("三微"即微博、微信与微视频;"一端"即新闻客户端)改变了传统媒体"一对多"的单向信息输出方式,相对简短精练的内容输出方式也更拟合受众在移动设备上的"浅阅读"与"轻阅读"的现实需求。① 2018年8月,习近平总书记在全国宣传思想工作会议上指出,要扎实抓好县级融媒体中心建设。同年9月,中宣部召开县级融媒体中心建设现场推进会,要求2020年年底基本实现县级融媒体在全国的全覆盖。② 秦巴各地要充分运用县级融媒体贴近乡村的优势,从以下几方面发力。第一,注重丰富"新闻+"内涵,拓宽平台承载功能。以政务、服务、活动、舆情叠加新闻服务,在新闻+文化、新闻+服务方面积极探索。比如借鉴河南项城市经验,将融媒体中心并入文化站、图书馆、乡村文化大院以及各种文化组织协会,根据老百姓的需求设定节目,增强服务性、黏合性;并入各职能部门开启网上办事通道,让老百姓少跑腿;开设"帮忙团""维权哥"以及"爆料"等栏目③,畅通用户自下而上反应信息诉求的通道。第二,注重与大传媒的融通。可借助新华社、人民日报、中央广播电视总台等中央级媒体渠道和各省级融媒体平台,扩大基层声音的传播效应。比如2020年春节前夕,北京市朝阳区融媒体中心借助新华社客户端推送"朝阳夜景"短视频,单条内容点击量超170万,为其带来更多的关注度。④ 第三,

---

① 程早霞、李芳园:《融媒体矩阵如何发挥传播优势》,中国共产党新闻网,2020年4月10日(链接日期),http://theory.people.com.cn/n1/2020/0410/c40531-31669216.html,2020年4月20日(引用日期)。

② 王鹏:《新华社县级融媒体专线上线 服务县级融媒体中心建设》,人民网,2020年9月11日(链接日期),http://media.people.com.cn/n1/2019/0911/c40606-31347565.html,2020年9月22日(引用日期)。

③ 李东风、张毅力、石国庆:《"融"入河南 出彩中原——河南推进融媒体建设综述》,中华人民共和国国家互联网信息办公室,2019年2月1日(链接日期),http://www.cac.gov.cn/2019-02/01/c_1124073364.htm,2019年2月28日(引用日期)。

④ 中国记协新媒体专业委员会:《中国新媒体研究报告2020》,人民日报出版社2020年版,第331—332页。

将用户运营理念嵌入融媒体报道中。主动转变观念姿态，革新话语方式；多渠道趣味化留存用户，促进交流互动；创造场景沉浸，唤起情感共鸣。① 比如借鉴广西边境八县的融媒体中心微信公众号的运营方式，通过"说农民的话""说农民的事""让农民说事"，全面激发农民主体在乡村振兴舞台上的主角意识，为农民内生动力培育拓出媒体空间。龙州县融媒体中心开设的《龙州县新时代讲习电视夜校》栏目，还结合当地乡村发展实际情况制作涉及扶贫知识、感恩教育、技术培训、乡村振兴解读、法制知识等诸多方面的内容，并时常以山歌、小品的形式寓教于乐式地向乡村传递信息，实现了与当地乡村受众的有效对接。②

3. 利用自身媒介优势，多种方式推介乡村优质资源

随着媒体融合向纵深发展，广播电视与网络视听媒体的公益广告制播形态正呈现出向公益节目、短视频等多形态的公益传播发展态势。③ 利用自身优势，从单纯的宣传报道到积极参与，采取多种方式推介农村土特产以及旅游资源正成为媒介信息扶贫的新模式。第一，邀请艺人聚焦贫困县特色产品或参与公益活动。如优酷出品的《益起追光吧》邀请热心公益的流量型艺人通过真人秀节目，帮助贫困县打造"一县一品"的特色农产品品牌。芒果 TV 打造的《哈哈农夫》，通过节目嘉宾与村民互动形式，展示新农村新风貌中的各色故事，刷新观众对传统农耕文化的认知。第二，网络直播推介农产品。优酷积极整合阿里经济体的生态资源，联合淘宝直播等平台，多次组织山西省平顺县商家通过"村播计划"直播卖货，引导协助当地电商将优质

---

① 中国记协新媒体专业委员会：《中国新媒体研究报告2020》，人民日报出版社2020年版，第285—288页。

② 江宇、卢晶玲：《县级融媒体中心微信公众号助力乡村振兴的路径探析——以广西边境八县融媒体中心微信公众号为例》，《新闻论坛》2020年第6期。

③ 胡祥、沈雅婷：《网络视听公益传播发展报告》，载国家广播电视总局网络视听节目管理司、国家广播电视总局发展研究中心《中国视听新媒体发展报告（2020）》，中国广播影视出版社2020年版，第173—175页。

"农产品"优化成"规范商品"。字节跳动策划了"山货上头条",快手专门成立扶贫办公室,开展了"幸福乡村带头人""福苗计划"等活动。① 第三,为乡村培养信息人才。如快手推出"乡村新闻官""三农快成长计划""万村主播培养计划"等,培养乡村达人,以教育造血。第四,宣传推广贫困地区文化旅游形象。2018 年 11 月,抖音启动"山里 DOU 是好风光"项目,宣传推广贫困地区美好人文风物,让更多山里的好风光为世人所了解。2019 年 7 月,抖音联合湖北省利川市人民政府共同组织当地非遗传承人、专业艺术家对国家级非遗项目《龙船调》《肉连响》进行改编,将现代流行元素与乡村传统文化有机地融合在一起,这种跨界创新的方法为乡村文旅产业发展提供了新路径参考。② 同样值得借鉴的还有陕西佛坪县图书馆与县融媒体中心的合作。针对镇村居民居住分散、文化氛围弱的客观现实,陕西佛坪县图书馆推出"书香佛坪·线上阅读朗诵活动",由朗诵者自选阅读片段在该县风景优美的景点朗诵,县融媒体中心录制朗诵过程并将其制作成三至五分钟的短视频后在移动互联网上传播,该活动一经推出不仅受到网友热捧,还先后被"学习强国·陕西""汉中旅游""汉中在路上"等新媒体转载推发,产生了较好的社会效益。

第四节 提升农民信息素养

近年来,在各种惠农政策的引导和推动下,我国农村的信息环境得到极大改善。截至 2020 年年末,贫困村通宽带比例超过 98%,电

---

① 胡祥、沈雅婷:《网络视听公益传播发展报告》,载国家广播电视总局网络视听节目管理司、国家广播电视总局发展研究中心《中国视听新媒体发展报告(2020)》,中国广播影视出版社 2020 年版,第 177 页。
② 赵蕾、徐志宏:《抖音新视频:坚守正向价值 共创美好新时代》,载国家广播电视总局网络视听节目管理司、国家广播电视总局发展研究中心《中国视听新媒体发展报告(2020)》,中国广播影视出版社 2020 年版,第 304 页。

子商务进农村综合示范全覆盖 832 个国家级贫困县。全国建成益农信息社 42.4 万个，信息进村入户工程成效显著。① 2018 年年底 2843 个数字文化服务县级支中心、32179 个乡镇基层服务点、32719 个乡镇公共电子阅览室及 14136 个数字文化驿站的建成构建了覆盖城乡的公共数字文化网络，乡村信息服务体系日趋完善。② 持续改善的信息环境为消减农民信息贫困提供了外部支持，但是信息脱贫的实现还需要农民不断提高信息的判断、选择、整合、获取和使用能力。③ 因此有必要通过多方参与、多措并举来提升农民的信息素养。

一　上层引领，统一规划

农民是建设社会主义新农村和实现乡村振兴的主力军，提升其信息素养不仅为他们增加了在信息社会更好生存和发展的引擎，更会在精神层面提升他们对生活的积极态度和建设美好家园的强大动能。2016 年《"十三五"国家信息化规划》、2019 年中国图书馆学会联合武汉大学信息管理学院发出的《中国公民信息素养教育提升行动倡议》以及 2020 年中央网信办等七部门联合印发的《关于开展国家数字乡村试点工作的通知》，都提及要重视和开展农村信息素养知识宣讲和信息化人才下乡活动。然而截至目前，除了农业农村部自 2016 年每年为农业部门工作人员、普通农户、新型农业经营主体开展农民手机应用技能培训外④，尚未见到其他更具体的措施。"表面上重要，

---

① 农业农村信息化专家咨询委员会：《中国数字乡村发展报告（2020）》，中华人民共和国农业农村部，2020 年 11 月 28 日（链接日期），http://www.moa.gov.cn/xw/zwdt/202011/P020201129305930462590.pdf，2020 年 12 月 14 日（引用日期）。

② 农业农村信息化专家咨询委员会：《中国数字乡村发展报告（2019）》，中华人民共和国农业农村部，2019 年 11 月 19 日（链接日期），http://www.scs.moa.gov.cn/gzdt/201911/P020191119505821675490.pdf，2020 年 12 月 14 日（引用日期）。

③ 迪莉娅：《我国信息扶贫政策问题及对策研究》，《兰台世界》2010 年第 5 期。

④ 农业农村部市场与经济信息司：《农业部关于开展农民手机应用技能培训提升信息化能力的通知》，中华人民共和国农业农村部，2016 年 5 月 31 日（链接日期），http://www.moa.gov.cn/ztzl/nmsjyyjnpxzl/tzgg530/201605/t20160531_5156636.htm，2020 年 10 月 31 日（引用日期）。

实际上漠视"成为农民信息素养一直在低水平徘徊的根本症结。为打破这种局面，就要注重顶层设计，立足长远、由图书馆、农业部门、通信企业、电商平台、手机厂商等多部门、多主体共同谋划农民信息素养培训体系的建构。

(一) 图书馆与农民信息素养提升

传承文化和开展社会教育是图书馆的两项重要职能。目前这两项职能在城市发展较好，但在农村还很薄弱。图书馆界和高校图书情报院系是对信息素养关注和研究最多的领域之一。2001年联合国教科文组织（UNESCO）启动"全民信息计划"，旨在改善全民信息获取，建立包容和可持续知识社会。2013年，UNESCO《全球媒介与信息素养评估框架：国家准备与胜任力》和《媒介与信息素养策略与战略指南》两份重量级报告继续强调了提升全民信息素养的意义，并呼吁各国予以政策支持。2019年，UNESCO"全球媒介与信息素养周"将主题确定为"媒介与信息素养公民：知情、参与、赋权"，意指媒介与信息素养有利于赋权公民并保障其知情权和参与权，具有良好媒介与信息素养的人善于利用多源信息丰富认知、促进对话、远离谣言。[①]中国图书馆学会在2014年、2015年和2018年年会中均开设了信息素养教育相关的分会场，2019年更是密集开展了多项活动——在年会设立"信息素养与可持续发展"分会场；向其各分支机构，各省、自治区、直辖市图书馆学（协）会及图书馆发布了《中国公民信息素养教育提升行动倡议》。作为对其他群体已形成比较成熟经验的培训者，图书馆界要将关注点投射到农民群体，通过倡导（图书馆主导和协助）、赋权（图书馆公众信息素养培训和支持）、协调（与相关机构的合作，如教育、农业、通信运营商、手机厂商、信息平台）等方式

---

① 黄如花：从重大突发公共卫生事件的应对谈信息素养教育的迫切性，人民网，2020年3月2日（链接日期），http://edu.people.com.cn/n1/2020/0302/c1053-31612121.html，2020年3月3日（链接日期）。

主动参与农民信息素养培训工作。

(二) 涉农部门的农民信息技能培训

农村工作是各级农业部门的核心工作，提升农民素质，为现代化农业培养生力军是涉农部门的重要抓手。2012 年，农业农村部联合财政部启动实施新型职业农民培育工程，重点面向种养大户、家庭农场主、农民合作社和农业社会化服务组织骨干以及返乡下乡创新创业者，根据产业发展需要，从电子商务、农民手机应用等通用知识、专业技能、经营管理水平等方面开展农业全产业链培训，近十年间累计培训了 1600 万名基本掌握智慧农业技术的高素质农民。[①]

2015 年 10 月《农业部关于开展农民手机应用技能培训提升信息化能力的通知》发布，提出要鼓励手机厂商、通信运营商培训农民使用智能手机查询信息、阅读电子出版物、收发邮件、使用网络社交工具、在线娱乐等；并探索将培训机制化制度化，逐步纳入手机厂商和通信运营商对农村消费者的售后服务。[②] 2016 年 6 月，农业农村部成立由农业部信息中心、中央农业广播电视学校、农业日报、三大通信运营商、电商平台以及其他相关企业共 19 家单位构成的"全国农民手机应用技能培训联盟"具体承担培训任务，首次发布《农民手机应用》教材。[③] 该教材不仅通过图文并茂的方式介绍了手机上网和信息安全的基本知识，还运用典型案例讲述了"如何轻松买卖农产品"，由此拉开了主要面向农业专业大户、家庭农场、合作社等新型

---

① 农业农村信息化专家咨询委员会：中国数字乡村发展报告（2020），中华人民共和国农业农村部，2020 年 11 月 28 日（链接日期），http://www.moa.gov.cn/xw/zwdt/202011/P020201129305930462590.pdf，2020 年 12 月 14 日（引用日期）。

② 农业农村部市场与经济信息司：《农业部关于开展农民手机应用技能培训提升信息化能力的通知》，中华人民共和国农业农村部，2016 年 5 月 31 日（链接日期），http://www.moa.gov.cn/ztzl/nmsjyyjnpxzl/tzgg530/201605/t20160531_5156636.htm，2020 年 10 月 31 日（引用日期）。

③ 《农业部启动全国农民手机应用培训 成立培训联盟》，搜狐网，2016 年 6 月 14 日（链接日期），https://www.sohu.com/a/83205552_114984，2018 年 5 月 31 日（引用日期）。

农业经营主体和大学生村官、返乡农民工等农村青年的农民手机应用技能培训的序幕。2017年农业农村部组织编写了《农民手机应用（精编版）》教材和《手机助农十招》口袋书，研发了全国农民手机应用技能培训平台，组织电信运营商、手机制造商、电商企业、农业企业、互联网企业等多个企业和机构，举办了多场培训活动，并在网络同步直播，扩大受众范围。据统计，在全国农民手机应用技能培训周期间有400多万人以不同方式参加现场培训、登录平台学习、观看网络直播或参与网上活动。① 2018—2021年相继开展了"手机助力农产品线上营销""手机助力农产品出村进城"等主题培训活动，力求促进手机应用与农业生产经营及农村生活深度融合。截至2021年6月，五年已累计培训农民1亿人次以上。②

尽管农业部门在农民手机素养培养方面取得了一定效果，但由于以上诸培训对农民的信息意识、信息能力和信息道德等方面的关注还不够，且培训对象主要是有一定生产规模的农技大户，受益人群有限、没有普惠所有农民群体，因此需要图书馆与其他部门的介入。

（三）图书馆与涉农机构的统筹协调

目前图书馆界已经从仅关注大学生、中小学生信息素养转到关注公众素养，在这种背景下，深入探讨图书馆在提升农民信息素养中的作用发挥是必要的也是可能的。同时，图书馆人在信息素养教育方面的丰富经验可以服务于农民信息素养培养。而农业部门在农民手机技能运用培训方面也积累了一定经验，因此二者具有联合的可能性和必要性——图书馆需要契合地方社会发展需求，把基层图书馆事业发展

---

① 杜维成：《农业信息化发展现状与趋势》，载周宏仁《中国信息化形势分析与预测（2017—2018）》，社会科学文献出版社2018年版，第210—223页。
② 李慧：《全国农民手机应用技能培训累计超一亿人次》，《光明日报》2021年6月22日第10版。

融入地方政府所选择的战略发展模式中①，以切实行动和服务贯彻、彰显图书馆"人文关怀"的服务原则以及履行其作为消除数字鸿沟关键性机构的使命。而农业部门和其他涉农机构组织也需要借助图书馆的普惠均等服务，将关注焦点从职业农民、农村致富带头人等群体扩展到普通农户，通过全体农民的参与来巩固拓展脱贫攻坚成果，接续推动脱贫地区发展和乡村全面振兴。

因此可以采用这样一条路径——中国图书馆学会联合国内相关院校组成中国农民信息素养提升行动小组，然后与农业农村部市场司接洽，以《中国公民信息素养教育提升行动倡议》《农业部关于开展农民手机应用技能培训提升信息化能力的通知》为依据，成立领导协调机构，从中央到地方统筹相关单位分工负责、协同推进。图书馆主要侧重对农民信息意识、信息基础知识以及信息道德等通用技能培训，着重于生活学习场景；而各级农业部门和通信企业则着重于农民电子商务及淘宝等实际应用场景，重点加强农民信息能力的培养。明确各自专长后，就可由中国图书馆学会和农业农村部会同有关省份，编制培训大纲；省级农业部门、省级图书馆、高校图情院系会同相关企业培训师资力量，编制通用培训材料；市县农业部门、基层图书馆、农家书屋及涉农企业负责组织实施农民培训。

由于该路径参与主体众多，既涉及系统内的纵向联结，又要兼顾文化、农业、商务等不同系统间横向沟通，因此在县级执行层，建议由秦巴各地的县委县政府统领，明确本县文化旅游局、农业局、商务局以及相关企业之间的责权利，然后安排乡村建设局主抓落实和管理，并根据各部门任务完成情况进行考核和奖惩。要制定长期、中期和短期计划，做好进度安排，强化过程监督，定期或不定期召开会议，及时了解计划实施进展，以纠偏运行中的问题。各单位则要明确

---

① 廖雯玲、王旭明、王兰伟等：《内源发展作为基层图书馆可持续发展的另一种选择——理论上的可能性与实施方法》，《图书馆杂志》2019年第7期。

根据自身特长和已有基础，在统一协调的框架下，各尽所能、各司其职。

二　确定培训客体

从培训目的看，信息素养培训客体应该包括居住在农村的所有人口，老中青幼都应该包括在内。但是立足现实，又必须考虑培训的可操作性和有效性，也就是要兼顾公平和效益，因此可以确定用户优先级，分期分批进行。目前农村学习兴趣强烈的主要是两类人，一是农村儿童，二是对短视频、电商平台感兴趣的中青年。因此可以首选这两类群体，然后再分批对其他人员进行培训。

（一）对农村少年儿童的培训

与成年人不同，农村少年儿童有强烈的求知欲以及阅读的愿望，但受制于启蒙教育不足、周边学习氛围差及父母外出打工无暇关注的现状，他们虽有需求，但多是自发行为，缺乏有组织的引导，因此需要以此为突破点，由城市少儿图书馆、公益组织和儿童教育专家一起，开发信息素养趣味课程，并且招募志愿者或者义工在乡村进行。2021年6月，广西鹿溪公益图书室招募和培训义工开展了"乡镇儿童阅读兴趣倡导活动"，通过猜谜、唱童谣、故事会等多种形式不仅让家长和儿童知晓和了解该公益图书馆，还使他们提升了信息意识和阅读素养，感受到阅读的魅力，收效良好。另外从长远着眼，针对现有中小学信息技术课程普遍缺乏信息查询、筛选等内容的现状，建议对相关教材进行修订，增加面向任务的信息查询类知识的介绍，从小培养农村儿童的信息素养。

（二）对农村青壮年群体展开培训

根据秦巴农民信息需求和信息行为调研结果，18—45岁的农村青壮年群体信息意识相对较强，且再学习的愿望更强烈。因此在资源有限的情况下，可以采取自愿申请或报名的方式，遴选出最有意愿参与信息素养培训的青壮年，然后采取基础知识模块+定制技能模块的方式，对他们进行耐心细致、理论结合实践的培训。培训结束后，可以从中选择志愿者，分批对其他人员进行培训，从而以少数带动多数，辐射性地扩展培训人员，实现共同提高的目标。

三 确定培训内容，开发信息素养课程

农民信息素养是指"具有良好的信息意识和信息道德，能够通过对信息的搜集、鉴别、吸收和利用来满足生产生活需要的一种综合能力"，包括信息意识、信息知识、信息能力和信息道德四个方面。

（一）唤醒信息意识、激发农户信息需求

信息意识是激发农民产生信息需求、实施信息行动以及提升信息道德的原动力。舒尔茨《贫困的经济学》一文中提出："全世界的农民都在与成本、利润打交道……都是时刻计算个人收益的经济人。"[1] 基于此，农民往往都是比较现实的，由于信息效用的滞后性以及间接性，农民对单纯的信息输入很少感兴趣，他们要的是看得见的实惠。而用户信息行为理论又认为，用户要采取某种行为的内力可以通过外界诱发来实现。[2] 因此可以通过一些生动直观的案例让农民意识到信息的价值以及掌握信息技能的重要性，从而引发他们积极的信息行为。第一，开展信息扶贫宣传，积极营造依靠信息化享受便利生活、助力脱贫致富的浓厚氛围。广播、电视、报纸以及网络等主流媒体要及时挖掘和报道信息扶贫工作的典型经验和先进人物事迹；乡村文艺工作者要注重搜集信息利用的正反案例、将其编排成文艺作品搬上乡村大舞台。各镇办及村委会应该多宣传农家书屋、益农服务站等基层信息服务点的功能，并树立信息致富典型，让他们以亲身经历

---

[1] 潘峰：《农民的经济行为是否符合理性？——学术争论的回顾与思考》，《农村经济》2006年第11期。

[2] 胡昌平：《信息服务与用户》，武汉大学出版社2008年版，第230页。

向村民们宣讲信息在改善生活质量、促进生产增收方面的作用[①]，感染其他村民，激发他们查信息、学技术的热情。第二，信息意识提升融入日常。结合近年来农民信息获取途径和兴趣的转向，应该充分发挥微信、抖音、快手等社交媒体的功能，以农民喜闻乐见的方式，将信息意识的提升融入其日常生产生活。比如农村有很多"唱山歌微信群"，山歌大家比较感兴趣，贴近他们的认知水平，而目前又以新媒体这种新颖、立体且突破时空的方式进行呈现，就会促使很多中老年人愿意去使用智能手机，一定程度上也带动其他方面信息意识的提升。基层组织可以以此为契机，一方面摸排本乡本土农民对于学习智能手机使用的需求；另一方面可以邀请民歌专家，在微信群进行指导，并且定期或不定期地征集优秀民间民歌视频音频，将其放在当地文旅局的网站上，既给农民展示才能的平台，也促进了当地乡土文化的开发与传承。第三，因时因地开展针对性强的信息服务。随着新媒体的发展，短视频在农民群体中日益流行，农村出现了很多直播客，很多农民也有意效仿，因此可以以此为突破口，教给农民相关技能。如陕西凤翔县在2020年的职业农民培育教学中，增加"抖音"短视频营销技能培训，通过理论和实践相结合的方法，确保每位参训职业农民都能掌握基本运营知识，极大地激发了农民学习的热情，截至2020年2月初，参训职业农民已达700余人。[②] 另外，针对当下家长普遍关注孩子教育的现状，也可以由图书馆培训家长如何查找有用资源。

（二）开发农民信息素养培训课程体系

在充分调研农民信息意识、信息知识、信息能力和信息道德的基

[①] 李静：《秦巴山区贫困人口信息需求与信息行为的调查与分析》，《陕西理工大学学报》（社会科学版）2020年第1期。

[②] 凤翔县农业宣传信息培训中心：《"抖音"实训为凤翔职业农民培育再添新利器》，全国农民手机应用技能培训，2020年2月1日（链接日期），http://www.ngx.net.cn/zxjyn/zxjy/kpzt/qgnmsjpx/gddt/202002/t20200201_216908.html，2020年2月10日（引用日期）。

础上，由图书馆、农业局、通信企业、电商平台等组建课程专业团队，联合编写农民信息素养培训教材或开展实用信息素养知识宣讲。

1. 信息查询筛选能力

如何查找有用信息、如何辨识真假信息是信息时代每一位公民的必修课，在这方面图书馆积累了丰富的经验，因此应该由图书馆打造相关课程，帮助农民学会查找有用信息、筛选和鉴别信息，提高信息处理能力。比如通过录制微视频，告诉农民如何从信息来源的权威程度、信息内容的可靠程度等方面辨析真假信息。针对各媒体报道的农民上当受骗的案例，各级图书馆可将相关的防诈骗信息视频及报道进行整合，分成若干主题，在农家书屋定期播放，或通过村广播向村民们宣传。也可以采用漫画方式将其陈列在各村村级文化活动中心宣传栏，让村民们在跳舞锻炼之余受到警示教育。① 高校图书馆还可重点培养农村大学生的信息素养，为其今后服务家乡奠定技能基础。河北农业大学图书馆的做法值得借鉴——该馆主动为每届同学进行图书馆文献资料检索与利用方面的培训，培养其农业信息检索素养，使其确实提高获取所需农业信息的能力。同时与之建立互动联系，为以后回到本村后不断地提供信息服务做好铺垫。②

2. 信息理解和运用能力

2018年农村互联网普及率与城镇互联网普及率的差距，较2014年扩大了2.2个百分点。在应用方面，农村网民在网络购物、网上支付、互联网金融等互联网应用服务的使用率明显低于城镇网民。③ 2021年3月，中国社会科学院信息化研究中心发布的《乡村振兴战略背景下中国乡村数字素养调查分析报告》指出，农村居民数字素养平

---

① 李静：《秦巴山区信息扶贫的现状与对策研究》，《图书馆》2020年第5期。
② 苑士涛、史少凡、管计锁：《高等农林院校图书馆服务新农村建设探讨——以河北农业大学图书馆为例》，《图书馆理论与实践》2012年第8期。
③ 国家信息化专家咨询委员会秘书处：《中国信息化形势分析与预测（2018—2019）》，社会科学文献出版社2019年版，第221页。

均得分比城市居民低 37.5%，城乡居民得分差距较大的 5 项依次为数字安全意识、电脑使用、数字化增收、电脑工具开发、手机工具开发，差值依次为 43.2%、31.7%、27.7%、25.6%、23.8%。差距最小的两项为数字内容创建能力、智能手机使用，城乡数字鸿沟正从基础设施差距转向数字素养差距。① 第六次全国人口普查显示，我国农村人口小学以下文化程度占 43.5%，大专及以上文化人员比重仅占 0.6%，农民对现代通信信息技术了解很少，信息化意识和利用信息的能力不强。对于庞大的农民群体来说，现有的培训资源严重不足。② 因此，通过多方联合，提升农民的信息理解和运用能力就显得尤为重要。在课程体系建设中，可以以农业农村部手机素养培训所设定内容为基本模块，突出计算机基本操作及上网技能、电子商务技术运用能力以及生产生活信息获取技能。另外还可根据需要增加短视频拍摄技能培训，2020 年 8 月，为配合农民手机素养培训，农业农村部发布农民直播带货口袋书《手机助农直播带货一点通》，该书采用 32 开本、42 页的小册子形式，图文并茂、言简意赅地介绍了"为什么要做直播带货""如何让直播间人气大涨""如何选择适合的农产品爆品""通过直播让你的订单增长""'三农'领域直播带货的经典模式""'三农'直播带货经典话术""知名电商平台'三农'直播带货扶持措施"等七方面内容。尤其值得称道的是，书中不少内容都有配套小视频，农民通过智能手机扫描二维码即可观看。该口袋书的编写方式非常值得推广。

3. 信息道德

对农村社会发展而言，农民信息素养低会影响农村社会经济、文化等方面的发展，也会影响农村构建健康、有序的信息生态。2020 年

---

① 中国社会科学院信息化研究中心：《乡村振兴战略背景下中国乡村数字素养调查分析报告》，中国社会科学网，2021 年 3 月 1 日（链接日期），http://iqte.cssn.cn/yjjg/fstyjzx/xx-hyjzx/xsdt/202103/P020210311318247184884.pdf，2021 年 4 月 10 日（引用日期）。

② 国家信息化专家咨询委员会秘书处：《中国信息化形势分析与预测（2018—2019）》，社会科学文献出版社 2019 年版，第 222 页。

3月1日，《网络信息内容生态治理规定》正式实施，对网络信息内容生产商、网络信息内容服务平台、网络信息内容服务使用者以及网络行业组织都提出相关要求，以营造良好的网络生态，保障公民、法人和其他组织的合法权益。① 由于农民文化程度及信息道德意识相对较低，农村更容易成为不良信息的集散地、信息生态的重灾区，因此需加强农民的信息道德建设。第一，通过信息道德课程，要让农民了解我国现有的信息法律，尤其与他们生产生活密切相关的那些法律条文，告知他们在对外信息发布和传播时要遵守国家关于信息内容传播的相关规定；同时也要通过典型案例剖析和宣讲，提高农民明辨真假信息的能力，不信谣、不传谣、不造谣。第二，与法律部门联合，去农村开展信息安全与信息法律的普法宣传，教会老百姓保护个人隐私，规范自身的网络行为。第三，随着网络直播和短视频在农村市场的火爆，一方面要完善短视频新媒体传播政策法规，另一方面要在农民中普及法律知识，坚决杜绝"黄赌毒"及低俗视频滋生和传播。

四　创新教学方式

（一）线下培训和线上微课慕课相结合

要改变过去培训受众面小，主要以面授为主的方式，通过线上线下多种方式开展教学。因为图书馆和涉农机构在信息素养教学中各有优势，建议参与各方提前做好分工，根据拟定的教学大纲准备相关内容的备课和讲授工作，并注意信息意识、信息知识、信息能力及信息道德各模块的科学衔接。教育内容既要注意对乡村的普适性，又要结合各村镇的风土人文、特色产业等设计具体教学内容，突出教学的实践性和针对性。另外针对农村信息服务人员比较短缺的现状，除广泛

---

① 国家互联网信息办公室：《网络信息内容生态治理规定》，中华人民共和国中央人民政府，2020年3月15日（链接日期），http://www.gov.cn/zhengce/zhengceku/2020-11/25/content_5564110.htm，2020年3月20日（引用日期）。

招募志愿者或义工的方式外，还可借鉴甘肃天祝青树图书馆农村信息技术培训项目的做法，利用中心图书馆+卫星图书馆的人力资源以及临近高校的志愿者资源组建培训组，先期完成骨干志愿者的培训，然后采取骨干志愿者培训村民的方式，渐次完成村民自助和互助培训任务。① 这种线下培训方式既在一定程度上缓解了培训师资不足的窘境，也有利于充分发挥村民的主观能动性。

据陈香统计，截至 2018 年 12 月底，我国 13 个主要慕课平台上共有 31 个"面向全民的信息素养慕课"，高校的计算机学院、信息管理学院、传播学院及教育学院是主要开设主体，呈现出多学科参与的状态。② 在农民信息素养教育中，要善于吸收已有课程注重创新、兼顾实用性和趣味性的成功经验，同时也要根据农民群体的整体特点，注重通俗性和简单化，从农民生产生活中经常面临的问题出发，采用"基于问题"的信息素养教育模式，通过定义任务、确定信息搜索策略、搜索信息、运用信息、整合信息和评价来解决问题。③

（二）开发农民信息素养教育游戏

近年来信息素养教育在线游戏因其"寓教于乐"的优点在国内外高校图书馆中引起了广泛关注与实践④，也得到了高校学生的积极响应，取得了比较好的教育效果。针对农村居民上网主要以娱乐消遣为主的现状⑤，图书馆人应和其他机构联合，开发适合农民使用的信息素养游戏。游戏设计中，首先要注意细分群体，比如对于农村青

---

① 李熙明、蒋国栋：《天祝青树图书馆农村信息技术培训概述》，《图书与情报》2010年第3期。
② 赵慧清、杨新成、薛增召：《论中国农民信息素养教育与社会主义新农村建设》，《中国农学通报》2006年第8期。
③ 陈香：《面向全民的信息素养慕课的调查与分析》，《图书馆杂志》2021年第1期。
④ 刘雅琼、李峰、张春红等：《图书馆信息素养教育手机游戏的设计与实施——以国内高校图书馆首款主题故事类手游为例》，《图书与情报》2018年第6期。
⑤ 2021年《乡村振兴战略背景下中国乡村数字素养调查分析报告》数据显示，有35.8%的农村居民使用智能手机仅为进行娱乐消遣活动，32.9%的农村居民认为手机或电脑的应用对个人就业/创业及收入提升"没有起到任何作用"。

少年群体，注重培养其基本信息检索、资料查找的能力，使他们能够通过优质的信息资源和网上开放课程来丰富日常生活、辅助学校课程学习。在游戏内容设计上，要以用户为导向，可以邀请农民群体中喜欢玩游戏的代表参与设计框架，完善游戏的关卡、交互元素等。根据答题走向和分值设置了多种有趣结局，以帮助农民完成自我身份建构。

（三）引入激励机制、丰富课堂内容

为了调动农民参加信息素养培训的积极性，要有一定的激励机制。如评选"乡村信息达人""信息素养之星"等，并予以精神或物质上的表彰和奖励，或可邀请返乡的外出务工者分享见闻，以激励农民进行信息技术培训的能动性。另外还可与农村道德银行结合，比如累计帮助别人解决问题的也可以换取物质奖励，再比如乡村图书馆或者农家书屋可以设置一个周末聊天室，大家分享信息获取、虚假信息甄别等经验，每月评选最有价值分享并进行奖励，带动农村信息交流的积极性。具体实施时，前期可由志愿者先进行组织，等村民的兴趣被激发后，就可以由活跃者来组织开展。同时也可以把它变成一个情感交流空间，比如农村留守妇女或儿童可能会面临一些心理问题，一方面可以在聊天室分享，另一方面书馆管理员可以为其提供一些有针对性的书籍，同时还可以形成城乡联动，对外出务工人员的心理问题也进行一些干预。

总之，提升农民的信息素养具有极其重要的作用，它既是消减信息贫困的必要步骤，也是实现乡村振兴的可靠保障，需要全社会给予更多帮助和支持。

第五节　加强农村信息服务人才队伍建设

高素质、有担当的农村信息服务人才是保障信息服务效果的重要抓手，但目前农村信息服务人才队伍建设存在着数量不足、业务不精的问题，因此需要从加强现有人员培训、吸纳志愿者参与等方面予以解决。

一 提升现有信息人员的业务技能

各级农业部门、人社部门、商业部门、通信运营公司等单位要根据各自的职能，以集中培训或远程教育的方式，加强农村信息员队伍建设，使他们熟悉电脑和网络应用，掌握手机应用 App 的信息采集、发布、查询等功能。① 并拓展信息服务站点"村务公开""便民服务""学习培训"等功能，提升其服务水平。县级图书馆要继续加强对农家书屋管理员的培训，不仅教会他们图书分类编目知识，更要提升他们拓展农家书屋功能的意识和能力。同时各级政府还要落实农村基层服务人员的待遇问题。

不仅如此，还要加强农村实用人才和大学生村官的信息素养培训，充分发挥他们在农村工作中的主导作用。2017 年以来，农业农村部联合中央组织部面向贫困地区实施农村实用人才带头人和大学生村官示范培训，重点遴选农村基层组织负责人、新型农业经营主体带头人、乡村能工巧匠、返乡入乡"双创"人员等作为培训对象，提升其脱贫致富带动能力。截至 2020 年上半年，累计举办示范培训班 1400 余期，培训 14 万余人。② 这批人才是带动普通村民提升信息素养的重要力量，必须管好用好，使他们不仅在产业致富方面发挥引领作用，还能在信息运用方面继续当好农村的领头雁。

---

① 信息化推进处：《关于印发〈信息化建设扶贫实施方案〉重要任务措施分工方案》，山东省工业和信息化厅，2016 年 7 月 28 日（链接日期），http：//gxt.shandong.gov.cn/art/2016/7/28/art_ 15179_ 1055219.html，2018 年 3 月 24 日（引用日期）。
② 农业农村信息化专家咨询委员会：《中国数字乡村发展报告（2020）》，中华人民共和国农业农村部，2020 年 11 月 28 日（链接日期），http：//www.moa.gov.cn/xw/zwdt/202011/P020201129305930462590.pdf，2021 年 2 月 25 日（引用日期）。

二 创新人才使用机制

（一）通过引进来的方式补齐基层信息服务人才短板

针对镇村产业发展缺人才、贫困户产业发展缺技术的现状，陕西洋县通过遴选优秀人员挂职科技扶贫副镇长、组建人才服务团以及为贫困村派驻科技特派员等三种方式统筹区域人才培养及使用，定期或不定期赴乡村开展技术服务、扶贫惠农政策宣传、技术指导等工作，成效显著。截至 2018 年 11 月，该县 1.3 万余户产业脱贫户已实现了技术指导员的全覆盖。① 吉林省科技扶贫小分队也通过开办培训课，走家访户进行手把手的示范指导等方式对接农民农技帮扶需求②。这些成功经验都值得借鉴，未来应该将其常态化、及时化，利用电话、微信、QQ 等手段，方便农民及时咨询。另外还可借鉴全国联合参考咨询网的模式，对帮扶专家进行精神和物质上的奖励，同时也可以将帮扶后技能提升的农户设置为明星农户，让他们根据自己的经验帮助有同样困惑的农户。

（二）培育农村电商人才

电商服务人才作为农户与市场的中介桥梁，其作用非常重要。近年来，陕西洋县加快布局农村镇村电商服务站点、培训电商人才，形成了一支融合电商新零售、传统电商和销售大户的区域农产品电商队伍。目前该县已建成 254 个农村镇村电商服务站点，大多数农产品都可以通过镇村电商站点从前端到终点销往全国各地，群

---

① 王芳、刘颖：《构筑"智助脱贫"大格局》，洋县人民政府网，2018 年 11 月 30 日（链接日期），http：//www.yangxian.gov.cn/yxzf/yxxwzx/yxxw/201701/c214ddc80d645fa82f86a286d51594e9.shtml，2019 年 1 月 3 日（引用日期）。

② 景洋：《科技引领致富路——吉林省科技扶贫行动二三事》，中华人民共和国商务部，2021 年 3 月 22 日（链接日期），http：//nc.mofcom.gov.cn/nyzx/article?articleId=981364，2021 年 3 月 25 日（引用日期）。

众销售基本不用愁。① 秦巴其他地市应在借鉴已有成功经验的基础上，从培养方式、课程设计、实际操作以及物流配套等方面对电商人才培养制定一揽子计划，以促进农村电商的发展。比如针对电商培训讲师人才缺乏或讲授内容实践性不强的问题，可以构建一个相关专家、电商龙头企业和成功的电商从业者等常态化、长期性参与的机制，充分发挥电商龙头企业熟悉电商行业发展的前沿态势，能够根据商家和消费者的大数据信息提供分区域、分产品的经营分析报告与培训内容的优势。②

（三）培养本土村播人

2020年的新冠疫情对国内经济造成巨大影响，为了解决大量农产品滞销问题，各地政府官员、网红等纷纷上线直播，为农民直播带货。但是当热潮散去后，如何通过持续地直播带货实现农产品品质及销售信息的有效传播，需要充分发挥农村村民自身的潜力。这方面，浙江省衢州市常山县青石镇的经验值得借鉴，其主要做法是通过乡村振兴讲堂整合全市党员群众教育培训资源，邀请好老师，按需定制课程内容，以"老百姓愿意来、坐得住、听得懂、学得会、用得好"为宗旨，依托讲堂孵化"村播"产业，并出台有关引进培育"村播"人才奖励政策。在乡村振兴讲堂培训带动下，2020年上半年，衢州农村居民人均可支配收入增速位居全省第二位。③

---

① 《电商成为洋县农产品销售快车道》，汉中市人民政府，2020年7月20日（链接日期），http://www.hanzhong.gov.cn/hzszf/xwzx/qxdt/202007/10dfbf681b4b4a20b6b493aafdd1de67.shtml，2020年7月22日（引用日期）。
② 刘振远：《为农村电商人才培育引入"一汪活水"》，甘肃农业信息网，2021年7月8日（链接日期），http://nync.gansu.gov.cn/nync/c107907/202107/1650899.shtml，甘肃农业信息网，2021年7月17日（引用日期）。
③ 严红枫、陆健、张桂芬：《村播计划培养"乡土直播员"》，《光明日报》2020年8月10日第1版。

三 充分发挥乡贤和志愿者作用

另外,还要注重吸纳乡贤、农村教师以及致富带头人加入基层信息服务队伍中去。乡贤文化是乡村文化的核心内容,是教化乡里、涵育乡风文明的重要精神力量。乡贤可以在政策宣讲、公益事业、文化引领、致富带头和纠纷调解等方面发挥积极作用,如陕西洋县留村村77岁乡贤冯志轩虽年岁已高,但壮心不已,既当农家书屋、广播室的管理员,又当政策宣传员、文艺组织者,获得乡邻广泛赞誉。汉台区龙江舞龙舞狮、铺镇文艺宣传队、河东店"农二哥诗社"等文化乡贤团队通过组织舞龙舞狮、文艺调演及赛诗会等活动,为基层群众送去丰富的精神食粮。① 今后要进一步发挥乡贤的力量,让其充当农村意见领袖,在农村人际信息传播中起到积极作用。云南楚雄禄丰县彩云镇在农文网校建设过程中,通过聘请中小学教师、医生、涉农技术员、农村乡土人才等担任网校辅导员,采取"按需点单"方式,为当地培养了一批有文化、懂技术、会经营的新型农民。② 另外还要广泛招募志愿者,充分发挥志愿者的作用。比如高校要充分利用寒暑期大学生社会实践的机会,组织志愿者深入农村地区为农民开展信息化知识和技能服务,提高其信息获取和应用能力,有效带动农民信息就业、信息创业,走上信息致富道路。而农村中小学生也可以在农家书屋的管理中发挥积极作用,如安康石泉县迎丰镇庙梁村的农家书屋在2020年疫情防控期间承担了网课教室的功能之后,受到了家长和农村少儿的更多关注,暑假期间,不少中学生到农家书屋里做作业、看书报,并轮换值班做公益,在管理员和同学们的共同努力下,该农家书屋不仅成了学生们节假日的第二课堂,而且成了

---

① 《乡贤不闲勇担当 弘扬新风树正气》,搜狐网,2018年11月28日(链接日期),https://www.sohu.com/a/278469136_99958551,2018年12月4日(引用日期)。

② 武建军:《彩云镇"农文网校"助力培育新型农民》,搜狐网,2017年10月9日(链接日期),https://www.sohu.com/a/197089754_99909737,2017年12月2日(引用日期)。

村民们的精神家园。

  总之，信息扶贫是一项长期而艰巨的系统工程，仅靠单方力量无法达到预期效果。所以要构建信息扶贫大格局，有效整合各方力量。在统一领导的构架下，发挥各信息服务主体的专长、走差异化服务路线，才能提升农民信息素养、改善农村信息化环境，更好地满足农民的全面信息需求，凸显信息在乡村振兴中的重要作用。

第七章 公共信息扶贫的保障机制研究

公共信息机构联动扶贫涉及面广、参与主体众多，为了做到统筹兼顾、多方协调，需要建立完善的保障机制，以保证联动扶贫的长效性。保障机制是指组织或系统为达成任务目标而确立的一系列配套制度体系，包括相关的政策、法规、经费和人才保障等。秦巴信息扶贫的保障机制可以从领导决策机制、经费投入机制、人才保障机制、激励机制、反馈机制等方面予以探讨。信息扶贫首先要抓组织领导，充分发挥政策引导和法律规范两方面的作用。其次要抓投入，既包括对农村信息基础设施和公共文化设施的投入，也包括对信息内容组织整序的投入。再次要抓人才队伍建设，通过外引和内培两条路径解决基层信息服务人数量不足、业务不精的现状。最后还要抓监督反馈，及时发现问题、解决问题并总结经验。

第一节 领导决策机制

农民的信息需求是多方面的，任何一家信息服务机构都不可能全面保障农民的信息需求，因此需要通过强有力的组织领导，实现多方联动。

一 建立组织机构，实行分步走战略

公共信息扶贫联动机制的实现需要在整合农业、文化、卫健、教

育等各部门的农技、文化、医疗保健、生活娱乐、教育等信息的基础上,以农业局、图书馆文化馆、新闻出版机构等为主体,辅以通信运营商及其他涉农企业等市场力量共同实现。其推进是一项社会系统工程,涉及宏观管理机构协作、服务组织和技术推进等环节。①

(一) 加强组织领导

信息资源分布具有分散性,贫困人口需要的信息分布在不同部门,由不同主体发布。就当前管理体制而言,要推进信息扶贫工作就需要从中央到地方进行统一规划,并确定领导机制。在国家层面,需要整合网络扶贫、文化扶贫的力量,在信息基础设施建设、信息资源重组、农民信息素养培训三方面进行统筹,改变目前重基础设施建设、轻信息内容建设的局面,制定信息扶贫的国家战略。在省级层面,充分吸收各省在农村信息化建设中的经验,成立由农业农村厅和文化旅游厅为主导的领导机构,把信息扶贫工作摆上重要日程,建立工作协调机制,共同研究、统筹推进信息扶贫有关工作。在执行落实层面,建议以各县为单位,由县乡村振兴局或者县信息化办公室牵头,统筹协调各参与主体。同时要制定规章制度,明确各主体的责权利。

(二) 实行分步实施战略

公共信息联动扶贫牵涉主体众多,所处理的信息资源又具有庞杂无序、良莠不齐且增长迅速的特点,这就决定了信息扶贫是一项长期任务,在战略中宜采用分阶段推进的原则,既制定长期发展计划,也要根据秦巴各地的实际情况,因地制宜确定中期计划和短期计划,并充分考虑当地的社会经济文化状况、信息基础设施和公共文化服务设施建设现状以及农户的信息需求来组织实施。在实施过程中,要以用户需求导向作为基本的战略实施路线。但需要特别注意的是,因为贫

---

① 胡昌平、胡潜、邓胜利:《信息服务与用户》,武汉大学出版社 2015 年版,第 431 页。

困人口的信息需求常常以潜在方式存在,并不能为贫困人口所认知。因此在执行用户导向的时候,既要着力满足用户的现实信息需求,也要尽量激发用户的潜在信息需求并采取主动服务和预期服务的方式予以保障。用户的信息需求总是客观存在的,并与用户生活、职业紧密相关,因此可以从这些方面来明确用户所需的信息范围、类型以及提供方式,提前采取主动和预期式服务。①

二 政策引导机制

(一) 相关政策概览

没有规矩、不成方圆,建章立制是推进一项事业的起点。迪莉娅将我国信息扶贫分为两个阶段——20世纪80年代初至90年代中期为起步阶段,以1980年中国农广校开始农业广播电视教育为开端。之后农业农村部相继制定了《农牧渔业部电子计算机应用规划》(1986)、《农业部电子信息系统推广应用工作的"八五"计划及十年设想》(1992)以及《农村经济信息系统的建设规划》②等。1994年12月,开始实施"金农工程"。1997年,国务院经济贫困地区经济开发办公室组织了"信息扶贫致富工程"。1998年,国家广电部实施了广播电视村村通工程。从20世纪90年代中期至今是以互联网应用为主的第二阶段,《信息产业"十五"计划纲要》《"十五"农村市场信息服务行动计划》《农业部关于做好农村信息服务网络延伸和农村信息员队伍建设工作的意见》《全国农业和农村信息化建设总体框架(2007—2015)》的相继出台,2004年信息产业部"农村通信普遍服务—村通工程"的实施,尤其是2006年中办国办印发的《2006—2020国家信息化发展战略》,将城乡数字鸿沟的治理作为国家信息扶

---

① 胡昌平、胡潜、邓胜利:《信息服务与用户》,武汉大学出版社2015年版,第438—439页。
② 汪传雷、刘新妍、汪涛:《农业和农村信息资源开发利用法规政策演进研究》,《现代情报》2012年第3期。

贫的重要内容，标志着我国的信息扶贫政策已从单一的科技发展思路上升为国家信息化发展战略。① 2010 年以后，国家相关信息扶贫的政策更加密集，如 2014 年开始试点的信息进村入户工程、2016 年提出的网络扶贫工程、2017 年文化扶贫工作方案及 2020 年实施的"互联网+"农产品出村进城工程等。

1. 信息入村工程

为了提高村级信息服务能力、满足农民生产生活信息需求，2014 年农业农村部试点在北京、辽宁、吉林、黑龙江、江苏、浙江、福建、河南、湖南、甘肃等 10 个省市开展信息进村入户工作，建立村级信息服务站、培育村级信息员，并推动各类农业公益服务和公共服务资源接入村级站。2016 年《农业部关于全面推进信息进村入户工程的实施意见》的出台推动此项工程全面展开。2019 年，农业农村部进一步加大整省推进支持力度，并督导各省份做好益农信息社建设运营工作。② 益农信息社采取"政府+运营商+服务商"的发展模式和"省级运营商+县级运营中心+村级益农信息社"的运营体系，致力于为农民提供农业生产经营、技术推广、市场行情、政策法规等公益信息服务；生活便民服务；农产品生活用品网上交易、农村物流代办等电子商务服务以及开展农业新品种、新技术、新产品培训，信息技术和产品体验等培训服务。在农业农村部的政策导向和各级政府的努力下，秦巴各地的益农信息社建设得到较快发展。截至 2019 年 10 月，河南省已建成益农信息社 40285 个，覆盖全省 85.8% 的行政村。③ 而湖北省还探索出了农邮共建共用益农信息社的

---

① 迪莉娅：《我国信息扶贫政策问题及对策研究》，《兰台世界》2010 年第 1 期。
② 农业农村部：《农业农村部办公厅关于全面推进信息进村入户工程的通知》，中华人民共和国农业农村部，2019 年 12 月 30 日（链接日期），http：//www.moa.gov.cn/nybgb/2019/201907/201912/t20191230_6334101.htm，2010 年 3 月 10 日（引用日期）。
③ 张培奇、范亚旭：《河南 4 万余益农信息社打通"农产品进城、工业品下乡"路》，中华人民共和国农业农村部，2020 年 2 月 7 日（链接日期），http：//www.moa.gov.cn/xw/qg/202002/t20200207_6336705.htm，2020 年 2 月 10 日（引用日期）。

创新方式,拟整合农业农村部门及邮政企业服务三农资源,依托农村邮政支局(所)、邮乐购站点,于2021年年底前在全省建成1.5万个益农信息社。①

2. 网络扶贫工程

互联网技术可以帮助贫困地区农民突破时空限制,以网络销售农产品和手工艺品的方式增加农民收入,促使其摆脱贫困。② 2016年10月,中央网信办、国家发展改革委、国务院扶贫办联合印发《网络扶贫行动计划》,提出实施"网络覆盖、农村电商、网络扶智、信息服务、网络公益"五大工程,充分发挥互联网在助推脱贫攻坚中的重要作用,推进精准扶贫、精准脱贫。③ 2018年6月,中央网信办、国家发展改革委、国务院扶贫办、工业和信息化部又联合印发《2018年网络扶贫工作要点》,通过部署5个方面21项重点任务进一步将网络扶贫推向深入。除了强调网络扶贫五大工程之外,还要求深入实施东西部网络扶贫协作及深入推进网络扶贫试点工作,并要进一步发挥村党组织带头人、第一书记、大学生村官在网络扶贫中的作用,加强网络扶贫人才队伍建设,加大网络扶贫宣传力度等。④

3. 文化扶贫工作

为全面提升贫困地区文化建设水平、确保贫困地区与全国同步进

---

① 《湖北省农邮共建共用1.5万个益农信息社》,中华人民共和国农业农村部,2020年12月17日(链接日期),http://www.moa.gov.cn/xw/qg/202012/t20201217_6358310.htm,2020年12月31日(引用日期)。

② 赖纪瑶、蒋天骥、李恩彤等:《农村信息扶贫的政策逻辑及实施问题分析:来自华北S县的田野调查》,《情报杂志》2020年第8期。

③ 《中央网信办、国家发展改革委、国务院扶贫办联合发文 加快实施网络扶贫行动》,中华人民共和国互联网信息办公室,2016年10月27日(链接日期),http://www.cac.gov.cn/2016-10/27/c_1119801364.htm,2018年3月5日(引用日期)。

④ 《中央网信办、国家发展改革委、国务院扶贫办、工业和信息化部联合印发〈2018年网络扶贫工作要点〉》,中华人民共和国互联网信息办公室,2018年6月13日(链接日期),http://www.cac.gov.cn/2018-06/13/c_1122978355.htm,2020年1月3日(引用日期)。

入小康，2017年6月，文化和旅游部发布《"十三五"时期文化扶贫工作实施方案》，从艺术创作生产、公共文化服务体系建设、文化遗产保护利用、文化产业与文化市场发展、文化交流互通、人才队伍建设以及文化定点扶贫等八方面谋划了贫困地区的文化扶贫工作，其中"实施贫困地区民族自治县、边境县村综合文化服务中心覆盖工程，实施贫困地区设备购置项目"等举措着眼于外部力量的支持，而"挖掘老区红色文化内涵""加强对贫困地区非物质文化遗产的调查、研究、记录，建立非物质文化遗产档案和数据库""鼓励贫困地区依托特色文化资源发展特色文化产业"① 等内容又兼顾了贫困地区的地方资源开发，体现了外部帮扶和内生资源开发的双向联动，为信息扶贫奠定了良好基础。

4. 数字乡村发展战略

为进一步发掘信息化在乡村振兴中的巨大潜力，促进农业全面升级、农村全面进步、农民全面发展，2019年5月，中办国办印发《数字乡村发展战略纲要》，明确将数字乡村作为乡村振兴的战略方向及建设数字中国的重要内容。② 同年7月，中央网信办、农业农村部会同相关部门制定印发《〈数字乡村发展战略纲要〉主要任务分工方案》，明确各项任务的职责分工，扎实有序推进数字乡村建设，确保各项任务落到实处。③ 2020年，数字乡村建设加快推进，《数字农业农村发展规划（2019—2025年）》《2020年数字乡村发展工作要点》相继出台，22个省份发布了数字乡村发展政策文件，统筹协

---

① 《文化部发布〈"十三五"时期文化扶贫工作实施方案〉》，中华人民共和国中央人民政府，2017年6月9日（链接日期），http：//www.gov.cn/xinwen/2017-06/09/content_5201138.htm，2017年6月15日（引用日期）。

② 《中共中央办公厅国务院办公厅印发数字乡村发展战略纲要》，《人民日报》2019年5月17日第7版。

③ 农业农村信息化专家咨询委员会：《中国数字乡村发展报告（2019）》，中华人民共和国农业农村部，2019年11月19日（链接日期），http：//www.moa.gov.cn/xw/bmdt/201911/P020191119505821675490.pdf，2019年11月22日（引用日期）。

调、整体推进的工作格局初步形成。①

5."互联网+"农产品出村进城工程

2019年12月，农业农村部、国家发展改革委、财政部及商务部发布《关于实施"互联网+"农产品出村进城工程的指导意见》，从健全市场信息反馈机制、建立市场导向的农产品生产体系、加强产地信息基础设施建设、保障信息人才及激发农民参与热情等方面对保障农产品出村进城的信息环境提出要求。②

除了以上这些重大工程之外，农业农村部还出台了其他多项信息化建设的文件，如《农业部关于推进农业农村大数据发展的实施意见》（2015）、《"十三五"全国农业农村信息化发展规划》（2016）、《"互联网+"现代农业三年行动实施方案》（2016）以及《农业部信息资源整合共享管理办法》（2017）等，加强了农业信息化的顶层设计。③

另外，秦巴各省也出台了一些和信息扶贫相关的政策。如《陕西省农业农村信息化发展框架及顶层规划》（2013）提出，2017年实现农村10M宽带入户、偏远山村4M宽带入户，解决"最后一公里"接入问题。推动移动多媒体、广播电视、IPTV、数字电视、宽带上网等三网融合业务在农村的应用。2016年陕西省政府出台《关于加快推进广播电视村村通向户户通升级工作的实施意见》，提出统筹无线、有线及卫星三种方式，到2020年基本实现全省数字广播电视户户通。2018年《陕西省农业厅关于加强农业信息化建设的指导意见》提

---

① 农业农村信息化专家咨询委员会：《〈中国数字乡村发展报告（2020）〉发布》，中华人民共和国农业农村部，2020年11月28日（链接日期），http://www.moa.gov.cn/xw/zwdt/202011/t20201128_6357205.htm，2020年12月2日（引用日期）。

② 农业农村部：《关于实施"互联网+"农产品出村进城工程的指导意见》，中华人民共和国农业农村部，2020年4月12日（链接日期），http://www.moa.gov.cn/nybgb/2020/202001/202004/t20200412_6341320.htm，2020年4月15日（引用日期）。

③ 杜维成：《农业信息化发展现状与趋势》，载国家信息化专家咨询委员会秘书处《中国信息化形势分析与预测（2017—2018）》，社会科学文献出版社2018年版，第210—223页。

出，力争技术信息进村入户覆盖90%以上的行政村，基层信息服务体系基本健全。主要任务包括推动农业大数据建设应用、提高农业科技信息服务能力、提升农业电子政务管理效能；并将农业科技信息服务工程列为重点工程，强化"视频教室+专家指导+农民互动"的农技服务信息化水平，完善"陕西省农业农村综合信息服务平台"惠农功能，全面集聚农业生产、农业科技、农产品市场、农村生活等信息服务和农技 App 服务。① 2020 年陕西省委网络安全和信息化委员会印发《陕西省加快数字乡村发展三年行动计划（2020—2022 年）》，部署乡村信息基础设施提升、乡村数字经济提振、乡村信息惠民服务、乡村治理数字化建设、乡村振兴内生动力培育及绿色智美乡村建设六大行动，加快推进农业农村数字化发展，促进乡村振兴②。

（二）信息扶贫政策建议

通过梳理，发现目前的政策主要集中在贫困地区的信息基础设施和公共文化设施建设等方面，能够在较短的时间内改善秦巴山区的信息环境，但也有以下不足。一是没有出台专门的信息扶贫政策，缺少一揽子规划。信息基础设施的日益完善、农村电商的蓬勃发展固然是农业发展和农村繁荣的必要条件，但是任何外力的推动都需要内部的积极响应和实践，如果广大农民不能在外部力量的干预下努力增强自身的综合素质和能力，那么这种帮扶和助推的效用就是短期的、脆弱的，一旦外部支持撤出，则农村又可能陷入返贫困境，难以承接实现乡村振兴的时代使命。二是农民信息素养提升未得到应有重视。学界对农民信息素养关注的时间虽然不长，但是主流观点都认为农村的发展离不开高素质的农民，农民的信息素养提升是重要一环。然而现有

---

① 《陕西省农业厅关于加强农业信息化建设的指导意见》，陕西省农业农村厅网，2018年7月11日（链接日期），http://nynct.shaanxi.gov.cn/www/snynctwj/20180711/9658171.html，2018年10月3日（引用日期）。

② 王帅：《陕西发布数字乡村发展三年行动计划》，《陕西日报》2020年8月28日第1版。

政策很少提及农民信息素养提升问题，尤其是在农民信息意识及信息道德方面。另外目前的农民培训主要倾向于手机应用能力，这对于那些文化程度不高、未使用智能手机的农村居民不够友好。三是在基础设施搭建好之后，关于基础设施的实施效能、后续资金投入方面还没有见到更多的政策，且信息扶贫政策评估制度不完善。公共政策评估既是检验政策效率和效益的重要工具，也是政策目标可持续、调整或者重新制定的依据。但目前我国相关信息扶贫政策的宏观设计比较多，对于政策实施效果的评估比较少。且评估主体主要由官方机构担任、主体单一；评估内容不全面，仅关注信息基础设施建设和使用的数量。①

因此今后政策的重点应该是立足于后脱贫时代，探讨如何通过政策机制的作用，保障脱贫人口更好地享有文化建设和信息社会的成果，满足他们对美好生活的向往。建议从以下几方面着手。

第一，从国家战略高度制定信息扶贫政策，并要求逐级结合本地实际予以贯彻落实。在国家层面，建议由信息产业部、文化和旅游部、农业农村部主导，联合发改委、财政部等统筹规划、联合发文，明确信息扶贫的总体要求、主要任务及组织保障。各省、市区在国家战略布局下，从实际出发，制定出差异化、有重点的信息扶贫政策。在此过程中，地方政府一定要多方考察，结合本地实际和需求，制定出具有本地"个性"的政策。可参考郑素侠的建议，组织信息化部门与扶贫部门通力合作，捕获信息贫困分布地区的地理信息，结合当地经济和社会发展统计数据，绘制信息贫困地图，呈现信息贫困与地理环境、社会环境各要素之间的关系，为信息贫困的精准识别和分类施策提供决策依据。② 而上级政府在扶贫政策推行过程中应当突出市场导向，强化政策引导，以免下一级地方政府因为政治压力而机械性执

---

① 迪莉娅：《我国信息扶贫政策问题及对策研究》，《兰台世界》2010 年第 5 期。
② 郑素侠、宋杨：《空间视野下我国信息贫困的分布特征与政策启示》，《现代传播》2019 年第 7 期。

行、"形式化"推进,造成资源浪费,群众的实际获得感不足。①

另外,采用示范区或示范项目引领制是一种更容易凸显政策效应的方式,近年来国家公共文化示范区和示范项目的建设取得了显著成效,其主要经验就是能够在统一领导部署下,举全市之力在短时间内推动任务目标的突破式大发展。如陕西安康在创建第四批国家公共文化服务体系示范区过程中,通过建立市、县区政府"一把手"总负责的组织领导机制、将公共文化服务体系建设纳入经济社会发展规划和年度目标责任考核等措施,保障了示范区的圆满完成。② 而山东省创建"信息化扶贫示范镇"的安排部署更为信息扶贫省级战略提供了直接经验。一是,工作机制健全。全省经信系统信息化建设扶贫工作领导小组负责统领,各市组建协调工作机制对创建项目进行调度、督导、检查,各试点乡镇成立由镇长书记任组长、相关站室所及有关部门、企业负责人为成员的信息化扶贫示范镇建设领导小组,明确责任分工。二是,创建内容明确。包括信息网络基础设施建设、信息技能培训、农民信息终端普及及应用、综合信息服务站建设以及"互联网+"应用示范五方面内容,每个创建项目都有明确数量目标,便于考核。三是,监督管理严格。每年组织第三方绩效评价机构,对示范镇建设及财政资金使用情况开展绩效目标评价并向社会公布。③

第二,转变观念,从仅关注农民增收转移到农民的发展能力及全面发展上来,增加农民信息素养提升的内容。目前信息扶贫政策主要倾向于农村信息化,实施主体是通信运营商。今后应该将目标视角转

---

① 赖纪瑶、蒋天骥、李思彤:《农村信息扶贫的政策逻辑及实施问题分析:来自华北S县的田野调查》,《情报杂志》2020年第8期。
② 《贫困山区公共文化服务的样板——我市创建国家公共文化服务体系示范区纪实》,文化安康网,2020年10月16日,https://wh.ankang.gov.cn/Content-2357231.html,2020年10月30日。
③ 根据山东省经济和信息化委员会网站上《关于开展"信息化扶贫示范镇"创建活动的实施方案》以及"信息化扶贫示范镇"典型案例整理。

移到解决包括信息贫困在内的相对贫困中去，依托已开展的文化扶贫、网络扶贫政策基础，扩大信息扶贫实施主体，通过多主体参与，从农村信息基础设施、农村信息资源整合、农产品市场销售、农业信息化建设等多方面出台指导政策，真正实现信息扶贫。围绕农业现代化和农业供给侧改革的目标任务，农业农村部已和与中国电信、中国移动、中国联通等电信运营商，与阿里巴巴、京东等电子商务服务提供商，及联想、浪潮等设备和解决方案提供商签订了战略合作协议，在运用现代信息技术改造传统行业，为农民提供了新的选择，为企业开拓了广阔的农村市场，取得了明显的效果。① 今后，还应该将图书馆系统对农民信息素养的提升作用融入其中，这既可以使农民受益，也可以加大政府对乡村图书馆及农家书屋更多的关注。

第三，进一步明确对信息资源整合的激励政策，鼓励更多企业开发适合农民的"终端"。对农信息资源整合和聚合非常重要，在诸多文件中都有涉及，但是真正落到实处、且功能完善的比较少。因此一方面要提升现有综合农业信息服务平台的质量，另一方面针对农民手机上网比例远超电脑上网的现状，可以通过行政和市场的手段，逐步把分散、孤立的各种 App 整合形成整体合力，形成与秦巴各地需求相适应的三农 App 服务门户，在农村发展、农业技术、农民生活等三方面形成服务和数据的精准汇聚。②

第四，建立多元化的信息扶贫政策评估体系。今后要加强对于信息扶贫政策的评估，建立起包括信息基础设施、信息资源的建设、农民信息素养培育等方面内容的评估指标体系，并要保证各指标体系具有可测量、可操作等特点。

第五，注重信息扶贫配套政策的制定。以电商扶贫为例，伴随着

---

① 杜维成：《农业信息化发展现状与趋势》，载国家信息化专家咨询委员会秘书处《中国信息化形势分析与预测（2017—2018）》，社会科学文献出版社 2018 年版，第 210—223 页。

② 杜维成：《农业信息化发展现状与趋势》，载国家信息化专家咨询委员会秘书处《中国信息化形势分析与预测（2017—2018）》，社会科学文献出版社 2018 年版，第 210—223 页。

近年电商销售在农村的异军突起，各级政府不仅要出台扶持电商的政策，还要注意配套政策的制定。如陕西洋县为了增强农村电子商务站点带贫销售能力，实施了小微企业孵化工作，让站点运营管理员升级为老板，通过政府提供农资、培训及相关补贴等配套政策的实施，扩大了助农覆盖面。①

另外，在执行层面，各基层组织要结合自身发展，细化省市县的相关政策，建立实施细则。比如制定乡镇综合文化站规章制度、文化专干准则，规范文化站管理和业务活动；健全村级综合性文化服务中心的功能定位、运行方式、服务规范、经费使用以及监督考核等管理制度。②

三　法律机制

信息是把双刃剑，适量、正确、实用的信息能够帮助人们更高效地从事生产、享受生活，但过载、虚假、低劣的信息又会给人们带来种种困扰，甚至是物质和精神上的巨大损失。尤其在人人都有麦克风的自媒体时代，必须通过信息法律的强制力维护健康有序的信息生态环境，保障人们在享受信息社会红利的同时能够遵守信息道德、关注信息安全，规避信息风险。

信息法律是指国家制定的，调整在信息的取得、使用、转让和保护等过程中所产生的各种利益问题和安全问题的全部法律规范。③ 十三五以来，伴随着互联网的快速发展，我国网络信息法制工作日益完善，《中华人民共和国网络安全法》《关于加强国家网络安全标准化工作的若干意见》《网络安全审查办法》等政策文件，推动网络安全治理更加全面深入；《互联网信息内容管理行政执法程序规定》《互联网

---

① 《电商成为洋县农产品销售快车道》，汉中市人民政府，2020 年 7 月 20 日（链接日期），http://www.hanzhong.gov.cn/hzszf/xwzx/qxdt/202007/10dfbf681b4b4a20b6b493-aafdd1de67.shtml，2020 年 7 月 28 日（引用日期）。

② 龚晨：《找准协同治理的着力点》，《团结报》2019 年 7 月 6 日第 2 版。

③ 胡昌平：《信息服务与用户》，武汉大学出版社 2008 年版，第 485 页。

新闻信息服务管理规定》《微博客信息服务管理规定》及《网络信息内容生态治理规定》等规章制度规范了互联网的信息内容;《儿童个人信息网络保护规定(征求意见稿)》《中华人民共和国个人信息保护法(草案)》等法律法规广泛征求社会意见,体现着我国个人信息立法进程不断提速。① 然而当视角转向农村,会发现还有以下几个突出问题需要通过信息法律予以解决。一是系统安全保障不足。农业系统网络安全专业人才和网络安全防护意识、硬件设施均不足,网络信息安全环境保护能力不足。二是农民对不良信息防范意识较为薄弱,容易成为网络电信诈骗的重点对象。另外农村留守儿童缺少监护人的监督和教导,也容易沉迷于网络。② 三是农村阅读氛围较差,尤其是农村儿童的阅读状况与城市儿童差距明显。据中国新闻出版研究院开展的国民阅读调查项目显示,近三年来农村儿童图书阅读率、阅读量等主要指标低于全国平均值,农村的亲子阅读行为在下降,家长陪伴儿童阅读的时长也在缩短。③

因此建议从以下几方面予以改善。一是强化对农业、电子政务、民生等重要信息系统的安全保障,实施分级分类保护,推动提高农村网络和设施对各种入侵破坏的防范能力。④ 二是要对农民加强信息道德和信息安全法律教育,通过普法宣传及信息素养课程培训,提升农民的个人信息保护意识以及文明上网意识。三是加快我国阅读立法进程。从 2014 年至 2021 年,"全民阅读"已连续 8 年写入政府工作报告。2020 年两会上,政协委员魏玉山建议在国家层面制定儿童阅读促

---

① 《CNNIC 第 47 次调查报告:网络治理逐步完善,为互联网发展保驾护航》,新浪网,2021 年 2 月 3 日(链接日期),http://finance.sina.com.cn/tech/2021-02-03/doc-ikftssap2393631.shtml,2021 年 4 月 2 日(引用日期)。

② 国家信息化专家咨询委员会秘书处:《中国信息化形势分析与预测(2018—2019)》,社会科学文献出版社 2019 年版,第 223 页。

③ 魏玉山:《加强农村儿童阅读习惯的培养》,《中国艺术报》2020 年 5 月 29 日第 7 版。

④ 国家信息化专家咨询委员会秘书处:《中国信息化形势分析与预测(2018—2019)》,社会科学文献出版社 2019 年版,第 229 页。

进法律，做好儿童阅读特别是农村儿童阅读的顶层设计。① 张雨东委员建议重启全民阅读促进条例立法进程，尽早以行政法规形式，对全民阅读的管理体制、财政投入、指标体系、重点任务、社会参与，以及弱势群体的阅读权益保障等重要事项作出规定。② 阅读权作为文化权利本质上是一种自决权，阅读立法并非干涉公民个体阅读行为，而是通过规范政府的权责配置、经费投入、保障措施等事项来促进其依法履行责任和义务，保障公民基本阅读权利的实现。根据苗美娟的统计，截至 2020 年 6 月，全国已有江苏、湖北、辽宁、四川、黑龙江、吉林、广东、河南、贵州 9 个省和深圳、石家庄、常州、烟台、宁波 5 个市出台了全民阅读的地方性法规和政府规章，各地在立法过程中能够把握数字阅读发展趋势、强调社会广泛参与及资源整合，但也存在着地方法规层级效力较低、促进型立法定位导致法律可执行性较差、宣传推广力度不够等问题。③ 因此今后应该在总结现有立法经验的基础上，加快全民阅读的国家立法进程，抓紧制定和完善相关配套制度设计，明确实施主体和实施细节，保证法律的科学性和可执行性。

第二节　经费投入机制

必要的经费投入是改善秦巴山区信息基础设施和公共文化设施建设的重要支撑，也是推动各信息服务机构提升信息服务能力的重要条

---

① 《魏玉山两会提案　为农村儿童阅读、著作权法获酬保障机制及图书公平交易建言献策》，新浪网，2020 年 5 月 22 日（链接日期），https://www.sohu.com/a/397063213_120060294，2020 年 7 月 20 日（引用日期）。

② 《张雨东委员代表民进中央发言：推动全民阅读建设书香中国》，新华网，2020 年 5 月 25 日（链接日期），http://www.xinhuanet.com/2020-05/25/c_1126031826.htm，2020 年 7 月 20 日（引用日期）。

③ 苗美娟：《我国全民阅读地方性立法的内容解读及特点分析》，《图书情报工作》2020 年第 12 期。

件。2015—2019年，山东省级财政共投入资金3.6亿元，连续5年对经济欠发达地区村级文化设施建设予以扶持。8654个省扶贫工作重点村全部建成综合性文化活动室，提前完成文化扶贫任务。① 尽管秦巴六省市省级财政与山东省有一定差距，但各地也能为信息扶贫积极投入。比如针对设施欠账这个短板，2016年河南省设立了额度为1亿元的"政府购买公共文化服务专项资金"，其中特别加大了对基层和贫困地区的倾斜力度；并决定自2016年起，争取省财政每年拿出1000万元，用三年时间对全省53个贫困县补助一遍，支持它们新建或改扩建文化设施、购置设备。另外各级财政每年投入1.78亿元，推动全省3000多个公共文化服务单位全部实现零门槛免费开放。② 2018年《陕西省农业厅关于加强农业信息化建设的指导意见》则建议省财政设立专项资金，支持农业信息化建设。采取财政资金直接扶持、基金支持、购买服务等方式，重点在智慧农业、农业大数据、农业物联网、信息进村入户、农业电子商务、试验示范等方面进行支持。③

一 信息扶贫经费投入概况

尽管在各级政府的重视下，秦巴地区的经费投入有了极大提升，但由于底子薄、历史欠账多，因此还存在着资金投入总量不足、有限经费被挪用、未建立长效投入机制等方面的问题。以陕西商洛市洛南县为例，该县在2020年已基本实现各县各镇（办）、街道综合文化室

---

① 张静：《人民心所向 文旅皆可往："十三五"时期山东交出亮眼文旅成绩单》，中华人民共和国文化和旅游部，2020年12月10日（链接日期），https://www.mct.gov.cn/whzx/qgwhxxlb/sd/202012/t20201210_918969.htm，2020年12月30日（引用日期）。
② 李庆禹：《河南省多措并举推进文化扶贫工作》，中华人民共和国文化和旅游部，2016年10月11日（链接日期），https://www.mct.gov.cn/whzx/qgwhxxlb/hn/201610/t20161011_788548.htm，2018年4月22日（引用日期）。
③ 《陕西省农业厅关于加强农业信息化建设的指导意见》，陕西省农业农村厅网，2018年7月11日（链接日期），http://nynct.shaanxi.gov.cn/www/snynctwj/20180711/9658171.html，2020年8月22日（引用日期）。

全覆盖，98%以上的文化站配备有电脑，但却因配置较低无法使用，成为应付检查的摆设；文化管理员每人每月500元的工资也不能及时按月发放，致使人员流失严重。① 而在甘肃省农村公共信息服务供给体系中，由于县乡的投入非常有限，因此基层的信息供给能力很弱。② 2019年以来，随着中办国办《数字乡村发展战略纲要》的出台，各地都把发展数字乡村作为乡村振兴的战略方向，然而由国家信息化专家咨询委员会秘书处主编的《中国信息化形势分析与预测（2018—2019）》指出，我国数字乡村建设资金投入不足。一方面表现为农业信息化资金投入不足，尤其是地方财政在农村卫生健康、教育等公共服务领域的信息化方面的投入尚显不足。另一方面是没有建立长效投入机制，数字乡村建设"政府一头热"的现象不同程度存在③。

二 改善经费投入的措施

（一）将信息扶贫列入各级政府财政预算，加大投入

公共信息属于公共物品或准公共物品，具有一定的非竞争性和排他性，政府作为公共信息的最大占有者，有义务向公众提供公共信息产品及服务④，因此将信息扶贫列入各级政府财政预算、加大投入是各级政府的责任所在。信息扶贫包括信息基础设施建设、开发信息产品、组织信息活动及提升农民信息素养等多项内容。目前信息基础设施建设，电商扶贫等与农村经济发展直接相关的项目都获得了政府较多的投入，加之这些项目本身具有营利性质，因此应该将财政资金投入重点放在那些纯公共物品和纯公共服务的供给方面，如乡村图书

---

① 吴亚莉：《洛南县基层公共文化服务体系建设情况调研报告》，《百花》2020年第6期。
② 陶彦玲：《甘肃农村公共信息服务的供给研究》，《兰州工业学院学报》2019年第3期。
③ 国家信息化专家咨询委员会秘书处：《中国信息化形势分析与预测（2018—2019）》，社会科学文献出版社2019年版，第223页。
④ 周毅、孙帅：《政府信息资源管理研究视域及主题深化》，复旦大学出版社2015年版，第168页。

馆、农家书屋的图书更新、设施完备及农民的信息素养培训上面。近年在公共服务财政投入方面比较有成效的是公共文化服务体系的建设，其成功的经验有以下几点。第一，顶层设计，逐级落实。自2015年中办、国办印发《关于加快构建现代公共文化服务体系的意见》并出台《国家基本公共文化服务指导标准（2015—2020）》之后，全国31个省（区、市）结合本地实际制定了具体实施标准。333个地市（占比100%）、2846个县（占比100%）出台了基本公共文化服务目录，明确了基本公共文化服务的服务项目、数量指标、质量标准和支出责任，为保障人民权益提供了基本依据。第二，标准成体系，实施有依据。除指导标准外，文化和旅游系统还围绕公共文化设施建设、管理服务、考核评估等环节和业务领域，发布了30项标准，各地陆续出台了一系列符合当地实际、具有创新性的地方标准。这些标准为各类主体提供了具体的、可操作的实施依据。第三，立法保障，责任明确。2017年实施的《中华人民共和国公共文化服务保障法》，从法律层面确立了基本公共文化服务标准制度，也从公共文化设施建设与管理、公共文化服务等方面层层深化了政府主体责任。[1] 信息扶贫的经费投入也可以采取这样的路径，由国家进行顶层设计，制定信息扶贫指导标准，然后由各地根据实际情况指定本地标准，并予以落实，上级部门加强对经费投入及使用方面的监督检查。

另外在经费投入上，也可以采取项目制方式，确定一批信息扶贫试点区（或示范区），然后予以专项经费支持。经济基础好的地市，还可以借鉴湖北省襄阳市的做法，按照乡镇常住人口规模的不同，确定差异化人头补贴金额，将乡镇公共信息扶贫经费纳入县级财政。

不仅加大投入，从农村居民实际需求出发，各级政府还可以通过

---

[1] 《〈国家基本公共服务标准（2021年版）〉正式发布 健全人民文化权益保障制度取得新进展》，中华人民共和国文化和旅游部，2021年4月25日（链接日期），https://www.mct.gov.cn/whzx/bnsj/ggwhs/202104/t20210425_923964.htm，2021年5月10日（引用日期）。

税收减免政策，鼓励企业降低资费或者开发更多付费少或免费的信息产品。甘肃"百草园"公共文化服务平台是甘肃省委委托甘肃省广播电视网络股份有限公司开发的农家书屋数字平台。该平台由"一园三端"组成，功能强大，实现了阅读、观影、看电视、农业培训、教学辅导、购物等功能全覆盖。①。尤为重要的是，用户在使用过程中可以不使用流量，这就最大限度地提升了该平台的吸引力，也使其能真正发挥丰富农民文化生活的作用，助力信息扶贫。

（二）建立协同投入机制

建立和完善多元主体参与信息扶贫投入机制，形成以政府投入为主、社会多渠道筹资为辅的投入格局。对于农村信息基础设施建设和网络电商等各级政府主抓的项目，需要进一步深化改革创新，以发挥市场在资源配置中的决定性作用和更好地发挥政府作用，逐步形成既可以使农民受益又让市场主体有积极性的建设发展机制，撬动更多社会力量参与信息扶贫。② 对于乡村图书馆、农家书屋等以实现社会效益为主的信息服务，除了坚持政府投资主体责任不动摇之外，也要通过税收减免、众筹、捐赠等方式鼓励社会资本和社会公益力量参与其中，并不断探索新的扶持方式。刘兹恒在总结美国图书馆基金会资助图书馆发展的经验后指出，我国虽有《公益事业捐赠法》《基金会管理条例》以及《关于进一步支持文化事业发展的若干经济政策》等涉及慈善捐赠及相关税收等方面的法律和条例，但减免税程序复杂、极大地制约了公民以及团体慈善捐赠的积极性。③ 因此政府应该进一步完善慈善捐助的政策及法律体系，努力建立起成熟的运作机制与资助

---

① 雷志义:《甘肃广电网络建成全国首家农家书屋数字平台"百草园"并安全运行》，中国广电甘肃网络股份有限公司，2020 年 10 月 10 日（链接日期），http://www.gsbtn96333.com.cn/mnewsshow-2-3422-1.html，2020 年 10 月 30 日（引用日期）。

② 国家信息化专家咨询委员会秘书处:《中国信息化形势分析与预测（2018—2019）》，社会科学文献出版社 2019 年版，第 223 页。

③ 刘兹恒、朱荀:《美国图书馆基金会资助图书馆发展的经验及对我国的借鉴》，《中国图书馆学报》2010 年第 5 期。

程序，明确政府、捐赠者以及受资助图书馆之间的权利和义务，以规范的机制激发社会公益捐赠的热情。而王子舟则建议通过改变经费投入和使用机制来促进乡村图书馆更好的发展。一是将政府投资办农家书屋的方式转换为"民办官助"，即村民或社会组织自办或承包政府投资办的农家书屋，政府通过考核来购买其提供的公共文化服务；二是采用"项目审批"式经费支出，由基层政府设立公共文化服务发展基金，乡村图书馆通过申请项目的方式获得馆舍建设、资源配置、阅读推广、社会教育等资助。①

另外，还可以在各县政务平台或者搭建好的一体化县级综合信息服务平台上，专门设置公益捐助栏目，及时发布捐助需求，以便爱心人士或团体认捐。

第三节 信息服务人才保障机制

信息扶贫、乡村振兴，队伍是基础，人才是关键。现有诸多研究都表明，即使建成了良好的信息基础设施、功能多样的信息服务平台，如果没有信息服务人员的帮助，目前留守在农村的大部分老人、妇女和儿童即使有信息需求，也难以通过自身素养和能力予以满足，因此必须加强信息服务人才队伍建设，建立人才保障机制。

一 信息服务人才相关政策

农村信息服务人才建设是信息扶贫的重要抓手，也是实现乡村振兴战略必须解决的短板。由于城乡差距的长期存在，外地人才不愿来、本地人才留不住是我国农村发展不得不面对的困境，为此国家出台了诸多政策力求改善现状。"让人才下沉、让科技下乡"的科技特派员制度始于 1999 年福建省南平市的创新实践，之后在科技部的主

---

① 王子舟、李静、陈欣悦：《乡村图书馆是孵化乡村文化的暖巢——关于乡村图书馆参与乡村文化振兴的讨论》，《图书与情报》2021 年第 1 期。

导下全国推行。截至 2017 年，科技特派员覆盖全国所有县（市、区），与老乡建立利益共同体 3 万个，带动农民增收超过 1010 万户，成为奋战在脱贫攻坚一线的创新"先锋队"。① 2019 年 1 月中共中央办公厅印发《关于鼓励引导人才向艰苦边远地区和基层一线流动的意见》，指出要完善人才培养吸引流动和激励保障机制，鼓励引导更多优秀人才到艰苦边远地区和基层一线建功立业。② 同年 12 月《农业农村部、国家发展改革委、财政部及商务部关于实施"互联网+"农产品出村进城工程的指导意见》也对农产品网络销售实用人才的培养、农民手机应用技能培训等进一步作出安排部署，要求农业农村部牵头，教育部、科技部、工业和信息化部、商务部、国务院扶贫办等按职责分工负责。2020 年 1 月中央一号文件指出，要推动人才下乡以强化农村补短板保障措施。如支持大学生、退役军人、企业家等到农村干事创业；整合各类资源构建高素质农民教育培训体系；落实县域内人才统筹培养使用制度及动员城市专业技术人员下乡服务，同时将 1 年以上农村基层工作服务经历作为城市中小学教师、医生晋升高级职称的条件之一。③

秦巴各地也积极探索，破解乡村信息人才不足难题。2018 年，陕西省科技厅围绕全省主要农业产业链发展需求，创新科技特派员组织形式，遴选 255 名产业技术专家，组建了苹果、葡萄、猕猴桃、奶山羊等 18 个省级科技特派员产业技术服务团，以团队模式开展产业技术服务，从过去的"单兵作战"升级为"团队作战"。2020 年设

---

① 陈芳、胡喆：《"让技术长在泥土里"——我国科技特派员制度推行 20 周年成果丰硕》，新华网，2019 年 10 月 20 日（链接日期），http：//www.xinhuanet.com/politics/2019-10/20/c_1125128717.htm，2020 年 1 月 12 日（引用日期）。

② 《中共中央办公厅印发〈关于鼓励引导人才向艰苦边远地区和基层一线流动的意见〉》，中国政府网，2019 年 6 月 19 日，http：//www.gov.cn/xinwen/2019-06/19/content_5401652.htm，2019 年 8 月 20 日。

③ 《中共中央 国务院关于抓好"三农"领域重点工作确保如期实现全面小康的意见》，中华人民共和国中央人民政府，2020 年 2 月 5 日（链接日期），http：//www.gov.cn/zhengce/2020-02/05/content_5474884.htm，2020 年 2 月 10 日（引用日期）。

计开发了陕西省科技特派员服务与管理系统，建立起"互联网+农技推广"的模式，方便专家和农户进行远程技术教学和咨询。① 同年，陕西勉县以推进新媒体和农业产业融合发展为突破口，组建发展"扶贫达人"团队，以直播带货宣传推介及销售勉县农特产品的方式，实现了农业产业壮大、农民增收，达人发展的三赢效果。② 湖北省科技厅通过实施科技特派员"百县千镇万人工程"，开展"科技人员进万村、入万户、助脱贫"和"行业专家贫困地区行"行动，充分发挥科技人员在农业生产经营活动中的支撑作用。此外还依托高校院所人才智力优势，对乡土人才、返乡农民工、大学生村官、科技示范户以及有劳动能力和学习意愿的贫困户等开展实用技能和就业创业培训。2018至2019年，共培训农民223781人次，培育致富带头人、基层技术骨干等12674人。

二 现有人才建设面临的问题

通过对秦巴人才政策梳理，发现各地都采取了积极措施，在农技人才培养及对接农民生产发展需求等方面做出了积极探索也取得了较好的效果，但是也存在以下问题。一是信息服务人才总量不足。目前比较通行的做法是通过科技特派员制度、科技下乡等活动，利用外部力量扶持农村经济发展。尽管参与的技术人员在逐年增加，但相比巨大的农村需求，信息服务人才缺口还是比较大，各村镇还缺乏定点常驻技术指导。在文化信息服务方面，人才不足更为突出，如陕西洛南县全县文化站共有编制人员113人，但被镇上借调到其他部门的人员达49%，16个镇（办）文化站站长仅有1人为原文化专干，其余均从

---

① 王琦：《从"科技特派员"到"科技特派团"——我省多举措推动科技特派员工作高质量发展》，《陕西农村报》2021年4月2日第4版。
② 勉县扶贫办：《聚是一条龙 散是满天星——勉县"扶贫达人"力促信息创造价值》，搜狐网，2021年1月18日（链接日期），https：//www.sohu.com/a/445325760_ 100001419，2021年2月15日（引用日期）。

外系统调入，他们对文化工作不熟悉，业务不精通。①《2019 中国文化和旅游统计年鉴》显示，2018 年陕西乡镇文化站平均每站从业人员数为 3.2 人，专职人员仅为每站 1.85 人②，农村文化服务人员数量严重不足。另外，再加上部分工作人员业务能力差，能维持正常开门已实属不易，更遑论主动服务和创新服务。二是信息服务人才结构不合理、服务对象不全面。现有人才保障机制主要针对的是种养大户、示范园区农户的生产技术需求，其余普通农户如果没有加入农业合作社，那么往往会因为居住分散、生产规模小等因素导致他们的需求难以得到有效保障。在生活信息需求保障方面，除了贫困户的各类需求备受重视外，其余普通农户的信息需求基本属于自给满足，如果他们的信息素养差、信息能力弱，遇到问题则会无法解决。

三 改善人才建设状况的对策

(一) 探索多种信息服务方式，努力克服信息服务人才总量不足的问题

秦巴山区山大沟深、交通不便，加之农村信息服务人才总量不足，为提高服务的覆盖面，必须积极探索以"互联网+"为主导的多种信息服务方式。2020 年春，陕西安康市农业农村局充分利用广播电视、网络微信等手段，组织农业专家通过系列在线培训、指导和答疑，帮助农民解决春耕生产实际困难。③ 西北农林科技大学 60 多位专家变身"主播"，通过该校搭建的线上农业信息服务网络体系，为农户免费答疑解惑。还通过电话、微信、QQ 等方式，对农技工作人

---

① 吴亚莉：《洛南县基层公共文化服务体系建设情况调研报告》，《百花》2020 年第 6 期。
② 中华人民共和国文化和旅游部：《中国文化和旅游统计年鉴 2019》，国家图书馆出版社 2019 年版，第 144 页。
③ 吴乐：《"云课堂"让农技推广插上信息化的翅膀》，安康市农业农村局，2020 年 3 月 12 日（链接日期），http://nyj.ankang.gov.cn/Content-2045658.html，2020 年 3 月 15 日（引用日期）。

员、种植大户及农资企业人员开展分类调研，以便为农户提供更精准的技术指导。① 同年 6 月，陕西省科技厅印发《关于鼓励引导人才向基层流动的若干措施》指出，要加快"智汇秦科技——陕西科技 PDS 管服平台"建设，完善"农科 114"系统功能，推广手机 App、微信公众号等服务模式，支持科技人才通过互联网远程技术为基层一线提供公益性志愿服务或者开展兼职工作。②

不仅服务于农业技术，互联网技术还应该广泛应用于农村在线教育、远程医疗、云端文化展览等其他领域，通过线上专家的作用支持农村居民获取教育、医疗保健及生活娱乐等多种信息。2021 年暑期，地处秦巴的陕西城固县熊家营村为暑期在村的孩子们准备了"乐学一夏"暑期"云课堂"，通过国内外著名高校和科研机构博士带来科普讲座的在线课程形式，在一定程度上消减了农村少儿科普难的短板，也提供了增量农村信息服务人才的新思路。③ 尤其值得称道的是，该村从实际出发，安排有智能设备的孩子在家上课，没条件的在村委会集中参加，既保障了每个孩子平等获取知识和信息的权利，又开阔了他们的视野，激发了他们爱科学、学知识的兴趣。今后应该继续发挥网络优势，为秦巴农村引入更多的远程信息服务，方便村民通过手机、电视、电脑以及数字农家书屋平台等设备设施予以接收和利用。

（二）优化信息服务人才结构，满足农民多方面信息需求

目前各地对科技特派员的薪酬待遇有明确规定，能够较好地保持

---

① 任娜、姜泓、张晴：《高校开设"田间大课""云指导"为农村开出生产良方》，西部网，2020 年 4 月 7 日（链接日期），http：//news.cnwest.com/xian/a/2020/04/07/18639778.html，2020 年 4 月 10 日（引用日期）。

② 《陕西省科学技术厅关于印发贯彻落实〈关于鼓励引导人才向基层流动的若干措施〉具体举措的通知》，中共陕西省委科技工委、陕西省科学技术厅，2020 年 6 月 6 日（链接日期），https：//kjt.shaanxi.gov.cn/kjzx/tzgg/182665.html，2020 年 6 月 10 日（引用日期）。

③ 邹博：《清华博士、浙大博士……汉中这些孩子们幸福了！》，汉中新闻网，2021 年 8 月 9 日（链接日期），http：//www.hanzhongnews.cn/ttzb234/p/58012.html，2021 年 8 月 9 日（引用日期）。

科技特派员服务三农的积极性和创造性。如 2020 年 4 月，陕西省 13 部门联合印发《深入推行科技特派员制度实施方案》，从落实优惠政策（保留人事关系及薪酬待遇、职称评聘同等优先）、支持建立利益共同体、推行科技特派员服务券及加大表彰奖励等方面制定了支持政策。① 但在农村文化信息扶贫方面缺乏专门政策，农家书屋管理员和农村文化专干的待遇一直难以落实，无法充分调动其积极性。因此需要补充出台相关政策，一方面充分利用省市县图书馆文化馆等上级文化单位加大对农家书屋管理员及文化专干业务技能的培训，提升其对农信息服务水平；另一方面要想方设法落实其薪酬待遇以提升其工作积极性和主动性。四川省在推进农家书屋纳入图书馆总分馆制的试点建设中，将农家书屋管理员的招聘、培训、管理、派遣和考核工作由乡镇政府负责，按乡镇事业单位固定合同工实行垂直管理，其待遇和相关经费由乡镇财政纳入预算并统一解决。② 该举措较好地稳定农家书屋管理队伍，值得借鉴参考。

(三) 广泛吸纳社会力量，形成多元化信息服务人才队伍

1. 充分发挥本土人才的作用并以制度为保障

除了专兼职信息服务人员，农村还有很多具备一定文化知识或者在某个方面有专长的人员，他们是弥补农村信息服务人才不足的重要力量。基层政府组织要以乡镇村组为单位，摸清本地分散在民间的"土专家""田秀才"的底数，统计退休党政干部、退休企事业单位工作者、本土走出去的大中专学生的相关信息，把他们纳入农村信息服务人才队伍，并逐步建立起乡村信息服务人才库，开展乡村信息人

---

① 《重磅！陕西 13 部门联合印发〈深入推行科技特派员制度实施案〉》，陕西科技特派员云平台，2020 年 4 月 3 日（链接日期），http://www.sxkjtpy.cn/f/view-6-c86a6a92844f4a84afc676739ac1fb77.html，2020 年 4 月 20 日（引用日期）。

② 谭发祥：《农家书屋纳入公共图书馆总分馆制建设的实证研究——以四川省首批试点建设为例》，《国家图书馆学刊》2021 年第 1 期。

才的评价与认定,强化分类指导,把乡村信息人才管起来、用起来。① 同时,为了充分发挥人才库的作用,要建立起激励机制,对热心乡村信息服务并卓有成效的人员予以精神和物质奖励。

目前,在开发本土人才方面,陕西铜川和安康的乡村文化理事会的经验值得秦巴山区其他地方借鉴。2019 年,为重塑乡村文化生态,解决乡村文化供需错位、群众文化参与度弱的现状,铜川王益区罗寨村依托文化能人、文艺骨干、退休干部等组建了乡村文化理事会,除会长由党支部副书记兼村文化管理员担任外,副会长和会员均为村里的文化能人、退休教师等。在理事会集体智慧下,不仅设计制作了乡村文化理事会 Logo、乡村文化大院及服务项目公示牌、乡村文化建设工作宣传橱窗,还依据各会员(文化中心户)的自身特点,将村综合文化服务中心设施设备及服务进行有机分解、合理下移,形成了书画根雕奇石艺术馆、秦腔自乐班、舞蹈坊、书吧以及姜女秦绣传习所等 5 家乡村文化大院。村文化工作结构由原来的村两委一元主导,转变为融合广大群众民主、民意的多元共生格局,乡村文化整体发展资源和动能得到有效激活,服务效能大幅提升。② 此后,安康市在创建第四批国家公共文化服务体系示范区项目驱动下,也推行了乡村文化理事会制度,吸纳村干部、乡贤及干部教师等组建理事会,制定了理事会章程并建立健全各类规章制度。宁陕县试点村还通过月例会制度建立起顺畅的信息反馈机制,针对村风民约、"新民风"、文化娱乐、产业发展、精准脱贫等涉及群众切身利益的问题,每月底与镇综合文化中心、农服务中心、扶贫办等站所及村"两委"交换工作意见,反馈群众意见和建议。

2. 建立志愿者机制,广泛吸纳社会力量

志愿服务,是指志愿者、志愿服务组织和其他组织自愿、无偿向

---

① 龚晨:《找准协同治理的着力点》,《团结报》2019 年 7 月 6 日第 2 版。
② 司晓宏、白宽犁、王长寿:《陕西文化发展报告(2020)》,社会科学文献出版社 2020 年版,第 289—290 页。

社会或者他人提供的公益服务。① 通过引入志愿服务可以在一定程度上缓解农村信息服务人才不足的问题。如浙江省嘉兴市图书馆通过搭建线上文化志愿者平台、建立培训管理和激励机制，鼓励文化系统内外大量的专业人员、骨干等志愿服务力量加入基层文化建设中，打通农村群众文化服务的"最后一公里"。② 陕西安康汉滨区通过"文化小康行动"等系列文化志愿服务活动，采取"路灯式""菜单式""订单式"服务模式，为当地公共文化服务的精准供给提供了举足轻重的公益力量。今后秦巴各地应该充分吸收当前国内外志愿服务的经验，不断扩充信息服务志愿者队伍，加大对志愿服务的财政支持力度，完善精神和物质激励机制，建立健全信息服务志愿网络。

同时为了满足农民零散的、偶发性信息需求，可以吸纳村干部、大学生村官、大中专学生以及社会爱心人士构建线上线下信息服务"帮帮团"，借鉴全国联合参考咨询网的方式，设定各地的帮帮团子站。农户在平台提问（不会上网的农民可以将问题提交给本村农家书屋管理员、文化专干或村干部）后，由帮帮团成员根据各自专长进行认领并予以解答。为激励帮帮团成员的应答热情，可以根据解答问题的次数以及提问者的点赞数（或评价）予以1—5星星级认证，表现优秀者可以被授予荣誉称号或进行物质奖励。

除此之外，还需要不断探索新的社会力量参与模式。如山东威海市通过实施公共文化服务公益创投，扶持专业文化组织孵化中心对符合村民需求，具有成长潜力的文化组织和公共文化服务项目进行培育孵化，使得一系列丰富多彩而又精准对接老百姓需求的服务，被源源不断地引入基层综合性服务文化中心，"门打不开、人不进来、服务

---

① 《志愿服务条例》，志愿网，2020年8月20日（链接日期），http://www.nbzyz.org/home/sub/news_detail.html?newsType=119&tabActive=0&id=49c37952-4978-11eb-98a0-fa163e4bf686，2020年8月20日（引用日期）。

② 李鹰：《精准扶贫视域下文化志愿者服务的实践路径探析——以安康市汉滨区为例》，《百花》2020年第6期。

单一"的基层公共文化服务困境被逐步破解。①

第四节 激励机制

激励是针对人的行为动机而进行的工作②，通过激励可以更好地发挥人的潜能，更好地实现组织目标。目前在公共信息扶贫中，还存在着信息服务人员工作动力不足、农民参与信息活动的积极性不够的问题，因此需要建立激励机制以改变现状。

一 对信息服务人员的激励

信息服务人员是信息扶贫的主体，其主观能动性的强弱直接影响到信息扶贫的效果。得益于国家对农业经济建设和农民生活质量提升的重视，那些直接服务于农技生产、能为农民带来显著经济受益的信息服务人员得到了较好的激励。比较典型的如科技特派员制度，除了保留原单位的人事关系、薪酬等，国家和各省的政策都鼓励科技特派员与服务对象签订服务协议，与企业、农民建立"风险共担，利益共享"的利益共同体。2021年4月，河北省启动476个科技特派员工作站和43个科技特派员工作室建设，并对每家新建的工作站和工作室给予5万元经费补助，后续将按照绩效评价结果给予一定运行经费补助。③同年6月，内蒙古科技厅印发《深入推行科技特派员制度助力乡村振兴三年行动实施方案（2021—2023年）》，指出对评估优秀

---

① 郑海鸥：《提升乡村公共文化服务专业化精准化水平》，人民网，2020年6月26日（链接日期），http://culture.people.com.cn/n1/2020/0626/c1013-31759603.html，2020年7月13日（引用日期）。

② 周三多、陈传明：《管理学》，高等教育出版社2018年版，第220页。

③ 河北省科技厅：《河北启动476个科技特派员工作站和43个科技特派员工作室建设全力做好科技特派员服务保障》，中华人民共和国科学技术部，2021年4月21日（链接日期），http://www.most.gov.cn/dfkj/hb/zxdt/202104/t20210420_174036.html，2021年4月30日（引用日期）。

的基层科技特派员专家工作站按年度给予不低于 15 万元后补助支持。① 在文化扶贫方面，为激励社会力量参与公共文化服务体系建设，内蒙古自治区乌审旗制定了以文体特派员队伍、乌兰牧骑、流动电影放映队为代表的文化户建设标准和扶持办法，根据文化户的种类、规模、活动质量等，每年给予 2000 元至 5000 元经费保障，扶持其发展壮大成为基层文化服务的中坚力量。② 这些激励措施都可供秦巴山区借鉴参考。同时，考虑到秦巴地区农村经济水平相对较差，基层组织财政可能困难更多，还可以考虑精神激励。比如评选"最美书屋管理员""最赞文化专干"等，并在本地媒体对其业绩进行报道宣传，一方面激发获评者的自豪感和荣誉感，另一方面其事迹业绩也可供其他基层信息服务机构借鉴，以便更好地服务于民、奉献于民。

二　对农户的激励

农民是信息扶贫的对象，其参与信息活动的意愿与行动直接决定信息扶贫的目标能否实现。以农技培训为例，与人们通常的认知一致，学者们发现参加农技培训、获取农技信息能提高农民生产决策的科学性，并增加其收入。王洁分析四川省柑橘主产区农户数据后发现，农业科技部门的培训次数显著影响种植户安全用药的积极性，且培训程度越深，农民安全用药的决策越科学。③ 李宝值基于对浙江省 8158 份新型职业农民的样本分析指出，新型职业农民培训对农民收入

---

① 内蒙古自治区科技厅：《深入推行科技特派员制度助力乡村振兴三年行动实施方案（2021—2023 年）》，中华人民共和国科学技术部，2021 年 6 月 2 日（链接日期），http://www.most.gov.cn/dfkj/nmg/zxdt/202106/t20210602_175014.html，2021 年 7 月 5 日（引用日期）。

② 《〈国家基本公共服务标准（2021 年版）〉正式发布　健全人民文化权益保障制度取得新进展》，中华人民共和国文化和旅游部，2021 年 4 月 25 日（链接日期），https://www.mct.gov.cn/whzx/bnsj/ggwhs/202104/t20210425_923964.htm，2021 年 6 月 12 日（引用日期）。

③ 王洁、漆雁斌、何悦：《农业技术培训实施主体、培训次数与农户安全用药行为：基于四川柑橘种植户的调查》，《新疆农垦经济》2020 年第 2 期。

提升具有显著的正效应,且生产经营型农民的培训收入效应高于专业技能型和社会服务型农民。① 尽管以上研究证实了农技培训的重要价值,但是课题组在秦巴地区的实地调研却显示,农民对农技培训的热情并不高,比如重庆奉节脐橙种植户不愿意参加县里的脐橙培训,认为凭经验种植就很好,无须再去浪费时间;陕西南郑新集镇二门村的农民对村里组织的电子商务培训也缺乏兴趣,认为自家生产规模小,电子商务用不上也不想学。熊雪对云南、贵州和陕西1259户农民的调研也发现,尽管参与培训可以使农户家庭总收入平均提高21.75%,但仅有19.7%的农民有参与积极性。② 因此必须通过有效的激励增强对农民参与信息活动的意愿。第一,根据农民的不同特征开展农技信息培训。农户生产经营类型、家中土地规模大小、是否参加合作社、家中女性是否参与村里会议都会影响农民参与农技信息培训的热情,因此需要首先通过农户调研,摸排各村的人口状况,了解不同生产经营主体的核心需求,然后实行按需培训。培训的方式建议从以村组为单位转为以农户类型为单位,按农民的信息接受能力、兴趣和未来发展目标确定培训内容、优化培训方式,同时注意加强培训中后和培训后的信息反馈,不断完善培训体系。第二,充分发挥村级组织和村能人的作用,帮助普通农户提高信息意识、增长信息能力。比如针对政府安排的各类培训,村里可以根据农户的参与次数和参与效果评选培训明星,根据不同的星级授予相应的称号或者给予一定的物质奖励。对于学习成效特别显著的农户,可以将其转聘为培训导师,由他们再对普通农户进行面对面、手把手地培训。以网络销售农产品为例,不少农户也希望自家的农产品能够通过网络渠道卖出好价钱,但苦于自己不会使用智能手机,或者即使有也难以掌握销售技

---

① 李宝值等:《新型职业农民培训的收入效应及其差异分析》,《农业技术经济》2019年第2期。

② 熊雪、聂凤英、毕洁颖:《贫困地区农户培训的收入效应——以云南、贵州和陕西为例的实证研究》,《农业技术经济》2017年第6期。

巧，这样就可以由本村培训导师先期帮忙进行网络售卖，待农户尝到网络销售的甜头后，学习网络销售的热情就会被激发出来，这样就能将组织传播和人际传播的优势结合起来，完成农民信息素养提升从被动到主动的过程，变"要我学"为"我要学"。第三，创新激励手段，让农民在赶学比超中提升信息素养。2020年春节，四川绵阳江油市龙凤镇引导广大群众通过"学习强国" App 了解防疫常识、文化生活、劳动技能、政策法规等内容，短短一个月里，有1200名普通群众新增为"学习强国"用户。同时，为提升村民学习兴趣和参与积极性，顺江村开展了"学习强国"知识竞赛有奖活动，凡在5天一个学习周期中积分达250分以上学员可获得实用奖品。① 该举措极大地激发了农民群众的参与热情，同学习、同进步、微信群晒积分成了村民们每天的生活日常。秦巴各地可以借鉴此经验，通过学习打卡、答题换积分等活动增强农民学知识、查信息的热情，改善农村的文化氛围。

第五节　评价和反馈机制

公共信息服务属于非营利信息活动，由于缺乏经济收益的激励，其生产及服务过程的实现主要依靠政府行政命令及法制等非经济手段，因此在评价其效益的过程中，需要建立一个有效的量化评价机制②，以保证信息扶贫的持续性和有效性。

一　创新考核评价模式

"可及性"概念最早见于 Anderson（1968）关于卫生服务"Using

---

① 王露：《绵阳江油市龙凤镇用活"学习强国"助力疫情防控和复工复产》，四川文明网，2020年3月4日（链接日期），http://sc.wenming.cn/yw/202003/t20200304_5456643.shtml，2020年3月6日（引用日期）。

② 胡昌平：《信息服务与用户》，武汉大学出版社2008年版，第411页。

Service"的论述，指受众对服务的实际享用量及获得服务的便捷或受阻程度①，2000年之后，逐渐被引入其他基本公共服务领域。2020年冯献、李瑾提出的乡村公共文化可及性评价指标由可得性、可达性、可负担性、可接受性及可适应性五个维度构成。② 课题组依据信息扶贫定义、参考学界已有成果及《国家基本公共服务标准（2015—2020）》认为，公共信息扶贫的评价也可以采用可及性评价方法，从农村信息基础设施（含公共文化服务设施）和设备可及；各类信息资源的可达、可理解；农民对信息服务的可适应性等多个维度来构建评价指标，同时还要需要注意以下几点。

一是健全信息扶贫督查考核机制，推动工作任务全面落实。健全完善市县党政领导班子和领导干部推进信息扶贫实绩考核制度和镇村抓信息扶贫考核机制，将信息扶贫业绩纳入各级政府组织的年度考核评价内容。强化督查指导，推动各项相关政策举措落实落地。

二是结合各地实际，采用更加灵活的考核标准。比如借鉴柯平等在设计第六次公共图书馆评估指标体系的做法，针对各地的经济发展、人口状况的不同，将绝对量指标转化为注重人均的相对量指标。③ 再比如在考核电商扶贫的效益时，不仅统计全县的电商服务站数量，还应该考核使用电商扶贫点的人数。④ 同时不仅要关注公共文化和信息基础设施的覆盖率，更要重视农民对乡镇综合文化站、农家书屋、益农服务社、互联网、电商平台、计算机等基础设施的利用情

---

① Andersen R., "A Behavioral Model of Families Use of Health Services: Paying the Doctori System of Remuneration and Thier Effectsby Willliam A. Glaser", *Journol of Human hesources*, University of Wisconsin Press, Vol. 7, No. 1, pp. 125-127. 转引自冯献、李瑾《乡村公共文化服务可及性：指标体系设计与评价应用》，《图书馆》2020年第11期。

② 冯献、李瑾：《乡村公共文化服务可及性：指标体系设计与评价应用》，《图书馆》2020年第11期。

③ 柯平、刘旭青、邹金汇：《以评促建、以评促管、以评促用——第六次全国公共图书馆评估定级回顾与思考》，《图书与情报》2018年第1期。

④ 赖纪瑶、蒋天骥、李思彤等：《农村信息扶贫的政策逻辑及实施问题分析：来自华北S县的田野调查》，《情报杂志》2020年第8期。

况及实际应用能力。

三是要注重考查信息服务人员对相关信息内容的掌握和理解程度。汉中市在督查考核健康扶贫政策信息传递效果中，为避免相关信息在科层体制的"上传下达"中被曲解和变形，专门通过答题测试村干部、驻村工作队和第一书记对健康扶贫政策知晓情况以及村医对健康扶贫报销政策和流程知晓情况。① 如此考核方式从源头上保证了信息的准确传递和解读，也对信息服务人员提出了更高要求。而对农户的要求较低，他们只需要知道从哪里找信息或者有需求该找谁就可以便捷地获取帮助，较好地达成了政策信息扶贫的目的。再如为了促进工作人员主动获取"三农"政策并能够利用涉农报刊宣传本地本单位的工作动态，安康市农业农村局将各县区农业农村局及镇村订阅《农民日报》《农村工作通讯》的情况纳入考核②，督促相关工作人员主动学习，不断提升对政策信息的理解和解读能力。

四是在评价机制中既要关注用户满意度，但又不能过于机械死板。陈则谦等采用半参与式观察和用户测试的方法对用户参与省市县三级公共文化云平台的情况调研发现，如果平台设计者不考虑用户使用感受，比如需要反复确认服务入口、长时间甄别活动信息等，会使用户对平台产生厌倦和抵触，导致平台的低参与度。③ 因此在设计一体化信息扶贫平台界面时，一定要将企业用户研究的理念融入进来，通过用户测试，设计出符合用户使用习惯的界面，提高平台的利用率。但同时又不能简单以群众满意度为指标，要采取多元评价指标。比如引入第三方机构，将群众满意度与第三方机构评价结合起来，形成政府、社会、服务群体等共同参与的监督管理体系，根据评价结果

---

① 李静：《贫困地区健康扶贫政策信息传播机制研究》，《图书馆》2019 年第 5 期。
② 安康市农业农村局：《安康市农业农村局关于做好 2020 年度涉农报刊征订工作的通知》，安康市农业农村局，2019 年 12 月 23 日（链接日期），http://nyj.ankang.gov.cn/Content-2017287.html，2020 年 4 月 3 日（引用日期）。
③ 陈则谦、郑娜静、李亚灿等：《一站式公共数字文化服务平台支持用户参与的服务现状、主要问题与优化建议》，《图书情报工作》2021 年第 7 期。

推动公共信息扶贫的有效联动。

二 建立反馈制度

全面、科学合理的结果反馈评估机制既是监督服务项目的有效手段，也是进行结果考核的重要依据。《公共文化服务保障法》第五十六条规定："各级人民政府应当加强对公共文化服务工作的监督检查，建立反映公众文化需求的征询反馈制度和有公众参与的公共文化服务考核评价制度。"① 信息扶贫是否有效果？效果怎么样？还有哪些需要完善的地方？对于这些问题，都离不开用户反馈，要通过多样化的信息互动机制，加强用户反馈，以便及时纠偏错误，提升信息服务效果。常用的信息反馈机制主要有三种。一是主动征询机制。包括信息服务方实地走访、开通咨询电话、举办座谈会、发放调查报告以及设置意见箱等。二是被动反馈机制。包括上级部门的绩效考核、群众来信来访、督查督办。三是互动平台机制。包括微博、短信、网页及微信等方式。秦巴各地要充分利用以上诸多途径，及时搜集农民反馈信息，对信息扶贫的实用性、适用性、完成率、可操作性和全面性等指标作出具体评价和科学评估。2018年5月，"陕西贫困地区公共文化服务需求反馈机制调研"课题组对陕西50个国家级贫困县公共文化服务需求和需求反馈机制建设情况调研后发现，贫困县图书馆、文化馆以及文化主管部门最常用的四种反馈手段依次为意见箱、调查表、座谈会和微信平台，但用户最满意的方式是实地走访。这说明相比其他交流方式，贫困县的用户更愿意以面对面交流的方式表达自身需求。因此在条件允许的情况下，各信息服务机构要深入农村，走到老百姓中间去了解他们的信息诉求以及对当前信息服务的意见和建议。其次，用户对微信和网页反馈也比较青睐，所以应该加强信息扶

---

① 《中华人民共和国公共文化服务保障法》，中华人民共和国中央人民政府，2016年12月26日（链接日期），http://www.gov.cn/xinwen/2016-12/26/content_5152772.htm，2018年3月5日（引用日期）。

贫平台用户交流互动栏目的建设，将"互动交流"放在网页显著的位置，方便用户进行咨询和意见反馈。陕西汉中南郑区民情直通信息系统平台是一个区镇（办）村（社区）三级联动的便民服务体系，群众可通过互联网、"5412345"民生热线、微信、QQ四种方式随时随地反映日常生产生活中遇到的困难、问题及工作建议。"民情直通车"在规定时间内，逐级办理反馈，最后由群众本人对办理结果进行监督评价，深受群众好评。① 陕西商洛洛南县建立的由文广新局牵头，涵盖村（社区）、文化社团组织、镇（办）公用事业服务站、县级文化服务机构在内的"反馈网络"，能及时将群众的需求信息或意见建议汇集到文广新局，再由文化股负责整理、汇总，为县域公共文化建设规划以及有效服务供给提供了重要依据。以上这些经验都值得借鉴并在此基础上进行创新，比如近年随着微信的普及，各村组可以根据任务的不同，随时组建规模不同的村组微信群，为群众提供意见反馈的快速通道。对于那些不会使用智能手机的用户，村组干部要加强与他们的面对面沟通，及时掌握他们的诉求。

最后，需要强调的是，反馈制度不仅可以建立在服务过程，还可以将其引入政策制定过程中，通过微信、网络征集、电话反馈等多渠道，在政策制定初期及颁行期多方位搜集意见，尽量保证政策制定的科学性和有效性。

目前信息扶贫还没有被提升到国家战略高度，且信息扶贫主体分属不同系统、信息扶贫对象文化程度及信息素养水平都较低，在此背景下研究公共信息扶贫联动面临很多实际困难，部分对策可能也过于理想化，然而我们希望本课题能推动学界对公共信息扶贫的持续研究、业界对联动信息扶贫的关注，助力乡村振兴国家战略的实现。

---

① 刘云鹏、张灵军：《南郑让民情搭上便民服务"直通车"》，《汉中日报》2018年11月28日第1版。

参考文献

陈国盛：《欠发达地区农民收入变化特征与增收对策研究——以温州市文成县为例》，浙江大学出版社 2011 年版。

陈瑛：《农村公共文化信息服务研究》，国家图书出版社 2013 年版。

董璐：《传播学核心理论与概念》，北京大学出版社 2016 年版。

杜栋、庞庆华、吴炎主编：《现代综合评价方法与案例精选》，清华大学出版社 2008 年版。

费孝通：《乡土中国》，北京出版社 2011 年版。

郭庆光：《传播学教程》，中国人民大学出版社 2011 年版。

国家信息化专家咨询委员会秘书处：《中国信息化形势分析与预测（2018—2019）》，社会科学文献出版社 2019 年版。

国家信息化专家咨询委员会秘书处：《中国信息化形势分析与预测（2019—2020）》，社会科学文献出版社 2020 年版。

国家广播电视总局网络视听节目管理司、国家广播电视总局发展研究中心：《中国视听新媒体发展报告（2020）》，中国广播影视出版社 2020 年版。

国务院扶贫办政策法规司、国务院扶贫办全国扶贫教育宣教中心：《脱贫攻坚前沿问题研究》，研究出版社 2018 年版。

何得桂：《中国脱贫攻坚调研报告·秦巴山区篇》，中国社会科学出版社 2020 年版。

胡昌平、胡潜、邓胜利：《信息服务与用户》，武汉大学出版社 2015

年版。

经渊：《新型城镇化进程中公共数字信息一体化服务机制研究》，浙江大学出版社 2021 年版。

康晓光：《中国贫困与反贫困理论》，广西人民出版社 1995 年版。

李秉钦、房莉杰：《反贫困理论前沿与创新实践》，社会科学文献出版社 2019 年版。

李德国：《理解公共服务：基于多重约束的机制选择》，中国社会科学出版社 2017 年版。

李红、王锦东：《湖北省公共图书馆评估定级分析与研究报告》，社会科学文献出版社 2017 年版。

李红艳：《乡村传播学》，北京大学出版社 2014 年版。

刘豪兴：《农村社会学》，中国人民大学出版社 2014 年版。

刘小珉：《贫困的复杂图景与反贫困的多元路径》，社会科学文献出版社 2017 年版。

娄策群：《信息生态系统理论及其应用研究》，中国社会科学出版社 2014 年版。

陆汉文、黄承伟，《中国精准扶贫发展报告（2019）》，社会科学文献出版社 2020 年版。

吕杰、张波、袁浩川：《传播学导论》，科学出版社 2007 年版。

闵阳等：《西部地区对农信息传播有效性研究》，中国社会科学出版社 2017 年版。

牛建林：《精准扶贫精准脱贫百村调研·西相王村卷》，社会科学文献出版社 2020 年版。

《农村社会学》编写组：《农村社会学》，高等教育出版社 2019 年版。

乔欢：《信息行为学》，北京师范大学出版社 2010 年版。

世界银行：《2000/2001 年世界发展报告》，中国财政经济出版社 2001 年版。

谭英：《中国乡村传播实证研究》，社会科学文献出版社 2007 年版。

王文科：《传媒导论》，浙江大学出版社2006年版。

王小林：《贫困测量：理论与方法》，社会科学文献出版社2017年版。

汪中求：《精细化管理》，新华出版社2005年版。

徐晓东：《信息技术教育的理论与方法》，高等教育出版社2004年版。

薛宝生：《公共管理视域中的发展与贫困免除》，中国经济出版社2006年版。

杜栋、庞庆华、吴炎：《现代综合评价方法与案例精选》，清华大学出版社2008年版。

叶义成、柯丽华、黄德育：《系统综合评价技术及其应用》，冶金工业出版社2006年版。

游俊、冷志明、丁建军：《中国连片特困区发展报告》，社会科学文献出版社2013年版。

张成林：《信息化与农村治理现代化研究》，知识产权出版社2018年版。

张敦福：《现代社会学教程》，高等教育出版社2014年版。

张琳、杨毅：《深度贫困地区脱贫攻坚的理论与实践——以重庆为例》，知识产权出版社2020年版。

张永丽、李文刚、沈志宇等：《中国脱贫攻坚调研报告·定西篇》，中国社会科学出版社2020年版。

周毅、孙帅：《政府信息资源管理研究视域及主题深化》，复旦大学出版社2015年版。

外文中译本

《马克思恩格斯全集》第42卷，人民出版社1979年版。

［俄］弗·伊·多博林科夫、［俄］阿·伊·克拉夫琴科：《社会学》，张树华、冯育民、杜艳钧等译，社会科学文献出版社2006年版。

［美］道格拉斯·诺思：《制度、制度变迁与经济绩效》，杭行译，

格致出版社 2008 年版。

［美］ 西奥多·W. 舒尔茨：《改造传统农业》，梁小民译，商务印书馆 2017 年版。

［美］ 沃纳·赛佛林、［美］ 小詹姆斯·坦卡德：《传播学理论：起源、方法与应用》，郭镇之等译，华夏出版社 2000 年版。

［美］ 道格拉斯·诺思：《制度、制度变迁与经济绩效》，杭行译，格致出版社 2008 年版。

［美］ 曼纽尔·卡斯特：《网络社会：跨文化的视角》，周凯译，社会科学文献出版社 2009 年版。

［印］ 阿玛蒂亚·森：《以自由看待发展》，任赜、于真译，中国人民大学出版社 2002 年版。

［印］ 阿马蒂亚·森：《贫困与饥荒：论权利与剥夺》，王宇、王文玉译，商务印书馆 2009 年版。

后　　记

　　我对于农村问题的关注，源于二十多年前在南开大学读研期间于良芝老师的《信息社会学》课程。工作之后，因为身处秦巴山区，对于西部和农村问题的关注就更多了，2005年、2008年及2011年相继获批陕西省教育厅项目"汉中信息资源保障体系建设研究"（项目编号：05JK016）、"和谐陕西中的信息公平与信息资源保障研究"（项目编号：08JK033）、"基于陕西农村居民需求分析的信息供给机制研究"（项目编号：11JK0345），并如期完成，既坚定了我执着于西部农村研究的信心，也使我积累了大量关于西部农村居民和信息服务的一手资料。

　　2012年，由于共同的研究兴趣和前期积淀，我和团队中的其他成员走到了一起，开始了对西部问题更加深入的研究。在陕西理工大学原文学院闵阳教授的带领下，我们先后开展了教育部人文社会科学研究规划基金项目"新媒体环境下西部农村信息传播有效性研究"（项目编号：11YJA860015）和国家社科基金项目"西部地区对农信息传播有效性研究"（项目编号：12BXW034），在这期间，我们跋山涉水，克服语言和交通的种种障碍，顺利完成任务。同时聚焦农村信息服务、关注农民信息获取也成为我更加执着的研究方向。

　　贫困问题是各国关注的焦点，缓解和消除贫困是中国政府的一贯主张和民心所向，伴随着农村改革进程演进，我国的农村扶贫战略也渐次采取了救济扶贫、开发扶贫这两种方式。同时，文化扶贫作为一种特殊扶贫方式近年也受到广泛关注。信息贫困是信息时代的一种新型贫困现象，信息贫困会带来诸多不利影响，如信息贫困与经济贫困互为因果，信息贫困影响农民信息权利的表达和实现、固化和加剧贫困文化的代际传播等。早在 1984 年，就有国外学者提出，要重视发挥信息通信技术应用在减贫中的作用。世纪之交"数字鸿沟"问题的凸显，"加快信息化建设、将通信技术用于减贫"成为国际热议的主题。2003 年、2005 年联合国两次召开的世界信息社会峰会（WSIS）明确指出，要通过赋予穷人获得信息和使用信息通信技术的能力，帮助其摆脱贫困。我国也先后通过启动"缩小数字鸿沟——西部行动"①（2003）、"中国信息通讯技术扶贫能力建设"②（2006）以及"信息化扶贫试点工程"③（2008）等措施持续加大贫困地区的信息基础建设。近年来，国家在精准扶贫重要战略实施过程中，又先后出台了《十三五全国农业农村信息化发展规划》《"十三五"脱贫攻坚规划》和《网络扶贫行动计划》等政策，动员国内各方力量，从基础设施建设、网络教育、信息资源、公共服务等方面，积极发挥现代信息技术在西部地区、贫困地区脱贫攻坚中的重要作用。

笔者团队长期从事农村信息服务与农民信息需求研究，发现在西部地区（尤其是山区），农民的信息需求呈现出多样化特征，他们需要的信息种类丰富，要求的内容简单直接，但是现有的信息服务并不能准确对接农民的需求，外部提供的信息资源与信息设备在西部贫困

---

① 肖静：《科技部启动"缩小数字鸿沟——西部行动"首批项目》，新浪网，2003 年 3 月 28 日（链接日期），https://tech.sina.com.cn/it/e/2003-03-28/1323174377.shtml，2017 年 3 月 4 日（引用日期）。

② 国务院办公厅：《推进信息通讯技术扶贫能力建设》，中国政府网，2006 年 9 月 23 日（链接日期），http://www.gov.cn/ztzl/fupin/content_396678.htm，2016 年 12 月 20 日（引用日期）。

③ 《国务院扶贫办首批信息化扶贫工程试点在承启动》，搜狐网，2008 年 11 月 10 日（链接日期），http://news.sohu.com/20081110/n260540520.shtml，2017 年 5 月 16 日（引用日期）。

地区以及秦巴山区并没有发挥应有的作用。王春光等学者曾以职业为基础将农民的身份做了金字塔型分层——从高到低依次划分为农村干部、农村企业主、农村个体户、打工者、兼业务农者、纯务农者和无业者。笔者团队调研发现，秦巴山区以纯务农者、兼业务农者和打工者居多，处于金字塔顶端的农村干部、农村企业主较少。纯务农者和兼业务农者中，劳动力老龄化趋势明显，各种病患发生率增加，使得农民对医疗保健方面的信息需求迫切。而在农业生产中，受限于自然环境，无法实现机械化耕种，只能依靠人力畜力从事种养殖活动，因此相应的技术指导也需要因地制宜，这也是秦巴山区农民对技术需要迫切程度略低于医疗保健信息且对技术信息需求更注重实用性服务的原因。遗憾的是，秦巴山区贫困人口特殊的信息需求与他们现实的信息能力并没有引起学界与业界的充分关注，因此从信息供给与信息需求是否有效对接方面来研究秦巴山区的信息贫困和信息扶贫问题就显得极具意义。

本书是由我主持的教育部人文社科基金西部项目"秦巴山区公共信息扶贫联动机制研究"（立项号编号：16XJA870002，结项证书号：2022JXZ0235）的最终成果，该项目于2016年7月立项，经过五年多的艰苦工作，于2022年3月顺利结项，现在书稿终于正式出版，心中百感交集，感触良多。

本项目的研究目标是在对秦巴山区贫困人口全面信息需求和各类公共信息服务机构服务模式及效果进行双重调研的基础上，通过供求关联分析，构建公共信息服务体系建设与信息扶贫之间的联动模型，为探索贫困地区的信息扶贫找出一条切实有效的实现路径。同时，通过信息扶智作用，提升当地居民的信息意识和信息素质，调动扶贫对象的积极性，充分发掘贫困地区脱贫的内生动力，形成外部多元扶贫与内部自我脱贫的互动机制，确保实现秦巴山区脱贫攻坚目标，并在实现全面脱贫任务后能够持续发挥信息贫困治理效果，服务于乡村振兴战略。为此，课题组首先通过问卷调查和实地走访获取秦巴山区贫困人口的信息需求、信息行为和公共信息服务体系建设现状的第一手资料；其次，利用数理统计方法整理分析调研数据，测定秦巴山区贫困人口信息素养；最后根据以上分析结果，并结合国内外相关研究，撰写论文和书稿，最终在2021年9月底顺利完成书稿的写作。分工如下：

绪　论　李静

第一章　李静

第二章　李静

第三章　杨彩虹

第四章　岳琳

第五章　黄丹

第六章　李静

第七章　李静

四年多来，课题组走过了一条艰难且充满挑战的研究之路，问卷设计、指标设定、访谈调研、数据测算、文稿撰写……事无巨细，课题组成员全部殚精竭虑，倾心投入。除了脑力上的付出、对秦巴山区崎岖山路的艰难跋涉，课题组偶尔还会遭遇调研对象不配合的情况，并需要适时做出调整。一方面扶贫对象往往也是信息贫困的人，他们不愿与外界沟通，比如农户怕麻烦或出于对调研人员的警惕心而不愿接受采访，或者一些贫困户的惯性思维认为，只要是外面来人找其谈话，一定是要自己带来物质好处，否则不愿意接受调研；另一方面在对信息服务机构的访谈中会遭遇其没时间或者政府部门相互推诿的现象。当然更多的是感动，比如在重庆奉节访谈时，多个脐橙合作社负责人和请求帮忙宣传的草堂镇浣花村一家人的热情应答都让我们深受感动，同时秦巴山区秀美险峻的风景也让我们心旷神怡。

2020年突如其来的疫情使得课题组想要继续深入跨省调研补充数据的心愿难以成行，我们便进一步发动学生进行补充调研，同时对信息服务部门更多采取电话和网络调研的方式，最终课题得以顺利完成。感谢课题组的各位同仁，在紧张繁忙的工作之余努力完成各项任务，竭力平衡家庭、工作和科研之间的关系。感谢接受调研和采访的秦巴山区 110 家基层信息服务机构及近 2000 名的农民和村干部，感谢数百名走村串户的学生调查员，没有他们的支持和帮助，就难以完成课题的资料搜集和实地调查工作。

最后还要由衷感谢北京大学信息管理系张久珍教授、西安文理学院段小虎教授以及西北大学公共管理学院崔旭教授，他们对本课题研究提出了许多极有价值的意见和建议。

如今，书稿即将付梓，终于可以做短暂休整，然而学术的热情却依然在心中激荡。未来，美丽乡村会怎样？农民的信息素养是否会逐步提高？迅猛发展的社交媒体、短视频会给农村的信息生态带来哪些改变……这些问题都有待我们继续去探究。好的，整理行囊，期待再出发！

2022 年 9 月